新编21世纪国际经济与贸易系列教材

当代世界经济

第三版

Contemporary World Economy

白 远 编著

中国人民大学出版社
·北京·

作者简介

白远，北京第二外国语学院教授，北京市教学名师，曾任北京第二外国语学院国际经济与贸易学院副院长、北京工商大学嘉华学院副院长。为美国西北大学、美国北佛罗里达大学以及科索沃普里什蒂纳大学客座教授；现任中国国际经济合作学会常务理事暨学术委员会委员，中国管理现代化研究会国际商务谈判专业委员会副主任。曾任世界银行供水项目国家项目办特聘专家。

主要研究领域是中国企业对外直接投资以及文化创意产业与产品贸易。出版专著与研究报告 11 部，在《财贸经济》、《世界经济》、《国际贸易问题》、《国际经济合作》、《国际贸易》、《国际商务》、*Economics World*（美国）、*Transnational Corporation Review*（加拿大）等核心期刊和其他国内外期刊上发表论文 50 余篇，出版国家“十一五”“十二五”规划教材和北京市精品教材等 13 部。

第三版前言

世界经济课程是目前国内各高校经济类学科的一门重要课程。目前世界经济教材从体系上讲有两种类型：一类是以国外的国际经济学为主要内容，包括国际贸易和国际金融两部分；另一类是国内体系。由于国内的学科分类将国际贸易与国际金融分为两个不同的专业，因此世界经济国内体系希望能与国际经济学讲授的内容有所不同，形成自己独立的体系和特色。本教材即是在这样的考虑下，抓住当代世界经济发展中经济全球化这一主线，既从全球的角度又从区域、国家及企业的角度考察在经济全球化背景下世界经济发展和变化的规律。本教材还在教法上注重对学生主动性、创造性和实践性学习能力的培养，形成了在教材内容和教学方法上的特色。具体来说，本教材的主要特色如下：

本教材在教材体系安排上以经济全球化为贯穿全书的主线，重点突出经济全球化的特点、发展脉络；对区域经济、国民经济和企业的影响，主要包括：当代世界经济与发展历程、世界经济发展的推动力、经济全球化时代、区域经济一体化、贸易自由化——经济全球化的先驱、金融全球化、经济可持续增长的挑战、国际合作与协调、经济全球化中的世界各国经济和中国经济改革及其与世界经济的融合。

教材内容紧跟当前世界经济发展的最新理论与事件，采用最新的统计数据，紧随世界经济全球化和一体化发展的大趋势。借此次第三版出版之际，教材更新了需要更新的全部数据；增加了世界经济最新的发展理论，如外包理论；增加和更新了 7 个案例，如英国脱欧、中国“一带一路”投资、美国等发达国家的垃圾问题、华为开拓俄罗斯市场、国家统计局对新中国成立 70 周年的总结等，内容更新将近 6 万字。

为了提高学生学习的积极性，掌握科学的学习和研究方法，本教材为学生设计了问题与思考、在线学习与应用、案例研究等内容。例如，每章结束后的“在线学习与应用”要求学生利用网络工具进行调研，对某一命题提出有理论、事实和数据支持的结论。这样编排的目的是希望学生通过先进的信息技术与研究方法用主动性和创造性的方法更好地掌握学习的内容，提高课堂以及课下的学习热情和效率，达到将理论知识与实践相结合的目的。

本教材适用于经济类、管理类、商务英语类专业本科生和研究生的学习。

白　远

2019 年暑期

目 录

导入案例

建立经济全球化的观念——苏珊的故事

1999年，北京奥组委为申请奥运会的举办权在征询竞选口号。由于各个候选城市之间竞争激烈，最终能否成功说服国际奥委会的委员们成为能否赢得举办权的关键，因此，一个能反映北京最佳形象的口号对于最终取得举办权至关重要。很快，有关口号的提案从各种渠道汇集而来，然而北京奥组委认为所有的提案都不够理想。此时奥组委想到了一个人：华点通国际咨询公司的CEO——苏珊。

苏珊在接到北京奥组委的任务后立即通过公司的网络系统，在最短的时间内向全世界发放了一份调查问卷，问卷上只有一个问题："北京给你的最初印象是什么?"调查的结果令人吃惊。超过90%的受访者认为北京是一个封建、落后、保守并且污染严重的城市。显然这些看法早已不适合今天的北京了。苏珊感到要想保证北京成功赢得奥运会的举办权，需要做的第一件事就是改变人们对北京的印象。全世界的人们都应该知道北京已经旧貌换新颜，而且北京正是要通过举办奥运会来向世界昭示它的巨大变化。正是基于这样的调查背景，"新北京，新奥运"这一口号诞生了。口号中虽然只有简短的几个词，但它却有力而有效地向全世界传递了北京申办奥运会的强烈愿望。

2005年1月，正在欧洲旅行的苏珊接到北京奥组委的邀请，再次协助它设计2008年奥运会的口号。在一周内，她重点准备了六个问题，包括口号的理念、关键词和口号的具体方案。然后她通过公司在66个国家建立的网络发放问卷并回收答案。根据调查结果，北京2008年奥运会的主题口号被确定为"同一个世界，同一个梦想"。

苏珊的故事说明了一个道理：在一个全球化的世界中，无论我们所处的领域是体育界、政治界还是经济界，我们的眼光和思考问题的角度都应该从"以中国为中心"向"以世界为中心"转变。一方面，我们非常有必要了解其他国家的国情和民情；同样重要或更为重要的另一个方面是，我们应该知道世界是怎么看待中国的。许多跨国公司的成功都要归功于它们的全球性眼光。作为一个学习经济专业的中国学生，要做的最重要的事情就是建立全球性的思维观念，这样才能更好地理解当代世界经济。

第一章

当代世界经济及其发展历程

本章要点

- 为什么要学习世界经济?
- 环境对经济的可持续发展有多重要?
- 自然资源对经济发展的重要性如何?
- 对世界经济的历史性回顾能给我们什么启迪?

自第二次世界大战结束后的半个多世纪以来，社会和经济的双重进步在世界经济的发展史上是空前的。当我们迎来 21 世纪时，世界经济已经发展到了一个新的阶段。这个阶段的特征是：更高水平的经济全球化和区域一体化，世界范围内各国经济体系更高程度的综合化，以及世界各地区之间日渐增强的相互依赖性。那么在当代世界经济的发展史上都有哪些事件？各个国家和地区的经济体是如何参与到世界经济全球化的进程中的？全球化的发展对世界经济的发展有何影响？想要回答上述以及其他一些问题，我们非常有必要研究促进全球化发展的因素，同时揭示这些变化的实质以及预测全球化的发展趋势。本教材接下来的章节会涉及上述问题。第一章将首先给出世界经济的定义，然后概述本教材的主要内容以及它的体系和结构，最后勾勒出世界经济发展或者经济全球化发展的大体脉络。

第一节　当代世界经济的要素构成

一、世界经济的定义

我们居住的地球上共有 226 个国家和地区以及超过 76.3 亿（截至 2018 年 8 月）的人口。几乎所有国家和个人都被纳入世界经济的网络中。世界经济通过国际分工、生产、市场以及消费将地球上的居民们联系在了一起。因此，世界经济可以定义为：世界经济是以国际化为背景，超越了民族国家界限的经济发展体系；在这个体系中，所有国家经济都通过国际分工、世界市场、国际化的交换工具和生产要素的自由流动联结成了一个相互依存的整体。世界各国人民以自然资源环境为背景，从事包括生产、贸易、分配、消费等在内的一系列经济活动。世界经济的定义强调了世界经济学科的主题，同时也揭示了世界经济运行的三个基本要素。

二、世界经济的主题

当代世界经济研究的主题包括：世界经济全球化的发展、经济全球化背景下的国家与区域经济、连接各国经济的纽带以及在经济全球化时代人类所面临的共同的问题与挑战。

世界经济全球化的发展 世界经济全球化是第二次世界大战后一个最引人注目的现象。以经济全球化为背景，世界经济领域内发生了巨大的变化。适应新时代发展的新的经济理论、经济实践活动以及经济现象相继出现，因此有必要从理论和实践的角度论述这些变化。经济全球化的发展进程、特征和影响，区域经济一体化的特征及其含义，所有这些都将成为当代世界经济的关注焦点。事实上，经济全球化是联系当代世界经济这门课程各部分的一条红线。

国家与区域经济 国家经济是世界经济的基本组成部分。一个经济体，尤其是大的经济体都有其独特的发展模式和体制，而这些独到之处或多或少都会促进世界经济的发展。了解各国经济的发展史、它们的经济体系及发展模式的独特之处对于全面了解世界经济帮助甚大。然而，由于世界上有众多国家和独立的经济区域，当代世界经济这门课程将侧重论述各组国家和区域的共同点、它们与世界经济的关系以及不同组群国家之间的关系，这些组群国家包括发达国家、发展中国家、新兴工业化国家和经济转型国家。

连接各国经济的纽带 世界经济的形成并非各国经济的简单累加，相反，它是一个历史性和系统性的发展过程。研究推动世界经济形成的各种要素有助于我们理解世界经济的概念以及经济全球化的发展进程。这些要素包括国际分工、世界市场、国际化的交换工具以及生产要素的国际流动。

问题与挑战 在世界经济发展的进程中，存在着各种各样影响其健康发展的问题。在当今世界，环境问题、贫穷、致命的流行性疾病、沙漠化等都是威胁全人类生存的主要问题。当代世界经济这门课程的一个重要目的就是认识对人们的福利形成挑战的问题，并找出解决这些问题的最有效的方法。

三、世界经济的三要素

世界经济的三要素包括人类、自然资源和生态环境。

人类 人类是世界经济发展的决定因素。而人类之所以能在世界经济中占支配地位，是由于人类所具有的双重特性：其一，人是一种生产要素；其二，人是消费者。一方面，为了生存或是为了满足更高层次的需求，人类，作为一种基本生产要素，运用一定的生产技能作用于自然资源使生产成为可能。另一方面，人类不断地消费各种产品，要求生产更多的产品，同时不断产生新的消费需求。

对更高品质生活的渴望促使人们更加努力工作，这种渴望也成为促进经济发展的最活跃的因素。因此世界经济的发展伴随着人口数量的不断增长。经济的可持续发展取决于人口增长、生态环境和自然资源之间的平衡。在以往的几个世纪中，人口的增长速度低于快速的经济发展所要求的水平，因而世界经济的扩张最终受到了限制。但是，自上两个世纪以来，人口数量以空前的速度增长，其表现便是人口数量翻倍所需要的时间越来越短。翻倍时间，顾名思义，就是衡量一个时期的人口数量达到目前的两倍水平所需要的时间。例如，一个国家的人口数量如果以每年1.8%的速率增加，那么该国人口数量翻倍大约需要40年。目前世界人口数量翻一番的时间仅为40年（见表1-1）。伴随着人口数量的增加，世界经济在速度和总量上都保持着强劲的增长势头。

表1-1 各大洲世界人口（2005年、2014年、2018年）

大洲	居住人口（百万）			占全球人口比例（%）		
	2005年	2014年	2018年	2005年	2014年	2018年
非洲	885	1 136	1 276	13.84	15.69	16.63
亚洲	3 875	4 351	4 596	60.61	60.11	59.89
大洋洲	30	39	40	0.47	0.54	0.52
欧洲	728	741	733	11.39	10.24	9.55
北美洲	326	353	383	5.10	4.88	4.99
拉丁美洲、加勒比地区	549	618	646	8.59	8.54	8.42
总计	6 393	7 238	7 674	100.00	100.00	100.00

资料来源：Population Reference Bureau. Website：www. prb. org.

根据位于美国华盛顿特区的人口咨询局的研究预测，世界人口在保持持续增长的情况下，各大洲和各国人口的变化出现两极分化的现象，这对未来世界经济的发展将产生深远的影响。该机构对世界人口变化做出的主要预测如下：

世界人口将从2018年的76亿增加到2050年的99亿，新增人口23亿，增长幅度为30%。到2050年非洲人口几乎翻倍，将增加到26亿，对2018年至2050年间世界人口增长幅度的贡献达到58%。到2050年亚洲人口将增加7.17亿，达到53亿，而欧洲（包括俄罗斯）的人口将从7.46亿下降至7.3亿。美洲人口将从2018年的10亿增长到12亿。到2050年将有26个国家的人口翻倍，全部位于非洲，而位于西非的尼日尔的人口将增长三倍。与2018年相比，有38个国家的人口到2050年将下降，中国是下降数量最大的国家，达到5 000万，下降幅度最大的是罗马尼亚，为22%。

自然资源 自然资源是生产所需的基本原料。它分为可再生资源和不可再生资源，包括土地、水、石油、矿藏、植被以及物种等。为了保持经济发展，我们的地球每年必须提供价值33.3万亿美元的自然资源。自然资源的分布对世界经济格局有很大的影响，具体来说包括如下方面。

地理位置差异导致的自然资源分布不均促进了国际分工的出现，并进一步导致了生产和贸易格局的不同。许多国家自然资源的种类有限，因而不得不依赖一种主要资源来发展经济。赞比亚是铜的世界第五大生产国，该国90%以上的出口收入来自国有的铜矿（见表1-2）。

一些国家，例如美国，非常幸运地拥有丰富的自然资源，如能源、矿藏和可耕地资源，这使它们的经济发展有多种模式可供选择。例如，由于美国拥有丰富的土地资源，谷物便成了一种主要的出口产品。俄罗斯的煤炭、原油、天然气资源丰富，但却缺少热带农作物，因此它的贸易格局便是出口石油，进口热带农作物产品（见表1-3）。

表 1-2　部分非洲国家对初级产品的依赖

	初级产品收入占总出口收入的百分比（%）	主要非石油矿产类收入占总出口收入的百分比（%）
毛里塔尼亚	99.9	铁矿（45.0）
纳米比亚	95.0	钻石（40.0）
尼日尔	97.9	铀（85.0）
塞拉利昂	63.2	钻石（32.0）
多哥	83.3	磷酸盐（47.0）
刚果（金）	68.7	铜（58.0）
赞比亚	99.7	铜（98.0）

表 1-3　世界能源资源：煤炭储量、原油储量和自然资源储量最大的国家（2013 年）

煤炭储量（百万公吨）		原油储量（百万桶）		自然资源储量（万亿立方米）	
美国	237 295	委内瑞拉	298 300	伊朗	33.8
俄罗斯	157 010	沙特阿拉伯	265 900	俄罗斯	31.3
中国	114 500	加拿大	174 300	卡塔尔	24.7
澳大利亚	76 400	伊朗	157 000	土库曼斯坦	17.5
印度	60 600	伊拉克	150 000	美国	9.3
德国	40 548	科威特	101 500	沙特阿拉伯	8.2
乌克兰	33 873	阿拉伯联合酋长国	97 800	阿拉伯联合酋长国	6.1
哈萨克斯坦	33 600	俄罗斯	93 000	委内瑞拉	5.6
南非	30 156	利比亚	48 500	尼日利亚	5.1
印度尼西亚	28 017	美国	44 200	阿尔及利亚	4.5

资料来源：《2014 年世界能源统计年鉴》。

自然资源禀赋与控制自然资源的能力和一国的经济发展水平有很大的联系。自然资源禀赋，尤其是像石油这样的不可再生资源的禀赋使得像科威特这样的小国成为一个石油生产大国，该国每天出口石油 250 万桶，石油出口对科威特的 GDP 的贡献率高达 80%。如今科威特是世界上最富有的国家之一，2017 年人均收入超过30 000 美元。其他一些国家，它们本国的自然资源不足以满足国内的生产需要，但它们能够获得并利用世界其他国家的自然资源。作为世界最大经济体之一的日本，国内自然资源十分贫乏，该国消耗的 99.7% 的石油、97.7%的煤、96.6%的天然气和 60%的农产品都要依靠进口。日本经济繁荣的原因在于其拥有丰富的资本资源。

自然资源禀赋对于经济发展是不可或缺的，但随着世界经济的发展，其重要性在逐渐降低，这是由于其他资源，例如资本、管理、技术以及信息已经成为大多数国家经济发展最重要的基本生产要素了。那些自然资源匮乏但上述资源丰富的国家，例如日本、新加坡、挪威以及瑞士便是最好的例证。

生态环境　生态环境是生命的支持系统，它帮助地球进行着物理、生物和化学的再循环运动。人类的经济活动依赖于生态系统的支持。这个系统满足人类生活和生产所必需的投入，并且为地球上的所有人提供直接的效用。任何经济活动的继续都必须高度依靠自然环境和自然资源。

人类活动对生态环境有很大的影响，这些活动大大改变了地貌，将山丘变成了矿区，将平原变成了农田。工业化进程中人类不断地消耗自然资源，但回报给自然的却是垃圾和污染物，这大大破坏了环境的再生能力，进而威胁世界经济的可持续发展。地球环境的循环是其自身的自然运动。当人为的介入超过了环境自身循环能力的极限时，人类将会面临灾难。事实上，在人类历史上工业化是对自然环境影响最大的一次变革。工业化及其相伴随的城市化以无与伦比的方式变革着人们的生活，并且给生态环境带来了长久的影响。世界银行的研究表明人类的活动给环境带来了很大的负面影响。随着工业化在世界范围内的扩张，环境指数不断恶化。

世界上的森林在全球的生态系统中发挥着重要的作用。森林可以净化空气，过滤噪声，为野生动物提供栖息的环境，减少水土流失，还可以净化河流和地下水。同时，森林还会影响当地、整个地区乃至全球的气候。然而世界各地的森林，尤其是在热带国家，或者消失，或者减少，或者退化。从约一万年前农业开始形成起，人类的活动已经使世界上的森林资源减少了大约四分之一。曾经占据三分之一地球表面的森林减少到了今天的四分之一。

酸排放对自然环境和人工修建的环境产生了诸多影响。在一些地方，酸排放对敏感性土壤的破坏尤其严重。在其他一些地区，酸排放引起了严重的空气污染。河流湖泊同样受到酸排放的影响，酸排放甚至导致鱼类和其他野生动物的死亡。大量排酸的化学物质可能产生于一个地方，而被当地的大气流带到了另一个地方。在挪威、瑞士、奥地利、瑞典、荷兰以及芬兰发现的四分之三以上的酸性物质都来自西欧和东欧。

与全球气候变化关系最密切的污染物是二氧化碳。很明显，与发展中国家相比，发达国家排放了更多的二氧化碳。毫无疑问，能源消耗与工业化及财富水平高度关联。

上述的和其他的环境问题严重影响了世界经济的可持续发展。所有国家，尤其是发达国家应该为了全世界人民的利益承担起保护环境的责任，因为发达国家比最不发达国家多消耗了 18 倍的水、90 倍的电和 241 倍的纸资源。

四、世界经济格局

什么是世界经济格局？国内外学者对此给出了不同的解释和定义。吉林大学教授池元吉给出的定义是：世界经济格局就是指在一定时期内各类国家在世界经济中的力量对比关系和利益制衡状态。在世界经济格局中，一个国家或者一组国家占据着核心地位，或者说是处于“火车头”的位置。有几个国家在不同的时期发挥着领头羊的作用，例如 17 世纪中期的荷兰、17 世纪末到 20 世纪初的英国和 20 世纪初以来的美国。从 20 世纪下半叶开始，世界经济格局趋向多极化，日本、德国以及一些新兴工业化国家，特别是亚洲地区的一些国家对美国的主导地位形成了挑战。因此世界经济发展的重心从以美国为中心的大西洋地区转移到了以东亚为中心的太平洋地区。

西方国家中对世界格局的解释最具代表性的是历史学家伊曼纽尔·沃勒斯坦（Immanuel Wallenstein）的观点。他认为世界格局是通过经济和政治竞争连接起来的相互依存的国家体系。沃勒斯坦在世界和格局中间加入一个连字符，意在强调世界各国和地区之间的相互依存。在他的著作《现代世界格局：资本主义农业和 16 世纪欧洲世界经济的起源》中，他建立了一个理论框架以便理解现代世界格局形成过程中的历史变革。他的理论有助于人们全面理解1450—1670年间现代化进程中的内部和外部表现。同时他的理论也有助于人们更好地分析、比较世界各国的异同。作为比较的基础，沃勒斯坦将世界各国分为四种类型：中心国家、半外围国家、外围国家和边缘国家。这个分类描述了各国在世界经济中的相对位置以及各自的内部政治和经济特征。

中心国家是指那些可以主导贸易，掌握着先进技术，并在各种经济领域中均具有高水平生产力的国家，因此中心国家一般具有较高的人均收入。世界格局中的第一个中心是由荷兰和英格兰组成的贸易中心，之后西欧地区和北美地区的其他生产、出口区域也加入这个中心行列，随后日本也加入了进来。这些中心国家的成功在于对其他国家的控制和剥削。中心国家的控制也依赖于其他国家参与到世界格局中。最初，其他国家的参与是受武力胁迫，接着受欧洲殖民主义的统治，随后便仅仅是受中心国家经济和政治的影响。

外围国家指的是在融入世界体系的过程中，在经济和政治上不成功的国家。这些国家的特征是：对外依赖性强和不具优势的贸易关系，原始或落后的技术，不发达的经济，有限的经济形态，以及低下的生产力水平。

半外围国家介于中心国家和外围国家之间。半外围国家在剥削外围国家的同时，也受到中心国家的控制和剥削。半外围国家中的很大一部分以前属于外围国家。半外围国家的存在说明，无论是中心国家还是外围国家都不是一成不变的。现在的中心国家如美国和日本都曾经属于外围国家。16世纪的中心国家——西班牙和葡萄牙在19世纪降为半外围国家，而如今又再次成为中心国家。许多国家，包括巴西、印度、墨西哥、韩国、新加坡在进入世界格局初期都属于外围国家，但随后在制造业的成功使它们晋级到半外围国家的行列。

边缘国家是指那些尚未被纳入世界格局的国家。在19世纪以前，大多数国家都属于边缘国家，但到20世纪末期，几乎没有国家属于边缘国家了。

第二节　世界经济发展历程

一、世界经济发展的五个阶段

世界经济和全球化的演化开始于国民经济和家庭经济，历经五个阶段：开拓时期到1500年、商品的国际流动时期、资本的国际流动时期、生产要素的国际流动时期和1980年后的全球化时期。在整个历史发展进程中，技术和创新一直发挥着决定性的作用，促使贸易超越国家界限，而且促使新观念通过国际市场广泛传播。

开拓时期到1500年

世界经济的发展史可以追溯到史前。村庄的出现促进了早期劳动分工的形成，并能为社区提供各种货物和服务。产品生产的专业技能在不断积累的同时，基础设施建设（主要是公路）将当地市场和整个社会连接起来形成了区域市场，因而吸引了越来越多从事各种贸易的商人和制造商。随着区域市场的逐渐形成，公路和运输系统的发展将主要的商业中心连接起来，同时商品的国内市场形成了。人类的古老文明，例如拉丁美洲的印加、玛雅、阿兹特克文明，埃及的法老和金字塔，西欧的罗马文字，以及亚洲的印度和中国的各种文明，所有这些都体现了人类在早期进行的创新活动和应用技术来提高生活水平的努力。然而技术的进步和生活水平的提高在很大程度上很少超越国家-民族界限。随着贸易在各城镇之间的发展，商人们开始在国外市场上寻找贸易机会，因而播下了国际贸易的种子。国际商贸在其发展的早期受到了航海船只可靠性的限制，所以陆路方式更为普遍。从公元前 6 世纪开始，贯通中国和中东的丝绸之路成为运输手工制品、金属以及宝石的半成品的主要商路。同时新的思想也通过丝绸之路得到传播，例如佛教和之后的伊斯兰教。之后罗马人在管理他们庞大的帝国时进一步证明了供给路线的重要性，因为当时罗马帝国的版图从英国穿过欧洲，延伸至东亚和北非。罗马人不仅建立了商路，还为装备军队修筑了公路，并使用一种被称为蒂娜瑞斯（Dinarius）的通用货币使交易更加顺畅。

12 世纪和 13 世纪航海技术取得了重大突破，罗盘在航海中的使用，船帆、索具、旋转舵的进步引发了航海界的革命。意大利的探险家马可·波罗于 13 世纪末到达中国。中国的航海家郑和于 1405—1433 年先后七次下西洋，他的船队横渡了印度洋，最远抵达波斯湾、阿拉伯半岛、北非以及红海。葡萄牙的航海家伽马（Vasco de Gama）开始环球航行，绕过南美好望角于 1498 年抵达印度；哥伦布于 1492 年正式发现了美洲。随着美洲和亚洲的商业不断扩大，固定的贸易路线建立起来。为了给跨洲贸易提供资金融通，在意大利和欧洲其他国家相继出现了新的公司形式，比如合股公司。

商品的国际流动时期

地理大发现和固定贸易路线的建立使跨洲贸易更加蓬勃发展。世界贸易的中心由地中海地区转移到了太平洋地区，同时更多的国家和地区通过贸易被纳入世界市场体系。因此，国际贸易成为联系各个国家的第一纽带。常规的国际贸易以及欧洲主要大国争先在美洲、非洲和亚洲建立殖民帝国的努力促使技术向其他国家传播，同时也促进了世界经济的发展。来自国外的影响通过传播催化剂——观念、哲学思想和技术发明——得到传播，它们提高了思想和货物在国内和国家间的传播速度、效率和效力。这些传播催化剂具体包括：

通用语言的发展 为使思想和技术得到传播，在市场之间就必须有通用的交流方式。早期时候，通用语言包括拉丁语和汉语。在随后的年代，英语和欧洲其他语言的使用方便了思想和技术在各国之间的传播。

书写和印刷技术 书写和印刷技术的发展突破了通过个人经历和口口相传的限制，使知识得到更广泛的传播。以书本形式出现的被“浓缩”的知识拓宽了个人的知识基础。强调读写能力和技术能力的正规教育体制通过中小学校、行会和大学广泛传播知识。知识变得越来越具有流动性和传递性。

运输的创新 蒸汽机在工厂（1781）、船舶（1783）、火车（1803—1829）和公共汽车（1824）上的应用引发了工业和运输业领域的革命。蒸汽机为到达国内市场的偏远角落提供了机会，也缩短了各国市场间的距离。随着殖民势力将运输业的这些创新输入国外市场，更大范围内的货物运输为商品流通提供了国内和区域化的市场。

1750—1830 年英国的工业革命使生产能力发生了巨大变化。公元前 500—公元前 300 年间，中国和印度开始使用铸铁和钢材，到公元 800 年左右斯堪的纳维亚国家也开始使用冶铁术。铸铁和钢材的冶炼术随后被应用到工业机械上，其使用最早可以追溯到英国工业革命时亚伯拉罕·达尔比（Abraham Darby）的焦炭冶炼加工。一分钟能缝 1 000 针的针织机的诞生也同样引发了纺织业的革命，杰斯洛·塔尔（Jethro Tull）发明的机械播种机在农业领域也产生了同样的影响。最后，迈克尔·法拉第（Michael Faraday）发明的发电机为电力成为工业能源奠定了广泛的基础。

随着工业革命相继发生在英国和欧洲的其他国家、北美洲国家，世界上的其他一些地区，例如亚洲、非洲和拉丁美洲的国家也被纳入了世界劳动分工体系。其结果是一个统一的世界市场的形成，这对于世界经济的形成具有里程碑意义。

统一的世界交换工具　为了顺利开展国际贸易，统一的世界货币是不可或缺的。工业革命的先驱者——英国首先采用了金本位制。在接下来的半个世纪中，所有主要的工业国家都将本国货币与黄金建立了固定的关系，并最终建立起了一个以英镑为中心的较为稳定的货币体系。这一体系的建立促进了国际贸易的发展，使其发展速度超过了世界生产的发展。

零售业的建立　零售是一种重要的传播催化剂，因为它让公众有机会接触新的产品、服务和思想，同时也有助于人们接受新的生活方式和哲学思想。

资本的国际流动时期

到 19 世纪末，世界上的大部分地区都已经被开发和殖民化。通信的进步补充了交通运输的创新。电报和电话的出现组成了一个通信网，方便了信息在国内外市场的传播，同时有助于市场供需机制发挥作用。通信技术的发展以及国内印刷媒介的出现第一次将世界各地紧密地联系了起来。19 世纪末产业结构从纺织业和矿业向化学、钢铁和石油等重工业转移。在运输部门，飞机越来越多地被个人和商业使用，这为那些服务国外市场的公司提供了其他选择，同时汽车的出现改变了个人和商业的运输方式。1936 年电视诞生了。所有这些成就为 1945 年后世界经济的高速发展奠定了基础。

生产、运输、通信等新技术的发展提高了生产效率，同时也加速了大型企业的诞生。随着资本在这些企业中的积累，为了寻求更好的投资机会，资本由本国向东道国流动形成了趋势。当资本流动成为当时的主要趋势时，世界各国在彼此之间又建立了一个重要的纽带，同时也进一步推动了世界经济的发展。

跨国公司开始取代国家成为经济和文化发展的主要推动力。1837 年一家比利时公司首先在普鲁士（今天的德国）建立了第一家国外分公司。直到 1945 年大多数欧洲的投资者为服务其国外的经济利益都以殖民地为基础。作为工业化和殖民化努力的结果，在 20 世纪初西欧成为世界贸易的中心。认识到这种发展趋势，日本的贸易公司例如三井、横滨正金银行效仿众多日本航运公司和保险公司的做法于 19 世纪 80 年代在西欧设立了办事处。美国公司，如 NCR 和 IBM 也在西欧这个蓬勃发展的区域化市场建立了商业存在。到 1890 年，欧洲的公司，例如联合利华、英国石油、皇家壳牌、西门子、巴斯夫、拜耳、赫斯特（Hoechst）、雀巢都在国外拥有了自己的工厂。

然而，在第二次世界大战之前，资本的跨国流动主要以借贷的方式进行，而生产要素的直接流动则处在次要地位。由于第一次世界大战、20 世纪 20 年代到 30 年代的经济大萧条和第二次世界大战的影响，国际经济往来处于停滞状态并一直持续到 1945 年之后。

生产要素的国际流动时期

跨国公司直到 20 世纪 50 年代才重新确立了在国际市场上的地位。在第二次世界大战中损失最小的美国是第一个重新开始对外投资的国家。20 世纪 50 年代到 60 年代，美国公司在加拿大和重新振兴的西欧经济中站稳了脚跟。由于各种经济集团如欧洲经济共同体（今天的欧盟）的诞生以及自由贸易的发展增加了世界市场的贸易机会，20 世纪 60 年代和 70 年代日本和西欧的公司在国际市场上得到复兴和扩张。

跨国公司在世界生产、贸易和投资活动中表现活跃。随着跨国公司在世界范围内积极从事生产、贸易和投资活动，生产要素的直接流动成为当代世界经济领域中的主导现象。跨国公司形成了巨大的经济实力。在新千年，跨国公司正逐渐成为真正的全球商贸帝国。到 2008 年，82 000 家跨国公司在世界市场上拥有大约 81 万家国外分公司，雇用了大约 7 700万名员工，它们的销售总额占全球三分之一。

跨国公司通过在全球范围内进行的资源配置，成功地使各国之间的经济联系从国家层面进一步深入企业层面。以国际分工为基础，以世界市场为纽带形成的互相依存的关系将各国的企业联结成一个整体，一起迈向经济全球化的时代。

1980 年后的全球化时期

20 世纪 80 年代，一些重要的变化使世界经济全球化有了飞速的发展，如发展中国家工业化带来的世界贸易的显著增长。20 世纪 80 年代以前，由于以苏联为首的社会主义国家实行的计划经济与市场经济割裂，孤立于世界市场之外，因而世界经济主要是以工业化国家为中心。原计划经济国家推行的经济改革重塑了这些国家的经济体系，因而使一个完全统一的世界市场第一次有望实现。北美国家、西欧国家和日本公司的国际化经营促使发展中国家的贸易活动达到了高潮，到 20 世纪 90 年代，来自发展中国家的竞争者进入了世界市场，包括：委内瑞拉石油，大宇、三星、现代、LG 集团（韩国公司），Cemex 和 Gruma（墨西哥公司），巴西石油、Vale do Rio Doce 和 Cervejaria Brahma（巴西公司）。到 20 世纪末，来自中国、阿根廷、菲律宾、南非、马来西亚、新加坡和印度的公司也开始了国际化经营，进一步加剧了国际市场的竞争。

二、20 世纪 80 年代后全球化的主要推动力量

国际贸易　自 1945 年以来由于关税与贸易总协定（GATT）1995 年前的努力，以及随后取代 GATT 的世界贸易组织的努力，世界以不可逆转的趋势向自由贸易的方向发展，其结果非同寻常。自 1945 年以来，对工业品征收的税率从 40%多下降到了不到 4%。世界贸易额从 1980 年的 2 万亿美元增长到 2017 年的 34.6 万亿美元。世界贸易的扩大得到了联合国下属的国际货币基金组织（IMF）的帮助，该组织负责监督和调控各成员之间的汇率，并且向国际收支发生困难的成员提供援助。空中和海上运输系统效率的不断提高以及电子商务的快速发展也有助于世界贸易的扩张。

贸易集团　由于一些国家在全球范围内的贸易自由化推进速度较慢，所以它们组成了贸易集团以方便各成员国之间的贸易往来。欧洲经济共同体（今天的欧盟）建立于 1957 年。随后各种贸易集团也在北美洲、南美洲、亚洲和非洲建立起来。

对外直接投资（FDI）　对外直接投资指跨国公司在本国市场之外生产、建厂、购买机器设备等。随着公司国际化程度的提高，FDI 流入量从 1980 年的 615 亿美元增长到 2017 年的超过 1.43 万亿美元。各国看到了 FDI 对本国经济发展的带动作用，做出各种努力使本国经济对国际投资者更具有吸引力。纵观历史，国际商务的扩张主要有三个原因。在早期（16 世纪到 20 世纪初），开拓者们为了寻找新的资源（通常是金、银和矿藏）而开展商业活动。之后，由于各国经济的发展，商人们开始开发边远地区国家的市场（殖民时期）。1945 年后，自由贸易成为主导趋势，追求高效率的公司为了降低全球运营的成本，将国外市场作为生产基地。如今跨国公司对外投资都是出于这三个动因，即寻找资源、开拓市场和提高效率。

全球通信技术　卫星、计算机和网络技术的出现改变了世界通信与交流的方式，并且

方便了信息在国家、公司和个人之间的传播。对国家来说将本国居民同外界隔离已经变得越来越困难。全世界的消费者已经开始享受国际市场给他们带来的实惠。跨国公司已经具备相当大的能力来协调各个市场之间的经济活动、产品流动和发展战略。人们有更多的渠道接触新观念、哲学、产品和生活方式。

本章小结

世界经济的定义　在经济一体化背景下，当代世界经济是超越民族国家界限的经济发展体系。在这个体系中，所有的经济体通过国际分工、世界市场、国际化的交换工具和生产要素的自由流动结成了相互依存的整体。

世界经济研究的主题　世界经济研究的主题包括世界经济全球化的发展、经济全球化背景下的国家与区域经济、连接各国经济的纽带以及在经济全球化时代人类所面临的共同问题与挑战。

世界经济的三要素　世界经济的三个基本要素包括人类、自然资源和生态环境。人类是世界经济发展的决定因素，人类之所以能够在世界经济中占支配地位，其原因在于人类所具有的双重特性，即人类既是最主要的生产要素，同时又是产品的消费者。自然资源包括可再生资源和不可再生资源，如土地、水、石油、矿藏、植被和物种等，它们为生产提供了基本的物质材料。生态环境是生命的支持系统，该系统为地球上的所有人提供直接的效用，满足人类生活和生产所必需的投入。它维持着地球上的物理循环、生物循环和化学循环系统的新陈代谢运动。

世界经济格局　吉林大学池元吉教授认为，世界经济格局就是指在一定时期内各类国家在世界经济中的力量对比关系和利益制衡状态；而世界经济中心是指世界经济发展和运行中具有核心地位与“火车头”作用的国家或国家集团。西方国家中对世界经济格局划分具有代表性观点的是历史学家沃勒斯坦的“中心、半外围、外围和边缘”国家论。在沃勒斯坦的著作《现代世界格局：资本主义农业和16世纪欧洲世界经济的起源》中，他将世界各国分为四种类型：中心国家、半外围国家、外围国家和边缘国家。

世界经济发展历程　世界经济和全球化的发展经历了五个阶段：开拓时期至1500年、商品的国际流动时期、资本的国际流动时期、生产要素的国际流动时期和1980年后的全球化时期。在这一历史发展过程中，技术扩散与创新起到了根本的推动作用。

问题与思考

1. 如表1-3所示，中国的煤炭储藏量位居世界第三。为什么中国政府仍然认为中国是一个资源缺乏的国家，并且近年来每年都要进口超过上亿吨的原油？

2. 根据沃勒斯坦的理论，中国属于哪种类型的国家：中心国家、半外围国家、外围国家还是边缘国家？

3. 你从世界经济的发展历程中学到了什么？

4. 为什么人类、自然资源和生态环境之间的平衡关系是维系世界经济可持续发展的前提？

5. 一些自然资源匮乏的国家为何能够成为富裕的发达国家？

6. 为什么生产要素的国际流动是促进世界经济发展的一个动力？

在线学习与应用

从中国国家统计局的网站（www.stats.gov.cn/english）查找过去10年中国的石油消费量。然后讨论下列问题：

1. 中国石油消费量的变化。
2. 比较我国石油的消费量和产出量，计算两者间的差距。
3. 对中国未来十年石油消费量做一个简单的预测。

案例研究Ⅰ

荷兰东印度公司

1. 公司的早期发展

荷兰东印度公司成立于1602年3月20日，于1799年解散。公司名的荷文原文为Vereenigde Oostindische Compagnie，简称VOC，其原名意为“联合东印度公司”。荷兰东印度公司建立于17世纪欧洲的大航海时代，当时的欧洲各国兴起海上冒险，探寻世界地理，发展外海的商机。16世纪的葡萄牙在东南亚地区已有殖民地与商业发展。在16世纪60年代，一群荷兰商人派浩特曼（Cornelis de Houtman，1565—1599年）到葡萄牙刺探商情，浩特曼回国后便与这些商人成立了一家公司，并且开始了向东印度地区的扩张与发展。

从1595年4月至1602年间，荷兰陆续成立了14家以东印度贸易为重点的公司。为了避免过度的商业竞争，这14家公司合并成为一家联合公司，也就是荷兰东印度公司。荷兰当时的国家议会授予荷兰东印度公司在东起非洲南端好望角、西至南美洲南端麦哲伦海峡的广阔地域内的贸易垄断权。该公司是第一家可以自组佣兵、发行货币的公司，也是第一家被获准拥有与其他国家订立正式条约，并对该地实行殖民与统治的权力的股份有限公司。

2. 海外武力扩张

1619年科恩（Jan Pieterszoon Coen）被指定为荷兰东印度公司总督。这是一个极有远见的人，他看到了利用荷兰东印度公司在亚洲扩张发展的可能性，为此他不惜残暴地使用武力。科恩来到巴达维亚建立了公司新的总部。为了建立对丁香贸易的垄断权，他将班达群岛（Banda Islands）上的原住居民杀死或赶走。科恩第二次成功的冒险是建立起了亚洲国家贸易体系，将其贸易足迹延展到日本、朝鲜、中国等地。1640年荷兰东印度公司夺得了斯里兰卡的加勒（Galle），之后于1658年围攻斯里兰卡首都科伦坡，赶走了葡萄牙人，打破了葡萄牙人对肉桂贸易的垄断。到1659年葡萄牙人在印度的沿岸据点都被荷兰人夺去。1652年荷兰东印度公司在好望角建立据点，为公司来往东亚的船员进行补给，这个据点后来成为荷兰的开普殖民地（Cape Colony）。此外，荷兰还在波斯、孟加拉国、马六甲、暹罗（今泰国）、中国的广东和台湾、印度马拉巴海岸（Malabar Coast）和科罗曼德海岸（Coromandel Coast）建立了贸易据点。

到1669年荷兰东印度公司已经成为有史以来世界上最富有的公司，拥有150条商船、40条战舰、50 000名员工和10 000人的私人武装，公司投资的收益率为40%。荷兰东印度公司在存在的将近两百年间，总共向海外派出1 772艘船，约有100万人次的欧洲人搭乘 4 789 个航次的班船前往亚洲地区。平均每个海外据点有 2.5 万名员工及 1.5 万名船员。

3. 与中国台湾的关系

荷兰东印度公司于 1624 年占领台湾，直到 1662 年明郑延平王郑成功收复为止共 38 年，这段时间被称为台湾荷兰统治时期。当年荷兰人留下的建筑如热兰遮城、普罗民遮城等仍遗留至今。荷兰人占领中国台湾的目的是将其作为与中国、日本、朝鲜半岛和东南亚进行商业贸易的据点和枢纽，并垄断马尼拉（西班牙殖民地）与中国间的贸易。当时主要的出口贸易产品包括砂糖、鹿皮、鹿肉、鹿角、藤、米等；转运贸易产品包括荷兰的金属、药材，巴达维亚的香料、胡椒、琥珀、麻布、棉花、鸦片、锡、铅等，以及中国的丝织品、陶器、黄金、蚕丝。以鹿皮为例，在 1634 年到 1638 年的短短四年之间，由中国台湾输出到日本的鹿皮由 11 万张增加到 15 万张。到了 1658 年，中国台湾的砂糖出口量已经足够供应日本与波斯的需要。

荷兰东印度公司在亚洲各国和地区建立了约 35 个贸易点，从日本贸易所获得的利润排名第一，占其总利润额的 38.8%；中国台湾排名第二，占 25.6%。荷兰东印度公司从这些地方的获利主要是配送给荷兰的股东，而非回馈当地人或用于当地的建设。清初，郑成功下决心赶走侵略军。顺治十八年（公元 1661 年）3 月，郑成功亲率 2.5 万名将士，分乘几百艘战船，浩浩荡荡地从金门出发。康熙元年初，侵略军头目被迫到郑成功大营，在投降书上签了字。至此，郑成功从荷兰侵略者手里收复了沦陷 38 年的中国领土台湾。

4. 公司解散

荷兰东印度公司解散的主要原因是在 18 世纪时，荷兰与英国之间的战争不断。在 1780—1784 年两国的战争期间，荷兰国内对亚洲商品的需求大幅下降，导致荷兰东印度公司出现经济危机，终于在 1799 年 12 月 31 日宣布解散。公司遗址为现今的阿姆斯特丹大学。

讨论题：

1. 与现代跨国公司比较，荷兰东印度公司拥有哪些特权？它为什么拥有这样的特权？

2. 早期跨国公司对外扩张的目的是什么？荷兰东印度公司对外扩张所凭借的优势是什么？

3. 荷兰东印度公司从台湾获得的主要利益是什么？郑成功收复台湾说明了什么？

案例研究Ⅱ

世界 500 强公司的国籍与产业领域分析

每年《财富》杂志都会评出世界 500 强公司。而哪些企业能够进入这个榜单，入榜公司有何变化也是大家普遍关注的热点。全球跨国公司的排名情况不仅体现了公司的实力，它也从一个重要方面反映了一个国家经济发展的状况，因为公司强则国家强。表 1－4 是按照营业额排序的世界 500 强公司中排名前 20 的跨国公司。

表 1-4 按营业额排序的世界 500 强公司中的前 20 名

2018 年排名	2017 年排名	公司	2018 年营业额（百万美元）	2018 年利润（百万美元）	总部所在地国籍
1	1	沃尔玛	500 343.0	9 862.0	美国
2	2	中国国家电网公司	348 903.1	9 533.4	中国
3	3	中国石油化工集团公司	326 953.0	1 537.8	中国
4	4	中国石油天然气集团公司	326 007.6	−690.5	中国
5	6	丰田汽车公司	265 172.0	22 510.1	日本
6	7	大众公司	260 028.4	13 107.3	德国
7	5	荷兰皇家壳牌石油公司	311 870.0	12 977.0	荷兰
8	10	伯克希尔-哈撒韦公司	242 137.0	44 940.0	美国
9	11	苹果公司	229 234.0	48 351.0	美国
10	9	埃克森美孚公司	244 363.0	19 710.0	美国
11	13	麦克森公司	208 357.0	67.0	美国
12	8	英国石油公司	244 582.0	3 389.0	英国
13	15	联合健康集团公司	201 159.0	10 558.0	美国
14	17	西维斯健康公司	184 765.0	6 622.0	美国
15	12	三星电子公司	211 940.2	36 575.4	韩国
16	14	嘉能可公司	205 476.0	5 777.0	瑞士
17	16	戴姆勒股份公司	185 235.4	11 863.9	德国
18	20	通用汽车公司	157 311.0	−3 864.0	美国
19	19	美国电话电报公司	160 546.0	29 450.0	美国
20	18	EXOR 集团	161 676.5	1 569.1	荷兰

资料来源：美国《财富》杂志，2018 年。

跨国公司所在产业格局的变化说明了哪些产业在未来具有更好的发展前景。从产业发展变化的角度来看，在排名前 20 的世界 500 强公司所在的行业中，比较传统的产业如石油和汽车仍然占有重要地位，分别有 5 家和 4 家公司进入世界 500 强公司的 20 强，但其余 11 个席位比以往有了更大的变化，不仅有零售、金融等较为传统的服务行业，而且有电子科技、医疗保健、智能手机等新兴行业。

从这些跨国公司总部所在地国籍看，2018 年美国公司有 9 家进入了世界 500 强公司的 20 强，西欧国家公司有 6 家进入世界 500 强公司的 20 强，美欧国家公司在世界市场上仍然占主导地位。2018 年，日本仅有 52 家公司进入世界 500 强公司排行榜，其中主要是丰田、本田、日产等传统的汽车制造公司。印度一共有 8 家公司进入世界 500 强公司，印度的公司主要是国企，比如印度石油公司、印度国家银行、印度塔塔汽车公司、印度斯坦石油公司等。

在这个榜单中变化比较大的是中国公司。中国公司不仅有 3 家进入前 10 名，而且从进入世界 500 强公司的总数来看，中国公司的数量年年稳步增长。2000 年我国入围公司仅有 13 家，而当时美国为 179 家，到 2018 年我国增至 120 家，总数已接近美国的 126 家。我国上榜的这些公司主要是国企和央企，同时也包含一些民企，比较著名的民企有华为、京东、阿里巴巴、腾讯等。

中国公司虽然从数量来看进步较快，但是从产业分布和利润率角度来看，中国与美国还有一定的差距。中美入围公司销售利润率分别为 5.1%和 7.4%，中国公司的销售利润率在不断下降。从中美世界 500 强公司行业分布看，美国世界 500 强公司分布在众多领域，涉及 45 个细分行业，而中国则集中在传统周期领域，仅分布在 29 个细分行业，其中，采矿、原油生产有 13 家，贸易有 11 家，银行、商业储蓄有 10 家，金属产品有 9 家，车辆与零部件有 7 家。可见中美产业结构仍存在较大差异。

讨论题：

1. 你从世界 500 强公司的行业分布与国籍变化中了解到了什么？

2. 用最新的世界 500 强公司排名与 2018 年的排名做比较，指出跨国公司总部所在地国籍和产业的变化，讨论这些变化说明了什么。

第二章

世界经济发展的推动力

本章要点

- 什么是劳动的国际分工？国际分工正在发生什么变化？
- 技术革新在世界经济发展中扮演着怎样的角色？
- 世界市场在世界经济中的重要性如何体现？它具有哪些基本功能？
- 如何衡量一国的经济发展水平？

在世界经济的发展过程中，一些基本元素对世界经济的发展起着关键的作用。本章将介绍下列三个基本元素：国际分工、技术创新与传播、世界市场的功能。本章还将介绍经济发展的概念以及经济发展的测量方法。

第一节　国际分工

一、国际分工的发展及其演变

英国教授亚当·斯密（Adam Smith）在其名著《国富论》中如是说："一个在此行当（别针制作）中未受过训练，而且不熟悉机器使用的工人，即使再勤快也很难在一天之内生产一枚别针，当然更不可能生产 20 枚别针了。但是现在在这个行当中，别针的制作过程被分成几个环节：第一个人拉出铁丝，第二个人将其拉直，第三个人将其分段，第四个人削出别针尖，第五个人打磨顶部以便安装别针帽；另外，制作别针帽也需要几个独立的步骤……即使用别针装订纸张也是一个独立的行当，如此制作别针这个重要的行业就被分成了 18 个独立的环节……我见过这样的一个生产厂只雇用了 10 个工人，但他们每天能够生产 12 磅别针（48 000 枚别针），每个工人每天能生产 4 800 枚之多。"

斯密将此过程命名为劳动分工。他的例子说明了劳动分工所能带来的显著收益。在斯密的眼中，这个工厂的主要优势就是每个工人专注于一项工作。专业化使该工厂的产量远远超过了那些依靠自己独立完成生产全过程的工厂的产量总和。正如别针工厂里的工人只从事几项工作一样，如果每个国家也只专门生产几种产品，则产量会大大提高。国际分工（每个国家只从事几种产品的专业化生产）如果能采用别针工厂中类似的专业化分工方式，便可使世界产量达到更高的水平，大大超过封闭状态下的生产水平。由此而产生的多余产品可以通过国际贸易方式进行分配，如此整个世界便获得了比贸易前更多的产品。这便是斯密所建议的世界生产格局。亚当·斯密的想法所形成的理论叫作“绝对优势理论”，之后又由大卫·李嘉图发展成为比较优势理论。根据他们的理论，基于国际分工进行的国际贸易有显而易见的好处，参加国际贸易的国家以及全世界都会获得比非专业化分工状态下更多的产品。

在国际分工的早期阶段，国际分工基本上发生在区域和国家之间，或者是以自然资源禀赋为基础的产业间的分工。地中海沿岸国家的贸易便是早期国际分工的典型代表。18世纪非洲、西印度群岛以及英国形成了历史上著名的三角贸易，其分工模式为：奴隶主先将奴隶从西非贩卖到西印度群岛，奴隶们在那里生产甘蔗、烟草等初级产品并将它们卖到英格兰，这些原材料在英国加工后便被销售至世界各地。

随着帝国主义的扩张，被殖民化的亚非拉国家和地区成为工业化国家和地区的基础原料和基础产品的供给地，它们一般只从事一两种初级产品的生产；而西欧及北美国家和地区则专门从事制造业的生产。殖民主义背后的基本逻辑是经济目的：为满足对扩展贸易市场的需求，使各殖民地成为一个以食品和原材料换取帝国主义国家工业制品的市场。帝国主义国家的需求催生了国际分工，它们又通过经济和军事实力使其得以实施。此类分工的例子比比皆是：中美洲的香蕉；印度的棉花；巴西、爪哇和肯尼亚的咖啡；智利的铜；加纳的可可；孟加拉国的黄麻；西非的棕榈油；马来半岛和苏门答腊半岛的橡胶；加勒比地区的甘蔗；斯里兰卡的茶；玻利维亚的锡；圭亚那和苏里南的矾土。上述分工多数一直延续至今天，例如55个撒哈拉以南非洲国家中的48个仍然依赖三种产品——茶、可可和咖啡获得一半以上的出口收入。

自第二次世界大战结束以来，国际分工发生了四个方面的主要变化。第一，相对于日本的可观增长和欧洲作为主要工业生产者的再复兴来说，美国作为世界工业生产者的地位正在下降；国际分工的第二个变化是，制造业从核心国家向新兴工业化国家和一些发展中国家扩散；国际分工的第三个变化出现在发达国家，即高科技产业和生产性服务业分工的出现（也就是说，信息服务、保险和市场研究这些类型的服务业进一步增强了其他产业的生产率和运作效率，或使它们保持现有的专业化地位）；第四个重要变化是早期产业间的国际分工逐渐被产业内，甚至是一个产品的不同零部件之间的分工取代。如今一个普遍的现象是某个产品的设计和研发在某一国家进行，生产在另一个国家进行，而销售在第三国进行。波音公司的客机共有33个大部件，波音公司只生产其中的7个，美国的其他公司生产6个，其余20个大部件均由外国公司生产。

二、三大产业部门间的国际分工

劳动分工可以发生在一个产业内部或国家的某一个经济部门，当然，如果考虑到社会生产、分配、交换和消费，劳动分工也可以发生在不同的产业部门之间。根据技术含量和与自然的关系，人类的经济活动可以被划分为三种类型，即第一产业、第二产业和第三产业。这三类产业间的相对比例关系决定了一个国家或地区的经济结构和劳动分工。第一产业的活动直接与自然资源的获取相关，它包括农业、矿业、渔业和林业等行业，世界上绝大多数人口都从事着第一产业的生产，主要集中在中国、印度等国家和东南亚、非洲等地区。有些国家从事第一产业的人口比例达到了70%，相比较而言，发达国家从事第一产业的人口一般只占5%～10%。

第二产业的活动是对来源于第一产业的原材料进行加工、生产、制作或者组装；或者对成品进行改装、翻新和包装。第二产业包括炼钢、食品加工、家具制造、纺织、车辆组装和服装制造等。全球最大和生产率最高的制造工业区主要集中在欧洲、北美和日本。重要的制造业中心位于韩国、墨西哥、巴西以及中国。

第三产业包括产品与服务的销售和交换，具体包括以下行业：仓储；零售；个人服务，例如美容美发等；商业服务，例如会计和广告；娱乐；信息和知识的加工，例如数据处理和信息检索；教育和研发（R&D）。第三产业无论在发达国家还是发展中国家都变得至关重要。例如，2017 年中国三大产业就业人数的占比为 27%、28.1%和 44.9%，美国三大产业就业人数的占比为 1.7%、18.9%和 79.4%。

三、产品的国际化策略

经济全球化和一体化对生产部门的国际分工产生了巨大的影响。生产的全过程已经不仅涉及本国生产商，而且涉及许多国外的生产商。例如，计算机的生产可被划分为许多阶段，每一阶段都涉及如何将资源与技术相结合。企业只需从事各自最具比较优势的阶段的生产即可。在生产的每个阶段，企业投入自己的资源和技术，创造附加价值。经济学家将每个特定生产阶段的产品或服务价值与中间产品成本之间的差额称为"附加值"。企业可以选择能获得最大收益的生产阶段，而将其他生产阶段外包，或雇用其他企业来完成，这个生产策略被称为"产品的国际化策略"。

产品的国际化策略的理论基石是价值链理论。所谓价值链是指某一产业中的某个企业为了向市场提供有价值的产品或服务而从事的一系列价值活动。这一概念来自商业管理，首先是由迈克尔·波特在他 1985 年的畅销书《竞争优势：创造和保持优秀业绩》里提出并得到传播的。

价值链思想来自组织程序，也就是将生产的组织看作由不同的二级体系组成的一个体系，每个二级体系都由投入、生产过程和产出组成。投入、生产过程和产出都需要获得和消耗资源，包括资金、劳动力、原材料、设备、厂房、土地、行政与管理。产品的生产活动按序形成一个链条，在每个阶段都获得一定的价值，价值链的活动如何组织决定了成本并影响着利润。图 2-1 是对波特的价值链的描述。

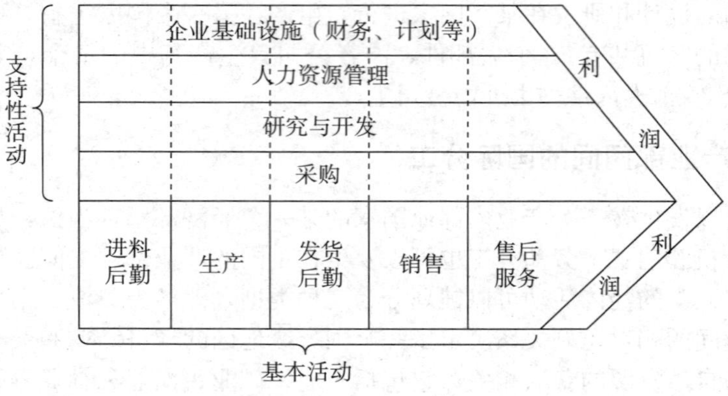

图 2-1 波特价值链

价值链理念超越了个体企业的范畴，被应用于整个供应链和销售网。将产品和服务传递到最终消费者需要涉及不同的经济部门，各部门都有各自的价值链。在产业范围内同步运作的这些地方性价值链组成了一个延展的价值链，有时还延伸至全球。波特将这个延伸的、彼此联系的价值链称为“价值体系”。一个价值体系包含企业的供应商、企业自身、企业的销售渠道和企业的产品购买者。所有参与生产和销售活动的价值链都包含在整个价值体系中。为了获得并保持竞争优势，为了依靠信息技术来支持这一优势，企业必须懂得这个价值体系中的每个组成部分。

全球价值链

在全球产业发展背景下，全球价值链理念在20世纪90年代逐渐被世界银行、联合国贸易和发展会议、经济合作与发展组织等融入政策发展中。

跨国公司成为价值链的全球实践者。它们通过构建全球价值链对外投资，成立子公司，为国内的生产经营活动提供关键支持。为提高效率和使利润最大化，西方跨国公司在全球不同地区配置研发、设计、零部件生产、市场与品牌营销等活动。例如，20世纪90年代到21世纪头十年，跨国公司在中国、墨西哥等劳动力成本最低的国家进行劳动密集型产品的生产。20世纪90年代出现的全球价值链极大地促进了国际投资与贸易格局的改变，特别是对政府和企业产生了重大和深远的影响（Gurría，2012）。价值链理论框架作为制订战略计划的强大工具迅速成为管理界最新潮的思想。

如何获得价值链所产生的价值成为许多管理战略家的新思考。例如，制造商为了使运输成本最小化，可能要求零部件供应商的生产地点靠近它的装配厂。再如，通过价值链上下游传递的信息，企业能够绕过中间商创造新的商业模式，或者发现改善价值链的途径。

1999年所有的美国公司在海外雇用了630万名员工，其中80%在制造业。形成这个趋势的一个重要原因是利用世界各地存在的巨大工资差别来降低生产成本。例如，1993年一家美国公司在印度尼西亚普山投资8 000万美元建造了一个大型工厂来为耐克、匡威和拉盖尔（La Gear）等公司生产运动鞋。工厂为耐克公司生产的Cortez运动鞋成本为12.5美元，耐克公司以27.5美元的价格将运动鞋批发给商店，商店以50美元的价格卖给消费者。之所以能够获得这样的利润空间，主要是由于生产线上的9 000名工人每天的收入只有4美元（相比较而言，耐克需要支付美国工人每天80美元外加一定的奖金）。

加利福尼亚大学戴维斯分校和美国国家经济研究局的罗伯特·芬斯特拉（Robert Feenstra）则将芭比娃娃作为生产外包和国际化的一个典型案例进行分析。芭比娃娃的原料——塑料和棉布外衣产自中国，高技术的头发产自日本，芭比娃娃的模具以及点缀的彩饰则来自美国。芭比娃娃分别在印度尼西亚、马来西亚和中国进行组装并经由中国香港海运至美国。每个芭比娃娃的成本大约是2美元，其中0.35美元为中国的劳动力费用，0.65美元为原料费，剩下的1美元是交通运输和管理费。芭比娃娃在美国的零售价为10美元。美泰公司从中获得1美元的利润，其他费用用来支付美国境内的运输、广告、批发和零售。也就是说，绝大多数附加值产生于芭比娃娃成为成品之后的美国境内。一份1995年的销售数据显示，每秒钟就会卖出两个芭比娃娃，美泰公司2018年的销售额高达16亿美元。现在芭比娃娃畅销世界150个国家和地区，总销售量超过10亿个。

外包理论

国际分工和价值链理论从不同角度解释了外包发生的原因，以及为什么外包能够成为国际化企业普遍采取的策略。罗伯特·芬斯特拉和艾伦·泰勒（Alan Taylor）在他们合著的《国际贸易》中进一步论证了外包的所得及其发生的合理性。

他们首先假设产品的生产过程只涉及两种活动：零部件生产以及研究与开发(R&D)。其中零部件生产密集使用非熟练工人，R&D密集使用熟练工人。两种活动的资本成本相等。通过构建和对比没有外包时的生产和有外包时的均衡，芬斯特拉和泰勒证实了"当一种产品或服务在国外生产成本更低时，进口该种产品或服务比在国内生产更为明智和有利"，并由此得出第一个结论，即"当比较无贸易均衡与外包条件下的均衡，且假设世界相对价格与母国相对价格不同时，总是存在外包所得"。芬斯特拉和泰勒又进一步从一国的贸易条件角度论证了外包对一国贸易条件的影响。贸易条件的改善意味着一个国家出口商品价格的上升或者进口价格的下降。他们以美国为例，认为美国出口研发，进口零部件。研究显示：生产零部件的外国企业由于提高了生产效率使零部件的相对价格降低，这使美国进口零部件的价格降低。由于放弃了部分零部件的生产，美国有更多的资源用于生产研发并出口，美国的贸易条件得到改善。但是如果其他国家如印度等也能生产与美国竞争的研发，导致研发价格下降，则美国的贸易利益受损。然而芬斯特拉和泰勒认为：即使美国出口的研发价格下降，其收益也会高于完全封闭状态下的情况。

芬斯特拉和泰勒又从美国的贸易数据中寻找证据，看看美国是否在其出口的研发或其他技术密集型活动方面面临竞争。他们采用了1987—2005年除石油外的美国商品的贸易条件数据，结果显示：美国商品贸易条件从1987年开始小幅下降直到1994年，之后持续上升，这表明美国通过外包和贸易的方式使贸易条件得以改善，获得了正收益。

事实上，发达国家的跨国公司在实施国际化生产战略时，外包的生产部分一般是本国和本公司已经失去比较优势的部分，而将产品高技术和高附加值的部分留在本国生产，这样它们既可以从进口较低价格的中间品中获利，又可以从出售所掌握的核心技术产品中获利。表2-1显示了惠普公司零部件生产外包情况，从中可以看到笔记本电脑最关键的技术部件——微处理器和图像处理器的设计都掌握在美国公司手里，而外包给其他国家的零部件生产属于产品的硬件和外围部件，技术含量都较低。表2-2是美国服务业外包的例子。美国公司外包出去的业务大多数属于非核心业务。

表2-1 惠普 Pavilion ZD8000 笔记本电脑的生产外包（制造业外包）

部件	生产国家
硬盘驱动	新加坡、中国、日本、美国
动力供给	中国
镁合金外壳	中国
存储芯片	德国、中国、韩国、美国
液晶显示屏	日本、韩国、中国
微处理器	美国
图像处理器	美国、加拿大设计，中国制造

资料来源："The Laptop Trail ," *Wall Street Journal*, June 2005: B1, B8.

表2-2 美国公司服务业外包

美国公司	接包国家	外包工作类型
埃森哲咨询公司	菲律宾	会计、软件、办公室工作
康赛克保险公司	印度	保险索赔处理
达美航空公司	印度、菲律宾	航班预订、客服
福路建筑公司	菲律宾	建筑设计草图
通用电气公司	印度	金融、信息技术

续表

美国公司	接包国家	外包工作类型
英特尔公司	印度	芯片设计、技术支持
微软公司	中国、印度	软件设计
飞利浦公司	中国	消费电子、研发
宝洁公司	菲律宾、中国	会计、技术支持

资料来源："Is Your Job Next?," *Business Week*, February 3, 2003: 50 - 60.

第二节　技术的创新与传播

新技术的发明与传播在提高国家生产率与形成国家间分工格局中扮演着至关重要的角色。在历史上，不同的很多国家和地区都曾经成为世界科技的中心而处于劳动分工阶梯的顶端。每一次科技创新浪潮和之后的技术传播都推动世界经济的发展进入一个新阶段。图 2 - 2 列出了一些主要的科技发明及其对世界经济产生的影响。值得注意的是，很多早期的发明创新均来自亚洲，特别是中国。而欧洲人则对许多技术进行了再创造，并通过 15 世纪至 20 世纪的殖民扩张将这些技术从某些区域推向世界市场。

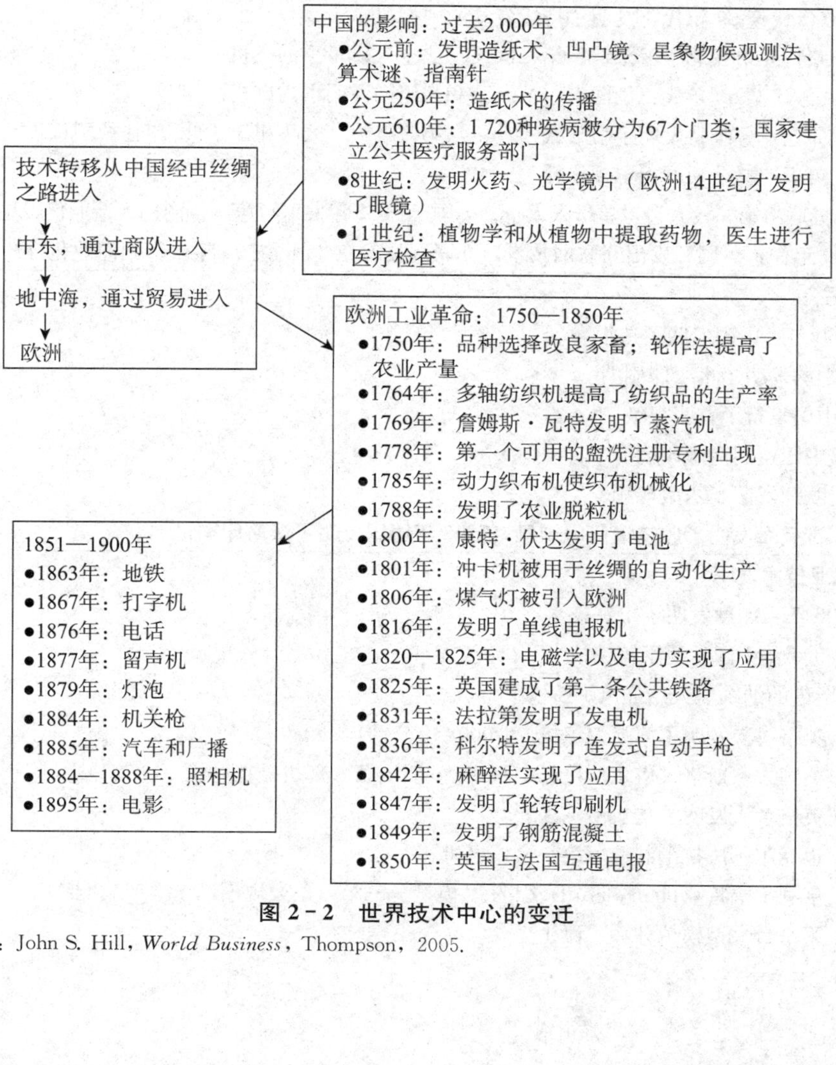

图 2 - 2　世界技术中心的变迁

资料来源：John S. Hill, *World Business*, Thompson, 2005.

发生在能源、交通、通信、生产制造以及其他领域的技术创新和传播对经济的发展格局起到了重要的推动作用，并使经济活动在时间和空间上的不断扩张成为可能。其结果是许多原有的工业区发展壮大起来，生产效率得以提高。工业发展还传播到了一些新的地区，这些地区的发展通过复杂的生产贸易网络与其他地区的繁荣联结起来（见表 2－3）。

表 2－3　技术的传播

A. 交通
公元前 5000 年：中东和地中海出现了帆船
公元前 1050 年：中国发明了早期指南针
1125 年：中国将指南针用于航海
1200 年：铰链船舵出现
1500 年：西班牙人将西班牙大帆船用于海上航行
1769 年：瓦特发明了蒸汽机；蒸汽机用于工厂（1781）、轮船（1783）、铁路（1803—1829）、公共汽车（1824）
1815 年：麦克亚当将碎岩石用于永久性道路建设和建筑物
1852 年：实现了第一次由人操纵的飞行
1859 年：美国宾夕法尼亚州钻出第一口商业油井
19 世纪 70 年代至 90 年代：发明了持续发动的内燃机车
1903 年：莱特兄弟在北卡罗来纳州第一次飞行比空气质量重的飞机
19 世纪 80 年代至 90 年代：德国卡尔·奔驰和戴姆勒发明了内燃机汽车
1930 年：弗兰克·维特发明了喷气式发动机，第一架喷气式飞机于 1939 年在德国试飞
1936 年：英国广播公司开始电视广播
1957 年：苏联将第一枚人造卫星送入太空；美国于 1962 年发射了第一枚商用人造通信卫星
20 世纪 60 年代：美国开发出互联网技术，互联网技术在 20 世纪 90 年代得到商业化推广
B. 印刷/书写
公元前 150 年：中国发明了造纸术
600 年：中国发明了木版印刷
740 年：中国发行了首张报纸
1050 年：中国运用活版印刷
1423 年：欧洲发明了木版印刷
1438 年：古登堡发明了胶皮滚筒印刷机，1796 年德国发明了滚筒印刷机
C. 主要的工业技术发明
公元前 500 年：印度发明了冶铁技术
公元前 300 年：中国发明了铸铁技术
790 年：斯堪的纳维亚人用鼓风炉铸铁
1590 年：英格兰人发明了简易编织机（1 000 针/分钟）
1701 年：英国人杰斯洛·塔尔（Jethro Tull）发明了第一部机械播种机
1750 年：英格兰人发明了焦炭冶炼法
1831 年：迈克尔·法拉第制造了第一台发电机
1908 年：亨利·福特（Henry Ford）引入 T 模型——第一条大规模汽车生产装配线
1930 年：第一台大型模拟计算机诞生

1959 年：IBM 公司发明了使用晶体管的第二代计算机

1968 年：NCR 将集成电路应用于第三代计算机

D. 计时

公元前 800 年：埃及人发明了有 6 个时间段的日晷

公元前 500 年：希腊人和中国人开始使用日晷

725 年：已知的最早的机械表诞生

1335 年：意大利人制作了欧洲最早的机械时钟

1656 年：荷兰人惠更斯（Huygens）制作了精密摆钟

E. 信息交流

1831 年：惠特斯通和福瑟吉尔（Wheatstone and Fothergill）制作了电报机

1844 年：塞缪尔·莫尔斯（Samuel Morse）首先开通了电报服务

1876 年：亚历山大·格雷厄姆·贝尔（Alexander Graham Bell）发明了电话

1895 年：法国发明了首台商用电影放映机

1897 年：马可尼（Marconi）实现了收音电波的长距离传播

1900 年：发明了对讲与听话功能分开的壁挂式电话

1915 年：发明了无线电话，实现了从美国到法国的跨大西洋的声音传输，1936 年实现了首次跨大西洋通话

1923 年：光电摄像管，即首个电视影像管诞生

1926 年：《爵士歌手》成为首部有声电影

1985 年：光缆技术实现了 30 万部电话共用一条线路

每一次重大的技术发明浪潮都会惠顾不同的地区。一个技术发明浪潮一般会在几十年内支配经济的运转直至下一次技术发明浪潮的出现。这些技术发明浪潮每隔 50 年左右出现一次。自工业革命以来，我们已经经历了五次技术发明浪潮：

1790—1840 年：以水力和蒸汽机为代表的早期机械化；棉纺织和冶炼技术的发展；河流运输系统、运河及收费高速公路的发展。

1841—1890 年：开发燃煤蒸汽机、钢制品、铁路、世界海运、机械工具等。

1891—1950 年：开发内燃机、石油与塑料、电力和重工业工程、飞机、收音机和电子通信。

1951—1990 年：探索核能、航空飞行、电子与石油化工；开发有限通行的高速公路和全球航线。

1991 年至今：探索太阳能、机器人、微电子、生物技术、高级原材料（如精炼化学品和热塑性塑料等）、信息技术（例如数字通信和地理信息系统等）和人工智能等。

基于所有技术发明的新技术系统是全球化发展的一个重要因素。它包括：太阳能、机器人、微电子、生物技术、数字通信，以及通过计算机实现重组的核心经济体。它还延伸到了全球的金融和工业系统，并且发展出了更加灵活的投资与贸易方式。在这方面尤其突出的是新技术和改进的技术在交通和通信领域的运用——通过集装箱实现的海运、铁路和公路系统的融合；宽体货运喷气式飞机的引入；传真机、光纤网络、通信卫星、电子邮件和信息检索系统的引入；等等。最后，这些电子通信技术还拓展了地理区域，加快了政治、社会、文化等许多方面变化的节奏。

第三节　世界市场的功能

世界市场是世界经济体系中的一个基本要素，是具有不同要素禀赋的所有国家和地区的交换中心。世界市场最初由各国和地区市场发展而来，现在已成为人类一切经济活动的平台，包括生产、贸易、分配和交换等经济活动。世界市场的基本功能包括以下几个方面。

一、调节供需矛盾

世界市场与国内市场一样，都是由“看不见的手”支配的，“看不见的手”利用价格这一杠杆来调整市场供需以达到供求平衡的目的。

图 2－3 具体说明了国际市场如何运作来取得供给与需求的均衡价格。首先考虑当运输用汽油的价格为 1.9 美元/加仑时的情况。在此价位上，供给量为 4 000 加仑而需求量为 2 000 加仑，显然供大于求。此时生产者愿意以较低的价格供给汽油以刺激消费，随后市场价格开始下降。

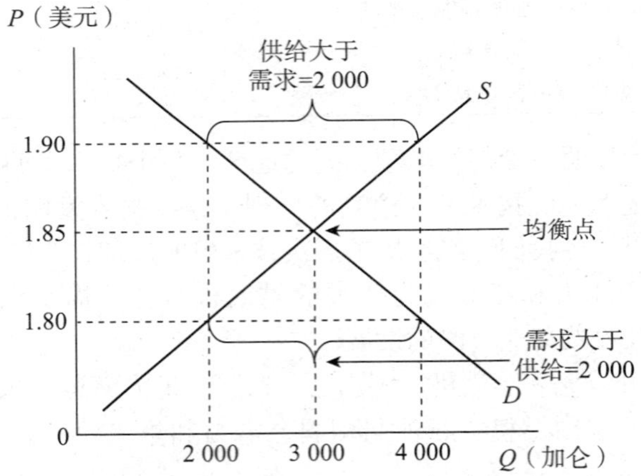

图 2－3　均衡的市场价格

接下来，当市场价格为 1.8 美元/加仑时，供给量为 2 000 加仑而需求量为4 000 加仑，需求大于供给。消费者为了购买汽油愿意支付更高的价格，因此市场价格开始上升。

当价格为 1.85 美元/加仑时，需求量与供给量恰好相等，即既不存在需求过剩，也不存在供给过剩，因此 1.85 美元便是市场的均衡价格。

现在我们再来讨论一下原油价格变动后的情况。例如在 21 世纪之初，原油价格大幅上涨，由于汽油是由原油精炼而成的，因此导致汽油的成本大幅上升，供给量下降，供给曲线向左上方移动至 S'的位置（见图 2－4）。

在图 2－4 中，在 1.85 美元的价位上出现了需求过剩，需求量超过供给量 2 000 加仑。由于需求过剩，市场价格上升，导致供给增加，需求减少。价格继续上升到 1.9 美元/加仑，在这一价位上供给与需求达到均衡。如果其他条件不变，人们将会在 1.9 美元/加仑这个新的均衡价位上继续交易 2 000 加仑汽油。

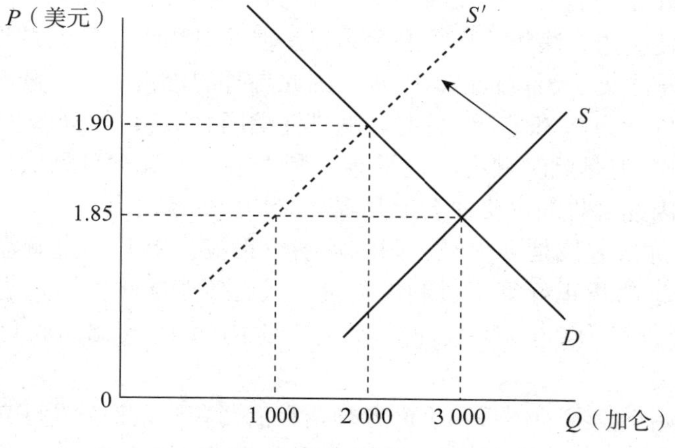

图 2-4 价格变化后的市场均衡价格

二、有效配置自然资源

世界市场的一个最重要的功能就是对资源进行有效配置，它通过资源的自由流动使某些国家的剩余资源配置到另一些资源匮乏但又急需该资源的国家。但是在封闭的状态下，市场的配置功能受到限制。例如在新加坡，由于耕地极度缺乏，即使粮食价格再高也无法使农民增加产量。然而在国际市场上，国内市场供给的不足得到弥补，因而使资源稀缺国家的价格下降而资源过剩国家的价格上升。

为了说明国际均衡价格的确定以及贸易对生产者剩余和消费者剩余的影响，假设有两个对咖啡互有供给和需求的国家，即咖啡国和咖啡伴侣国。图 2-5（a）表明了咖啡国的供给与需求情况，该国拥有适合种植咖啡树的土地资源。图 2-5（b）表明了咖啡伴侣国的供给与需求状况，咖啡伴侣国不具有适合种植咖啡树的土地资源，因此只有规模很小的国内咖啡生产业。

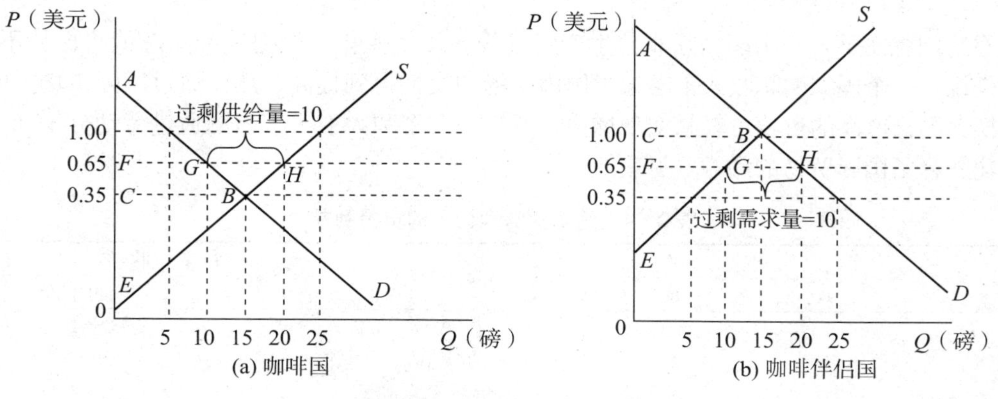

图 2-5 世界咖啡市场

如图 2-5（a）所示，如果两国不进行贸易，那么咖啡国咖啡的均衡价格是 0.35 美元/磅，而咖啡伴侣国咖啡的均衡价格是 1 美元/磅。两国的消费者剩余和生产者剩余分别是三

角形 *ABC* 和三角形 *BCE*。

现在假设两国开始进行贸易。如果市场价格为 1 美元/磅，咖啡国有 20 磅的过剩供给，因而生产者们便会想办法将这部分剩余出口。但此时咖啡伴侣国既没有过剩供给，也没有需求，所以咖啡国无法出口自己的咖啡，因此咖啡的价格将会下降至 1 美元以下。同样，在咖啡的市场价格为 0.35 美元/磅时，咖啡伴侣国有对咖啡的过剩需求，咖啡伴侣国希望进口 20 磅咖啡。但是此时咖啡国既没有过剩需求，也没有过剩供给，所以咖啡伴侣国无法进口咖啡，因此咖啡的价格便会上升至 0.35 美元/磅之上。

那么国际均衡价格应该是多少呢？国际均衡价格应当上升至过剩需求量，或者咖啡伴侣国居民的咖啡进口量正好等于过剩供给量，或者等于咖啡国生产者的出口量。在图 2-5 中，国际均衡价格为 0.65 美元/磅，此时咖啡国的 10 磅出口正好等于咖啡伴侣国的咖啡进口量。

在国际贸易开始后，我们还看到生产者剩余和消费者剩余都发生了变化。在两国进行贸易前，消费者剩余等于三角形 *ABC*；生产者剩余等于三角形 *BCE*。在国际贸易开始后，咖啡国的消费者剩余等于图 2-5（a）中的三角形 *AFG*，咖啡伴侣国的消费者剩余等于图 2-5（b）中的三角形 *AFH*；咖啡国的生产者剩余等于图 2-5（a）中的三角形 *EFH*；咖啡伴侣国的生产者剩余等于图 2-5（b）中的三角形 *EFG*。

三、进行财富再分配

全球范围内自然资源的分布是不均衡的，这使得一些自然资源丰富的国家仅仅通过向资源匮乏国出口资源就变得十分富庶。世界市场则可以通过国际贸易来进行财富的再分配。例如 2000 年石油价格的大涨使得俄罗斯等石油出口国收入大增，俄罗斯也由此摆脱了沉重的国际债务并充实了自己的外汇储备。2002 年俄罗斯靠石油出口获得的贸易顺差达到 50 亿美元。与此同时，美国、欧盟、日本等严重依赖石油进口的经济体则蒙受了巨大的损失。在此期间，由于石油价格的上涨，欧盟的经济增长率下降了 0.2%，而通胀率则上升了 0.5%。

四、通过贸易提高产品价值

在封闭状态下，一个国家除非其生产要素投入发生变化，否则其产品总值将保持不变。也就是说，一个国家的总收入不会通过国内市场的交换得到提高，然而通过国际市场上的产品交换，同样产品的价值可轻易实现增值。亚当·斯密和大卫·李嘉图通过劳动分工和生产专业化解释了国际贸易的利益（见表 2-4）。

表 2-4 绝对优势理论下的贸易利益

	国家			每单位收益	
	A	B		*S* 的生产	*T* 的生产
S	3	12	在 A 国	+2	−1
T	6	4	在 B 国	−1	+3
			世界总量	+1	+2

表 2-4 中的数据表示某国生产一单位产品所花费的时间。例如在 A 国生产一单位大豆（*S*）需要 3 小时，而在 B 国却需要 12 小时；在 A 国生产一单位纺织品（*T*）需要 6 小时，而在 B 国只需要 4 小时。因此 A 国在生产大豆上具有绝对优势，B 国在生产纺织品上

具有绝对优势。根据斯密的理论，如果 A、B 两国生产它们各自具有绝对优势的产品并进行产品交换，那么两国均会因为从事贸易而变得富裕，这是因为两国在没有增加生产要素投入的情况下总产出和福利均得到了提升。表 2－4 显示世界总产出在 A、B 两国投入不变的情况下增加了 3 个单位。用大卫·李嘉图的比较优势理论，通过简单的计算也可以得到相同的结果（见表 2－5）。

表 2－5　比较优势理论下的贸易利益

	国家			每单位收益	
	A	B		*S* 的生产	*T* 的生产
S	3	12	在 A 国	+2	−1
T	6	8	在 B 国	−1	+1.5
			世界总量	+1	+0.5

五、扩大世界市场的溢出效应

世界市场的扩张加速了各国经济周期变化的统一性。通过世界市场的渠道，一国经济的繁荣与衰退都会传递至其他国家。一国的宏观经济政策，如货币政策和财政政策也会通过世界产品市场、资本市场和外汇市场影响其他国家的经济增长、产品生产、劳动就业以及对外出口。例如，美国 20 世纪 90 年代经济的持续高速增长带动了世界经济的发展；源自泰国的亚洲金融危机也迅速波及菲律宾、马来西亚、印度尼西亚、韩国，甚至南美洲国家和欧洲国家。可见，一个高度发达的世界市场是世界经济发展的基本元素。

第四节　世界经济发展的测量

经济学的一个重要目标是尽可能地显示各种不同的经济活动带来的经济利益，例如，经济学家希望能证明经济活动是否带来了经济增长或提高了人民的福利水平。熟悉和掌握衡量经济活动效益的工具能够帮助我们更好地了解世界经济的发展。

一、衡量经济增长的手段

衡量一国经济增长的方法有很多，最常用的方法有两个，即国民生产总值（GNP）和国内生产总值（GDP）。GNP 和 GDP 都是衡量一国最终产品和服务的总销售价值的方法。并且由于产品和服务的销售总额等于产品生产者的总收入，因此 GNP 和 GDP 也被认为是衡量国民总收入的指标。GNP 和 GDP 的区别主要在于是谁、在哪里进行生产。GDP 指的是一国境内生产的全部产品，包括国内要素投入的产出和国外要素投入的产出；GNP 是指国内要素的全部产出，包括在本国和在世界其他地方的产出。因此，在美国的一家中资公司所生产的产品既是美国 GDP 的一部分，同时也是中国 GNP 的一部分。对于大多数国家来说，GNP 和 GDP 的差距不大，即使存在一些差距也是由某些生产要素（劳动力、资本等）在国际的流动造成的。表 2－6 列出了 1998 年几个国家的 GNP 和 GDP 的不同。

表 2-6　1998 年部分国家 GDP 与 GNP 的差距比较　　单位：百万美元

	美国	日本	德国	中国	马里	巴西	波兰
GDP	82 303	37 829	21 342	9 590	27	7 782	1 585
GNP	79 030	40 891	21 789	9 236	26	7 676	1 513
GDP/GNP	1.04	0.93	0.98	1.04	1.04	1.01	1.05

资料来源：World Bank，Indicators of Development 2000.

表 2-6 显示，1998 年中国的 GDP 大于 GNP，这说明外国资本的流入量大于本国资本的流出量。换句话说，外国投资者在中国的产出大于中国投资者在海外的产出。马里的 GDP 和 GNP 不仅总量小而且基本持平，说明其国际化程度很低。

我们可以通过人均 GNP（或 GDP）的计算来粗略衡量一国的国民生活水平。实际上，人均 GNP 表明的是若将一国的总产值平均分配到所有社会成员，每个人的所得是多少。依据这个标准，某些国家属于中低收入国家（即使部分人群十分富裕），而另一些国家属于高收入国家（即使部分人群比较贫穷）。

GDP 是一国国内在某一段时间内（通常是 1 年）所生产的新产品和服务的总水平和以市场价格衡量的总价值。为了说明 GDP 的计算方法，我们建立一个简单的模型并假设一国只生产大豆和纺织品这两种产品，计算公式如下：

$$GDP = P_S \times S + P_T \times T \tag{2.1}$$

式中，S 和 T 分别代表大豆和纺织品，P 代表价格。P_S 代表大豆的价格，P_T 代表纺织品的价格。式（2.1）说明，该国的 GDP 在任何时点上都等于该国所生产的大豆和纺织品的价值之和。（请记住，在现实世界中，GDP 的计算还应包括其他很多种类的产品。）该式还说明，GDP 的变化至少由于两个原因，即生产水平的变化（大豆或纺织品产量的变化）和价格的变化。显然，这两种变化具有不同的含义：在第一种情况中 GDP 的增长意味着有更多的产品可供消费，表明实际 GDP 的增长；如果 GDP 的增长来源于产品价格的上涨，那么仅仅是名义 GDP 增长，而实际 GDP 保持不变。

为了区分这两种 GDP 变化的不同，我们将式（2.1）的两边同时除以纺织品价格（P_T），其结果是将 GDP 的衡量单位由货币量转换为实际价值。为了加以区分，我们用式（2.2）来表示。

$$GDP/P_T = (P_S/P_T) \times S + T \tag{2.2}$$

从对价格曲线的讨论中我们知道 P_S/P_T 表示的是以 T 表示的 S 的价格，因此式（2.2）右边第一项表示的是用 T 衡量的 S 的产值，右边第二项即为 T 的产量。因此，当右边两项相加时便得到用产量表示的实际变化而非用价格表示的名义变化。

现在我们考虑图 2-6 中的情况。我们根据式（2.2）绘出了若干条 GDP 曲线，每条曲线的斜率都相同并且等于相关价格的绝对值。每条曲线的高度取决于 GDP 的价值，曲线位置越高表明 GDP 水平越高。重要的一点是，对于一个给定的 P_S/P_T，生产可能性曲线上的产量代表着能够达到的最高 GDP。同样，只要消费者的集体效用最大化，实际 GDP 的增加（或减少）就可能意味着整个社区生活水平的上升（或下降）。

使用“可能”一词是出于两个原因。首先，一国的人口有可能在一段时间内增加。因

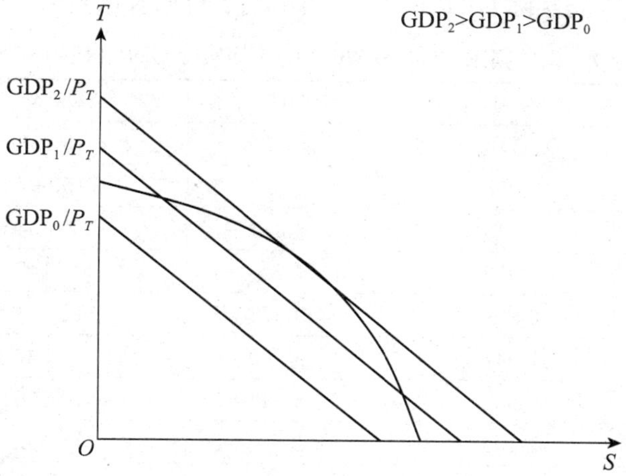

图 2-6　实际 GDP 水平的确定

而即使一国的实际产出在增长，但如果人口增长速度大于其 GDP 增长速度，则平均每个人所能获得的产品和服务消费量也会下降。因此，测量生活水平的更好方法是“人均实际 GDP”。当然，这个方法也不是十分完善，因为它潜在地假设所有人都能分享不断提高的生活水平。其次，在现实生活中，这种计算方法忽略了很多经济活动（家务、非法贸易等）和环境污染引发的其他成本支出，并且漏掉了一些能够提高生活质量的因素（如休闲等）。鉴于以上考虑，1972 年两位美国经济学家詹姆斯·托宾（James Tobin）和威廉·诺德豪斯（William Nordhouse）提出了一个新的衡量标准，称为“净经济福利”（NEW），这种方法既减掉了污染、噪声、交通堵塞等造成的社会成本，也添加了家务、休闲和社会志愿活动所产生的经济利益。

二、实际收入的测量

在前文对实际收入测量的讨论中，我们在 GDP 公式的两边除以 T 的名义价格 P_T［参见式（2.2）］。因此，我们得出的是以 T 为单位衡量的实际 GDP，因而 T 被看作产品衡量单位。然而在现实世界中，每个国家都有成千上万种不同的产品，几乎没有将某个单一产品拿出来充当产品衡量单位的情况。通常的实践是首先确定一篮子产品，然后用名义 GDP 除以这一篮子产品的价格，结果便是以该篮子产品衡量的 GDP 价值。在通常情况下我们用消费者价格指数（CPI）和 GDP 平减指数来计算实际 GDP。CPI 指的是某国一般的消费者为购买大量消费品所付出的总额占基年所消费的同样多产品的总额的比例；GDP 平减指数指的是一国在某一特定年份所生产的全部产品的价值占基年所生产的产品的价值的比例。正因为如此，严格地说，用人均实际 GDP 来比较国与国之间的收入水平和变化并不合理，原因是各国选取的一篮子产品并不完全相同。

记住这一点并看一看表 2-7 的数据。该表列出了一部分国家几年的人均实际 GDP，表中所有数据都是以不变的美元（1990 年）价值为基数计算的。注意表中几乎所有国家的人均实际 GDP 在 1960—1990 年这 30 年中都实现了增长，许多国家的人均实际 GDP 在 30 年间增长了两倍多。日本、韩国的增长尤为迅速，两国的人均实际 GDP 分别增长了 4 倍和 5 倍左右。表中也有不少国家的经济自 20 世纪 80 年代开始增长速度逐渐放缓，特别是巴西和墨西哥，其人均实际 GDP 在 1990 年出现了负增长（见表2－7）。

表 2－7　相关国家 1960—1990 年的人均实际 GDP（1990 年美元）

国家	1960 年	1970 年	1980 年	1990 年
美国	12 115	15 487	18 393	21 826
加拿大	8 358	11 624	15 905	19 498
日本	3 445	8 429	11 864	17 113
瑞典	7 973	11 750	13 747	16 212
法国	6 234	9 675	13 048	15 489
英国	7 947	9 980	11 837	14 953
德国	5 568	8 044	10 466	12 846
巴西	1 199	1 545	2 596	2 544
埃及	340	387	585	695
印度	167	195	215	298
墨西哥	1 425	2 053	2 951	2 655
韩国	935	1 612	3 097	5 561

资料来源：Central Intelligence Agency，Handbook of Economic Statistics，1991.

三、购买力平价

在一些国家，人均实际 GDP 或 GNP 低于 500 美元，而某些高收入国家的人均 GDP 已经超过了 20 000 美元。例如在印度，2005 年其人均 GDP 是 664 美元，这可能使一些高收入国家的人感到困惑：如此低下的收入水平人们是如何生存的？对这个问题的一个回答是生产力水平的不同以及政府的政策使低收入国家的人们所支付的产品和服务价格大大低于美国等发达国家的水平。当直接用人均 GDP 进行国家间的比较时，衡量的方法是以一个国家的 GDP 按照市场汇率兑换成美元进行的，因而并不能真正反映该国的真实生活水平。

自 20 世纪 90 年代末期以来，几个国际机构开始公布衡量人们生活水平的新方法，该方法把国际购买产品与服务的价格差异考虑在内。实质上，这些数据主要回答如下问题：在美国购买产品需支付的美元在其他国家以当地时价计算可以购买什么产品？这些测量方法的核心是货币兑换理念，即购买力平价（PPP）。在发展中国家以 PPP 为基础计算的人均实际 GDP 大大高于按市场汇率计算的人均 GDP。使用 PPP 方法，一个印度人的实际生活水平可能高出人均 GDP（市场汇率）水平几倍。例如，如果用 PPP 计算，2017 年印度人均 PPP 为 6 427 美元，是人均 GDP 的约 3.6 倍。

四、生产者剩余与消费者剩余

生产者剩余和消费者剩余是两个重要的经济学工具，它们可以用来衡量国际和国内的政策和事件对消费者、生产者、纳税人和政府福利的影响。

为了观察消费者剩余和生产者剩余，我们将应用所学过的市场供给曲线与需求曲线知识。图 2－7（a）表示的是上千名相同的消费者的需求曲线，图 2－7（b）表示的是 20 个相同的生产者的供给曲线。

图 2－7（a）中的需求曲线表明，消费者认为第一个 1 000 加仑石油值 1.95 美元/加仑，然而此时市场价格是 1.85 美元/加仑，消费者因此获得了消费者剩余，即消费者愿意

消费并能够支付的价格与市场价格之间的差价，在图中即为 0.1 美元/加仑。同样，消费者愿意消费并能够支付的第二个 1 000 加仑汽油的价格为 1.90 美元/加仑。消费者愿意消费并能够支付的第三个 1 000 加仑汽油的价格正好等于市场价格，因此消费者不再享有消费者剩余。

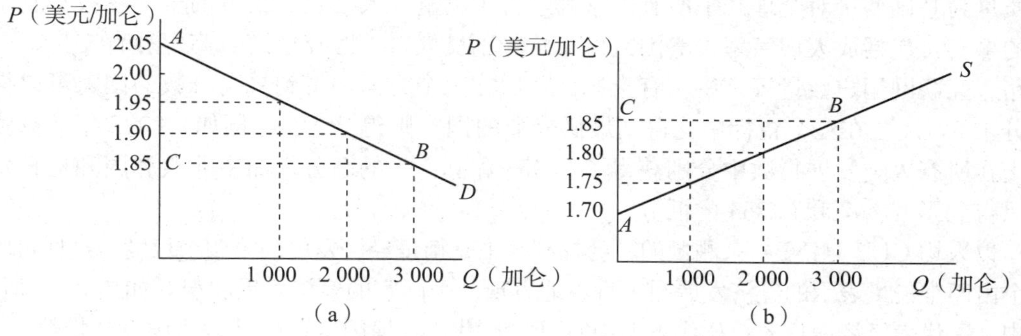

图 2-7 消费者剩余和生产者剩余

与其他很多商品和服务类似，人们可以购买比千加仑更小单位的汽油。如果消费者愿意并且能够以 1.85 美元/加仑的价格购买图 2-7 中所示的所有汽油，那么消费者剩余等于图 2-7（a）中的三角形 ABC。因此，图中消费者剩余指的是需求曲线下方与市场价格曲线之间的那部分面积。

通过计算图 2-7（a）中三角形 ABC 的面积可知消费者剩余。三角形面积公式为“底×高÷2”，在此例中消费者剩余是 300 美元：

$$[(2.05-1.85)\times 3\,000]/2=300(\text{美元})$$

用同样的方法可以计算出生产者剩余。图 2-7（b）表明生产者愿意接受的第一个 1 000加仑汽油的价格不低于 1.75 美元/加仑，而此时市场价格为 1.85 美元/加仑，生产者获得剩余。同样，生产者愿意接受的第二个 1 000 加仑汽油的价格是 1.80 美元/加仑，第三个 1 000 加仑汽油的价格是 1.85 美元/加仑，即市场价格，所以这第三个1 000加仑汽油对生产者而言不带来剩余。

如果生产者愿意以 1.85 美元/加仑的价格供给图 2-7（b）所示的所有汽油，那么生产者剩余就相当于三角形 ABC 的面积。因此生产者剩余是市场价格曲线下方与供给曲线上方之间的区域。通过计算图 2-7（b）中三角形 ABC 的面积可知生产者剩余。在此例中生产者剩余是 225 美元：

$$[(1.85-1.70)\times 3\,000]/2=225(\text{美元})$$

五、经济发展的多维测量

上面讲述的测量方法均是用来衡量一国经济增长的，然而，经济增长只是经济发展的一个方面。经济发展是指一个国家的一般居民所获得的生活质量与经济发达国家的一般居民所享受的生活质量相比能达到的程度。经济发展具有以下几个方面的特征：高消费水平、广泛的受教育程度、充足的住房和方便而高质量的医疗卫生条件。一个国家必须保持长时期的高水平经济增长才会达到以上目标。为了更全面地评价一国的经济发展水平，我们在此引入一个三维评估体系。除了已知的经济增长尺度外，第二个尺度是环境指标，包括人均自然资源占有量、自然资源消耗量和环境污染情况；第三个尺度是人类发展指数（HDI），该指数是1990年由联合国开发计划署（UNDP）在《1990年人类发展报告》中提出的。

联合国开发计划署设计了一个全面的人类发展指数，它以预期寿命、受教育程度和生活质量为基础变量对全球几乎所有国家都进行了测量。人类发展指数的全部参数都基于具体的事实：包括成人识字率、贫困人口、营养不良人口、医疗渠道、高等教育支出、电话线路、互联网用户数量等。将所有指标计算后在三个方面均得到最高分数的国家可以得到满分1.0，反之在三个指标中均得到最低分数的国家则得分为0。例如，2017年，挪威和瑞士在所有人类发展指数中分别获得了0.953和0.944的高分，而中非共和国和尼日尔分别只得到了0.367和0.354的低分。

以人均GDP（GNP）来测量的社会福利水平是衡量经济发展的第四个尺度。这样可画出一个由四维矢量表示的经济发展圆来直观地表现一个国家的经济发展状况，如图2－8所示。其中，G代表经济增长率；P代表人均GDP；E代表环境因素；H代表人类发展指数。

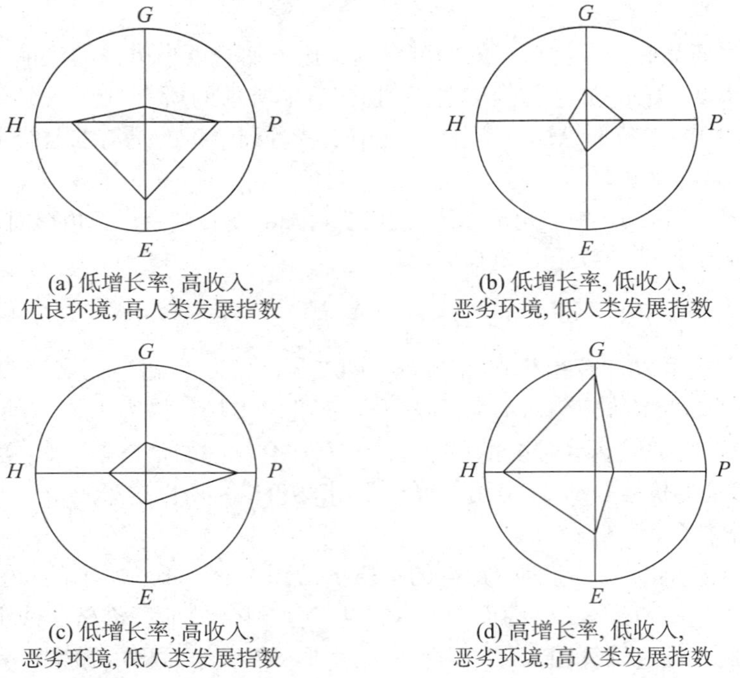

(a) 低增长率, 高收入, 优良环境, 高人类发展指数

(b) 低增长率, 低收入, 恶劣环境, 低人类发展指数

(c) 低增长率, 高收入, 恶劣环境, 低人类发展指数

(d) 高增长率, 低收入, 恶劣环境, 高人类发展指数

图2－8　经济发展图

联合国开发计划署还建立了一个性别敏感发展指数，该指数对人类发展指数在寿命预期、受教育程度和收入指数中存在的性别不平等进行了全面的修正。根据这个指数，所有国家的女性与男性相比都处于相对弱势的地位。也许，联合国开发计划署的性别权利指数揭示出了更多的问题。这个指数的依据是妇女的收入，妇女在就业大军中作为公司行政管理层、教授、技师的比例，以及妇女占据的国会席位的比例。

本章小结

第二章包括两个重要内容：一是推动世界经济发展的基本元素，包括国际分工、技术的创新与传播、世界市场的功能。二是如何利用经济学的分析工具测量一国的经济发展水平，包括 GDP（GNP）、人均 GDP、购买力平价、消费者剩余和生产者剩余，以及经济发展的多维测量。

国际分工 亚当·斯密在观察了一个别针工厂工人依靠专业化分工所取得的生产效率后认为，如果各国也能按照与别针工厂的工人类似的分工方式，只从事几种产品的生产，便可使世界产量达到更高的水平，大大超过封闭状态下的生产水平。

在国际分工的早期阶段，专业化分工基本上发生在区域和国家之间，或者是以自然资源禀赋为基础形成的产业间分工。随着殖民主义的扩张，被殖民化的亚非拉国家和地区成为工业化国家的基础原料和基础产品的供给地，只从事一两种产品的生产；而西欧国家与北美国家则专门从事制造业的生产。自第二次世界大战结束后，国际分工发生了四个方面的变化。第一，相对于日本和欧洲国家来说，美国作为工业生产者的地位下降了。第二，新兴工业化国家和一些发展中国家成为新的制造业基地。国际分工的第三个变化出现在发达国家，即高科技产业和生产服务业分工的出现。第四个重要的变化是早期产业间的国际分工逐渐被产业内甚至是一个产品的不同零部件之间的分工取代。

技术的创新与传播 新技术的研发和传播在提高生产率上起到关键的作用，因此对国际分工格局的确立也起到了重要的作用。在历史上不同的国家和地区曾经成为世界科技中心，因而处于劳动分工阶梯的顶端。每次科技创新浪潮和之后的技术传播都推动世界经济的发展进入一个新阶段。发生在能源、交通、通信、生产制造以及其他领域内的技术创新对于经济发展格局起到了重要的推动作用。

世界市场的功能 作为世界经济体系中的一个基本元素，世界市场在各国和地区之间起到了交换中枢的作用。世界市场的主要作用包括：调节供需矛盾、有效配置自然资源、进行财富再分配、通过贸易提高产品价值和扩大世界市场的溢出效应。

世界经济发展的测量 经济学的一个重要目标是尽可能准确地衡量各种不同的经济活动带来的经济利益，例如，经济活动是否带来了经济增长等。衡量经济增长的方法有很多，目前国际上主要用 GDP 和 GNP。这两者之间的区别主要在于是谁、在哪儿进行生产。GDP 指的是一国国内生产的全部产品，包括国内要素投入的产出和国外要素投入的产出；GNP 指的是全部国内要素产出，包括在本国和在世界其他地方的产出。为了测量实际的经济增长水平需要剔除价格增长因素。一般常用的方法是使用消费者价格指数（CPI）和 GDP 平减指数。消费者价格指数指的是相对于基年所消费产品的成本，一般的消费者为购买同样的消费品所付出的成本。GDP 平减指数指的是相对于基年所生产的产品的价值，一国在某一特定年份所生产的全部产品的价值。

人均 GDP 和人均 GNP 被用来衡量一国国民的福利水平的变化，但是由于汇率的偏差，人均 GDP 和人均 GNP 并不能真实反映一国的实际生活水平，因此购买力平价（PPP）被用来衡量一国的实际生活水平。为了衡量国内和国际上的政策和事件对消费者、生产者、纳税人和政府福利的影响，消费者剩余和生产者剩余成为两个重要的衡量手段。

经济增长水平只是经济发展的一个方面。为了全面地衡量一个国家经济发展的水平，国际上开始使用四维（或者多维）评价体系，除了经济增长指标外还包括环境指标，主要有人均自然资源占有量、自然资源消耗量和环境污染情况。第三个指标是联合国开发计划署提出的人类发展指数，包括预期寿命、受教育程度以及生活质量。第四个指标是社会福利水平，用人均 GDP 或人均 GNP 来衡量。

问题与思考

1. 在什么情况下一国的 GDP（GNP）大于其 GNP（GDP）？

2. 看表 2-8，当每个国家都生产自己具有绝对优势或相对优势的产品并进行贸易时，世界总产出在每种情况下会增加多少？

表 2-8 生产大豆和纺织品所需要的劳动时间

情形 1			情形 2		
	A	B		A	B
S	6	15	S	10	5
T	2	12	T	4	5
情形 3			情形 4		
	A	B		A	B
S	10	8	S	4	9
T	20	4	T	2	3

3. 利用图 2-7 中的数据进行计算：当汽油价格从 1.85 美元上涨到 2.05 美元时，消费者的损失和生产者的收益各是多少？

4. 用四维经济发展圆分别表示一个来自不同收入组群的国家，即高收入国家、中低收入国家和低收入国家。

5. 当世界进入服务经济时代后，劳动分工依然是世界经济发展的一个基本原则吗？

6. 一个国家的经济总量可以由于汇率的原因变大或变小。你认为中国的经济总量按照目前人民币对美元的市场汇率应当变大还是变小？如果用 PPP（美元）来衡量中国的 GDP 呢？

在线学习与应用

世界银行公布的《世界发展报告》中使用钻石图将一国的经济发展状况与其所在收入组群国家的平均情况进行比较。进入世界银行网站并阅读世界银行最新的年度报告，即《世界发展报告》，将你所画的经济发展圆（练习 4 的要求）与报告中的钻石图进行对比分析。

案例研究

姚明——国际服务领域的重要人物

离开中国联赛后，姚明直接参加了 NBA 选秀并被火箭队选中，成为第一名获得状元秀资格的国际球员。尽管人们估计姚明会经历一个漫长的适应期，但是姚明很快便成为球队的中坚力量。在 2002 年 11 月与湖人队的一场比赛中，姚明砍下了 20 分。仅仅 4 天之后，他又在与小牛队的比赛中获得了 30 分和 16 个篮板。12 月 3 日，在对阵拥有邓肯和罗宾逊这两位超级中锋的马刺队时，姚明再次发出耀眼的光芒，他抢下了 27 分、18 个篮板并有 3 次盖帽。在短短的 5 个月之间，姚明便以 56%的投篮命中率位居全联盟第二，并且他的场均得分也超过了 14 分。

全球姚明热

自从芝加哥公牛队丧失冠军宝座后，NBA 热潮迅速降温。但姚明的到来不算太晚，在美国，火箭队的收视率与票房上升了 65%。火箭队不仅散发姚明的成长图标，还在城市里的广告板都印上了姚明的形象。ESPN 播放了姚明从一个小巧的床铺上一跃而出与火箭熊打太极的广告片。

也许更重要的是，姚明已经成为文化的英雄。他打破了好莱坞描绘的那种难以捉摸的、顺从的亚洲男性形象，他也改变了人们对亚裔美国人的那种书生气、弱小和没有运动气质的传统印象。2002 年，亚裔美国人购买的门票只占休斯敦体育票房总销售额的不到 1%。而在姚明加入 NBA 一年后，这个数量就直线上升到了 14%。姚明热还传播到了美国之外，在猛龙队主场所在地多伦多（加拿大城市）聚居着 50 万名华人，这个城市的中文广播台 CCBC 还雇用了一名会说普通话的记者对姚明进行了赛后采访，而中国-加拿大青年体育联盟购买的门票量增加了 150%。

NBA 正在全球化

篮球运动是世界上仅次于足球的第二大集体运动项目，NBA 行政官员大卫・斯特恩（David Stern）为篮球的国际化推广做了将近 15 年的基础工作，包括在全球范围内的转播和国际球员的引进。球迷们对来自德国（小牛队的 Nowitzki）、南斯拉夫（黄蜂队的 Stojakovic）和西班牙（灰熊队的 Gasol）等地的国际球员的强烈支持也推动着 NBA 引进更多的国际球员。体育市场专家里奇・托马斯利（Rich Thomaselli）评论说："姚明在一个完美的时间来到了一个完美的联盟。NBA 需要进行超常的国际化扩张，很多外国球员在这方面做出了贡献，但姚明是独一无二的，因为他的身高、个性以及背景，他会成为 NBA 国际化的领导者。"

还有哪个国家能比中国这个拥有超过 13 亿人口的国家更适合进行"超常的国际化扩张"吗？火箭队老板乔治・波斯托洛斯（George Postolos）热情洋溢地说："这简直不可思议，就在我们征召姚明的一个星期之内，球队获得的国际关注超出了我们获得的两次 NBA 冠军，我认为我们正在成为世界上最受关注的球队。"

波斯托洛斯完全正确，因为国际收视率令人惊奇。2002 年 10 月姚明对阵印第安纳步行者队的初次出场便吸引了 2.87 亿个中国家庭，相比之下，美国只有 1.05 亿个家庭。在 2002 年 12 月的周末黄金时间，两支 NBA 劲旅间的比赛吸引了 1 100 万名美国观众。而早晨 8 点进行的火箭队与弱旅骑士队的比赛却吸引了 600 万名中国观众，并且当天晚间的重播还有 1 150 万人收看。即便是 NBA 的总决赛现场直播也不可能吸引如此多的美国观众。

大约 10 年前，中国的篮球迷每周只能幸运地看上一场 NBA 的比赛，而且是邮寄到北京的一个月前的比赛录像。而现在，平均每个中国观众每周能观看 4 场 NBA 比赛，不少人还能赶上通过中国香港通信卫星频道播放的第五场比赛。但是 NBA 联盟并没有满足于短期内的姚明热，在增加的 6 成转播场次中，姚明出场的火箭队只占四分之一。"联盟想通过人们对姚明的兴趣来开发大家对整个 NBA 所有球队的兴趣，"NBA 亚洲区总监迈克尔・丹泽尔（Michael Denzel）声称，"我们不仅仅是火箭队的频道，即使是在芝加哥公牛队的顶峰时期，我们也没有只关注一个队。我们正在制造声势。"

公司的追求

无论 NBA 的抱负如何，目前短期效应显而易见：数百万的中国人，老老少少，不管是球迷还是新手，为了一睹家乡英雄在NBA舞台上的表现而旷工、逃课，或者废寝忘食。明显，亚洲市场已经不仅仅局限于观看比赛，它还在发展自己的体育用品购买市场。托马斯利说："亚洲和亚籍美国球迷还没有大量购买运动鞋和运动衫，但我可以看到整条姚生产线。"随着2003年4月首批具有NBA专利的商品进入中国，预计诸如科比、沙克、艾弗森等球星签名的运动衫以及火箭队的11号队服（姚明的号码）都会很快售罄。不同于其他职业联盟，NBA长期以来一直具有全球眼光。而目前，至少是在亚洲，它拥有了实现其抱负的手段。

从公司的角度来看，姚明已经不仅仅是在美国产生轰动效应的中国元素，他已经成为跨国公司进入中国这个拥有超过13亿人口的巨大市场的重要工具。随着2008年北京奥运会的到来，中国迈向现代化的步伐正在加快。市场正在逐渐开放，年轻人显示出巨大的购买力。开发年轻人购买力的最好途径就是通过体育明星的宣传。在过去，几个亚洲运动员如张德培（Michael Chang）和关颖珊（Michelle Kwan）等曾经获得一定知名度，但他们从事的都是个人项目。只有影响力巨大的篮球球星，如姚明，才可能获得最有价值和最成功的崇拜。然而，不同于美国——人们对受崇拜的人物如乔丹和伍兹非常熟悉，而姚明是一个正在开发的形象，但却能占领中国这个正在崛起的缺乏竞争的市场。

对信息产业来说中国是最难以琢磨的市场，它是世界上最大的移动电话用户基地，拥有2亿个手机用户和最高比例的在线游戏玩家。随着中国大众对体育明星的偶像热以及通信技术的传播，无线通信公司很快将姚明列为它们的代言人。在签订了500万美元的代言合同之后，姚明将代表中国联通兜售无线服务业务；同时，总部位于加州的Sorrent技术公司将联合两家最好的手机公司共同开发和销售一款叫作"姚明篮球"的手机游戏，这款游戏运用了最新的3D技术。

"一座金色的桥梁"

尽管媒体关注的是姚明的统计数据、他的篮球功底和代言合同，但是NBA的国际化服务战略研究表明姚明具有更强大的市场号召力。贝克尔（Baker）研究所的亚洲公共政策研究专家史蒂文·刘易斯（Steven Lewis）说："中国民众崇拜姚明是因为他代表了中国的形象而非与篮球相关，他们希望知道'姚明作为一个中国人是怎样走出国门并在外国人中间生活和工作的'。"跟随着来自他们家乡的英雄，中国的国民也像他们正在开放的国家那样关注和融入整个世界。

资料来源：Michael R. Czinkota，et al，*International Business*，8e，Wiley，2010.

讨论题：

1. 讨论下面这句话："姚明不仅是中国最好的篮球运动员，而且是国际化的最有说服力的象征。"

2. 如何从经济角度衡量姚明的价值？

第三章

经济全球化时代

本章要点

- 什么是经济全球化？
- 世界各国和企业的全球化程度如何？
- 经济全球化有何利与弊？
- 经济全球化对企业的发展有何影响？

经济全球化通过产品、资本、劳动力和其他生产要素的流动形成了一个全球性的网络，将世界各国、企业和个人更加紧密地联结在一起。这个网络以前所未有的方式将全球贸易、金融市场、技术以及生活水平等各个方面联结在了一起。中东地区的严峻形势及其对石油生产的影响会波及全世界；墨西哥比索的突然贬值会影响到美国的金融市场并波及波兰、匈牙利和捷克等国；亚洲的金融危机甚至影响到了全球所有地区的投资、贸易以及证券市场；美国的一场次贷危机演变成一场席卷全球的金融危机。这种相互影响在个人的微观层面也发挥着更为重要的作用：通信技术通过传统的和现代的手段建立起新的国际化桥梁；通信产品获得了国际上的广泛青睐并且带来世界范围内活动的趋同化。交通的发展使不同国家的人们可以非常方便地相聚和交往。

经济全球化还产生了在全球配置生产的策略。比如，仅仅在几十年前人们还认为这样的生产模式是不可能的，那就是在几个国家生产飞机零部件，在另一国进行组装，之后再在其他国家销售。然而，如今类似的全球化的生产配置策略以及生产和配给的共享已经成为普遍模式。在产品生产之外，服务公司也逐渐采用国际化方式。各种咨询公司、保险公司、软件公司以及大学参与国际化市场的程度越来越高。服务活动也可产生跨国的影响。例如，某个国家银行部门的困难所导致的货币疲软很快会传导到其他国家并影响这些国家的币值。一些服务产业如民航或通信产业规制的取消也将对全球范围该产业的重组发生深刻的影响。

上面所述的这些关联和变化便是全球化时代的典型现象，它们已经引起各国经济学家以及学者的广泛关注，使其积极研究和试图解答这样一些问题：什么是全球化？经济全球化有何利与弊？全球化如何影响世界经济的发展？

第一节　经济全球化的定义与测量

一、全球化、国际化与一体化的定义

自20世纪后半叶开始，世界经济领域最为显著的特征就是全球化的迅速发展。全球化运动是指世界各个市场之间的相互依存度逐渐加深，新观念、技术、产品、服务以及生活方式通过国际市场不断传播的趋势。总的来说，全球化指的是各国人民和社会之间的交往不断增加，以及各经济体、各国政府和环境之间的依赖不断加深。

在谈到全球化时，另一个经常用到的词汇是“国际化”。国际化和全球化这两个词在一般的商务出版物中常常可互相替代，然而尽管十分相似，它们之间还是有一些区别的。国际化是公司将产品和服务从本国延伸到国外时发生的，因此国际化是全球化的第一个阶段。全球化是诸如理念、产品以及服务通过世界市场的传播带来技术和生活水平的提升。一体化相对于全球化来说是世界经济发展的更高程度，它发生在所有经济体在几乎所有主要的经济领域都实现了完全融合的情况下。全球范围的经济一体化是经济全球化的最终阶段，但是目前经济一体化在世界大多数区域主要体现为区域经济一体化。

一些西方学者认为全球化也意味着“西方化”，它包括对西方国家，特别是北美国家和西欧国家的生活方式和行为方式的效仿。美国和欧洲国家作为整个20世纪主要的贸易国对世界上其他国家的生活方式产生了广泛的影响。随着美国实力的增强，“美国化”已经逐渐成为“西方化”的同义词。好莱坞的电影业占据了欧盟70%的电影市场以及日本50%的电影市场。美国的特许商店和品牌，例如麦当劳和可口可乐在世界市场上迅速扩张。

从民族国家的角度讲，许多国家向往现代化，但却并不都热衷于采用西方化的物质诱惑和竞争行为。特别是“美国化”在世界上许多地区都受到了抵制。加拿大和欧盟转向文化保护主义以防止自己的文化被“美国化”。1998年，19个来自欧洲、非洲、拉丁美洲的国家召开会议商讨保护民族文化免遭美国全球文化帝国主义侵蚀的国际规则。特别是在发展中国家，当地的知识、文化和体制在“国际单一文化”的冲击下已经失去立足之地。

然而，全球化对所有国家的影响都是双向的。其他国家的文化也影响着西方文化。例如亚洲（印度、中国、日本、泰国、韩国）烹调在欧洲和北美十分受欢迎。日本的管理方式对欧美的商业界产生了重要的影响；伊斯兰教、印度教和佛教以及其他一些宗教不断进入西方。商业往来在使跨国产品流动、生活习俗交往和思想交流顺利开展的同时，世界公民在不同的文化组合中有了更多的选择理想文化的机会。

二、国家全球化程度的测量

全球化的进程及其对社会和人类的影响是如今最重要的话题。各国学者对世界各国全球化的发展程度也给予了极大关注。世界银行和国际货币基金组织、智库以及学者发布了一系列测量指数和报告，其中比较有影响力的一个是美国政治外交双月刊《外交政策》和著名国际咨询公司科尔尼（A. T. Kearney）在2000年联手推出的全球化指数，目前范围涉及72个国家和世界上一些重要的地区。这一指数将全球化分拆成几个重要的部分，在国与国的基础上，通过包括货物贸易、服务与资本的流动量、国际长途电话次数、国际旅游人数、每人拥有的互联网服务器数量以及价格和利率的互动影响等对有关国家的国际化程度进行测量。

另一个具有广泛的学术和社会影响的全球化程度测量指数是瑞士苏黎世联邦理工学院经济研究所（KOF）发布的全球化指数。它包括经济、社会和政治三个方面的全球化，是23个具体指标标准化后的加权平均值。其中，经济全球化是指产品、资本和服务以及伴随着市场交流的信息与观念的长途流动；社会全球化是指思想、信息、图像的传播和人的流动；政治全球化是指政府政策的扩散。表3-1给出了KOF 2018年发布的全球200个经济体中排名前20的经济体。表3-2给出了2018年中国的全球化指数及其分类指数的排名与数值。

表3-1　世界主要经济体全球化指数排名（前20名，2018年）

排名	全球化指数		经济全球化		社会全球化		政治全球化	
	经济体	数值	经济体	数值	经济体	数值	经济体	数值
1	比利时	90.47	新加坡	92.47	挪威	90.43	意大利	99.26
2	荷兰	90.24	中国香港	90.07	卢森堡	89.89	法国	99.15
3	瑞士	89.70	荷兰	89.31	瑞士	89.58	德国	98.23
4	瑞典	88.05	比利时	89.23	丹麦	88.30	西班牙	98.04
5	奥地利	87.91	马耳他	86.73	爱尔兰	88.12	英国	97.82
6	丹麦	87.85	爱尔兰	86.19	英国	88.05	荷兰	97.64
7	法国	87.34	卢森堡	85.49	新西兰	86.88	瑞典	97.16
8	英国	87.23	爱沙尼亚	84.31	奥地利	86.75	比利时	95.80
9	德国	86.89	瑞士	83.82	加拿大	86.48	瑞士	95.69
10	芬兰	85.98	匈牙利	83.02	比利时	86.29	奥地利	95.62
11	挪威	85.81	阿拉伯联合酋长国	82.47	芬兰	85.85	美国	95.43
12	匈牙利	84.20	丹麦	82.21	塞浦路斯	85.81	印度	95.31
13	爱尔兰	83.53	捷克	81.69	瑞典	85.68	土耳其	93.99
14	加拿大	83.45	奥地利	81.36	中国香港	85.46	中国	93.60
15	捷克	83.41	瑞典	81.32	德国	85.39	加拿大	93.52
16	西班牙	83.31	拉脱维亚	81.01	冰岛	85.33	阿根廷	93.10
17	葡萄牙	82.21	毛里求斯	80.12	法国	85.28	埃及	93.06
18	意大利	82.15	格鲁吉亚	79.49	以色列	83.84	丹麦	93.04
19	卢森堡	82.00	芬兰	79.44	荷兰	83.76	芬兰	92.65
20	爱沙尼亚	81.97	斯洛伐克	79.05	澳大利亚	83.39	葡萄牙	92.28

资料来源：KOF.

表3-2　2018年中国全球化指数排名

全球化指数		经济全球化		社会全球化		政治全球化	
排名	数值	排名	数值	排名	数值	排名	数值
87	61.23	148	38.5	137	51.60	14	93.60

资料来源：KOF.

从2018年的榜单看，全球化指数排名前20的经济体几乎都是发达经济体，虽然有英、法、德、意、西、加等经济规模较大的国家，但是经济发达的欧洲小国仍然占大多数，可见全球化程度与国家的开放程度有重要关系，经济规模较小的国家更容易实现全面开放，融入全球化进程中。在分类指标中，经济全球化排名前 20 的经济体中地域比较多样化，虽然较发达的欧洲小经济体依然是主角；入榜的亚洲经济体虽然数量不多，但是排名拔得头筹；毛里求斯是唯一进入前 20 的非洲经济体。社会全球化排名前 20 的经济体，其特点与前面的分析基本一致，说明经济与社会的发展彼此依赖、相互影响。在政治全球化排名前 20 的经济体中，虽然排名前 10 的经济体依然全部是欧洲发达经济体，但是在后 10 位的排名中出现了较大的变化，世界上一些在前面没有出现过的最大的发达经济体（如美国）和发展中经济体（如印度、中国、阿根廷等）都进入了前 20 榜单。由于政治全球化衡量的是政府政策的扩散程度，因此经济实力强大的经济体在政治方面的影响力也较大。

2018 年中国的全球化指数排名是第 87，排名比较靠后的原因是两项分指标，即经济全球化和社会全球化的排名分别为第 148 和第 137，只有政治全球化排名第 14，进入了前 20 名。中国的前两项指标比较靠后与中国的经济体量大、地域广阔、对外开放时间较短都有关系。

三、企业全球化程度的测量

1. 跨国指数

企业的国际化和全球化都是对其融入国外市场深度的测量。对国外市场融入的深度影响着企业在国外市场的组织结构和战略。企业国际化作为全球化的第一步，主要测量的是企业产品的国外销售情况，因此测量相对简单，只需计算某企业在国外的销售与总销售的比值即可（见表 3－3）。而全球化的测量方法则相对复杂得多，它可以以企业为基准采取客观的测量方法，也可以采取更加主观的测量方法。

联合国贸易和发展会议（UNCTAD）提出了一个衡量经济体全球化程度的指标，即跨国指数。该指数包括三个比值：国外资产占总资产的比值、国外销售额占总销售额的比值和国外雇员人数占总雇员人数的比值。跨国指数的计算方法如下：

$$\text{跨国指数}=(\text{国外资产}/\text{总资产}+\text{国外销售额}/\text{总销售额}+\text{国外雇员人数}/\text{总雇员人数})/3\times 100\%$$

毫不奇怪，这样的测量标准对本国市场规模小的企业有利，如瑞士、爱尔兰、英国和新加坡等的企业，这些企业的国际销售很容易超过其国内的数额。也就是说，跨国指数反映了一个经济体的国际化或全球化程度。如表 3－3 所示的跨国指数排名前 20 的企业里只有几家企业的国际化指数低于 90%，而美国企业的国际化指数是最低的，说明其国内市场的影响较大。

表 3－3　世界 20 强非金融跨国公司，按照国外销售额/总销售额计算，按跨国指数排名，2017 年

跨国指数排名	跨国公司	总部所在地	销售（百万美元）		按照国外销售额/总销售额计算的国际化指数（%）
			国外	总额	
1	力拓	英国	37 700	38 128	98.88
2	太古	英国	10 324	10 745	96.08

续表

跨国指数排名	跨国公司	总部所在地	销售（百万美元）		按照国外销售额/总销售额计算的国际化指数（%）
			国外	总额	
3	博通	新加坡	17 313	17 636	98.17
4	英美资源集团	英国	23 625	24 996	94.52
5	英美烟草集团	英国	25 844	26 116	98.96
5	Altice	荷兰	24 273	26 494	91.62
7	雀巢	瑞士	89 905	91 186	98.60
8	施耐德电气	法国	26 030	27 895	93.31
9	诺基亚	芬兰	24 182	26 096	92.67
10	美敦力	爱尔兰	22 971	29 710	77.32
11	SAP	德国	22 671	26 450	85.71
12	鸿海精密工业	中国台湾	151 752	154 650	98.13
13	夏尔	爱尔兰	14 387	14 440	99.63
14	沃达丰	英国	45 881	54 450	84.26
14	沃尔沃	瑞典	38 123	39 179	97.30
16	长江和记实业	中国香港	25 036	31 890	78.51
17	达能	法国	25 449	27 821	91.47
18	安赛乐米塔尔	卢森堡	57 159	57 252	99.84
19	可口可乐	美国	24 773	35 410	69.96
20	液化空气集团	法国	22 144	22 941	96.53

资料来源：UNCTAD:《2019年世界投资报告》。

跨国指数还可以被用来测量企业的全球化程度。表3-4所示为企业的跨国指数。同样，国内市场规模的大小也决定了企业的跨国程度，例如发达的欧洲小国全球化程度都很高，它们占据了其中的16个席位。跨国指数最高的几家企业，因为国内市场狭小，它们的销售、资产以及企业雇员几乎都位于其他经济体。这些企业的生存取决于自己的技术和资金优势，通过利用当地的区位优势取得企业的发展。

表3-4　世界20强非金融跨国公司，按跨国指数排名，2017年

跨国指数排名	跨国公司	总部所在地	产业	资产（百万美元）		销售（百万美元）		雇员（个）		跨国指数（%）
				国外	总额	国外	总额	国外	总额	
1	力拓	英国	采矿、石油	95 673	95 762	37 700	38 128	46 498	46 807	99.4
2	太古	英国	运输、仓储	49 835	49 905	10 324	10 745	80 707	80 820	98.6
3	博通	新加坡	电子元件	52 764	54 418	17 313	17 636	13 100	14 000	96.2

续表

跨国指数排名	跨国公司	总部所在地	产业	资产（百万美元）		销售（百万美元）		雇员（个）		跨国指数（%）
				国外	总额	国外	总额	国外	总额	
4	英美资源集团	英国	采矿、石油	52 709	54 582	23 625	24 996	67 000	69 000	96.1
5	英美烟草集团	英国	烟草	189 214	190 643	25 844	26 116	78 843	91 402	94.8
5	Altice	荷兰	通信	83 710	86 876	24 273	26 494	45 454	47 173	94.8
7	雀巢	瑞士	食品饮料	106 790	133 627	89 905	91 186	312 867	323 000	91.8
8	施耐德电气	法国	电、气、水	44 262	47 792	26 030	27 895	134 749	153 124	91.3
9	诺基亚	芬兰	通信设备	42 816	49 201	24 182	26 096	95 372	101 731	91.1
10	美敦力	爱尔兰	设备及相关产品	95 902	99 816	22 971	29 710	87 432	91 000	89.8
11	SAP	德国	计算机与数据处理	44 235	50 968	22 671	26 450	85 303	88 543	89.6
12	鸿海精密工业	中国台湾	电子元件	95 809	114 824	151 752	154 650	728 431	873 000	88.3
13	夏尔	爱尔兰	医药	66 838	67 783	14 387	14 440	14 748	23 044	87.4
14	沃达丰	英国	通信	160 139	179 412	45 881	54 450	98 318	111 556	87.2
14	沃尔沃	瑞典	汽车	43 756	50 255	38 123	39 179	67 139	87 104	87.2
16	长江和记实业	中国香港	零售贸易	125 804	140 795	25 036	31 890	279 000	300 000	87.0
17	达能	法国	食品饮料	49 388	53 092	25 449	27 821	79 681	104 843	86.8
18	安赛乐米塔尔	卢森堡	金属及相关产品	68 678	71 104	57 159	57 252	118 465	197 108	85.5
19	可口可乐	美国	食品饮料	81 191	87 896	24 773	35 410	57 085	61 800	84.9
20	液化空气集团	法国	化学品及相关产品	46 397	49 205	22 144	22 941	40 424	65 200	84.3

资料来源：UNCTAD：《2019 年世界投资报告》。

2. 其他测量方法

对于单个企业的全球化程度，还有其他的一些测量方法，体现在以下六个方面。

企业管理层的全球化程度　企业管理层的全球化程度反映了企业经营活动在国际上的扩展程度，例如高级管理层所代表的国籍数。日本企业（也有一些例外）趋向于管理层人员的本土化，而欧洲企业的高级管理层则更加全球化。

规划全球化战略　对于真正全球化的企业来讲，企业是以全球市场为蓝图来规划企业的使命、思路与战略的。全球化的企业在全球范围内寻找自己的合作伙伴，也就是说，无论它们选择国内企业作为合作伙伴还是选择任何外国企业作为合作伙伴，合作者都应能带来战略上的优势。

市场营销导向 一个企业采取国际化、多国化或当地化策略的程度取决于它的全球客户的相似性和不同点。当找到各个市场的相似性后，企业倾向于将产品的供应标准化。当各国的民族差异较突出时，企业倾向于赋予当地管理人员更多的市场操作自由度来制定各自的战略模式。在实践中，很少有企业采取纯粹的国际化或者纯粹的本土化策略，大多数企业根据市场需求以及竞争对手的策略采用混合型方式。

生产经营区域 企业管理层将根据消费者和竞争因素来决定是以全球市场为基础，还是以区域或个体市场为基础运作企业的资产。在各个市场之间的要求大同小异时，可通过集中生产取得规模经济效应（如波音和空客）或者通过国家间的分工进行专业化生产，之后将零部件运往所需的市场，以此获得低要素成本优势、生产技术或者产品零部件。当市场营销方式以当地为基础时，企业则倾向于建立自己的产品供应链。

当各国之间的劳动技能要求和制造成本基本一致时，企业就有可能将各国的产品生产标准化。同样，在企业文化和与生产相关的制度（如全面质量管理、准时制生产）成为产品生产成功的关键因素的地区，企业应以全球生产为基础，努力实现相关因素的标准化。例如，丰田成功地将其生产系统移植到许多国家而没有造成生产效率的大幅下降。

产品研发计划 在研发投入密集的产业（如软件、生物技术、制药、IT 等领域）的企业必须兼顾国际客户的需求与个别地区和市场的需求。当研发某项新产品或者新技术需要大量资源投入时，企业便会将其研发力量集中起来；当企业希望利用当地的研发资源优势和利用个别市场需求实现产品创新时，企业便应按照地理区位布局研发力量。

人力资源管理方式 人力资源的全球化过程对于全球化企业管理层是一个永恒的挑战。招收和留住获得的最优秀管理人才成为大多数跨国公司强调的关键因素。但企业在此过程中也会遇到困难。例如，企业发现在面对不同国家不同的收入水平时，很难在同一企业内采用统一划定的工作职责和激励标准。发展中国家中一些出色的经理人抱怨与同一国家内同一企业的外国同事相比，自己受到不公正的收入待遇。

第二节 全球化的利与弊

经济全球化与所有其他重大的社会变革一样具有双重性，既有优势，又有劣势。

一、全球化的优势

公司从进入世界市场并融入全球化的进程之中可获取诸多利益，主要包括以下四个方面。

将国内市场上成功的产品和经营策略推广到新的市场上，以获得规模经济效应 经济全球化使跨国公司有可能在全球范围内依据不同国家和地区的比较优势建立子公司，从而以最有效的方式组织生产和经营。投资自由化和各国市场的开放使跨国公司的势力渗透到了世界的每一个角落，同时，所有参与其中的国家也从这个过程中获得经济利益。一个成功的企业在自身的发展过程中，迟早会受制于本国国内有限的市场容量，因为相对于其巨大的产能，国内市场的需求十分有限，特别是一些小国的公司更是如此。芬兰是一个只有 500 万人口的小国。而诺基亚，芬兰国内的一个手机生产企业，在 2001 年全年的手机产量为 1.4 亿部，这个数量是其人口的 28 倍。显然，芬兰人不会也不可能一年购买 28 部手机。幸运的是，其他国家的消费者购买了其产品，同时使诺基亚从一个最初的小造纸厂变成了全世界的手机生产大鳄。巨大的世界市场使诺基亚能够大规模地生产手机并享受到规模经济带来的好处，它的世界市场份额在 2007 年曾经达到 37.8%。诺基亚虽然风光不再，并于 2014 年被微软收购，但同年它的市场份额仍然达到了 11.5%。如图 3－1 所示。

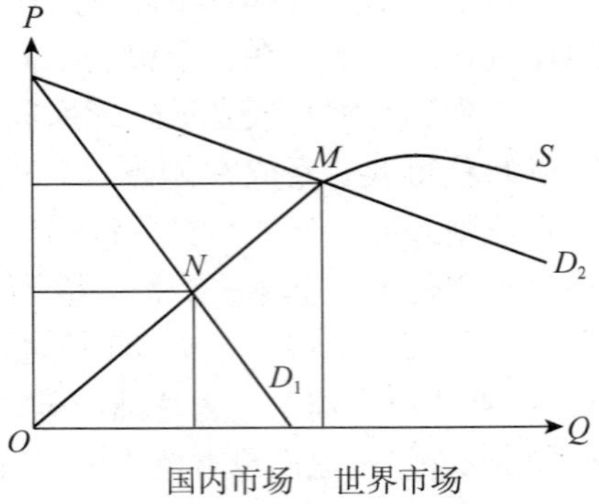

图 3－1　将国内市场扩展到世界市场

利用世界市场的生产要素资源优势　一国国内的生产要素无论在数量、种类、质量还是用途上都是有限的。国内供给和需求之间的缺口常常限制了本国生产者的产能。显然，解决自然资源短缺问题的最好途径就是进入世界市场，从那里获取更便宜、更好的原材料；减少劳动力或加工成本，以及获取新观念和专业技术。受国内资源匮乏影响的企业已然开始在世界范围内扩展自己的生产。如图 3－2 所示，某企业的生产能力受限于国内有限的资源。通过对世界市场资源的利用，该企业的产出从点 N_1 上升到了点 N_2。

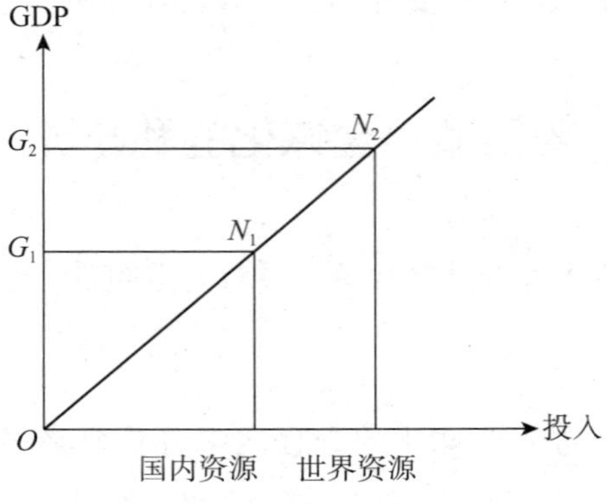

图 3－2　利用世界市场资源扩大生产

获得范围经济效应　跨国公司在国外市场立足后便可从多个市场运作中获得优势，例如在国外市场上建立专利特长，并利用这些特长在全球、区域和地方市场上获得持续的优势。

范围经济概念的提出与发展可归功于经济学家约翰·C. 潘扎尔（John C. Panzar）和罗伯特·D. 威利格（Robert D. Willig）。规模经济是指当生产某种产品的规模扩大后导致平均成本的降低，而范围经济与此不同，它指当一个企业生产两种或以上产品的成本低于分别生产这两种产品的成本时的情况，如下式所示：

$$TC(Q_X, Q_Y) < TC(Q_X) + TC(Q_Y)$$

其中，$TC(Q_X)$ 为企业生产 X 产品的成本，$TC(Q_Y)$ 为企业生产 Y 产品的成本。图 3－3 给出了结果。

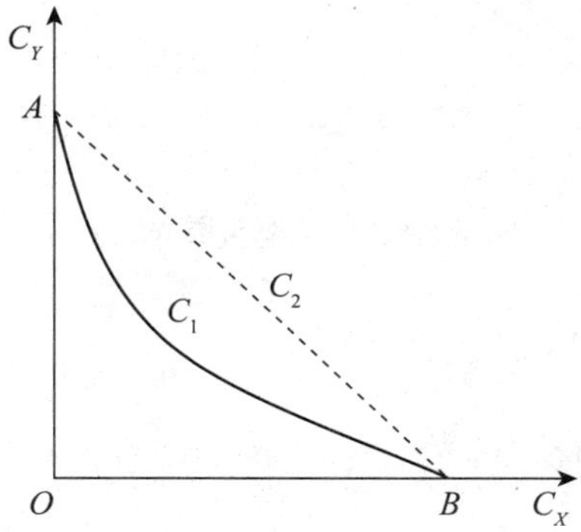

图 3－3　企业生产两种产品的成本

企业可以通过集中财务或市场营销获得范围经济效应，或者在其他地点形成彼此依赖的关系，如在营销某种产品时同时推销另一种产品，或将一种商业经营的产出作为另外一种商业经营的投入等都可以产生范围经济效应。范围经济效应成为企业国际化和形成大型国际集团的动力。例如在 20 世纪 90 年代，一些从事多种经营的大型企业集团依赖交叉销售获得了巨大的范围经济效应。例如，使用销售其他产品的团队经销金融产品，这种效应就是 1998 年旅行者集团与花旗集团合并的合理解释。

提高资源利用效率，实现产业结构升级　一个国家将有限的资源配置到最有效率的部门来实现产业结构的升级并从中受益。然而，随着生产要素转移到效率较高的生产部门，该国不得不面对由于供给缺失带来的产品短缺。产品短缺问题只有通过对外开放，即通过进口才能得以解决。

假设某个国家共有 60 单位生产要素，这些要素被平均分配到三个不同的生产部门：计算机、汽车和纺织行业。很明显，计算机行业由于劳动生产率最高因而产出也最高，达到 28 单位；汽车行业的劳动生产率居中，其产出为 21 单位，而纺织品行业的劳动生产率最低，其产出为 16 单位，比计算机行业少了 12 单位。如果将纺织品行业的 20 单位生产要素重新配置到计算机行业，则会产生两个结果：第一，国内生产总值增加，从 65 单位上升到 77 单位；第二，国内纺织品的供给为零。然而，在开放的世界市场上，国内对纺织品的需求只需通过进口（例如从中国进口）便可轻易得到解决。通过以上做法，进口国既实现了产业结构的升级，又增加了国内的总产出（增加了 12 单位）。然而，进口国如果不促进对中国的出口就会产生贸易逆差。如果该国促进对中国的出口，例如向中国出口高科技产品等，则该国由于其高科技产品的附加值高于纺织品等劳动密集型产品，因而对中国的贸易会产生盈余（见图 3－4）。

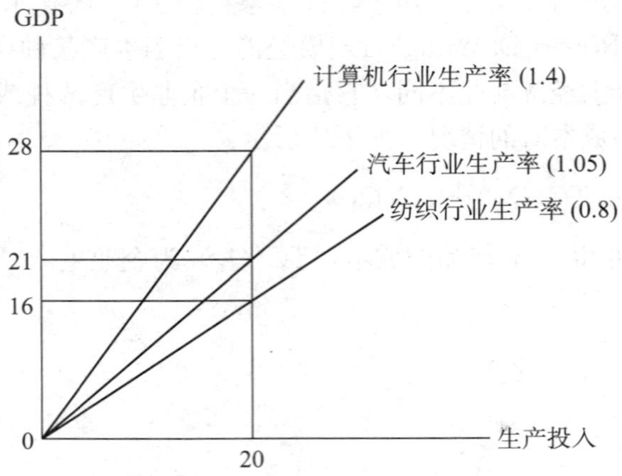

图 3-4　生产率与国民收入

二、全球化的劣势

全球化并非为所有国家和企业带来的都是灿烂图景，全球化也带来了很多问题和不利影响。

从企业的角度考虑，企业向海外发展需要时间和耐心。例如在全球化的过程中涉及大量的资源配置。那些原本用来巩固或建设国内市场地位的资源被投入国际市场上，而国际市场上的回报不是短期的，而是具有长期性质。如美国的联邦快递公司花了 11 年时间才从欧洲业务中实现盈利。国际化进程中的企业为了在国际市场上站稳脚跟所花费的时间和金钱可能会严重挫伤该公司国内投资者的信心，因为投资很难在短时间内得到回报，并且公司的股票价格也会有起伏。

全球化是一个学习过程。向国际市场进军的企业必须具有国际化管理的专业知识。许多跨国公司已经多年从事国际化经营，然而经历长并不能使它们免受国际化进程中问题的困扰。成功的跨国公司必须随时准备调整自己的产品、服务和组织形式。它们首先认识到某些产品和经营方法能移植到国外市场；而另一部分产品和经营方法稍做改变后才可适用于国外市场；但还有一些实践则完全不适合国外市场。在任何情况下，为保证灵活、有效的运营，大量的学习过程都是必不可少的。许多企业的经理，特别是没有国际商务课程学习经历或者出国旅行经历的经理，起初都被巨大的文化差异搞得不知所措，因为不断变化的政治、经济、法律、金融、文化结构的确令人望而生畏。

从就业的角度看，由于企业生产国际化战略的实施，生产外包与服务外包成为发达国家企业降低生产成本的重要手段。生产外包与服务外包带来的直接结果是原来在这些部门工作的人员的工作机会变得不确定，可能不得不面临再就业压力。由于相关蓝领工人以及白领工人担心被解雇，因而在与资方就工资问题的谈判中处于不利地位。由于就业问题是每个国家百姓最为关切的问题，因而也成为这些国家政治人物在竞选中经常谈及的话题。

从国家的角度来看，全球化还扩大了最富裕国家和最贫穷国家间的差距。联合国开发计划署在《1999 年人类发展报告》中指出：世界上 5 个最富裕国家的财富是 5 个最贫穷国家的 74 倍。占世界人口 1/5 的发达国家拥有全球 GDP 总量的 80%，而占世界人口 3/4 的发展中国家仅仅拥有全球 GDP 的 18%。世界经济从本质上讲是市场经济，因此竞争是获得资源与市场的基本方法。经济竞争有利于那些具有较大技术、财政以及人力资源实力的国家，而这些资源大多数属于富国。这份报告还指出，占世界人口 1/5 的 12 亿富人消费和拥有全球 58%的能源、74%的电话、84%的纸张以及 87%的汽车。与此相对照的是，世界上最穷的 26 亿贫困人口缺乏基本的卫生设施，住着简陋的房子，甚至用不上干净的水。在 15 年后的 2014 年，全球贫富差距状况是否有所改善？《2014 年人类发展报告》总结了如下几点：

● 全球人类发展水平持续增长，但速度比以往放缓。2013 年的全球人类发展指数平均为 0.702，而 2012 年是 0.700。

● 有超过 15%的世界人口面临各种各样的贫困状况。

● 有 16 个国家妇女的人类发展水平与男性持平或超过男性。

● 2013 年人类发展水平下降最大的国家是中非、利比亚和叙利亚。那里持续的动乱导致收入不断下降。

● 尽管拉美和加勒比地区的不平等程度下降幅度最大，但这些地区收入分配不平等的现象仍然十分普遍。

● 南亚地区有超过 8 亿贫困人口和 2.7 亿接近贫困的人口，超过这个地区人口的 71%，是拥有各类贫困人口最多的地区。

● 发展中国家中超过 20%的人口人均每天支出不到 1.25 美元，超过 50%的人口人均每天支出不到 2.50 美元，几乎 75%的人口人均每天支出不到 4 美元。由此可以得出的结论是：工业化国家是经济全球化最主要的受益者。

经济全球化最大限度地加深了各国之间的相互依赖。一国的经济活动已经融入世界经济发展周期中，政府的决策或多或少会受到其他国家甚至外国公司的影响，这会减弱政府政策的效力并削弱政府特别是发展中国家政府的权力。一些发达国家的民众则认为，政府为了迎合一些国际组织的政策要求而牺牲本国人民的利益，例如欧盟成员国对于接受中东地区难民的做法在当地百姓中引起了一些不满与焦虑，甚至成为有些国家民众想退出欧盟的原因。

第三节　全球化对企业发展的效应

跨国公司向世界市场的扩张在国家、区域和全球层面上会对产业结构产生影响，而且影响到企业的组织结构和企业文化。其影响如图 3－5 所示。

一、对产业的影响

产业的全球化提高了国家、地区以及世界范围内的竞争程度。

在国家层面，国内企业意识到它们必须取得必要的规模来应对国外企业的竞争。由于时间的约束，不少企业倾向于通过并购等方式来扩大规模。2000 年，日本金融服务产业内的第一劝业银行、富士银行和日本兴业银行合并成立了日本瑞穗金融集团，该集团的资产总额超过了 1 万亿美元。随后 2001 年，三和、旭日和东海这三家银行也进行了合并。这样的合并由于整个银行业的不景气和与欧美国家银行展开有效竞争的急迫需求而加快了步伐。

在区域层面，企业需要获得地区市场份额和规模经济以对抗其他全球性生产商。并购

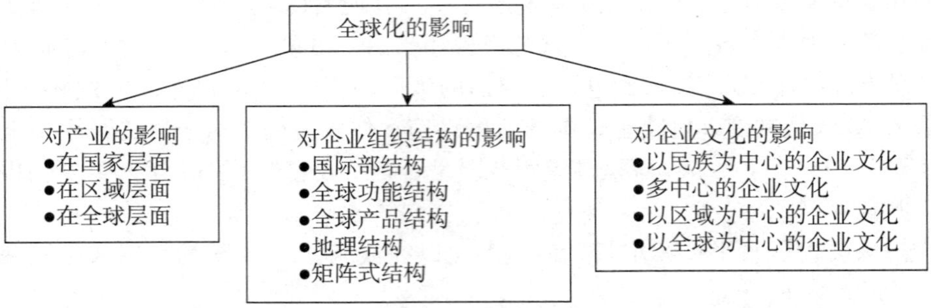

图 3－5　全球化对产业、企业组织结构和企业文化的影响

再次成为可采用的战略。在南美，钢铁企业采用了两种策略。首先，巴西和阿根廷实现跨区域收购以达到规模经济和维持价格的竞争力；其次，本地企业与外国企业结成合作伙伴以实现技术升级，并获得世界范围的销售渠道。在西欧化工行业，聚烯烃企业相互合并以对抗北美制造商在全球的竞争。

在全球层面，一系列大型跨国公司之间的强强联合影响了产业结构的变化。强强联合能起到减少世界范围内的竞争对手的作用，并造就几个实力雄厚的全球性竞争对手。

强强联合的目的在于攻守皆备。在国家和区域层面，企业之间的并购首先是为了使企业达到必要的规模，其目的在于捍卫国内市场并且加强企业在区域市场中的地位；其次是为了向企业提供一个参与国际竞争的平台，以获得全球规模经济，在世界所有的主要市场和区域都占有举足轻重的地位。

二、对企业组织结构的影响

进入世界市场的企业必须调整组织结构以适应新的市场环境。大多数企业在进入国际市场后都会随着全球业务的不断增加而有计划、循序渐进地对组织结构进行周期性调整。图 3－6 所示为跨国公司随着国际业务的增加而采用的组织结构，从最基本的结构到复杂的结构。

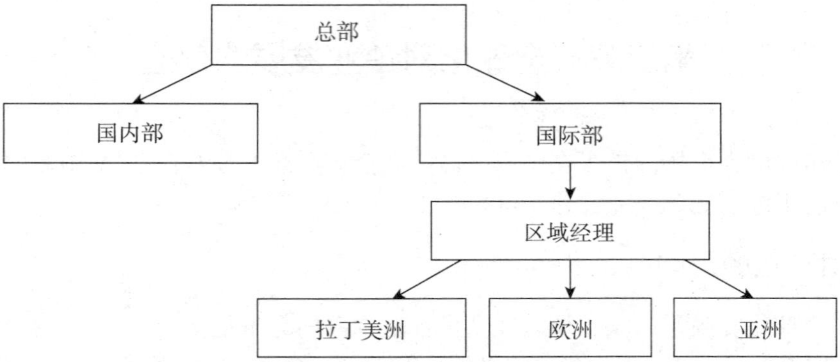

图 3－6　国际部结构

大多数企业的起步始于向国外出口自己的产品。为了更有效地出口商品，企业将与国外市场相关的专有技术和人才集中于一个国际部。当企业在国外的销售扩大并稳定下来后，先是营销子公司之后是生产子公司随之建立起来。一些企业会进一步采用全球功能结构（见图 3－7），赋予生产、营销、研发、财务、人力资源等部门的副总裁国际经营权限。以上两种结构最适用于企业只生产极少数产品和市场有限的情形。

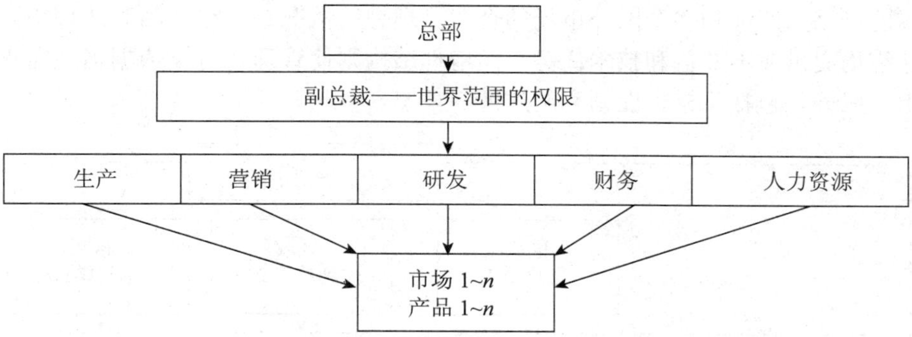

图 3－7　全球功能结构

当企业的贸易额超过公司营业收入的 20%～30%时，可采用其他相适应的组织结构。如图 3－8 所示的全球产品结构适用于高新技术产业以获取生产的规模经济并通过国外的分公司推动产品和技术的流动。这一结构最适用于拥有广阔的技术产品生产线但只为相对较少的市场提供服务的企业。当竞争优势集中于地方市场时，便采用如图 3－9 所示的地理结构。成长迅速的消费品生产企业传统上倾向于采用这种方式，目的是使区域管理者有制定以东道国为基础的发展战略的空间。然而近年来，消费偏好的全球性趋同和采用全球品牌的趋势促使企业放弃地理结构而采用全球产品结构。

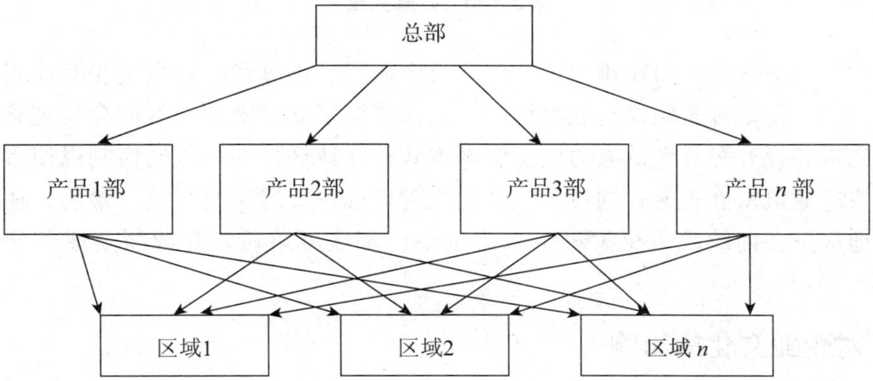

图 3－8　全球产品结构

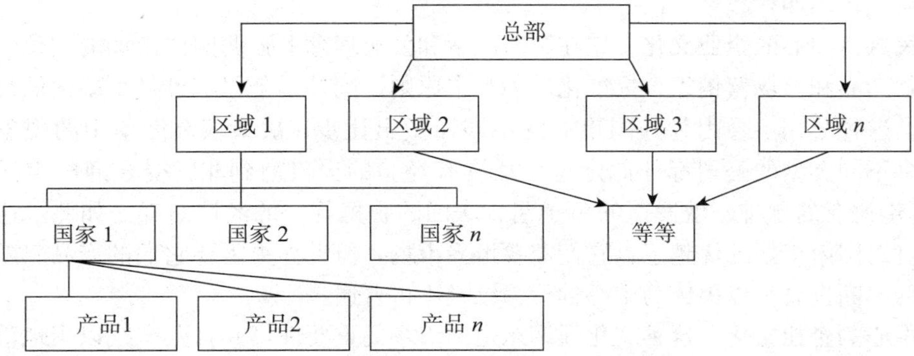

图 3－9　地理结构

当国外销售额接近或超过50%时，矩阵式结构在组织国际经营时成为一个选择（见图3-10)。该结构包括双重的组织结构（例如按照产品种类或者地理来组织），适用于那些拥有广阔的产品生产线和多个国外市场的企业。理想的情况是，在产品和地理矩阵式结构中，产品结构提供成本效益和技术优势，而地理结构则使管理者可以依据当地需求调整市场营销组合成分，包括价格、促销和配送。

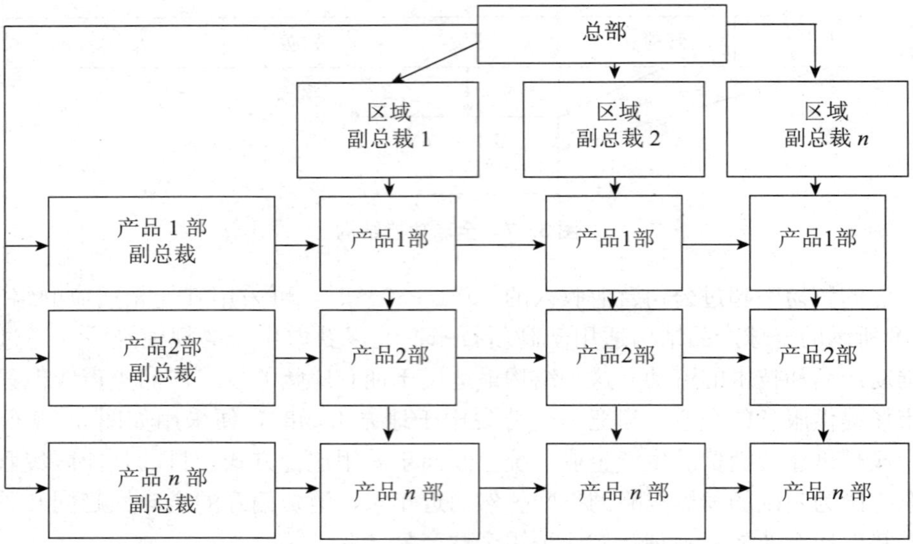

图 3-10 矩阵式结构

矩阵式结构的管理相对困难，因为两套行政部门、预算和报告系统相互控制导致了摩擦的发生。为了使矩阵式组织有效地运转，公司需要建立清晰和一致的全局观念；强调全球招聘、选拔和提升等有效的人力资源管理方式；保持规律的区域轮换制以使重要的管理人员通过快速通道得到提升；通过交流和建立管理程序发展网络系统。最后，还必须有包括世界各地成员在内的政策决策班子来协调生产和区域策略，并裁断全球子公司内部的纠纷。

三、对企业文化的影响

当经理人对世界市场有了正确的见解时，公司才最适合走全球化的道路。下面是全球化公司可选择的四种战略导向。

以民族为中心的企业文化 它在策略决策和公司理念上强调国内市场的定位。以此为导向时，产品和市场营销组合标准化成为基本原则，国外子公司不过是小型化的母公司的克隆物。这种公司不会因为外国市场的不同而做出让步，决策权高度集中的现象十分普遍。很多不同类型的公司都如此定位，从没有经验的出口商到非常受欢迎的生活消费品（例如哥伦比亚的咖啡、俄罗斯的鱼子酱、法国的香槟等）的经销商都是如此。这种企业观念来自对国内市场的优越感：它们需要世界市场，但世界更需要它们的产品。随着全球化程度的不断提高，以民族为中心的行为已经不再普遍。

多中心的企业文化 这种文化强调东道国市场的重要性，并且生产线以当地消费者为中心。企业的计划与决策自下而上，子公司采取就地管理的方式。当竞争优势取决于对当地市场变化的反应时，这种思维模式便十分有效。

以区域为中心的企业文化　这种文化将区域内的国内分公司组成紧密结合的战略合作单位。区域贸易集团的成立提高了区域总部的声望（例如北美自由贸易区和欧盟），产品和品牌的区域化成为可能。企业的制造和营销等充分利用区域内需求的共性取得规模经济效应。以区域为中心的企业文化以国家层次的战略选择为依据来制订区域内的计划。

以全球为中心的企业文化　这种文化是彻底的全球导向，所有的决策和资源配置都不受国界的束缚。它的基本原则是市场间的相互依赖，管理层的决策完全以整个公司的利益为出发点。产品的设计应适应全球市场，最优秀的管理人员无论来自哪个国家都能获得高级职位。

对于大型跨国公司而言，培育全球化的企业文化对企业的凝聚力和专注于全球而非国家或区域目标至关重要。然而克服国内市场定位和本土化管理理念并不容易，因为在决定资源的配置时一定要排除国家偏见，而且公司的激励机制必须鼓励非民族化的行为。全球化的企业内涵包括诸如提拔双语经理人、到国外公司所在地巡视、在高级管理层实现多国籍化等。这一内涵对于国际大型联合企业来说变得更为复杂。以瑞典-瑞士的 ABB 公司为例，公司的 CEO 是瑞典人，而总部设在瑞士的苏黎世；英语是公司的通用语言，而且公司的账簿以美元核算；公司的所有研发、制造和营销决策都以全球市场为出发点。大多数 ABB 的生意既需要强大的当地组织机构，又需要全球范围内高效率的零部件生产。

第四节　企业全球化的助推器

公司走向全球化的原因有许多，大都可以归纳为以下四点：市场、成本、竞争和政府。此外，信息技术也成为跨国公司进行全球化沟通、协调的重要工具。图 3－11 对这些主要因素和影响进行了总结。

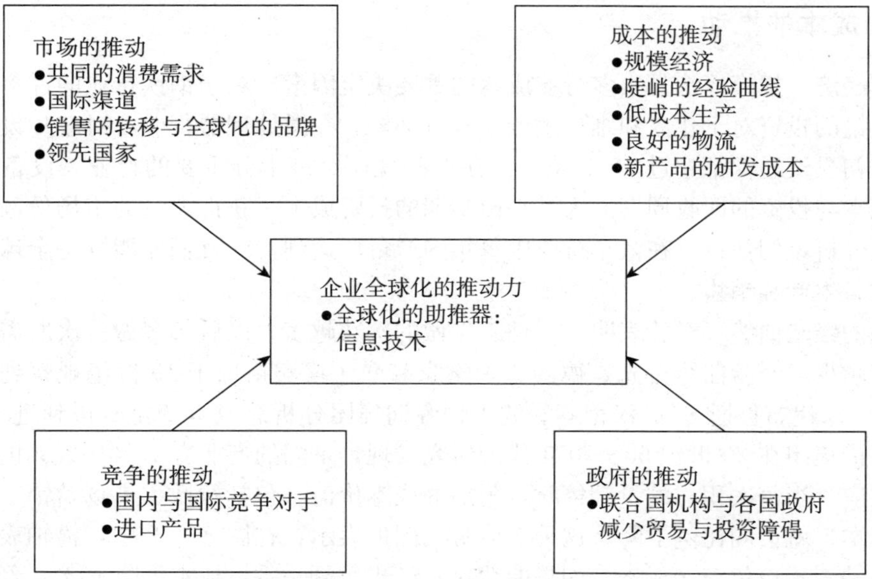

图 3－11　企业全球化的推动力

一、市场的推动

共同的消费需求 当一个国家的产品和生活方式传入具有相同需求和愿望的国家时，就意味着国际贸易与技术转让的发生，其结果是增强了许多产业内跨文化的认同，并且为跨国市场采用共同的战略奠定了基础。例如在食品和饮料行业，可口可乐、百事可乐、麦当劳、肯德基、全聚德等公司的成功运营表明，国外的消费者在其生活方式以外发现美国和中国的产品对他们也很有吸引力。商务人士和青少年的共同需求促使 MTV 广播网实现了国际化。也许最重要的变化是管理理念从只注重消费者和市场的不同点向兼顾不同点和相似点的方向转变。虽然市场间对产品和服务的需求不尽相同，但是消费需求的相似之处使管理者可以在这些市场中使用统一的产品标志和经营策略。

国际渠道 国际渠道伴随着自由贸易产生并经由下列途径而发展：国际零售业的发展，例如家乐福和沃尔玛，以及连锁商店，例如 24 小时店、贝纳通和百视达（Blockbuster）视频租赁公司等，为产品销售建立了国际渠道。同样，随着公司运营的全球化，企业对企业的原材料、零部件和服务的全球配送随着用户进入国外市场。最终，随着跨国公司在全球的扩张，子公司间的贸易遍及全球并达到世界贸易额的三分之二。

销售的转移与全球化的品牌 全球范围内的多媒体和移动通信消费者使企业意识到全球化品牌在外国市场的优势。广告、包装和商标的全球化运作方式使得一些品牌在全世界任何地方都赫赫有名，例如，华为、可口可乐、IBM、大众、阿里巴巴、奔驰、雀巢、苹果、三星以及其他很多消费品品牌。

领先国家 一些国家已经在一些特定的产品和技术部门建立起本国的专门技术。这些国家通常是这些行业的创新中心，例如中国的电商、日本的电子、瑞士的手表、美国的计算机软件、法国的化妆品、意大利的服装设计等。其他企业则享有产品原产国的优势。企业可以依靠这些优势并通过以下方式参与竞争：首先，成立子公司，或者在主要市场上配置研发中心；其次，收购专利技术所在国的企业；最后，控制这种产品的下游销售。

二、成本的推动

规模经济 规模经济是很多行业成本的重要决定因素。对于钢铁行业的许多产品生产来说，大量的投资对于建立和维持生产十分有必要。在微处理器行业，对芯片设计与制造技术的最初投资通常都超过 10 亿美元。在那些规模经济十分重要的行业，设备的利用率影响到成本与投资的回收周期。为了平衡初期的投资成本，获得大量的市场份额是必不可少的。据分析家们估计，在汽车行业中每年的产量要达到 400 万辆才能维持全球规模的新产品研发、生产和销售。

陡峭的经验曲线 经验表明，一件工作做的次数越多，以后每多做一次所需要的时间就会相应越少。经验曲线首先是德国心理学家赫曼·埃宾格斯于 19 世纪观察到的，并在 20 世纪 60 年代布鲁斯·D. 汉德森和波士顿咨询集团分析总成本变化时得到进一步发展。波士顿咨询集团在 20 世纪 60—70 年代的研究发现，不同的产业有 10%～25%的不同的经验曲线效应。当每次积累的量翻倍时，附加的成本价值（包括行政、市场营销、销售和制造等的成本）就会同比例下降。这种效应常用图形表示：在图 3－12 中，横轴表示累计生产量，纵轴表示单位直接成本。如果曲线显示产出每翻一番，成本下降 15%，经验曲线就是 85%，表明单位成本的下降幅度是原来水平的 85%。

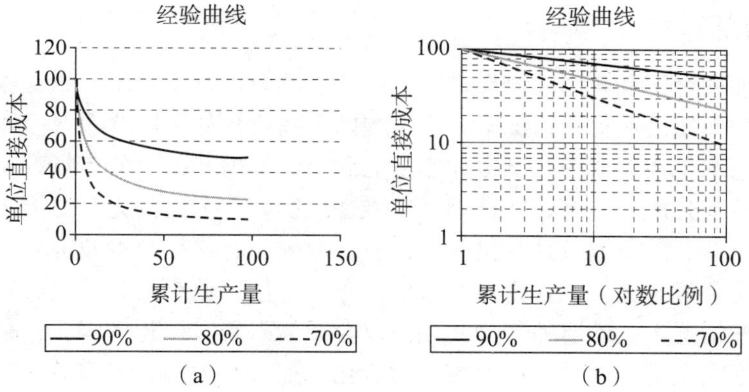

图 3-12 经验曲线

在知识和技术密集型产业中，企业在本产业领域积累了大量专有技术。支持和持有这些专有技术十分昂贵，将这些专有技术推向国际市场使其发挥更大效益是企业进行全球化扩张的首要动因。波音和空客便是飞机制造领域中的两个代表。这种经验曲线还可以运用到消费产品部门。公司在大量国际市场中积累的经验使它们可以迅速地判断出新市场的需求，并且形成领先于对手的先发优势。

低成本生产 许多发展中国家的市场拥有大量劳动力资源，这有助于降低劳动密集型产业的成本。然而许多不利的因素也会削弱这种成本优势，诸如工人生产效率的降低、质量控制不善、服务约束（如准时交货等），以及使产品进入市场的附加交通成本等。可见良好的物流工作也是海外生产中保持成本优势的重要因素。

良好的物流 随着各种原料和零部件越来越多地在市场间运输和转移，附加的运输成本成为棘手的问题。一般来说，价高质优的产品对不断攀升的运输成本缺乏敏感性；但在其他行业，运输成本的上升会破坏全球成本的竞争优势。大宗产品，从木材到非专业用途的化学制品和塑料等则由于过高的运输成本而只拥有有限的市场。

新产品的研发成本 对于一些产业来说，如航空、电信、芯片、医药等，新产品的研发成本已经急速增长。这一问题又由于技术进步使产品的生命周期大幅缩短，进一步使投资回报减少和成本回收期大幅缩短而加重。在这些行业中，新产品和新技术的迅速国际化成为企业获得利润的基本要素。例如，新一代半导体处理技术——300mm 晶片的开发成本增加到了 30 亿美元。全球只有 4 家公司有能力负担此费用，其中包括美国的英特尔公司和 IBM 公司、一家中国台湾公司和一家韩国公司。新产品的成本回收期为三年。同样，制药行业新产品的开发可达 12 年之久，需耗资 5 亿美元。

三、竞争的推动

国内与国际竞争对手 随着公司不断走向国际化，竞争也由国家层面上升至区域层面以及全球层面。GATT（到 1995 年）和 WTO 以及各种贸易一体化组织的建立，通过消除关税和非关税壁垒共同促进了国内市场对国际竞争者的开放。跨国公司同样加大了对国际市场的投资比例并将国际竞争引领到了一个新的高度。

进口产品 无论是国内企业还是跨国经营的企业都面临来自进口产品和其他全球竞争对手的日益增长的竞争，这种压力使它们不得不在国内和国际市场上变得更富有竞争力。

四、政府的推动

世界组织如联合国和各国政府在推行自由贸易政策以及消除国际直接投资限制方面起到了举足轻重的作用。在有些情况下，联合国的下属机构如国际货币基金组织、世界银行以及世界贸易组织也在促成一些国家如印度尼西亚、韩国和巴西的市场改革并促使其经济逐步向国际竞争者开放。政府、联合国和区域性组织如欧盟也致力于协调各国产业间的技术标准，例如电信、航空以及计算机等。公有企业的私有化和减少政府管制的努力也使许多新兴产业向竞争者开放，例如银行、金融服务、电信、航空及公共设施等。

但是在一些情况下，政府的行为和政策也会成为阻碍全球化的因素。例如，许多政府将其认为对国家安全生死攸关的产业实行国有化，如公共设施、银行等，并且限制这些领域的竞争。同样，一些政府并不信任跨国公司，这是由于这些跨国公司在各市场间不断转移其生产设备，追求利润最大化，以及最大限度地降低自己的纳税义务等。

五、信息技术的推动

信息技术的发展极大地增强了企业在国内和国际沟通的效率，也极大地促进了全球协调，促进了国家间知识、信息和专业技术的流动。

自 20 世纪 90 年代中期开始，互联网对社会生活与商务活动产生了巨大的影响，包括近距离沟通的兴起，例如微博、电子邮件、信息即时传递、互联网电话（VoIP）、双向视频互动、世界互联网论坛、博客、社会网络化以及在线销售等。越来越多的信息通过数字光缆以越来越快的速度传递，其数据传输速度达到 1GB/秒和 10GB/秒，甚至更快。互联网在不断增长的在线信息与知识、商务、娱乐和社会交往的推动下持续增长。在 20 世纪 90 年代后期，据估计公共网络的流量以每年 100%的速度增长，同时互联网使用人数以年均 20%～50%的速度增加。到 2000 年后，世界上使用互联网的人数持续高速增长，到 2013 年达到 27.7 亿人，互联网使用人口比例达到 36.7%，其中高收入国家 76.2%，中等收入国家 31.2%，低收入国家 7.3%；到 2016 年世界互联网使用人口比例提升到 45.8%，其中高收入国家达到 81.7%，中等收入国家达到 41.8%，低收入国家达到 13.6%（见表 3－5）。另一个体现互联网发展状况的数据是宽带用户。2000 年世界宽带用户为 1 589 万个，但是到 2017 年已经增加到 9.98 亿个，其中中国就占了 37.9%（见表 3－6）。全世界已经真正进入了互联互通时代。

表 3－5　2010—2017 年世界与主要国家互联网网民占总人口比重（%）

国家或地区	2010 年	2013 年	2014 年	2015 年	2016 年	2017 年
世界	28.7	36.7	39.8	43.0	45.8	49
高收入国家	71.2	76.2	77.9	79.4	81.7	n.a.
中等收入国家	21.7	31.2	34.9	38.6	41.8	n.a.
低收入国家	4.3	7.3	9.0	11.8	13.6	n.a.
中国	34.3	45.8	47.9	50.3	53.2	54.3
印度	7.5	15.1	21.0	26.0	29.6	n.a.
印度尼西亚	10.9	14.9	17.1	22.0	25.5	32.3
日本	78.2	88.2	89.1	91.1	93.2	90.9

续表

国家或地区	2010 年	2013 年	2014 年	2015 年	2016 年	2017 年
韩国	83.7	84.8	87.6	89.9	92.8	95.1
南非	24.0	46.5	49.0	51.9	54.0	n.a.
墨西哥	31.1	43.5	44.4	57.4	59.5	63.9
美国	71.7	71.4	73.0	74.6	76.2	n.a.
阿根廷	45.0	59.9	64.7	68.0	71.0	n.a.
巴西	40.7	51.0	54.6	58.3	60.9	n.a.
法国	77.3	81.9	83.8	78.0	79.3	80.5
德国	82.0	84.2	86.2	87.6	89.7	84.4
俄罗斯	43.0	68.0	70.5	70.1	73.1	76.0
英国	85.0	89.8	91.6	92.0	94.8	n.a.
澳大利亚	76.0	83.5	84.0	84.6	88.2	86.6

资料来源：世界银行 WDI 数据库。

表 3-6　2000—2017 年世界及主要国家宽带用户及每千人宽带用户数

国家或地区	宽带用户数（个）			每千人宽带用户数（个/千人）		
	2000 年	2010 年	2017 年	2000 年	2010 年	2017 年
世界	15 890 822	531 768 684	998 377 166	3.6	78.5	137.6
高收入国家	15 733 382	307 809 271	398 318 134	16.7	257.2	323.3
中等收入国家	160 641	223 493 719	595 771 578	0.1	44.5	109.0
低收入国家		465 694	4 287 454	n.a.	0.8	7.7
中国	22 660	126 337 000	378 540 000	n.a.	92.9	268.6
印度		10 990 000	17 856 024	n.a.	8.9	13.3
印度尼西亚	4 000	2 280 316	6 044 712	n.a.	9.4	22.9
日本	854 655	34 101 778	40 390 640	6.7	265.3	316.8
韩国	3 870 000	17 194 272	21 195 918	81.7	347.0	415.8
美国	7 069 874	84 522 000	109 838 000	25.1	273.9	338.5
阿根廷		4 028 238	7 870 222	n.a.	97.7	177.8
巴西	100 000	14 100 890	28 670 016	0.6	71.7	137.0
法国	196 601	21 337 000	28 429 000	3.3	338.5	437.5
德国	265 000	26 161 950	33 217 000	3.3	323.4	404.5
俄罗斯		15 700 000	30 872 788	n.a.	109.7	214.4
英国	52 890	19 151 508	26 015 818	0.9	302.5	393.1
澳大利亚		5 510 000	7 923 000	n.a.	249.1	324.0

资料来源：世界银行 WDI 数据库。

互联网对商务的巨大影响造就了新的商业模式。电子商务涉及的商务流程涵盖了整个价值链，包括采购、供应链管理、营销、销售、客户服务和商务往来。根据国际数据公司的信息，世界范围的电子商务规模，包括全球商家对商家和商家对顾客，在 2013 年达到 16 万亿美元。牛津大学经济学报告进一步指出，如果将两者相加，整个数字经济的规模达到 20.4 万亿美元，大约相当于全球销售额的 13.8%。全球化的进程在信息技术的推动下将进一步加快。

本章小结

经济全球化、国际化与一体化 经济全球化是自 20 世纪以来世界经济发展的最主要的特征。本章首先定义和澄清了全球化、国际化和一体化的概念。从总体上说，全球化指的是各国人民和社会之间的融合不断加强，以及各经济体、各国政府和环境之间不断增长的相互依赖性。国际化则指企业的产品和服务不断地从本国市场扩展到国外市场的过程。全球范围的经济一体化是经济全球化的最终阶段，但是目前经济一体化在世界大多数区域主要体现为区域经济一体化。

全球化程度的测量 衡量一个国家全球化程度的指标有国际长途电话次数、国际旅游人数、货物贸易、服务与资本的流动量、每人拥有的互联网服务器数量、价格和利率的相互变动等。联合国贸易和发展会议提出了一个衡量企业全球化程度的指标，即跨国指数。该指数包括三个指标（百分比）：国外资产占总资产的比值、国外销售额占总销售额的比值和国外雇员人数占总雇员人数的比值。衡量企业经营全球化程度的其他标准包括：企业管理层的全球化程度、规划全球化战略、市场营销导向、生产经营区域、产品研发计划以及人力资源管理方式。

全球化的利与弊 全球化给国家和企业带来了有利和不利的影响。有利的因素包括：将国内市场上做得成功的产品和经营战略推广到新的市场上以获得规模经济优势，利用全球市场的生产要素资源优势，在资源、生产和销售方面形成规模经济以降低生产经营的成本，提高资源利用效率以实现产业结构升级。全球化也会带来不利的影响，使企业付出一定的成本，例如时间和耐力、文化冲突、学习成本，以及因发展中国家较弱的竞争力带来的损失。

全球化对产业、企业组织结构和企业文化的影响 全球化对产业结构、企业组织结构和企业文化也会产生巨大的影响。对产业结构的影响和变化发生在国内、区域和世界三个层次上。企业经营活动的全球化也促使企业的组织结构不断变化，从最初设立国际部到全球范围的功能结构、全球产品结构、地理结构，直到矩阵式结构。企业的文化演进从以民族为中心的企业文化、多中心的企业文化、以区域为中心的企业文化发展到以全球为中心的企业文化。本章最后列出了促进企业全球化的主要推动力，包括市场、成本、竞争、政府和信息技术。

问题与思考

1. 大多数国家已经进入了全球化的哪一个阶段？
2. 你如何评价“西方化”和“美国化”？
3. 将表 3－7 中的中国最大的 10 家跨国公司的跨国指数（这些公司也是发展中国家最大的 100 家跨国公司）与最新的排名相比较并指出其中的变化。

表 3-7　发展中国家最大的 100 家跨国公司中中国最大的 10 家跨国公司（非金融领域，2018 年）

资产排名	跨国指数排名	企业	产业	跨国指数（%）
2	57	中国远洋运输集团	运输与仓储	49.8
4	82	中国海洋石油公司	石油与天然气	23.2
7	54	海南集团	运输与仓储	51.1
11	87	中国五矿集团公司	冶金与冶金产品	20.9
14	91	中国建筑	建筑	13.0
18	62	复星国际有限公司	冶金与冶金产品	46.0
23	51	中石化	化学品及相关产品	53.9
27	49	联想控股股份有限公司	计算机设备	54.9
29	100	中石油	采矿、采石和石油	3.3
32	30	联想集团有限公司	计算机设备	68.5

资料来源：UNCTAD：《2018 年世界投资报告》。

4. 参考图 3-4 进行计算：如果该国从纺织行业转移 20 单位的生产要素并将其投入汽车行业，那么该国的国民总收入是多少？

5. 跨国公司的企业文化反映该公司的全球化程度。你认为大多数中国跨国公司采用的是何种企业文化？

6. 在信息化时代，一些企业的组织结构也由垂直结构发展为扁平化结构，决策机构位于结构的中心。你能画出类似的扁平化组织结构并解释该结构的优势何在吗？

在线学习与应用

查询国家竞争力排名可首先登录国际管理发展学院的主页，然后链接“世界竞争力年鉴”，进入“世界竞争力年鉴分值榜”，运用其中的数据信息回答下列问题：

1. 将文件中竞争力排名前 10 的国家与表 3-1 中全球化程度排名前 10 的国家进行对比，有多少国家同时出现在这两个榜单上？

2. 你认为这些国家会同时出现在两个排行榜中的原因是什么？换句话说，你认为全球化的程度会对其竞争力有影响吗？

案例研究 I

华为开拓俄罗斯市场——国际化道路上的第一站

自 2018 年以来，美国政府以一国之力倾轧中国民营企业华为的发展，成为世界历史上罕见的案例。美国如此忌惮华为，不仅不允许华为的产品进入美国，而且联合其盟友不得使用华为的 5G 设备。如此的打击力度，使华为这个一直专注于产品与技术发展的企业成为世界瞩目的中心。

华为技术有限公司是中国一家生产和销售通信设备的民营电信科技公司，于 1987 年正式注册成立，总部位于中国广东省深圳市龙岗区坂田华为基地。华为是全球领先的信息与通信技术（ICT）解决方案供应商。截至2018年年底，华为有18万多名员工，年营业额达到6 036亿元人民币。华为的产品和解决方案已经应用于全球170多个国家，服务全球运营商50强中的45家及全球1/3的人口。华为2018年全球销售收入达7 212亿元，同比增长19.5%；净利润达593亿元，同比增长25.1%。截至2019年6月6日，华为已在全球30个国家获得了46个5G商用合同，5G基站发货量超过10万个。

华为从成立至今刚刚进入而立之年，但它已然成为全球最知名的跨国公司，是中国企业中国际化程度最高的企业。那么华为是如何实现国际化，成为国际电信领域的霸主的？这一路走来充满了崎岖，留下了很多的经验和教训，对企业实现国际化具有宝贵的借鉴意义。本案例简要介绍华为开拓国际市场的第一个战役。

华为确定国际化战略目标

1995年中国通信市场的竞争格局发生了巨大变化，由于通信设备的关税相对较低，造成国内、国际市场竞争态势呈白热化。当时国际市场的萎缩使中国企业国际市场拓展乏力，而跨国通信设备巨头在国际市场需求下滑的情况下，转入方兴未艾的中国市场攫取更多利润。随后几年，尤其在2000年后，跨国公司以更残酷的价格战来与华为等本土企业争夺市场。

华为面临着“活下去”的紧迫问题，于是国际化成了“逼上梁山”的选择。任正非对当时局势的总结是：“不努力，就会徒伤悲。我们应在该出击时就出击，我们现在还不十分危险，若3至5年之内建立不起国际化的队伍，那么中国市场一旦饱和，我们将坐以待毙！”而1999年华为海外业务收入不到总营业额的4%。华为领导层决定复制国内拓展市场的经验，采取“集中优势兵力，制胜薄弱环节”的策略。即首先从电信发展较薄弱的国家“下手”，步步为营，层层包围，最后攻占发达国家。

开拓俄罗斯市场

当年俄罗斯的电信业受到经济发展迟滞的影响，市场需求很大。行业市场没有统一的技术标准，对于通信设备的选购更注重产品的性价比和增值服务。而且俄罗斯的股份制改造正初步展开，国家在其中占有很大的股份，政治对经济的影响很大。而中国政府与俄罗斯政府一直保持着良好的外交关系，这为中国企业进军俄罗斯市场提供了有利条件。

俄罗斯市场是华为首先确定的国际化目标市场。事实上，早在1994年华为就开始为开拓俄罗斯市场做准备了。它在两三年间组织了数十个代表团访问俄罗斯，人数上百次，同时邀请俄罗斯代表团多次访问华为。不过，尽管华为对俄罗斯战略准备多时，但对能否打开市场也显得有些茫然，仍然没有十足的把握。

当华为进军俄罗斯以及其他东欧市场时，爱立信、西门子等跨国巨头的跑马圈地已经基本结束。虽然华为在中国国内已小有名气，但在当地的知名度几乎为零。初期华为在俄罗斯屡屡碰壁，一个地方一去两个星期，连个客户的影子都见不到，更不用说介绍产品了。在俄罗斯人眼里，电信是朗讯、西门子等国际巨头的专利，他们从内心里不信任华为，华为几乎在每个客户那里都碰了钉子。起初华为派往国外的年轻员工经验不足，需要花大部分时间适应国外生活和工作环境。加之部分国内企业将质量不过关的产品销往俄罗斯，俄罗斯人对中国产品丧失了信心。华为面临的难题不仅是要向对华为一无所知的俄罗斯客户推销华为的技术，而且要推销中国制造，改善中国的国际形象，这无疑为华为在俄罗斯市场的拓展增加了难度。

1997年事情出现了转机。受亚洲金融危机和俄罗斯巨额外债的影响，俄罗斯经济陷入低谷，卢布贬值，一泻千里。1998 年俄罗斯的金融危机使整个电信业都停滞下来。当时俄罗斯市场异常萧条，开拓非常艰难。而且金融风暴后的俄罗斯资本市场极其混乱，资金链短路，市场开拓的风险极大。一些大的国际电信设备供应商因为看不到短期收益而退出了俄罗斯市场。爱立信、西门子、阿尔卡特等国际巨头纷纷从俄罗斯撤离，这给华为留下了重大机会。

华为逆水行舟，知难而上，于 1998 年在位于"亚欧分界线"的乌拉尔山西麓军事重镇俄罗斯乌法市建立了第一家合资公司——贝托-华为合资公司，该公司由俄罗斯贝托康采恩、俄罗斯电信公司和华为三家合资，采取的经营战略是本地化模式。

在国外巨头纷纷撤资减员的情况下，华为坚持了下来，但是到 1999 年华为依然一无所获。在日内瓦世界电信大会上，任正非对自己的爱将——负责俄罗斯市场的主管李杰说："李杰，如果有一天俄罗斯市场复苏了，而华为却被挡在了门外，你就从这幢楼上跳下去吧。"李杰说："好。"随后李杰马不停蹄地开始组建当地营销队伍，在经过严格的培训后，派出 100 多人的营销队伍前往俄罗斯进行市场开拓。在不断的市场拓展中，中俄彼此加深了了解，信任得以建立。终于华为从俄罗斯国家电信局获得第一张订单，虽然只有区区 38 美元，但这却是华为在俄罗斯的第一单！

在俄罗斯市场前景十分不明朗的情况下，华为对俄罗斯持续加大投入。整整 4 年，华为几乎没有一单业务，可这份执着换来的是客户的信任。

坚持得到回报

2000 年，当普京全面整顿宏观经济、俄罗斯经济出现"回暖"之际，华为终于赶上了俄罗斯政府新一轮采购计划的头班车。2000 年，华为斩获乌拉尔电信交换机和莫斯科移动通信系统公司（MTS）移动网络两大项目，加快了俄罗斯市场规模销售的步伐。华为捕捉到中俄达成的战略协作伙伴这一国际关系变化中隐藏的商机，加快了与俄罗斯的合作。最终，华为抓住了俄罗斯电信市场新一轮采购机会。2001 年，华为与俄罗斯国家电信部门签署了上千万美元的全球移动通信系统（GSM）设备供应合同。2001 年，华为在俄罗斯市场的销售额超过 1 亿美元。

经过 8 年艰苦卓绝的奋战，从初期的 38 美元销售额起步，华为最终成为俄罗斯市场的主导电信品牌。经过十几年的不懈努力和持续投入，华为已成为俄罗斯电信市场的领导者之一，与俄罗斯所有顶级运营商都建立了紧密的合作关系，并积极参与俄罗斯电子政务网络建设。2011 年，华为在俄罗斯的销售额突破 16 亿美元。2013 年华为智能手机、平板电脑在俄罗斯共售出 60 万台。2014 年 6 月，华为与俄罗斯公司签订了一份为期 7 年的合约，总价值达 6 亿美元，涵盖了用于网络建设和更新换代的设备，以及软件和维护服务。华为之前就是 MegaFon 最大的供应商之一，帮助 MegaFon 升级了 3G 设备，还支持了"欧亚大陆"洲际高速网络的建设。2013 年，华为中标俄罗斯最大的电信运营商 Rostelecom DWDM 的第一条国家级干线项目，全长 3 797 千米；承建的俄罗斯主要移动运营商 CCB 的 CDMA450 移动通信网正式商用，开了中国 CDMA450 海外商用的先河；还承建了白俄罗斯 BelCel 的 CDMA 国家网。

2015 年 5 月 29 日，俄罗斯技术集团宣布："RT-Inform 公司与中国华为公司在'信息技术服务于军工综合体'会议框架下签署合作协议，将合作在信息技术与安全系统领域创造互惠竞争条件。"俄罗斯 RT-Inform 公司与中国华为公司将在最新研发成果和最优惠服务支持、商业条件和人员培训基础上，共同在俄罗斯技术集团建立并使用最佳信息技术解决方案。俄罗斯技术集团是俄罗斯国有企业，为促进军工和民工高科技产品的研发、生产和出口成立于2007年，其700多家下属机构组成了9家军用工业的控股公司和5家民用工业的控股公司。

华为在俄罗斯的成功，不仅使其成功开拓了俄罗斯和其他东欧市场，而且为其开拓世界其他市场积累了经验，做出了示范，积累了名气，也建立了信心。从此华为一步一个脚印地走上全面国际化道路。

讨论题：

1. 华为在开拓俄罗斯市场时遇到的最大障碍是什么？
2. 华为在俄罗斯取得成功的经验是什么？

案例研究Ⅱ

西雅图论战与反全球化运动

全球化大致可定义为推动产品、服务、观念、资本和劳动力跨国流动的全球范围的一体化。然而并非每个人都欢迎全球化。1999年11月发生在西雅图的"论战"将反全球化运动对准了世界贸易组织，类似的抗议还将矛头对准了国际货币基金组织、世界经济论坛以及八国峰会。上述抗议使联合国的官员们和跨国公司痛切地认识到，"地球村"的构思并非"包治百病"的良药。的确，反全球化运动已经将众多的反对个人和组织聚集在自己的旗下，包括：利用发展中国家的工资与工作条件做文章的工会激进分子（也包括童工）；抗议对妇女的不公平待遇的女权组织；反对基因改良食品的组织（认为基因改良食品是自我毁灭的恶魔）；反大公司组织（公司的扩张和全球品牌的泛滥）；反对穷国与富国之间不断加大的差距导致的世界发展失衡的组织；反对虚假广告的组织；反对国际货币基金组织和世界银行对发展中国家的歧视的组织；贸易保护主义组织；环保分子；等等。这个名单可以继续罗列下去。

反全球化的论点也有其合理性。在国际货币基金组织中，国家的投票权是与其对该组织的资金贡献度相对应的，而七国集团（世界上最发达的七个工业国家）掌握了45%的投票权。抗议者声称，这赋予了主要的工业化国家将所有其他人推向其所标榜的自由资本主义的权力。作为世界上仅存的超级大国（无论是经济上还是军事上），美国依然占据着重要的地位，它在世界其他地方仍然具有很大的话语权。据称美国的参议员杰斯·赫尔姆斯（Jesse Helms）曾经说过："民主曾经是一个好东西，但现在却落入坏人手中。"政客们需要的是经济增长，而不是伴随它的经济混乱。

权力的高度集中剥夺了人民选择的权利。在联合国和欧盟层面上，决定权实实在在地转移到超国家层面，有效地剥夺了国家和个人的权利。国际货币基金组织对亚洲金融危机的应对措施使上百万人口陷入贫困，不少人认为该组织未能治愈亚洲最严重的问题，包括：家族式的资本主义、市场保护主义以及低效的金融市场。研究证明国际货币基金组织的国际干预在增加财富和收入方面没有正向关联。世界银行项目也只有大约40%的成功率。

反全球化运动也取得了一些成功。例如，星巴克现在提供以公平贸易价格采购的咖啡，这给予发展中国家的生产者一个"生活工资"，而不是将价格压到最低程度；服装和鞋类公司也在监督合约公司以确保公平的薪水和良好的工作环境。一些跨国公司也反常规地投资当地的一些公益和社区项目来改变其唯利是图的形象。

正如专栏作家托马斯·弗里德曼（Thomas Friedman）所描述的那样，反全球化运动也许是"地球扁平论的鼓吹者、贸易保护主义者联盟，以及追寻20世纪60年代生活方式的雅皮士的诺亚方舟"，然而他们的考虑是现实的，况且反全球化运动已经将不少个人和组织聚集到了同一面旗帜下，充分利用其民主权利获得发言权。

资料来源：Cordelia Brabbs，"Why Global Brands Are under Attack，" *Marketing*（December 9，1999）：15 - 18；"Anti-capitalist Protests：Angry and Effective，" *Economist*（September 23，2000）：85 - 87；Jerry Useem，"There's Something Happening Here，" *Fortune*（May 15，2000）：232 - 244.

讨论题：

1. 反全球化运动的目的与作用是什么？
2. 你认为本文中哪一方的观点具有说服力？为什么？

第四章

区域经济一体化

本章要点

- 什么是经济一体化？
- 经济一体化是如何将各个国家联系在一起的？
- 区域经济一体化所引发的争论有哪些？
- 主要的经济一体化组织是如何发展的？

第一节 经济一体化与经济一体化组织

一、区域经济一体化与经济一体化组织概述

随着全球化的发展，从20世纪90年代逐渐形成发展势头的区域经济一体化变得越来越重要。区域经济和政治一体化表现为一组国家搁置各自的不同点以降低或消除商业往来中在经济和政治上的障碍，同时不断提高本国市场的竞争水平。一体化的发展伴随着各个国家为适应新的区域化市场而不断调整自己的政策过程。

全球范围内的某些一体化组织具有超出国家层面的更高一级的组织结构（如欧盟）；另一些（诸如美洲自由贸易区）目前则属于多边协议，其内容更倾向于政治条约而非强制性的贸易集团协定。近些年，越来越多新的一体化组织是由几个独立的集团组成，如欧洲经济区是由欧盟成员和欧洲自由贸易区的国家组成。一些一体化安排虽然不是贸易集团，但是正朝着这个方向努力。亚洲地区的区域一体化的推进更多地是靠市场的力量而不是条约，是为了在谈判中与欧洲和北美取得平衡的需要。更加广泛、正式的条约和协定也在逐渐成形，如1989年筹建的亚太经济合作组织（APEC）将不同大陆间的国家与集团联结在了一起。

世界上各个经济的一体化程度大相径庭。我们看到的一体化程度最高的区域是一个真正的全球经济体，区域内所有国家使用统一的货币，而且同意货物、服务、生产要素等的自由流动；而另一个极端则是几个封闭的经济体各自独立，并自给自足。目前各种

不同的已经生效的一体化协定的发展程度处于前两者的中间阶段。然而，有一些国家将自给自足和经济独立作为国家的首要选择。表 4－1 即为主要的经济一体化组织及其发展状况。

表 4－1　主要的经济一体化组织

经济一体化组织	成立时间	成员	发展状况
欧洲联盟（EU）	1957 年	法国、德国、意大利、荷兰、比利时、卢森堡、英国、丹麦、希腊、西班牙、葡萄牙、爱尔兰、奥地利、芬兰、瑞典、波兰、匈牙利、捷克、斯洛伐克、马耳他、塞浦路斯、拉脱维亚、立陶宛、爱沙尼亚、斯洛文尼亚、保加利亚、罗马尼亚、克罗地亚	从 1952 年成立的欧洲煤钢共同体发展而来 2016 年 6 月 23 日英国举行脱欧公投。支持脱欧者占 51.9%，反对者占 48.1%，脱欧获得通过
北美自由贸易区（NAFTA）	1994 年	加拿大、美国、墨西哥	1998 年美加间取消关税，2008 年与墨西哥的关税取消；2017 年 8 月重启自贸区谈判，新协定在原产地原则、市场准入、知识产权、劳工等条款中做出调整
中美洲一体化体系（SICA）	1993 年	巴拿马、哥斯达黎加、萨尔瓦多、危地马拉、洪都拉斯、尼加拉瓜、伯利兹、多米尼加	与墨西哥签订自贸区协定；2017 年 12 月通过《中美洲交通物流区域政策框架》以促进人员、资金和货物流动
加勒比共同体和共同市场	1973 年	15 个：安提瓜和巴布达、巴哈马（共同体成员，但不是共同市场成员）、巴巴多斯、伯利兹、多米尼克、格林纳达、圭亚那、海地、牙买加、蒙塞拉特（未独立）、圣基茨和尼维斯、圣卢西亚、圣文森特和格林纳丁斯、苏里南、特立尼达和多巴哥	2006 年 1 月启动单一市场和经济
南方共同市场（Mercosur）	1991 年	巴西、阿根廷、乌拉圭、巴拉圭、玻利维亚、委内瑞拉（因国内局势自 2017 年 8 月起被无限期中止成员国资格）	2000 年对外统一关税；与欧盟进行一体化谈判，2016 年 5 月，南方共同市场和欧盟在比利时首都布鲁塞尔正式互换减免关税商品清单，6 月双方就清单进行首轮磋商
安第斯共同体	1969 年	玻利维亚、秘鲁、哥伦比亚、厄瓜多尔、委内瑞拉	2003 年与 Mercosur 建立自贸区

续表

经济一体化组织	成立时间	成员	发展状况
东南亚国家联盟(ASEAN)	1967年	文莱、印度尼西亚、马来西亚、菲律宾、新加坡、泰国、越南、缅甸、柬埔寨、老挝	2010年1月1日，中国-东盟自由贸易区正式建成 在2015年之前建成东盟经济共同体 2018年11月12日，东南亚国家联盟各国在新加坡签署东盟电子商务协议，旨在促进区域内跨境电商贸易便利化
南亚区域合作联盟(SAARC)	1985年	孟加拉国、不丹、印度、马尔代夫、尼泊尔、巴基斯坦、斯里兰卡、阿富汗	2014年，强调加快推动区域一体化建设，加强在贸易、投资、金融、能源、安全、基础设施建设、互联互通以及文化领域的合作，优先推进区域和次区域内项目
亚太经济合作组织(APEC)	1989年	澳大利亚、文莱 、加拿大、中国、智利、中国香港、日本、印度尼西亚、马来西亚、墨西哥、巴布亚新几内亚、秘鲁、菲律宾、俄罗斯、韩国、新加坡、中国台北、泰国、美国、越南、新西兰	于2010年工业化国家实现完全自由贸易，或者于2020年全体成员间实现自由贸易
南部非洲发展共同体（SADC）（前身为南部非洲发展协调会议）	1992年，1999年重组	16个（2019年1月）：纳米比亚、博茨瓦纳、津巴布韦、莱索托、马拉维、莫桑比克、安哥拉、斯威士兰、坦桑尼亚、赞比亚、南非、毛里求斯、刚果（金）、塞舌尔、马达加斯加、科摩罗	鼓励区域内自由贸易，推行吸引国外投资者的政策
东南非共同市场(COMESA)	1994年	20个成员国，9个实际参与：吉布提、埃及、肯尼亚、马拉维、毛里求斯、马达加斯加、苏丹、赞比亚、津巴布韦	2000年自贸区成立，2009年建立关税联盟，到2020年建立货币联盟，发行共同货币，最终实现经济一体化

每个国家只要愿意放弃一些独立和自主的政策，就能获得自由贸易和稳定的汇率所带来的益处。这导致世界范围内经济一体化程度的提高，许多国家签订各种协定，通过货物、服务、资本以及劳动力在各个国家之间的流动建立起彼此间的联系。然而一些人推断世界经济新秩序内的区域贸易组织将形成几个具有贸易保护性质的超国家形态，它们虽然对成员国开放贸易，但对外却高筑贸易保护的壁垒。企业在这些组织内部面临着前所未有的竞争，但同时也能利用一体化带来的潜在优势。随着各国政府开放其产业部门并允许竞争的存在，一些不仅具有区域竞争力而且具有全球竞争力的企业应运而生。

二、经济一体化的阶段划分

经济一体化组织实质上是在成员国中实行优惠的经济政策。按照经济一体化程度由低到高排列，目前已经存在的经济一体化组织可分为自由贸易区、关税同盟、共同市场和经济联盟。应当注意到，某个或多个经济一体化组织基于历史的或政治的原因也会给予区域外其他国家相应的优惠政策。这样的例子包括欧盟国家依据《洛美协定》在有限的产品上给予它们先前的殖民地国家的优惠政策，采取相似政策的还有美国给予加勒比国家的待遇。由于此类安排只是一方受惠，因而不属于经济一体化的一部分。

经济一体化可划分为如下阶段：

自由贸易区

自由贸易区是国家间经济一体化最低端和最松散的一种形式。自由贸易区建立之初首先是消除成员国之间的关税壁垒，同时对外却各自保持着原有的关税体制。在自由贸易区中，成员国之间所有的关税都被取消，因此货物和服务在这些国家之间可以自由流通而不受限制，就如同货物和服务在上海和北京之间流通一样。这些国家之间不允许存在歧视性税收、配额、关税和其他类型的贸易壁垒。有时自由贸易区只是针对几种类型的货物和服务而建立的。自由贸易区最显著的特征是各成员国对非成员国继续保持贸易政策的独立性，也就是说，成员国对区域外的国家可以根据各自情况设置不同的关税、配额以及其他壁垒。最典型的自由贸易区便是欧洲自由贸易区（EFTA）、北美自由贸易区（NAFTA）和东南亚自由贸易区。中国已经结束了与东盟的谈判，于2005年7月成了东盟的正式成员国。

关税同盟

关税同盟较之自由贸易区，其一体化程度更高了一步。与自由贸易区相似，关税同盟的成员国取消了相互间货物与服务的贸易壁垒。但不同的是，关税同盟的成员国对非成员国制定了共同的贸易政策，最典型的就是共同的对外关税，例如从非成员国进口的货物在任何一个成员国都被征收相同的关税。最早和最成功的关税同盟的例子是南部非洲关税同盟。

共同市场

经济一体化更高程度的发展是共同市场。与关税同盟相似，共同市场的成员国对内没有贸易壁垒，对外采取共同的贸易政策。但不同的是，生产要素也可以自由流动，包括劳动力、资本和技术。正因为如此，针对跨国劳动力流入和流出以及投资的限制都被废除了。我们虽然不能盲目地夸大要素自由流动对经济增长的重要性，但是当生产要素自由流动时，劳动力、资本和技术都能得到最有效的利用。

尽管存在着显而易见的好处，共同市场的成员国必须准备在货币、财政以及就业政策方面进行紧密的合作。更进一步说，虽然总的来说共同市场可以促进各成员国的生产效率，但是这并不意味着每个成员国总是从中获益。由于这些困难，共同市场所要取得的目标在世界许多地区被证明难以确定，特别是在中美洲和亚洲。

完全经济一体化

实现完全经济一体化需要在实现了产品、服务和生产要素自由流动的基础上实行政策的一体化。在经济联盟体内，成员应当统一货币政策、税收和政府支出，另外还要使用统一的货币。这一点可以通过事实上的共同货币或者有效的固定汇率来实现。显然，在完全经济一体化阶段成员国需要在区域范畴的超国家机构中放弃相当一部分国家主权，例如欧盟的欧洲议会。

表 4－2 列出了已经存在的经济一体化的各种阶段。

表 4－2　区域经济一体化及其特征

经济一体化阶段	成员国取消关税和配额	共同的关税和配额制度	取消对要素流动的限制	协调和统一经济政策和机构
自由贸易区	是	不	不	不
关税同盟	是	是	不	不
共同市场	是	是	是	不
经济联盟	是	是	是	是

三、政治一体化

政治一体化是一体化的终极阶段，包括：各成员国牺牲国家的经济和政治主权以统一财政和货币政策；采用共同的外交和安全政策；实现司法合作；发行统一货币以取代本国的流通货币。

第二节　经济一体化基本理论

一、贸易创造与贸易转移

经济学家雅各布·瓦伊纳首先确定了经济一体化带来的经济利益与损失。经典的贸易理论预测各国在自由贸易中会取得双赢的结果。现在的问题是如果自由贸易只限于几个国家之间，还会产生相似的利益吗？瓦伊纳分析了关税同盟，并得出如下结论：一体化组织的成员国如果在本区域内实行自由贸易而对非成员国保持一致的贸易壁垒，其结果是既不会带来正面影响，也不会产生负面影响。

瓦伊纳的观点可以用一个简单的例子来说明。1986 年西班牙成为欧盟的正式成员国。在入盟之前，西班牙如同中国、美国、加拿大、日本等非欧盟成员国一样，在与欧盟的贸易中不得不支付与这些国家相同的关税。欧盟的成员国德国在进口鞋时对中国和西班牙都征收相同的关税税率，假设为 20%。由于中国的制鞋成本低于西班牙，因此假设中国的出口价格为每双 6 美元，加上 20%的关税后价格为 7.2 美元；假设西班牙的出口价格为 6.5 美元，价格为 7.8 美元。加上 20%的关税后西班牙的鞋比中国的鞋贵 0.6 美元，因而在价格上不具竞争力，德国自然会选择从中国进口鞋。

然而，当西班牙加入了欧盟，它便成为这个“俱乐部”的成员，可以享受免关税待遇，其产品也不再适用共同的外部关税政策。由于不必缴纳关税，西班牙的鞋比中国的鞋每双便宜了 0.7 美元，结果贸易流向发生了变化。西班牙因为获得了欧盟成员国资格而使自己的鞋和其他产品销往欧盟的数量增加，此种现象被称为“贸易创造”，因为关税的取消事实上使西班牙和欧盟之间的贸易量增加了。与此同时，由于中国不是欧盟成员国，因此，中国的产品由于适用关税而价格提高，导致对欧盟的贸易量下降。由于以上原因，贸易竞争力从一国转向另外一国的情形，则被称为“贸易转移”（见图 4-1）。

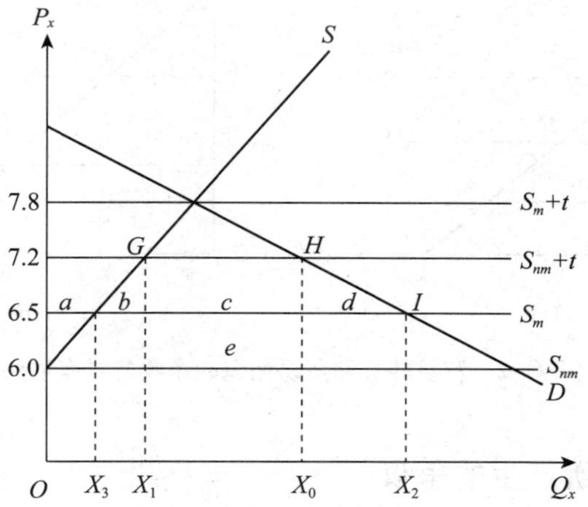

图 4-1 贸易创造与贸易转移（德国市场）

S_m 表示成员国提供的货物 X 的供给，S_{nm} 表示非成员国的供给。自由贸易区的成立和贸易转移效应使 H 转移至 I，贸易增加使进口量由原来的 X_0X_1 增加至 X_2X_3，德国从贸易创造中获得的益处为增加的消费者剩余，图中表示为 a、b、c 和 d。贸易从非成员国转移至成员国，带来效率损失，图中表示为 e。

贸易创造毫无疑问对于贸易自由化具有正向促进作用，因为它为欧盟消费者带来了较低的价格；然而贸易转移带来的却是负面影响。显然，贸易转移具有内在的负面效应，原因是竞争优势从低成本生产国转移至高成本生产国。西班牙的鞋制造商（出口销售量增加）和欧盟消费者（更低的价格）从西班牙的成员国资格中获益。而两项主要成本包括：一是德国政府的税收，二是中国和其他出口商损失的销售额。在这种情况下，受损的一方可以依据全球贸易规则寻求适当赔偿。2004 年欧盟增加新成员国时，中国曾要求欧盟对损失的贸易额给予补偿。日本政府也声明新成员国的入盟将导致其出口商在汽车和家用电器等产品上损失 2 200 万美元，而欧盟则认为其扩张将会给日本企业带来长期利益。

从诸如中国等非成员国的角度进行分析，关税同盟的成立或扩张对于非成员国来说显然是不利的。然而受伤害最大的当属那些依赖贸易来建设本国经济的国家，例如发展中国家。从关税同盟成员国的角度分析，只有当贸易创造的收益大于贸易转移的成本时，关税同盟的建立或扩张才会使成员国真正获益（见图 4-2）。

假设供给曲线是一组平行的曲线。德国从贸易创造中获得的收益由区域 b 来表示。该区域包括两部分的收益：一是多增加的该产品的消费；二是用成员国的低成本产品取代德国的高成本产品而获得的收益。贸易转移所造成的损失由区域 c 来表示，它表明贸易从更低成本的非成员国转向同盟中的贸易伙伴。如图（b）所示，当 b 大于 c 时，贸易创造的收益大于贸易转移的成本；如图（a）所示，当 c 大于 b 时，贸易转移的成本大于贸易创造的收益。在通常情况下，当新成员国的出口产品价格与非成员国的产品价格十分接近时，贸易创造的收益大于贸易转移的成本，如图（b）所示。

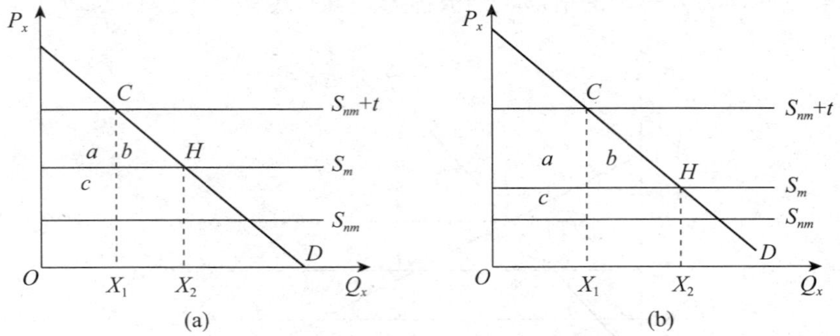

图 4-2　贸易转移和贸易创造的净收益或净损失

二、经济一体化所产生的争议

围绕着经济一体化产生了一系列争议，主要集中在两个方面：一是一体化对进口价格、竞争、规模经济以及要素生产率所产生的影响；二是区域主义与民族主义各自的好处。

降低进口价格

当一个小国设置进口关税时，销售方自然会提高产品的价格以支付关税成本。价格的上涨又会导致对进口商品需求的下降。然而，如果一体化组织成员国集体设置关税，则对该商品的进口需求会大幅下降。鉴于此种原因，出口国将被迫降低产品价格。出口国的降价是迫于一体化集团的强大市场力，而单个国家却很难有如此大的影响力。结果是一体化集团的贸易地位得到提升。然而，集团成员所获得的贸易地位的加强是以出口国贸易地位的持续恶化换来的。所以，不同于自由贸易的双赢局面，贸易集团一般只能导致单方面的获益。

竞争的扩大与规模经济

一体化扩大了市场规模，因而降低了某些产品和服务生产中的垄断程度。这是因为扩大的市场吸引了更多的企业参与竞争，带来更高的生产效率和更低的产品价格。此外，缺少活力和生产力较低的企业由于受到来自区域内企业的竞争的激励而奋发图强。

许多产业如钢铁、汽车等都需要取得较大的生产规模以实现规模经济效应。因而从经济角度讲，一些产业在一些实行贸易保护政策的小国内根本无法生存。然而，贸易集团的形成扩大了市场从而使大规模的生产成为可能。规模经济效应带来单位生产成本的下降。由于市场的扩展使生产量增加从而降低了生产成本，这种效应被称为内部规模经济。如果整个区域采取统一的生产标准，那么不仅会给企业带来扩大的市场，还会使企业成为全球经济的发动机，这是显而易见的。爱立信和诺基亚双双得益于欧盟采用的 GSM 无线通信标准，才得以冲破本国狭小的市场建立起规模经济。

在共同市场中还存在着外部规模经济。因为共同市场允许生产要素在国家间自由流动，企业因此获得更便宜的资本、更高技术的劳动力或者更先进的技术。这些因素将改善企业产品和服务的质量，或者降低成本，或者既提高了质量又降低了成本。

更高的要素生产率

在生产要素自由流动的情况下，共同市场国家的财富总量趋于增加。支持这个观点的理论依据简单明了：要素的自由流动使劳动力和资本从生产率较低的区域移动到生产率较高的区域。除了要素自由流动带来的收益外，还有许多不易量化的利益。劳动力的自由流动会提高跨文化交流，进而促进和提高跨文化的理解程度；随着人口的流动，他们的思想、技能与文明也会随之流动和交换。

然而，要素的自由流动同样不一定使共同市场中所有国家都获利。例如，穷国急需的投资资本可能大量流向富裕国家，因为那里的投资回报率可能会更高。要素流动带来的另外一个问题，也是人们常常提及的问题，就是人才外流现象。较贫穷的国家可能流失最优秀的人才，他们因为劳动力可以自由流动而前往他国寻找更好的就业机会。较发达的成员国也会担心本国的企业为了寻求更低的经营成本（如社会成本）而向其他成员国投资。许多跨国公司诸如飞利浦和固特异等已经将其生产从阿根廷转移到了巴西，以便更好地利用当地较低的生产成本和巴西政府提供的激励政策。

区域主义相对于民族主义

经济学家们已经提出完美的和有说服力的观点来为不同程度的经济一体化辩护。然而在强烈的民族主义面前，一国很难将这些一体化观点付诸实施。经济一体化的最大障碍一直是国家不愿意放弃一定程度的自主权。一体化，从其本质来说，需要放弃部分国家权力和自主决定权。

第三节 欧洲一体化

欧盟是迄今为止最成功也是一体化程度最高的区域组织。自成立以来，其成员国在不断增加，目前达到 28 个国家。2018 年，欧盟有 5.12 亿人口，GDP 总额达到 18.75 万亿美元，表 4－3 详细记录了欧盟的扩张进程。

表 4－3 欧盟成员国

1957 年	1973—1986 年	1995 年	2004 年	2007 年	2013 年	2016
法国、联邦德国、意大利、比利时、荷兰、卢森堡	英国（1973）、爱尔兰（1973）、丹麦（1973）、希腊（1981）、西班牙（1986）、葡萄牙（1986）	奥地利、芬兰、瑞典	捷克、塞浦路斯、拉脱维亚、爱沙尼亚、立陶宛、匈牙利、马耳他、波兰、斯洛伐克、斯洛文尼亚	保加利亚、罗马尼亚	克罗地亚	英国全面公投退出欧盟

一、1992 年之前欧盟的演变

第二次世界大战带来的战乱使人们萌发了将欧洲各经济体联合起来以减少未来政治和经济对抗的决心。为此目的，比利时、荷兰、卢森堡、法国、联邦德国和意大利 1951 年根据《巴黎条约》建立了欧洲煤钢共同体。欧洲煤钢共同体成立的目的就是在成员国内部建立一个煤炭、钢铁和铁矿石的统一市场。这些基础产业部门很快得以恢复成为具有竞争力和高效率的产业。该组织的成功为欧洲的进一步合作提供了平台，因此 1957 年经过协商达成的《罗马条约》将 6 个国家联合在一起，成立了欧洲经济共同体（EEC）。包含 200 多项条款的《罗马条约》是一个具有里程碑意义的条约，它过去是现在依然是一个雄心勃勒的条约。该条约所贯穿的鲜明的合作精神以“四大自由”为基础，即货物、服务、人员与资本的自由流动，这“四大自由”是这一地区经济繁荣的最重要的前提。

欧共体发展到20世纪80年代后逐渐遇到的一个严重问题是如何实施“共同农业政策”（CAP）。大多数工业化国家如美国、加拿大、日本等国的政府都广泛地介入农业生产的管理并给予农业相应的补贴。然而在欧盟内部，相应的政策不是在国家层面而是在整个区域范畴实施。共同农业政策包括：（1）价格支持体制。在欧盟农业官员的干预下使农产品的价格保持在一个特定的范围。（2）直接补贴农民。（3）对出口或愿意储存的农产品进行退税补贴。这些政策不仅耗费了欧盟每年大约2/3的财政预算，而且在欧盟内部和欧盟与外部的关系上都引起了很大的麻烦。在欧盟内部，相对富裕和工业化程度更高的国家抵制给予农业比例较高的国家（包括新加盟的国家）广泛的补贴。非成员国则谴责欧盟在农业产品上的不公平贸易行为。发展中国家抱怨欧盟对其农产品出口征收的平均20%的进口关税，以及对本区域农户给予的1 000亿美元的农业补贴。

二、1992年以后欧洲经济一体化的进程

尽管成员国坚持“四大自由”的基本原则，然而阻碍货物、服务、人员与资本自由流动的障碍依然存在。例如，许多货物的贸易受到烦琐规则的限制；尽管从理论上讲人力资源可以自由流动，但是一国的职业资格认证在另一国往往得不到承认。

结果成员国对一体化进程的不满不断滋长。1985年欧盟发表了一份旨在完成内部统一大市场的白皮书，该白皮书历数各类阻碍“四大自由”的障碍，并提出取消这些障碍的建议。该白皮书列出了282条具体的措施以使“四大自由”成为现实。

随着《单一欧洲法令》的通过，1987年对白皮书建议的实施正式开始。《单一欧洲法令》宣称：“共同体将在截至1992年12月31日为止的期间内采取措施逐步建立统一的内部市场。”1992年随着欧洲共同体取消了主要的内部关税并基本实现了经济统一，欧洲一体化进程又向前迈进了一步。共同体采取的措施包括：

- 建立泛欧洲的主要工业部门技术标准。
- 取消成员国间对边境的控制；原有的长达35页的边境和海关手续减少至2页；电子文档使货物通关速度进一步加快。
- 放松公共采购政策，使非本国居民有机会获得政府合同。然而，虽然启动了通过互联网进行招标和采购合同声明的程序来纠正对外部的歧视，畏惧和憎恨外国人的采购政策依然存在。
- 对金融服务业管制的解除推动了金融市场的竞争，银行可以参与国内贷款、保险、经纪和证券业的竞争，其他金融机构也可以提供银行服务。
- 对电信、电力、煤炭、天然气、通信和交通系统实行私有化。
- 在欧盟范围内统一许多工业部门的规章和安全标准。
- 放松资本管制，包括短期投资、长期投资和证券投资。
- 允许劳动力自由流动，包括承认欧盟范围内获得的教育（学历、学位、职业资格认证）。
- 统一知识产权、公司法、兼并与收购、破产和环境保护等方面的法律。
- 统一税收政策，特别是增值税和公司税。

货物自由流动的取得主要归功于由“共同标准”模式转变为“互相承认”模式。在共

同标准模式下，欧盟成员国不得不就上千种商品的规格进行谈判，而谈判常常以失败而告终。例如，由于口味不同，欧盟始终无法制定啤酒、香肠、蛋黄酱等的统一标准。在互相承认模式下，一般不再需要制定费时费力的统一标准。现在，一种商品只要符合一个成员国的法律和规格要求，便可以自由出口到其他成员国，顾客成为商品是否成功的最终判定者。

相对于货物的自由流动，欧洲人员的自由流动程度尚处于较低的阶段。最大的难题是欧盟成员国还无法达成一个共同的移民政策。只要移民法案的争议还在继续，各国之间人员流动时就必须通过边境检查。有些国家特别是德国采取相对宽松的移民政策，而其他一些国家，特别是存在高失业率的国家则要求职业资格认证才能入境。1993 年，最大的欧盟成员国通过了所有职业资格法令，这意味着在整个欧盟范围内工人的职业资格得到认可，它保证了人们在东道国在就业、劳动条件和社会保障等方面的平等权利。

欧盟为使资本实现区域内的自由流动采取了几项措施。首先，成员国公民可无限制地使用欧盟货币进行贸易；其次，统一银行及其他金融机构的规章制度；再次，公司兼并活动受欧盟而不是某个国家政府的管辖；最后，有价证券可以在国家之间自由贸易。

在服务领域实现自由贸易的关键要素在于能否获得公平竞争政府采购合同的权利。根据 1992 年的指导原则，一国政府不应该给予本国公民获得政府合同的优惠。然而各国在这方面的进展几乎停滞不前。据估算，政府采购合同的公平竞争可每年节约 100 亿美元。然而自 1992 年以来，非本国企业获得政府合同的比例只有 5%。更糟糕的是，很少有不成功的企业对此提出抗议，因为它们担心此类申诉会影响今后的竞标。

欧盟机构中的许多官员认为 1992 年的一体化努力应实现欧洲经济和货币同盟并最终实现政治同盟。这种意愿于 1991 年 12 月在马斯特里赫特举行的首脑会议上得到体现，会议为此提出了各种各样的建议。1993 年年底，欧共体 12 国共同完成了对《马斯特里赫特条约》的批准程序，该条约约定欧盟于 1994 年 1 月 1 日正式成立。该条约呼吁各国承诺建立欧洲经济和货币同盟，并朝着共同外交和安全政策的政治同盟努力。

三、单一货币问题

1991 年在《马斯特里赫特条约》通过之时取得的一项重要进展是提出了统一欧盟货币的建议及其他补充建议，包括跨国界的警察合作和欧洲防务合作等。货币一体化建议提出加入货币同盟的国家应达到的条件包括：

- 财政赤字不得超过政府总预算的 3%。
- 价格稳定：参与国的通货膨胀水平不应超过 3 个表现最好的国家的平均物价水平的 1.5%。
- 国债不得超过一国 GNP 的 60%。
- 利率（以政府长期债券或类似债券来衡量）不得高于 3 个表现最好的国家的平均利率的 2%。
- 汇率水平应在加入前保持两年的稳定。

这些标准使欧盟各国的经济在 1999—2002 年向欧元过渡期间保持一致，欧元在 1999 年 1 月 1 日至 2002 年 1 月 1 日期间与本币共存。各国货币在 2002 年 4 月之前逐渐淡出。欧元的引入意味着各国政府已经事实上将利率、货币供给和汇率的决定权交于位于布鲁塞尔的欧盟总部。三年过渡期给予了欧元区内的企业一定的时间来调整各自的价格、会计账目和财政政策以适应新货币，同时也使区外的企业有时间进行调整。主要的调整包括债务人与债权人的支付义务、将以本币标价的合同转换为以欧元标价、银行财务转换、重新调整发票体系等。

欧盟原 15 个成员国中有 11 个决定加入欧洲货币联盟。这 11 个国家分别是：奥地利、比利时、芬兰、法国、德国、意大利、爱尔兰、卢森堡、荷兰、葡萄牙和西班牙。希腊于 2001 年也加入了欧元区，而英国、丹麦和瑞典三国仍然游弋于欧元区之外。截至 2015 年，欧元区共有 19 个成员国，其他成员为斯洛文尼亚（2007 年）、塞浦路斯（2008 年）、马耳他（2008 年）、斯洛伐克（2009 年）、爱沙尼亚（2011 年）、拉脱维亚（2014 年）、立陶宛（2015 年）。看起来欧元注定将与美元一起成为世界货币市场上的主导货币之一。

最优货币区理论

在欧洲货币联盟形成的整个过程中，许多持怀疑态度的经济学家一直对欧洲货币联盟能否持续下去心存疑虑。他们的理论依据来自哥伦比亚大学教授罗伯特·蒙代尔于 50 多年前发表的最优货币区理论。这个理论采用分析方法来确定一个区域内居民通过采用固定汇率，甚至采用统一货币对生活质量的改善程度。

不同货币与浮动汇率的优势

为了更好地理解最优货币区理论的实质意义，我们假设有两个虚拟的地区 X 和 Y。X 地区的居民专门从事油酥面馅饼的生产，而 Y 地区的居民专门从事健身器材的生产，两个地区的工资和物价在短期内是固定的。起初，两地的贸易处于均衡状态。

假设两地的居民不能去对方地区就业，原因可能是语言障碍或文化障碍，或者是一地或两地政府规定不允许生产油酥面馅饼的 X 地区的居民前往 Y 地区从事健身器材的生产，或者不允许 Y 地区的居民前往 X 地区从事油酥面馅饼的生产。然而两地的居民在购买彼此的产品上没有限制。

最后，假设每个地区都有自己的货币，两地的汇率既可以采取由外汇市场决定的浮动汇率，也可以采取由决策者制定的固定汇率。

现在假设两个地区居民的健康意识都提高了，这样两地居民减少了对 X 地区生产的胆固醇含量较高的油酥面馅饼的需求量，而增加了对 Y 地区生产的健身器材的需求量。因而 Y 地区获得贸易顺差，产量和就业都得到提高。相反，X 地区则出现贸易逆差，产量和就业双双下降。

如果两地采用的是固定汇率，那么由于消费倾向的改变，在短期内工资和价格的刚性会造成 X 地区的失业率持续一段时间。当然在长期内，随着 Y 地区生产的健身器材的价格上涨和 X 地区生产的油酥面馅饼价格的下降，两个地区的贸易最终会取得平衡。然而在此长期的调整中，X 地区将遭受严重的失业问题。

然而，如果两地采用浮动汇率，那么 Y 地区的贸易顺差和 X 地区的贸易逆差将使 X 地区的货币相对于 Y 地区的货币迅速贬值。对 Y 地区的居民来说这将使 X 地区油酥面馅饼的实际价格迅速下降，而对 X 地区的居民来说 Y 地区健身器材的实际价格将迅速上升。因此在浮动汇率下，两国的贸易将较快地取得平衡，X 地区的失业时间也会大大缩短。

上述事例论证了两个地区使用不同的货币并采用浮动汇率时的收益。采用固定汇率或者更进一步使用单一货币，会妨碍汇率作为应对两个地区产品需求发生相对变化时的短期调整工具。这使这些地区处于潜在的长期支付不平衡和失业困扰的状态。

当然，采取不同的货币和浮动汇率制时两地的居民要承担汇率市场变动带来的外汇风险，以及一地居民购买他地商品时付出的货币兑换成本。然而，这种货币制度同时可以避免由于语言、文化或移民法规等障碍所带来的失业风险。

在什么条件下采用单一货币可使相关国家受益?

现在假设过去限制工人流动的状况已被打破。结果，X 地区和 Y 地区的工人可以自由地进入对方地区工作。我们进一步假设市场对 X 地区生产的高热量的油酥面馅饼的需求在下降，而对 Y 地区生产的健身器材的需求在上升。

需求变化马上带来的效应仍然是 Y 地区的贸易顺差、更高的产量和更高的就业率，以及 X 地区的贸易逆差、产量的下降和失业率的提高。此时 X 地区的一部分劳动力可以移民或者可以乘车前往 Y 地区寻找新的就业机会，这样 X 地区的失业便只是一个短期现象。如此在面对各自产品需求的变化时，两个地区的失业状况将被降到最低程度。

在这个例子中，两个地区没有理由不采取固定汇率，以使本地区居民免遭汇率波动的风险。的确，经济学家应该可以确定这两个地区共同构成了一个最优货币区，或是一个地理区域，在那里可以保持固定汇率不变，同时不必放慢由于区域环境的变化而进行调整的速度。进一步说，在这样的最优货币区内，如果从事区域内贸易需兑换货币的成本超过使用各自货币所获得的利益，分散的区域发现采用统一货币是有利可图的。因为假设，尽管 X 地区和 Y 地区已经不存在任何障碍，两地的居民仍然认为使用不同的货币更为有利，那么人们也许会继续乐意承担货币兑换产生的交易成本。但是如果货币兑换的成本高于保持独立货币的潜在收益，那么构成最优货币区的居民采用单一的共同货币就可获得净收益。

欧洲主权债务危机

尽管欧元区在货币一体化方面取得了成功，但它自 2009 年以来深陷欧债危机，或称为欧洲主权债务危机。发生在欧元区几个国家的债务危机是由于它们无法偿付债务或无法为政府债务再融资，或者不依靠第三方如国际货币基金组织及其他金融组织而靠自己无法解救本国政府监管下过度负债的银行。欧债危机的爆发紧随 2009 年年末的全球金融危机，其特点是过高的政府结构性赤字和不断升高的债务水平（见图 4－3）。从图 4－3 可以看到欧元区大多数国家的债务水平都超过了《马斯特里赫特条约》规定的加入欧元区的底线要求，即财政赤字不得超过政府总预算的 3%和国债不得超过一国 GNP 的 60%。

2010年欧洲各国公共债务与GDP比值　　2009年欧洲各国公共财政赤字与GDP比值

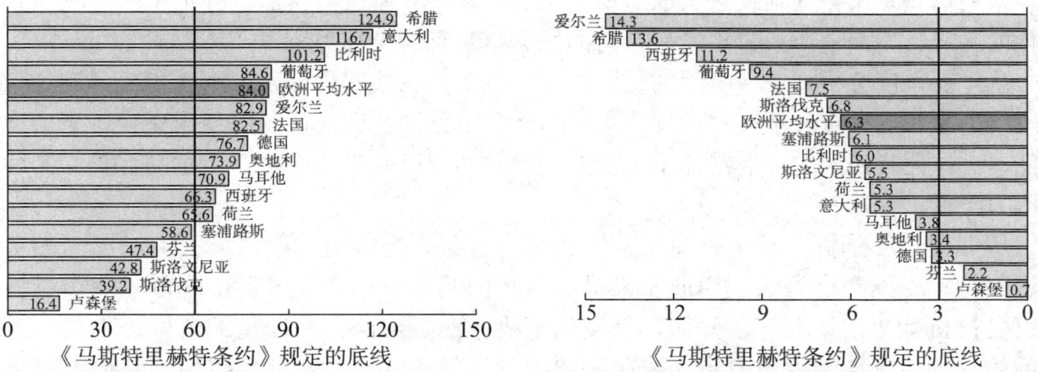

2010年欧洲各国公共债务与GDP比值，排前三的是希腊、意大利、比利时，排第一的希腊的公共债务为GDP的1.25倍。

2009年欧洲各国公共赤字与GDP比值，排前三的是爱尔兰、希腊、西班牙，爱尔兰的占比高达14.3%。

图 4－3　欧元区各国债务水平（%）

欧债危机的起源是各种因素综合作用的结果，包括金融全球化、2002—2008 年的宽松贷款条件导致的高风险借贷行为、2008 年的金融危机、国际贸易失衡、不动产泡沫、2008—2012 年的经济衰退、与政府税收和支出相关的财政政策选择、政府采用的解救遇到麻烦的金融产业和个人债权人的措施等。然而尽管有以上种种原因，欧元区国家债务过高才是危机的根源。

政府一旦陷入主权债务危机将变得十分脆弱，原因是它们不得不依赖短期债券来融资，这将造成短期融资债券的到期日与它们的税基的长期资产价值之间的错配。如果政府不能以本国货币发行债券，还会发生货币错配，这是由于本国货币的贬值使以外币标价的债券过于昂贵而无法偿还。如果可能的贷方或者债券购买者开始怀疑政府的偿债能力，他们就会为防范违约风险而要求很高的利率作为补偿。政府如果违约将无法继续借债，部分海外资产将被冻结，而且会面临来自国内债权人要求偿债的政治压力。

欧债危机对经济产生了极大的破坏性影响并对受重创国家的劳动力市场产生了影响，如希腊和西班牙的失业率达到 27%。舆论认为危机不仅使欧元区的经济低迷，而且使整个欧盟经济不景气。欧债危机所产生的政治压力使欧元区 19 个国家中的 8 个的政府政权易位，包括希腊、爱尔兰、意大利、葡萄牙、西班牙、斯洛文尼亚、斯洛伐克和荷兰。

债务危机一旦发生，可以采取什么措施？一般来说债务国政府可以与债权人谈判推迟还债日期或者减少部分债务，这种做法常被称为债务重组或者“剪法”。此外，还可以从国际货币基金组织或者其他金融组织借款。欧元区 4 个受到重创的国家接受了由国际货币基金组织和欧洲委员会以及欧洲央行在技术方面提供的主权解救方案。然而最好的解救方案应当是受到重创的国家降低债务水平并且采取严格的紧缩政策。在经济学意义上，紧缩指的是政府在经济衰退时采取降低预算赤字的政策。紧缩政策可以包括削减开支、增加税收，或者两者并举。

为了应对欧洲主权债务危机，欧盟领导也做出了种种努力。2012 年 1 月 31 日，欧盟领导提出设立永久性救援基金，并确认从 2012 年 7 月起引入永久性欧洲稳定机制（ESM）。欧洲稳定机制的贷款能力为 5 000 亿欧元，用于取代为爱尔兰和葡萄牙提供了救助的暂时性救助基金——欧洲金融稳定基金（EFSF）。

单一货币的利与弊

采用单一货币极大地促进了欧盟一体化的进程，欧盟成为目前世界上唯一实现货币一体化的区域。然而，单一货币既有自己的优势，又有自身的劣势。

从优势角度分析，单一货币的最大优势就在于：在共同货币区内由于货币浮动导致的风险被消除，这一点在前文“最优货币区理论”部分已经阐述；各国货币兑换带来的成本降低；一体化货币区内的经济体不再受货币浮动和货币投机的干扰；由贸易保护带来的政治压力降低；等等。

从劣势角度分析，对主权国家来讲，一国政府无法使用货币政策去应对国内的宏观经济形势；一国政府无法利用通胀来降低实际公共债务；从本国货币向单一货币过渡可能引发投机性攻击；等等。然而，长期的解决办法是从深化一体化的角度提出的，最主要的建议是建立欧洲财政政策一体化。此次危机促使欧元区超越常规的国家界限，朝着具有财政权力的联邦制欧盟发展。德国央行行长维德曼 2012 年 6 月 14 日提出欧盟一体化的推进应提高主要成员体对成员国财政预算的控制。在财政预算失衡显现时，对财政控制的要求可以包括提高税收或减少预算。该项建议与当前提高欧盟的政治和财政一体化程度的倡议相符。

四、政治一体化

欧洲委员会 欧洲委员会是欧盟的执行主体，总部设在比利时的布鲁塞尔，由 20 个委员（两个较大的成员国各有两名，其余较小的成员国各有一名）和一名主席组成。委员们负责监督三十多个总理事长（或部长），例如负责农业、交通和外部关系等的总理事长，每个总理事长都有广泛的职责。例如，外交理事长处理贸易政策（如与 WTO 的谈判）和与其他贸易集团的关系（如北美自由贸易区、南方共同市场）。委员会成员由成员国提名，但依据《罗马条约》的规定，他们只对委员会负责而不是对自己的国家负责。布鲁塞尔总部的工作人员总数已经超过了 24 000 人，一个原因是欧盟的官方语言多达 20 种，其中 20%的工作人员从事口译和笔译工作。

部长理事会 该理事会是欧盟主要的政策制定中心，包括 87 个成员，分成不同的小组负责某项政策的制定（如所有外交部部长都属于外交事务分委员会）。理事会每两年轮换一次，投票权根据国家的大小分配至成员国代表。目前需要全体一致通过的政策决定已经减少，因此国家否决立法的能力也被大大削弱，大多数决策只要超过有效多数票即可。但在重要事件的决策（如欧盟东扩）上仍需要全体理事会 70%的投票通过。

欧洲议会 欧洲议会有 751 个成员，成员通过成员国普选选出，任期为 5 年。议会成立之初只是一个顾问机构，没有实质权力。然而，《单一欧洲法案》赋予欧洲议会否决欧盟成员资格的申请以及处理与非欧盟国家贸易协定的权力。《马斯特里赫特条约》和《阿姆斯特丹条约》又赋予欧洲议会否决某些政策领域的立法权，以及与欧洲委员会协商处理立法草案过程中不同意见的权力。

欧盟法院 该法院总部设在卢森堡，由 15 个法官组成，负责解释欧盟法律（例如欧盟与成员国之间、成员国与成员国之间、成员国与欧盟之间的法律问题）。欧盟法院裁决与《欧洲宪法》相关的争端，特别是贸易和商业争端。法律程序的启动可以由欧盟成员国提出，也可以由成员国的企业或个人提出。

五、欧盟东扩及其区域一体化的主要成功因素

欧盟东扩

从政治角度看，贸易集团的规模关系到集团的政治和经济实力。欧盟从 1957 年的 6 个成员国发展到 1995 年的 15 个成员国。但是欧盟的扩张仍然没有停滞，2004 年 5 月又有 10 个新的成员加入了欧盟，它们是：波兰、匈牙利、捷克、斯洛伐克、马耳他、塞浦路斯、拉脱维亚、立陶宛、爱沙尼亚和斯洛文尼亚。这 10 个国家为欧盟新增加了 1 亿消费人口和 7%的 GDP。

加入欧盟对波罗的海国家和中欧国家的经济增长十分关键。同时欧盟也希望在其东部建立一个稳定的区域。欧盟的扩张为企业创造了新的投资机会，也为欧盟的消费者提供了便宜的商品。然而新成员国需要大大提高生产率才能吸引投资。土耳其申请加入欧盟的要求由于下述问题受到阻碍，这些问题包括欧盟对人权问题的考虑、土耳其与希腊之间就塞浦路斯问题的争端，以及土耳其国内与库尔德人组织的争端。在作为候选国期间，土耳其享有与欧盟成员国同样的优惠贸易权利。长期来看，白俄罗斯、摩尔多瓦和乌克兰等国家将成为欧盟的候选国。

欧盟的意义

对欧洲来说，“四大自由”最重要的意义是人们期望的经济增长的结果。一些由此产生的经济增长源已经被确定：第一，由于取消了边境巡检、通关及其他交易成本而获得的收益；第二，生产设备的集中带来的规模经济效应将刺激经济的增长；第三，由于欧盟企业内部更为激烈的竞争带来的收益。那些在某国占垄断地位的企业现在不得不面对来自欧盟其他企业的竞争。欧元的引入将提高企业的效率，特别是提高跨行业和跨国界的整合。此外，欧元区的国家将享有更低的交易成本、更低的货币风险；企业和消费者将会享有更透明的物价和不断增长的价格竞争带来的收益。

以上设想对欧洲内外的诸多企业均有重要的意义，对于已经开始在欧盟运营的企业将会带来巨大的利益。因为它们在某一国的业务可以自由地扩展到他国，其产品也可以自由地售往其他国家。此外，资本的自由流动使这些企业可以在整个欧洲范围内销售有价证券、筹集资金和雇用劳动力，因而大规模的生产和市场规模经济效应也将出现。当然，规模经济的程度取决于公司的经理们确定泛区域市场目标的能力，或者通过促销手段统一消费者偏好的能力。

欧盟的外部影响

欧盟积极开展全方位外交，已同世界近200个国家和国际组织建立了外交关系，与战略伙伴建有定期首脑会晤机制。欧盟奉行有效多边主义，倡导自由贸易，积极引领国际能源及气候变化合作，强调维护联合国的地位和作用，主张以和平方式解决地区热点问题。随着欧盟的不断扩张，它在世界贸易领域作为自由贸易的推动力量发挥着越来越大的作用。欧盟于2000年和南方共同市场签署了框架协议，并与墨西哥签订了自由贸易协定，到2003年实现了100%的自由贸易。在此之前，欧洲曾启动了包括美洲和欧洲在内的泛大西洋自由贸易区计划。欧盟还给予包括非洲、加勒比和太平洋地区超过70个国家进入其市场的优先权。1997年12月，欧盟与俄罗斯之间的贸易伙伴和合作关系协定正式生效。

欧盟与世界上大多数国家和地区建立了外交关系，并缔结了各种经贸合作协定。目前有160多个国家向欧盟派驻了外交使团，欧盟也已在120多个国家及国际组织所在地派驻了代表团。2016年6月，欧盟发布题为《共同愿景、共同行动：一个更强大的欧洲》的外交与安全政策全球战略，确定以促进和平与安全、实现繁荣、推进民主、建立基于规则的国际秩序等四大共同利益为目标，以“有原则的实用主义”为对外行动基本纲领。

欧盟成功的关键要素

欧盟是迄今为止最成功的一体化组织，因此其他一体化区域安排也纷纷尝试效仿其成功经验。欧盟成功的原因主要可以归结为历史、经济、政治和文化等因素。

国际贸易传统 自2 000多年前的罗马帝国时代以来，商业活动就一直活跃在欧洲大陆上。由于从事内部贸易是经济集团的主要目的，因此这一商业传承成为一体化的主要催化剂。

时机 建立大一统欧洲的谈判在1945年第二次世界大战结束后不久便启动，此时人们对两次世界大战的记忆犹新，避免未来冲突的愿望相当迫切。

外部鼓励 20世纪50年代至60年代，美国积极鼓励欧洲的一体化进程，使其成为对抗共产主义苏联集团的缓冲地带。

地理相似性 西欧各国地缘紧凑，有利于成员国间进行贸易和交流。

来自国际竞争的压力 1945年以来的科技大发展促使越来越多的企业将自己的经营范围扩展到国际市场。

海外殖民地的消亡 随着非洲、中东和亚洲各国在20世纪纷纷取得独立，欧洲从16世纪到20世纪的殖民扩张也走向末路，给欧洲的商业留下了一个真空地带，因此欧盟的建立也是为了填补这一空白。

政治人物 推进统一的欧洲理念需要远大的眼光和政治智慧。温斯顿·丘吉尔（Winston Churchill）是最早的提倡者，之后查尔斯·戴高乐（Charles de Gaulle）和让·莫奈（Jean Monnet）将欧盟理念付诸实施。

欧洲各国间文化的相似性 虽然欧洲各国过去和现在都存在着文化差异，但是它们拥有一些共同点。大多数国家经济发展水平处于相同阶段。它们的经济体制为混合经济，即结合了资本主义定位和社会主义倾向（比如它们相信国家支持的福利体系）。另外，大多数国家都拥有发达的银行、经济基础设施和自由兑换货币，能够支持大规模的商业和贸易活动。这些相似性使欧盟成员国达到了高水平（虽然不是完全）的相互信任。

第四节 北美经济一体化

欧盟毋庸置疑地成了世界上最成功和最著名的一体化组织，然而北美洲的一体化努力在短短的时间里也形成势头，获得关注。《北美自由贸易协定》最初始于美国和加拿大这两个相邻的发达国家，现在扩展到墨西哥，并有进一步扩张的长远计划。然而，北美地区的一体化是纯粹经济意义上的一体化，没有政治一体化的意向。

一、《美加自由贸易协定》

美国和加拿大在经历了三次失败的尝试之后终于成功地签订了自由贸易协定，该协定于1989年1月1日正式生效。这份协定创立了一个总值5万亿美元的大陆经济体。两国在此前就已经签署过一些部门的自由贸易协定，例如汽车产品的自由贸易协定已存在了20多年。事实上在《美加自由贸易协定》签署之前，两国已经成为世界上最大的贸易伙伴，并且两国之间存在相对较少的贸易壁垒。新协定在1989—1999年分三个阶段有选择地消除相应的关税。例如第一阶段免除了对美国销往加拿大的计算机所征收的3.9%的关税，同时也取消了威士忌、冰鞋、皮毛、生鱼等从4.9%到22%的关税。但对敏感部门的产品如纺织品、钢铁和农产品直到第二个过渡阶段才放开。两国均将自由贸易协定视为获得世界竞争力的一个重要途径。尽管还存在着一些不尽如人意的地方，例如由于生产的调整，自由贸易协定给美国带来了75万个就业机会，而只给加拿大带来了15万个就业岗位，然而两国的经济增长率因此都增加了1%左右。2002年两国的贸易额已经超过了4 400亿美元。

二、《北美自由贸易协定》

成立北美自由贸易区的谈判始于1991年，旨在建立世界上最大的自由贸易区，该贸易区将拥有4亿消费人口和近11万亿美元的总产值。《北美自由贸易协定》（NAFTA）是一个重要的分水岭：在此之前还未曾有任何工业化国家与属于发展中国家的邻国建立如此庞大的自由贸易区。

由于加拿大从北美自由贸易区中获益不多（加拿大与墨西哥的贸易额只有加拿大与美国的贸易额的1%），因而谈判的焦点主要集中在美国和墨西哥的得与失上。倡议者认为美国人口结构显示美国许多地区面临劳动力短缺，而该协定可以使美国获得墨西哥巨大的相对低廉的劳动力储备。两国企业将额外增加上百万名消费者，自由贸易还会使两国的经济增长速度大大加快。墨西哥和美国之间最多的20种进出口产品基本上来自相同产业，表明两国产业内专业化程度很高，因而可以形成规模优势。总之，企业对于北美自由贸易区持完全乐观的态度。

反对《北美自由贸易协定》的观点主要集中在劳动力和环境问题上。美国工会尤其担心由于较低的工资水平和较差的工作环境，美国的就业机会将转移到墨西哥，估计美国约有600万个工作岗位受到威胁。《北美自由贸易协定》的一个最鲜明的特点是两个附加协定，主要是针对墨西哥可能发生的虐待劳工和破坏环境问题。《北美劳工合作协定》(NAALC) 便旨在专门处理对劳工虐待事件的申诉。同样，环境事务委员会也是为处理公众关心的环境问题而设立的。但是这些补充协议几乎没有效力，主要原因是相关机构几乎没有强制力。

北美自由贸易区在贸易和投资方面取得了良好的开端，但随后便遭受了沉重的打击，原因是1995年墨西哥比索的严重贬值和由此对贸易产生的影响。对北美自由贸易区持批评意见者认为人们对墨西哥寄予了过快过高的期望，而其国内的政治和经济体系还没有为市场开放做好准备；作为回应，北美自由贸易区的支持者则认为墨西哥的实体经济没有任何问题，比索危机只是一次政治事件，将随着时间的推移很快得到恢复。事实上，在美国和国际货币基金组织的帮助下，墨西哥经济于1996年开始强劲反弹。

自《北美自由贸易协定》生效后，加拿大、墨西哥和美国之间的贸易量大幅上升，贸易总额在2002年超过了6 020亿美元。一系列改革措施使墨西哥凭借自身的力量成为具有吸引力的市场。自1989年以来，墨西哥年均GDP以超过3%的速度增长，对美国的出口更是每年增长20%，到2002年已经达到1 340亿美元。通过开放市场，墨西哥已经吸引了大量新的外国投资。美国也从墨西哥的成功中获益。2002年美国对墨西哥的出口额几乎是对日本出口额的两倍，达到970亿美元。与此同时，美国从墨西哥的进口额也远远高于从其他国家的进口额。目前，美国和墨西哥之间的合作已经超出贸易和投资领域，例如，两国建立起双边机构以处理移民、边境控制以及毒品交易等问题。

从北美自由贸易区获益的美国产业部门包括计算机、汽车、石化、金融服务和航天部门。航天公司如波音（Boeing）、霍尼韦尔（Honeywell）、空客（Airbus）、通用飞机发动机（GE Aircraft Engines）集团等已经使墨西哥成为零部件制造和装配中心。宇航业也成为墨西哥国内仅次于电子产业的第二大部门，雇用了数万名员工。随着墨西哥发展成为更先进的社会，生活消费品厂商也将从中受益。《北美自由贸易协定》还催生了新的零售系统，许多零售商专门从事国外新产品的销售。不仅美国的零售商如沃尔玛等进入了墨西哥市场，而且墨西哥的零售商如格鲁珀·基冈特（Grupo Gigante）也打入了美国市场。沃尔玛凭借较低的关税、产品的相似性和购买力正在改变着墨西哥零售业的现状。

尽管美国国内担心企业将生产业务南移会使就业岗位迅速减少，但是最近的研究表明，由于自由贸易使美国的出口增加，创造了技术含量高和工资待遇高的工作岗位。事实上，出口企业的工作相对于被取代的岗位其工资上升了10%～15%。受损失的部门有：汽车零部件、家具和家用玻璃制造商；蔗糖、花生和柑橘种植者；海产品和蔬菜生产商。根据美国劳工部的统计，与墨西哥和加拿大的贸易带来的损失或者受到威胁的就业岗位大约有 31.6 万个。与此同时，自北美自由贸易区成立以来，美国新增就业岗位将近 2 000 万个。在大多数情况下，由于墨西哥高额的运输和仓储成本降低了效率，因此许多美国产业仍然依赖本国企业供给本国市场。总的来说，较低技能工作的海外转移对于像美国这样的发达国家来说是一个潮流，而且是不可阻挡的潮流。然而，北美自由贸易区为美国企业提供了利用廉价劳动力的渠道，同时又与本国供应商保持密切的联系。墨西哥装配厂从美国获得了 82%的零件供给，而亚洲工厂仅仅得到很小的一部分。如果没有北美自由贸易区，被亚洲夺走的将不仅仅是劳动密集型部件的生产，而是整个产业。

那些在贸易上依赖北美自由贸易区的国家担心《北美自由贸易协定》将使贸易转移因而造成对本国经济的巨大损失。亚洲持续的经济成就主要依赖于北美市场的开放，很多亚洲国家对北美的出口额占到本国年出口收入的 25%以上。亚洲低成本的制造商由于受关税的限制将失去部分对美国的出口，可能不得不通过投资进入北美自由贸易区，而墨西哥则不必缴纳关税。同样，加勒比和中美洲的许多国家也担心本地区的服装产业受到威胁，而且会失去所急需的投资。

三、《美国-墨西哥-加拿大三国协定》

于 1994 年 1 月 1 日生效的《北美自由贸易协定》经过 25 年的运作后，应美国特朗普政府的要求于 2017 年就自由贸易协定重新谈判。2018 年 9 月 30 日，美国、加拿大和墨西哥历时 13 个月的《北美自由贸易协定》谈判终于落下帷幕。三国一致同意将其重新命名为《美国-墨西哥-加拿大三国协定》(The United States-Mexico-Canada Agreement, USMCA)，虽然之前的北美自贸区不复存在，但这使得三国的自由贸易协定得以保留。

美国要求重新谈判的原因主要有两个：

其一，美国与墨西哥、加拿大之间巨大的贸易逆差。美国认为旧的《北美自由贸易协定》让墨西哥和加拿大受益更多，美国损失巨大，比如墨西哥廉价的劳动力使得美国的制造业就业转移，造成了巨大的贸易逆差，因而，美国认为有必要通过重谈《北美自由贸易协定》改善本国贸易状况。

其二，《北美自由贸易协定》的原有条款不能满足今天三国的经贸需要。《北美自由贸易协定》的签订是在 20 多年前，今天经贸领域的一些变化无法在《北美自由贸易协定》中找到对应条款。事实上重谈《北美自由贸易协定》并非特朗普的创新。在此之前，三国都已经认识到了《北美自由贸易协定》无法满足三国今天的经贸需求，部分条款已经不合时宜。

2017 年 8 月《北美自由贸易协定》重谈进程正式开启。谈判伊始“以创纪录的速度”向前推进，三方的目标是在 2017 年年底完成谈判工作，以保证在 2018 年墨西哥总统大选和美国国会中期选举之前完成相关程序。然而伴随着谈判的深入以及争议性议题的展开，比如汽车及零部件行业的原产地原则、争端解决机制改革、劳工工资、“落日条款”等，谈判陷入僵局，举步维艰，未能如约在 2017 年内达成协定。2018 年 4 月，为打破谈判僵局，特朗普明确表示要以征收钢铁和铝关税为砝码迫使加拿大与墨西哥在《北美自由贸易协定》谈判中做出让步，加拿大的回应是拒绝在关税压力下做出让步。随后美国改变策略，决定与加拿大及墨西哥两国分开谈判以推进谈判进程。2018 年 8 月 27 日美国单方面与墨西哥就更新《北美自由贸易协定》达成初步原则性协议。2018 年 8 月 28 日，在美国的多重强压之下，加拿大重新回到三方谈判桌上。2018 年 9 月 30 日，三方达成协定，历时 13 个月的谈判告一段落。

《美国-墨西哥-加拿大三国协定》保留了原《北美自由贸易协定》的主要框架，只是在部分章节上做了补充和调整。《美国-墨西哥-加拿大三国协定》共计 35 章，涵盖关税、农业、原产地原则、市场准入、纺织品、海关与贸易便利化、投资、电信、金融服务、数字贸易、知识产权、竞争政策、国有企业、劳工、环境、中小企业、反腐等诸多内容。其调整的内容主要集中在原产地原则、市场准入、知识产权、劳工等条款中。

第一是汽车行业的原产地原则。《美国-墨西哥-加拿大三国协定》将汽车行业的原产地原则视为该协定最核心的议题之一，它将《北美自由贸易协定》现有原产地原则规定的汽车行业要求区内产值含量比例不低于 62.5%提高到 75%。显然原产地原则规定对中国这样的汽车零部件出口大国而言非常不利。需要指出的是，在第六轮谈判时，加拿大对提高汽车区内零部件比重条款表示异议，美国贸易代表莱特希泽批评加方，称其实质上削减了本地区汽车产业的工作岗位，让北美生产的汽车使用更多中国生产的零部件。

第二是劳工条款。《美国-墨西哥-加拿大三国协定》规定到 2023 年 40%～45%的汽车零部件必须由小时工资不低于 16 美元的工人制造。墨西哥同意通过法律保护工会对工人的代表权、移民的劳动保护和妇女免受歧视和不公平待遇。《美国-墨西哥-加拿大三国协定》还专门指出，违反劳工法将成为缔约方制裁的理由。

第三，与“非市场化经济体”签署自由贸易协定需要提前通告其他缔约国。根据《美国-墨西哥-加拿大三国协定》第 32 章“例外与一般规定”第 10 款，成员国如果与“非市场化经济体”签署自由贸易协定，不仅要提前 3 个月通知其他成员国，还要将缔约目标告知其他成员国，并提前至少 30 天将协定文本提交其他成员国审查，以确定是否会对《美国-墨西哥-加拿大三国协定》产生影响。评论家一致认为这一条款是专门为中国设置的，且不排除美国在与其他国家签订经贸协定时继续附加这一条款。正如美国学者艾米丽·布兰夏德所总结的，尽管新的协定可能不怎么有助于提振甚至会损害北美大陆的整体经济增长和富裕，但它将对重新界定产品如何生产以及在哪里生产产生了强大影响。

第五节　其他区域的经济联盟

世界上的发展中国家在经济一体化的成功实践中或许成了最大的受益群体，因为许多发展中国家都比较小，很难实现经济的内部增长。在经济发展过程中，很多国家采取了进口替代政策来发展经济。进口替代就是以由本国新兴产业生产的产品代替原来需要进口的产品。然而，许多新兴产业只有在本国的消费促使生产达到更高的产量时才能成为高效率的生产者，在此情况下这些产业的成功可以通过一体化努力获取出口渠道，扩大市场。

一、拉丁美洲的一体化

在《美加自由贸易协定》签订之前，美洲大陆上所有主要贸易集团的活动都发生在拉丁美洲。发展中国家中寿命最长的一体化组织是 1961 年建立的拉美自由贸易协会（LAFTA）。顾名思义，LAFTA 的主要目标就是消除拉丁美洲的贸易壁垒。1961 年达成的协定号召成员国逐步消除贸易壁垒，到 1973 年实现贸易的完全自由化。然而到 1969

年，当时盛行的贸易保护主义思潮使 LAFTA 无法实现原定目标，因而该目标的实现日期被推迟到 1980 年。但是在此期间，全球债务危机、能源危机以及布雷顿森林体系的崩溃等再次阻止了 LAFTA 实现自己的目标。由于对 LAFTA 的不满，成员国于 1980 年又成立了一个新组织，名为拉丁美洲一体化协会（LAIA）。该组织制定了比 LAFTA 更高的一体化目标，然而如何消除各国的贸易壁垒仍然是必需和无法回避的第一步。

中美洲共同市场（CACM）是 1960 年通过《马那瓜条约》建立的，它也成了其他发展中国家一体化发展的模式。CACM 到 20 世纪 60 年代末期已经成功消除了成员国间 80%的贸易壁垒，然而该组织一直面临的问题是富国和相对发达的国家获得了更多一体化带来的利益。此外，该地区的政治困难也阻碍着一体化的进展。然而，成员国通过与其他贸易伙伴进行自由贸易谈判使该组织获得了新的活力。例如，CACM 与美国的自由贸易协定由于双方贸易的互补性受到欢迎，双方每年的贸易额超过了 200 亿美元。

加勒比地区的一体化努力集中体现在 1968 年成立的加勒比共同体和共同市场。加勒比国家（以及中美洲国家）还从《加勒比盆地倡议》（CBI）中获得了大量的利益。自 1983 年以来，美国给予 CBI 成员国贸易优惠和市场准入的待遇，然而在北美自由贸易区成立后 CBI 成员国失去了优惠待遇，这意味着加勒比国家必须更多地依赖彼此间的合作。为此，加勒比国家要求重新获得失去的待遇，其理由是它们领土面积小，特别是它们还在与不断增长的毒品交易做斗争的情况下更应享有特殊的待遇。美国在 2000 年的立法中单方面给予了 CBI 成员国北美自由贸易区的优惠，以保护它们在投资和贸易转移中受损失的利益。

南美洲国家在一场巨大的变革中正寻求通过自由贸易来解决滞胀、通胀和债务问题。为了适应新的经济发展，巴西、阿根廷、乌拉圭和巴拉圭于 1991 年建立了南方共同市场。尽管各自国内经济困难重重，各方在贸易政策上存在争议，南方共同市场及其三个联系会员——玻利维亚、智利和秘鲁已经同意确立与欧盟类似的经济趋同目标，领域包括通胀、公共债务和财政赤字。玻利维亚、哥伦比亚、厄瓜多尔、秘鲁和委内瑞拉还建立了安第斯共同体（ANCOM），由于其中的两个成员国已经与南方共同市场签署了自由贸易协定，其他成员国也表示出了类似的兴趣。拉丁美洲国家逐渐意识到，如果不走联合之路，它们将逐渐被世界市场淘汰。通过与欧盟签订自由贸易协定的方式，南方共同市场的成员国希望使自己的贸易关系多样化，并且降低对美国贸易的依赖性。

美洲大陆的最终目标是建立起一个北起巴罗角、阿拉斯加，南至巴塔哥尼亚的覆盖整个半球的自由贸易区。这个计划的第一步始于 1994 年 12 月，当时美洲 34 个国家的领导人同意考虑给予小国和欠发达国家更长的时间来降低关税，开放投资市场，在以下领域适用更有效的法律：反托拉斯、知识产权、商标规则、禁止商业贿赂行为等。同时欠发达国家同意将劳动和环境标准纳入谈判范畴。

企业的反应十分迅速。自由市场改革和经济复兴使企业做好了向拉美出口和投资的准备。例如，巴西一开放计算机市场，惠普（Hewlett-Packard）便成立了合资企业来生产个人计算机。企业还根据南美的市场情况改变自己的经营方式。过去柯达公司需要与 11 个互不关联的国家组织打交道。现在它的业务缩减到只需与 5 个无国界的按照生产流程组织起来的企业交往，利用公开贸易的优势，建立高度集中的物流体系，使交货效率提高，同时降低货物的运输成本。

二、亚洲的一体化

东南亚国家联盟与中国-东盟自由贸易区

亚洲的一体化发展与欧洲及美洲的一体化有着很大的不同。欧洲与北美洲的一体化安排靠政治意愿驱动，而市场力量则驱使亚洲政治家向着正规的一体化发展。虽然日本是这个区域经济最发达的国家，似乎可以承担一体化发展的领导者职能，然而无论是日本自己还是其他国家均不希望日本作为领导者。60 多年前的“东亚共荣圈”使亚洲各国对日本的影响仍然心有余悸。并且从经济和政治关系来讲，潜在的成员国差异巨大，特别是与欧盟相比更是如此。

然而，亚洲对区域一体化方面的兴趣出于实用的目的也在逐步上升。第一，欧洲和美国市场对于亚洲生产者来说意义重大，因此建立某种组织或集团是对抗这两个区域的筹码和保持平衡的需要。第二，亚洲地区贸易的增长大多来自亚洲内部，因此共同的理解和政策变得十分有必要。未来的一体化安排最有可能利用区域内发展最成熟的一体化框架，即东南亚国家联盟。1991 年以前东盟不具有实际的组织结构，各项决议通过信息咨询的方式取得。1991 年 10 月，东盟成员国宣布成立关税同盟，称为东盟自由贸易区（AFTA）。成员国同意到 2003 年将关税至少降低到 5%以下，并于 2010 年建立正式的关税同盟。

目前亚洲自由贸易区发展最令人瞩目的是 10+1，即东盟 10 国加中国。2001 年 11 月 6 日，在文莱首都斯里巴加湾市举行的中国-东盟首脑会议上，各方决定签订经济合作框架协议，并在 10 年之内建立中国-东盟自由贸易区，自由贸易区将对新加入东盟的柬埔寨、老挝、缅甸和越南四国给予灵活的差别待遇。此外，各方还提出“早期收获计划”，其产品和服务项目将通过共同协商来确定。

协定各方同意加快谈判步伐，争取在 10 年内建立中国-东盟自由贸易区，并且将在以下方面加强和促进各国的经济合作：

- 逐步消除所有产品贸易的关税和非关税壁垒；
- 逐步开放广大服务贸易领域；
- 建立一个开放和竞争的投资机制，协助并促进中国-东盟自由贸易区内的投资；
- 给予新加入东盟的国家特殊、灵活的差别待遇；
- 允许中国-东盟自由贸易区各方基于互惠互利的原则，灵活谈判，处理敏感领域的产品、服务和投资方面的问题；
- 建立有效的促进贸易和投资的措施，包括但不局限于简化海关手续，发展各方互认的安排；
- 在各方同意的领域扩展彼此的经济合作，此类合作将加强各方的贸易和投资纽带，制定行动计划和纲要以实施这些领域的合作；
- 建立适当的机制以有效地实施协议。

2006 年 10 月 30 日在中国南宁举行了中国-东盟博览会。为了纪念中国和东盟建立对话关系十五周年，中国和东盟领导人宣誓共同努力取得如下目标：按计划到 2010 年建立中国-东盟自由贸易区；到 2010 年实现货物贸易自由化；按照中国-东盟全面经济合作框架协议所建议的，迅速而有效地达成在广泛领域逐步实现服务贸易自由化的协定，通过在东盟和中国建立一个自由、有效、透明和竞争的投资机制来促进投资；建立中国-东盟贸易、投资和旅游促进中心；促进中小型企业（SME）的成长和对区域经济的参与；加强在确保能源安全和使用效率、发展可替代和可再生能源方面的合作；加强金融合作；深化旅游业的合作；努力实现中国-东盟航空服务的全面自由化；支持东盟经济共同体的成立。

中国-东盟自由贸易区于2010年正式开始运行，成为世界上最大的自贸区，有19亿人口，贸易额达到4.5万亿美元。根据自由贸易协定，有7 881类产品的关税降为零，这相当于90%的进口贸易额。减税措施首先在中国和6个东盟创始国开始，包括文莱、印度尼西亚、马来西亚、菲律宾、新加坡和泰国。其余4个国家于2015年开始实施。中国销往东盟国家产品的平均关税在其余国家实施自由贸易协定之前于2010年1月1日从12.8%降低到0.6%，同时东盟国家销往中国产品的平均关税从9.8%下降至0.1%。

中国目前是东盟最大的贸易伙伴，东盟是中国的第三大贸易伙伴。中国和东盟还是彼此主要的投资目的地，双方的投资稳步增长。中国与东盟共同发表了实施和平与繁荣战略合作伙伴关系的五年行动计划。在成功实施了第一个五年计划后，中国与东盟在20多个领域正在开展互利合作，双方建立了12个部长级会议制度、中国-东盟博览会、中国-东盟商务与投资高峰会议、中国-东盟中心、中国-东盟环境合作中心、中国-东盟教育合作周，以及其他合作平台，形成了多领域、多层面和宽范围的合作格局。

亚太经济合作组织

1989年，澳大利亚提议将亚太经济合作组织（APEC）作为一年一度的论坛。建议号召东盟和澳大利亚、新西兰、日本、中国、韩国、加拿大和美国等经济体加入这一论坛。该组织最初以经济合作与发展组织（OECD）为模式，是一个高层研讨中心。此后，亚太经济合作组织变得越来越雄心勃勃。目前它拥有21个成员，人口占全球40%，GDP占全球57%，贸易量占全球46%。APEC的主要目标是于2020年实现贸易自由化，统一标准以促进贸易，培养人才以实现其目标。以贸易驱动的区域内经济体拥有世界上最多的储蓄、最先进的技术和发展最快的市场。因此，区域内利益相关的企业也密切关注和支持与APEC相关的进展。

2014年在APEC成立25年之际，中国主持了北京APEC高峰会议。此次北京会议通过了两个重要文件：《北京纲领：构建融合、创新、互联的亚太——亚太经合组织第二十二次领导人非正式会议宣言》以及《共建面向未来的亚太伙伴关系》。会议在一些重要议题上达成了广泛的一致。例如，APEC成员支持促进亚太自贸区进程路线图，通过了在全球价值链、供应链和产能建设上采取的重要举措。会议确定将经济改革、新经济、创新成长、广泛支持和城市化作为五大支柱。会议采用了到2025年促进区域互联的蓝图，并且同意建立跨境执法网络以加强国际反腐力度。

然而，未来其他两个一体化组织欧盟和北美自由贸易区的发展将决定这个亚洲一体化组织（无论是什么组织形式）以怎样的速度和方式做出反应。此外，欧洲和北美是亚洲国家的传统出口市场，它们在这两个地区有切身的利益，从这个角度讲亚洲国家非常依赖自由的贸易渠道。

南亚区域合作联盟

经济一体化在印度次大陆也取得了进展。1985年，这个地区的7个国家（印度、巴基斯坦、孟加拉国、斯里兰卡、尼泊尔、不丹和马尔代夫）发起建立了南亚区域合作联盟（SAARC）。阿富汗于2005年加入。SAARC的经济总量按照购买力平价计算排在美国和中国之后，位于世界第三，名义GDP排在世界第八。它拥有3%的世界领土面积和占世界总人口的21%（约17亿）。其中印度占8个国家区域面积和人口的70%。

一体化进程　在第十届（1998年7月29日至31日）科伦坡SAARC首脑会议上，领导们考虑到区域经济发展的不平衡和需要确定现实且可行的目标，因而决定建立一个专家委员会来起草全面的框架协议，目的是为在区域内建立自由贸易区做准备。《南亚自由贸易协定》于2004年7月6日在巴基斯坦首都伊斯兰堡举行的第12届首脑会议上签署。该协定于2006年1月1日生效，贸易自由化计划于2006年7月1日开始实施。根据该协定，SAARC成员国到2009年将关税降低到20%。随着协定的生效，南亚自由贸易区部长委员会成立，委员会成员包括成员国商务部部长。到2012年，南亚区域合作联盟的出口从2009年的2 067亿美元大幅增长至3 546亿美元，同期进口从3 300亿美元增长至6 020亿美元。然而在区域内的贸易量只略高于成员国GDP的1%，因而还有巨大的发展潜力。

三、非洲与中东的一体化

非洲的经济组织类型多样，有与原先欧洲殖民国家一起建成的货币联盟，也有邻国间组成的关税同盟。除了实现成员之间的贸易自由化外，非洲国家希望自己的农产品和纺织品有更好的渠道进入欧洲和北美市场。由于非洲的大多数国家十分弱小，很难与其他经济组织谈判，因此组成联盟势在必行。1975年，16个西非国家试图组建一个超级市场，以一体化方式激发发达国家的投资兴趣并降低投资难度。西非国家经济共同体（ECOWAS）的目标是建立关税同盟并最终成为共同市场。尽管该组织的很多目标都没能实现，但是这个拥有1.6亿人口的组织代表了撒哈拉以南非洲最大的经济体。非洲其他的经济体还包括东南非共同市场（COMESA）、中非国家经济共同体（ECCAS）、南部非洲关税同盟、南部非洲发展共同体（SADC），以及一些较小的不以全球化为目标的组织，例如大湖国家经济共同体、马诺河联盟和东非共同体（EAC）。多数国家都参加了不止一个经济组织（如坦桑尼亚是EAC和SADC两个组织的成员）。这些经济组织多数不成功，因为成员多为小国并且缺乏为贸易而生产的经济基础设施。另外，一些经济组织长期处于非活动状态，其成员经受着内部政治动荡甚至彼此间的战争。2002年非洲建立了区域合作组织——非洲联盟（AU）。非洲联盟的最终目标是成立泛非洲议会、法院、央行和共同货币。

阿拉伯世界在经济一体化的道路上也取得了一些成就。北非的阿尔及利亚、利比亚、毛里塔尼亚、摩洛哥和突尼斯组成了阿拉伯马格里布联盟（Arab Maghreb Union）。海湾合作委员会（GCC）从经济角度讲是所有贸易组织中最有实力的经济合作组织之一。它组建于1980年，成员国包括巴林、科威特、阿曼、卡塔尔、沙特阿拉伯和阿拉伯联合酋长国。该组织成立的初衷主要是作为防范措施以应对来自两伊战争的可能威胁。海湾阿拉伯国家合作委员会的目标是与欧盟和欧洲自由贸易区签订自由贸易协定，并与西欧国家进行双边自由贸易。海湾阿拉伯国家合作委员会的成员国提议到2010年实现货币的统一。为实现共同货币的目标，海湾阿拉伯国家合作委员会正在推进两个关键措施：消除成员国之间的贸易壁垒和组建海湾阿拉伯国家合作委员会成员国银行。显然，一个强大的区域性货币将有助于海湾阿拉伯国家合作委员会成为一个有活力的贸易组织并且有能力参与到全球竞争中去，然而这是一项十分艰巨的任务。

本章小结

区域一体化　区域经济和政治一体化表现为一组国家搁置各自的不同点以降低或取消商业往来中在经济和政治上的障碍，同时引入竞争，提高本国市场的竞争水平。区域经济一体化首先表现为贸易一体化，并不断扩展一体化的领域。区域经济一体化最显著的特征是在成员国中施行有利于成员国的优惠的经济政策。按照一体化程度由低到高排列，一体化组织可分为自由贸易区、关税同盟、共同市场和经济联盟。

区域经济一体化理论 经济学家雅各布·瓦伊纳首先确定了经济一体化带来的利益与损失。瓦伊纳的分析结果（关税同盟）是一体化组织成员国如果在本区域内实行自由贸易而对非成员国保持一致的贸易壁垒，其结果是既不会带来正面利益，也不会产生负面影响，因为区域一体化在贸易领域会带来两种影响——贸易创造和贸易转移。贸易创造对自由贸易有明显的促进作用，使消费者享受到降低价格的好处，而贸易转移则产生的是负面影响。

欧盟与北美自由贸易区 欧盟是迄今为止最成功也是一体化程度最高的区域组织。自成立以来其成员国在不断增加，目前共有成员国 28 个。尽管其一体化过程并非坦途，但欧盟已经进入了全面经济一体化阶段，政治一体化也在进行中。经济一体化的主要成就是建立了内部统一大市场和共同货币欧元。罗伯特·蒙代尔最早创立了最优货币区理论。该理论用分析的方法来确定某一区域内的居民如果采用固定汇率或更进一步使用共同货币时福利改善的程度。另一个有影响的一体化组织是北美自由贸易区。北美自由贸易区成立于 1991 年，是世界上最大的自由贸易区。北美自由贸易区是一个重要的分水岭：在此之前还未曾有过任何一个工业化国家与其属于发展中国家的邻国建立如此庞大的自由贸易区。

拉美与亚洲地区的经济一体化组织 其他拉丁美洲的一体化组织包括：拉美自由贸易协会；中美洲共同市场；加勒比共同体和共同市场；安第斯共同体；等等。亚洲地区最著名的经济一体化组织是东盟自由贸易区。目前亚洲地区一体化发展最令人瞩目的是 10＋1，即东盟 10 国加中国。中国及东盟各国同意加快谈判步伐，在 2010 年建立了中国-东盟自由贸易区。亚太经济合作组织是一个充满了希望的合作组织，目前它拥有 21 个成员，GDP 占全球 57％，贸易量占全球 46％。APEC 的主要目标是到 2020 年实现贸易自由化。APEC 希望通过统一的标准来推动贸易，并且培养有用的人才来实现其目标。

非洲与阿拉伯地区的经济组织 非洲地区的经济组织有不同的类型，例如西非国家经济共同体和非洲联盟等。非洲联盟成立于 2002 年，该组织具有远大的抱负，其最终目标是希望成立一个泛非洲议会、法院、央行和共同货币。在阿拉伯世界，最有名的经济合作组织是海湾阿拉伯国家合作委员会。从经济角度讲，该委员会是所有贸易组织中最有实力的组织之一。

问题与思考

1. 一些贸易组织（如拉美自由贸易协会）已经存在好几十年了，但是其一体化进程却十分缓慢，试分析其原因。

2. 由于欧盟的东扩，它的成员国包括一些经济发展水平不同的国家，很多人为此担心欧盟未来的发展。你对此怎么看？

3. 依据蒙代尔的最优货币区理论，欧元区是最优货币区吗？欧元良好的表现能证明欧元区是一个最优货币区吗？

4. 试评论 APEC 未来的发展趋势。你认为它能发展成为一个真正的一体化组织吗？

5. 依据图 4－1，如果德国将其进口从中国转向西班牙，它的得与失是什么？你认为德国的生产者和消费者都会因此而受益吗？

6. 分析中国加入中国-东盟自由贸易区的利与弊。

7. 总结建立区域一体化组织的必要条件，按照重要性程度排列。

在线学习与应用

早期收获计划是中国与东盟合作计划中的重要部分。从商务部网站（www.mofcom.gov.cn）找到它的确切内容以及它对中国和东盟的双边贸易的影响。

案例研究

英国脱欧的缘由与代价

一、英国退欧公投

2016 年 6 月 23 日英国就是否退出欧盟举行全民公投，最后结果是“退欧派”以 51.9%胜出，支持留欧的民众占 48.1%。不同地区支持退欧和留欧的人数也不一样，如英格兰支持退欧的占 53.4%，而在北爱尔兰、苏格兰和威尔士这三个地区，支持留欧的则占多数。

事实上自英国加入欧盟后从来就没有真正完全融入欧盟，在地理上英国并非欧洲大陆的一部分，地缘格局使英国与欧洲大陆之间注定只能是一种若即若离的关系。英国在 1973 年加入欧共体仅仅 2 年后就进行了第一次退欧全民公投，结果 67.2%的英国人赞同留在欧共体，32.8%的人希望退出。根据公投结果，英国继续留在了欧共体。1999 年欧盟实行统一货币，欧元正式启动，英国因担心实行统一货币后失去自身在国际上的地位，一直游离于欧元区外，英国也拒绝加入申根组织。2013 年英国首相卡梅伦为摆脱国内政治压力，赢得 2015 年的选举，在疑欧情绪的蔓延下，做出在 2017 年年底之前就英国是否退出欧盟举行全民公投的许诺。2015 年 11 月 10 日卡梅伦首相发表重要讲话，称如果欧盟不能满足英国的以下几个要求，英国就可能考虑退出欧盟。

第一，通过制定具有约束力的原则，确保欧元区成员国与非欧元区成员国的利益在统一市场内能被一视同仁。第二，要强化欧盟的竞争力。第三，通过制定具有约束力的原则，允许英国不参与“欧洲政治联盟”，不把英国“拉进”任何形式的欧罗巴合众国，而且要扩大欧盟成员议会的权力。第四，不能滥用人员自由流动的原则，允许英国在数量上控制来自其他欧盟成员国的移民。

显然，英国认为欧盟没有满足以上四点要求，卡梅伦于是在 2016 年 2 月欧盟峰会后确定宣布英国于 2016 年 6 月 23 日就英国是否退出欧盟举行全民公投，结果“退欧派”胜出，卡梅伦首相辞职，时任内政大臣的特蕾莎·梅接替他担任英国首相并改组内阁。梅政府的口号是“脱欧就是脱欧”，意思是不会举行第二次公投。

二、英国脱欧原因分析

1. 历史因素

英国曾经是世界历史上最大的帝国——大英帝国。1922 年，大英帝国控制着世界上约 4.6 亿的人口，相当于当时世界人口的五分之一，它的殖民地面积相当于地球陆地面积的四分之一。可想而知，当时大英帝国的势力范围有多强大。加入欧盟后，在 28 个成员国中无论大小，英国和其他成员国的法律地位是相同的。历史上的大英帝国与许多小国平起平坐，在法律地位上享受同样的权利，英国人难免会有很大的落差。

2. 财政因素

欧盟作为高度一体化的国际组织，需要收取经费形成财政资金，主要用于各成员国的农业、贫困地区、科教文、对外援助和欧盟机构行政开支。欧盟财政由各成员国分摊，成员国每年要向欧盟缴交本国国内生产总值的1%左右资金。英国的预算贡献在欧盟国家内排名第三位（见图4-4）。

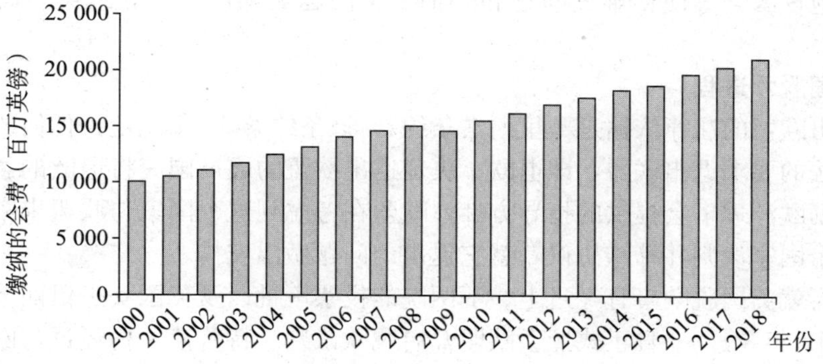

图4-4　英国缴纳的会费

3. 移民就业因素

数据显示，自2000年后，进入英国的移民大量增加，这与欧盟东扩吸纳新的成员国有直接关系。而当时英国政府预言平均每年只会有1.3万个来自欧盟新成员国的移民进入英国，事实表明新的移民数远远超过了英国政府的预估。这次数据的误判导致人们对后期公布的数据半信半疑。移民问题给英国造成了恐慌，英国人认为移民影响了本土人民的就业和生活质量（见图4-5）。

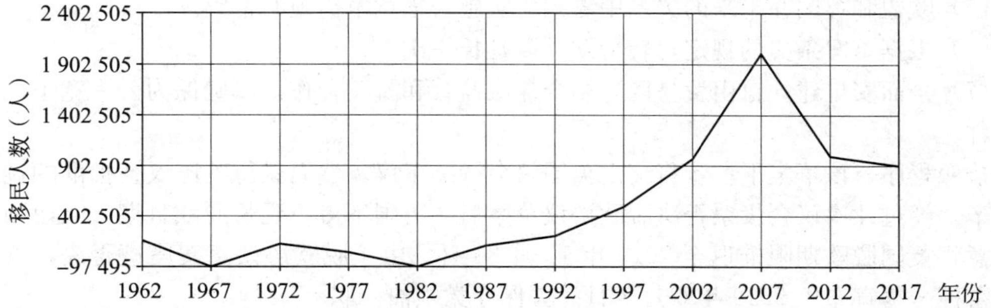

图4-5　英国净移民走势图（人）

4. 规章制度因素

英国企业认为，在产品标准、竞争、就业、工人工资、工作环境和消费者保护方面，欧盟的各种法律和规章制度损害了英国的独立性和主权，加重了企业的负担。这些规章制度束缚了企业的手脚。欧盟内部有各种各样的规章制度要求成员国必须执行，这些规章制度和法律涉及经济，甚至包括外交、社会、文化等领域。

其中，欧盟对金融交易实施的监管政策（尤其是金融交易税）对英国的金融服务业造成了伤害。它要求成员国对每一笔金融交易都要交税，而英国的比较优势就是国际金融业，这使得英国不得不缴纳大量的金融交易税。

5. 债务危机与难民危机

英国《经济学家》杂志曾经有一篇文章这样说："我们很难记得欧洲在什么时候没有深陷危机……欧洲已成为噩梦之地。"特别是希腊债务危机在爆发以后，演变为欧洲债务危机，一些英国人庆幸没有加入欧元区，否则英国也将陷入债务危机中。

难民危机和恐怖主义也是英国民众关注的焦点问题，在复杂的政治经济环境下，地缘政治危机和地理因素等使得难民问题和恐怖主义问题更加凸显，导致英国民众脱欧情绪高涨。

三、英国脱欧进程

英国退出欧盟的法律依据是《里斯本条约》。该条约第 50 条规定：任何成员国都可以根据本国宪法的要求退出联盟，即退欧。决定退出欧盟的成员国应将退欧的意向通知欧洲理事会，根据欧洲理事会提供的指导方针，欧盟在考虑到这个国家与联盟未来关系框架的基础上与这个国家谈判并缔结协议，就它退出的问题做出安排。

英国政府就英国脱欧事宜经过上、下两院的投票审批以及英国女王伊丽莎白二世的批准后，于 2017 年 3 月 29 日正式照会欧盟开启脱欧谈判。特蕾莎·梅经过与欧盟十分艰辛的谈判，于 2018 年 11 月达成英国脱欧协议草案。草案涵盖了边境、关税、脱欧过渡期等三大核心议题，其中一些亮点表现在：

（1）爱尔兰协议：英国和欧盟将尽最大努力在 2020 年前取代爱尔兰议定书。

（2）脱欧过渡期：英国可以要求在 2020 年 7 月 1 日之前的任何时间延长过渡期。

（3）关税问题：在自贸区实行关税及海关合作，呼吁商品零关税，在爱尔兰问题解决前，维持单一。

（4）边境问题：北爱尔兰和爱尔兰之间不存在硬边境，但北爱尔兰需要遵守部分欧盟规则来避免硬边境。

（5）欧盟和英国在未来的关系中看到了实施公平竞争措施的希望。

（6）根据草案条文的规定，转型期可以延长一次。

（7）全面安排建立自由贸易区，结合深层监管和海关合作，以确保为公平竞争环境创造条件。

按照程序，该草案下一步将交由英国议会继续审议。然而获得英国议会批准的过程更为艰辛。经过几次议会投票否决脱欧协议草案后，英国不得不延长脱欧日期，欧盟领导人已同意将英国脱欧期限推迟至 2019 年 10 月 31 日。由于脱欧协议草案屡遭否决，英国首相特蕾莎·梅宣布于 2019 年 6 月 7 日辞去保守党领袖一职。

四、英国脱欧的影响

1. 对英国经济的影响

2016 年 6 月 23 日英国意外脱欧，英镑大幅贬值，最低接近 1.2 美元/英镑。2017 年第二季度币值开始反弹，2018 年年初几乎恢复到脱欧前水平。随着脱欧进程放缓，英镑再度贬值，围绕 1.3 美元/英镑波动。如果英国仍然不能按计划实现脱欧，英镑的币值有可能再度下挫（见图 4-6）。

而根据英国国家经济社会研究院（NIESR）的预计，如果无协议脱欧，英国 2019 年和 2020 年经济均将增长 0.3%；而如果达成脱欧协议，这两年经济增长率将分别为 1.9% 和 1.6%（见图 4-7）。

英国退出欧盟后，它的出口贸易将无法享受欧盟统一市场内商品自由流动的好处（见

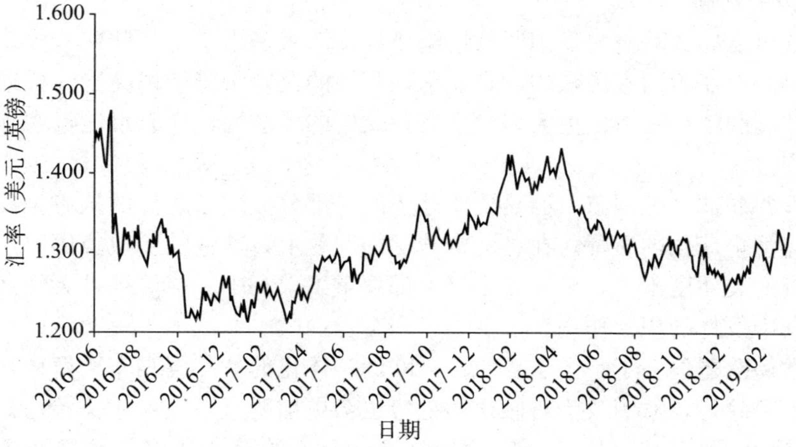

图 4-6 英镑兑美元变化趋势图

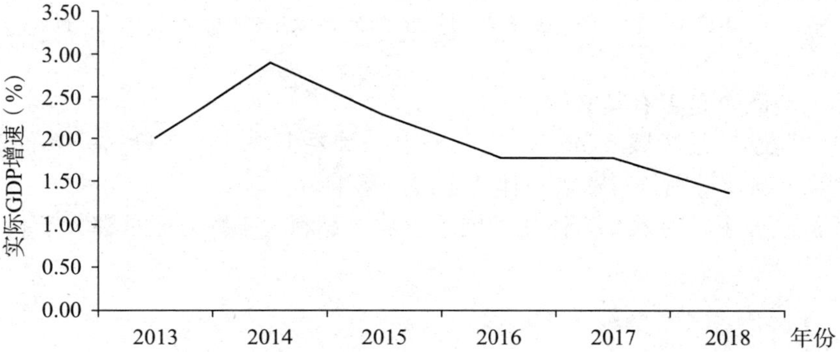

图 4-7 英国实际 GDP 增速

图 4-8）。一些欧洲智库估计，这一损失的代价在 180 亿英镑至 500 亿英镑之间，相当于英国 GDP 的 1.1%～3.1%。英国脱欧以后，至 2020 年，金融服务业对英国 GDP 的贡献会减少 10%，数额可能高达 180 亿英镑。

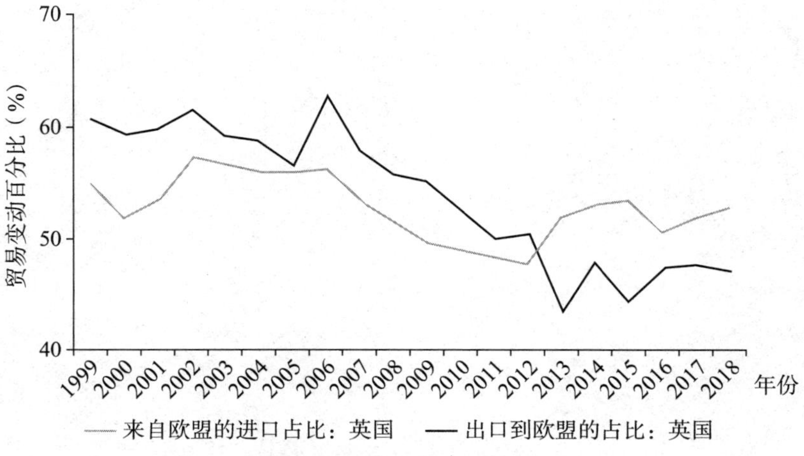

图 4-8 英国对欧盟贸易变动

2. 对欧盟的影响

英国脱欧可能导致欧盟成员国脱欧情绪蔓延，产生多米诺骨牌效应。民调机构易普索此前公布的对 8 个欧盟国家民众的调查显示，45%的民众希望能像英国一样通过公投决定是否留欧。英国脱欧存在引发更大多米诺骨牌效应的可能性，这有可能极大地打击了欧洲的一体化进程。

英国脱欧并非孤立的现象，而是更大趋势的一部分。这一趋势的核心是反对跨境工作移民以及对经济全球化的质疑。在经济全球化的问题上，其他欧盟成员国对金融市场、贸易和直接投资的关注度不一，至少在言辞上都注重工人和中下层阶级社会经济状况的改善以及国家在其中发挥的积极作用。

英国脱欧使欧盟失去了一个重要伙伴，欧洲一体化的“三驾马车”解体。欧盟的经济总量将出现下降趋势，欧盟政治右倾化的趋势也会更加明显，民粹主义抬头。另外，伦敦一直是欧洲最大的欧元清算中心，以后从欧元计价的清算业务将从伦敦回到欧元区。此前，金融一体化一直是欧盟长期坚持的目标，今后欧盟需要加快金融改革，切实解决内部金融市场分割的问题，增强欧盟整体的金融竞争力。

资料来源：改编自车美超（一德期货宏观经济分析师）的文章《一文了解英国脱欧的来龙去脉》。

讨论题：

1. 英国“脱欧”是否有其必然性？

2. 英国“脱欧”是区域经济一体化发展中的重要事件。试评价这一事件对区域经济一体化发展的影响，特别是对欧盟一体化发展的影响。

3. 请评价欧洲东扩对欧盟一体化发展的影响，是利大于弊，还是弊大于利？

第五章

贸易自由化——经济全球化的先驱

本章要点

- 贸易自由化怎样加速了世界经济的增长？
- 与 20 年前相比，各国的对外开放度是否有所提高？
- 贸易自由化的主要推动力是什么？
- 各国是否都欢迎贸易自由化？
- 贸易自由化的拥护者和反对者各自的主要论点是什么？

国际货币基金组织在 1997 年 5 月发布的报告中提出经济全球化是不断增加的货物贸易、服务贸易和投资的跨国流动，以及由于技术的快速传播导致的各经济体之间相互依赖性的增强。经济全球化的主要特征是由于各国人民在生活方面更加紧密的联系、货物和服务的生产以及货物和资本跨国流动性的增加所带来的世界各经济体之间更高程度的相互依赖。经济全球化的发展过程就是政府不断放松对货物、资本以及其他生产要素的跨国流动的限制过程。国际贸易的发展便是经济全球化的一个直接表现。为了更好地了解当代世界经济的发展，我们有必要研究经济全球化的发展历程。本章的主要内容就是研究同全球化相联系的贸易自由化。

第一节　贸易扩张与贸易国家的开放度

一、贸易增长与世界总产出之间的比较

世界各国都将与他国进行贸易作为加入世界经济的敲门砖。这样，国际贸易便成为联系各国经济的第一个重要纽带。第二次世界大战以后，随着对国际贸易限制的放松，国际贸易以远远高于世界总产出的速度增长。在 20 世纪 50 年代和 60 年代之间，世界贸易总量以平均每年 8%的速度增长，从 563 亿美元增加到 1 283 亿美元。在 70 年代，国际贸易以年均 8.5%的速度增长，贸易总量达到 3 138 亿美元。在 80 年代，世界经济蓬勃发展，尤其在 90 年代发展更加迅速。到 2017 年，货物贸易总额达到了 35.75 万亿美元。各国均从世界贸易的扩张中获得了利益，其中发达国家和发展中国家各自获得了 2/3 和 1/3

的利益。

对外贸易的增长对各国经济发展的促进作用日益增强。国际贸易指数（世界进出口总额/世界总GDP）和世界出口指数（世界出口总额/世界总GDP）的数据显示，两个指数在1950年到1980年间，分别从16.4%和8.5%增长至34.4%和17.1%。这两个指数表明在20世纪50年代，国际贸易对世界经济增长的贡献率为16.4%，而30年后翻了一倍。在20世纪90年代，国际贸易总额占世界总GDP的约1/3，这一数字表明，世界总产出中有1/3的价值都是通过国际贸易实现的，而且世界各经济体的相互依存度在不断增强。到2017年这两个指数分别提高到44.8%和22.2%。图5-1给出了1992—2017年世界总产出和贸易的增长率。

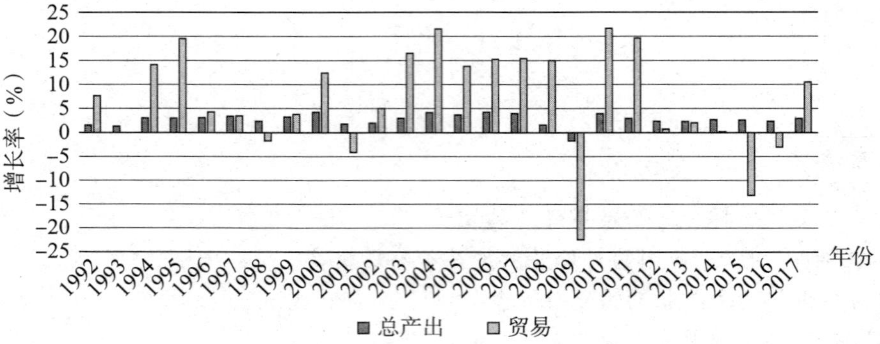

图5-1 世界总产出和贸易的增长率，1992—2017年

二、贸易依存度与开放度

衡量一国经济对世界经济参与程度的指标是贸易依存度。它也反映了一个地区的对外贸易活动对该地区经济发展的影响，从最终需求拉动经济增长的角度看，该指标还可以反映一个地区的外向程度。

一国对贸易的依赖程度，一般用贸易总额在国民生产总值或国内生产总值中所占比重来表示。即贸易依存度＝贸易总额/国内生产总值×100%。比重的变化意味着对外贸易在国民经济中所处地位的变化。贸易依存度还分为出口依存度和进口依存度。出口依存度＝出口总额/国内生产总值×100%；进口依存度＝进口总额/国内生产总值×100%。

按照经济学的概念，贸易依存度越高表示该国或地区经济发展对国外市场的依赖程度越高，也反映国际市场对该地区产品的认可程度越高，对该地区经济的拉动作用越强。一般来说，发达国家的贸易依存度普遍高于发展中国家。贸易依存度提高的过程也是一国经济不断融入世界经济的过程。发展中国家的贸易依存度随着经济的不断开放也在不断提高，中国贸易依存度的变化就是一个缩影（见表5-1）。

表5-1 中国贸易依存度的变化（%）

1978	1988	2000	2002	2004	2006	2008	2010	2012	2014	2016	2018
10.0	26.0	37.0	51.0	70.0	65.0	57.0	49.0	46.0	42.0	32.7	33.7

资料来源：国家统计局。

另一衡量一国参与世界经济程度的指标是开放度。开放度的计算方法有两种：一种方法是（一国出口总额/一国GDP或GNP）×100%；另一种方法是联合国贸易和发展会议

（UNCTAD）所采用的，其计算方法为（一国进出口总额/一国 GDP 或 GNP）×100%。本教材此次修订采用与 UNCTAD 相同的计算方法。可以看到，UNCTAD 计算开放度的方法与前文所述的计算贸易依存度的方法一致。开放度的数值一般介于 0 到 100%之间，有时也可能超过 100%。开放度越高的国家对外贸易量越大，因而被认为对外开放程度相对较高。表 5－2 中列出了世界主要经济体的开放度指数与其他主要经济指标。

表 5－2　2013 年和 2017 年世界主要经济体的开放度指数及其他主要经济指标

经济体	人均 GNI（美元）		人均 PPP（美元）		开放度指数(%)	
	2017	2013	2017	2013	2017	2013
低收入经济体						
布隆迪	280	267.11	702	770	38.2	41.6
马拉维	320	226.46	1 095	750	65.3	110.5
尼日尔	360	415.42	926	890	49.6	64.7
中非共和国	390	333.20	661	600	44.3	33.4
马达加斯加	400	462.97	1 698	1 370	74.5	73.1
莫桑比克	420	605.03	1 136	1 100	70.0	70.5
塞拉利昂	510	678.96	1 390	1 690	79.4	107.5
坦桑尼亚	520	694.77	2 683	1 760	42.3	49.5
阿富汗	560	584.00	1 804	n.a.	55.9	n.a.
布基纳法索	590	683.95	1 703	1 440	62.8	57.1
乌干达	600	571.96	1 698	1 470	44.4	45.4
多哥	610	636.44	1 430	1 180	100.0	95.8
利比里亚	620	452.00	753	n.a.	42.0	121.9
乍得	640	1 053.66	1 768	2010	73.5	96.6
几内亚比绍	660	597.00	2 081	n.a.	n. a.	59.0
冈比亚	680	475.00	1 562	n.a.	60.8	87.8
卢旺达	720	638.67	1 854	1 450	51.0	45.4
埃塞俄比亚	740	505.05	1 730	1 380	31.5	41.5
海地	760	819.90	1 653	1 720	75.3	71.1
马里	770	715.13	2014	1 540	63.1	69.0
几内亚	790	523.12	2 081	1 160	140.1	83.1
尼泊尔	800	694.10	2 443	2 260	51.8	48.2
贝宁	800	804.69	2 064	1 780	79.4	51.8
塔吉克斯坦	990	4.90	2 897	n.a.	56.6	87.5
津巴布韦	1 170	953.38	1 900	1 690	61.5	86.4
塞内加尔	1 240	1 046.59	2 471	2 210	69.8	73.6

续表

经济体	人均 GNI（美元）		人均 PPP（美元）		开放度指数(%)	
	2017	2013	2017	2013	2017	2013
也门	1 250	1 402.00	1 479	n.a.	33.5	82.1
总体平均	748	604.30	1 648	1 439	62.1	71.8
中等收入经济体						
毛里塔尼亚	1 100	1 068.97	3 598	2 850	109.3	120.8
喀麦隆	1 370	1 328.64	3 365	2 770	36.9	49.6
刚果（布）	1 430	3 167.05	4 881	4 600	138.6	142.6
孟加拉国	1 470	957.82	3 524	3 190	35.3	46.3
巴基斯坦	1 580	1 275.30	5 035	4 840	25.8	33.1
印度	1 790	1 498.87	6 427	5 350	40.6	53.3
加纳	1 880	1 858.24	4 228	3 900	90.6	89.4
尼日利亚	2 100	3 005.51	5 338	5 360	20.7	31.0
洪都拉斯	2 250	2 290.78	4 542	4 270	102.4	117.5
埃及	3 010	3 314.46	10 550	10 790	44.8	42.9
玻利维亚	3 130	2 867.64	6 886	5 750	56.7	81.4
突尼斯	3 490	4 316.69	10 849	10 610	103.1	99.9
印度尼西亚	3 540	3 475.25	11 189	9 270	39.5	49.5
萨尔瓦多	3 560	3 826.08	7 292	7 490	72.5	72.2
菲律宾	3 660	2 765.08	7 599	7 840	70.7	59.9
斯里兰卡	3 850	3 279.89	11 669	9 470	51.1	54.5
阿尔及利亚	3 940	5 360.70	13 914	13 070	60.4	63.4
约旦	3 980	5 214.20	8 337	11 670	92.6	113.8
危地马拉	4 060	3 477.89	7 424	7 130	45.7	58.6
牙买加	4 760	5 289.97	8 194	8 490	77.1	83.4
南非	5 430	6 617.91	12 295	12 240	58.2	64.3
巴拉圭	5 470	4 264.65	20 553	7 670	84.6	94.1
乌拉圭	5 470	16 350.73	7 894	18 940	40.0	51.3
哥伦比亚	5 890	7 831.22	13 255	11 960	34.9	38.0
厄瓜多尔	5 920	6 002.89	2 443	10 720	42.0	60.8
泰国	5 950	5 778.98	16 278	13 430	121.7	143.9
秘鲁	5 960	6 661.59	12 237	11 160	46.9	48.4
多米尼加	6 630	5 878.99	14 601	11 630	52.9	81.0
保加利亚	7 860	7 498.83	18 563	15 210	131.1	137.4
巴西	8 610	11 208.08	14 103	14 750	24.1	26.4

续表

经济体	人均 GNI（美元）		人均 PPP（美元）		开放度指数(%)	
	2017	2013	2017	2013	2017	2013
墨西哥	8 610	10 307.28	17 336	16 110	77.6	64.3
中国	8 682	6 807.43	15 309	11 850	37.8	50.3
俄罗斯	9 220	14 611.70	24 766	23 190	46.7	51.3
马来西亚	9 650	10 538.05	26 808	22 530	135.9	154.1
罗马尼亚	10 000	9 499.21	23 313	18 410	85.0	84.5
土耳其	10 940	10 971.66	25 129	18 800	54.2	57.8
哥斯达黎加	11 120	10 184.61	15 525	13 570	67.6	73.9
科特迪瓦	n.a.	1 528.94	3 601	3 090	48.6	91.0
委内瑞拉	n.a.	14 414.75	16 745	17 900	48.1	54.3
总体平均	4 992	5 717.12	11 235	10 358	65.4	74.2
高收入经济体						
捷克	11 900	19 844.76	32 606	26 740	151.7	148.7
波兰	12 730	13 647.96	27 216	22 790	102.8	90.3
阿根廷	13 010	14 715.18	18 934	n.a.	25.0	28.7
斯洛伐克	16 650	18 046.84	30 155	26 110	189.2	41.0
希腊	18 340	21 956.41	24 574	25 700	67.5	63.4
葡萄牙	19 930	21 733.07	27 937	26 170	85.2	77.5
西班牙	27 150	29 863.18	34 272	32 700	65.5	59.8
韩国	28 380	25 976.95	35 938	33 440	80.8	102.5
意大利	31 180	35 925.88	35 220	35 540	59.5	55.3
以色列	37 440	36 050.70	33 132	31 780	58.4	63.7
法国	38 160	42 503.30	38 606	38 530	62.9	58.9
日本	38 520	38 633.71	39 002	37 790	31.3	35.2
新西兰	38 780	41 555.83	36 086	n.a.	51.3	56.7
英国	40 600	41 787.47	39 753	38 160	62.5	62.2
比利时	42 050	46 877.99	42 659	41 240	169.4	164.2
加拿大	42 790	51 958.38	44 018	42 610	64.1	62.0
德国	43 700	46 268.64	45 229	45 620	86.9	85.4
芬兰	44 760	49 146.65	40 586	39 930	76.7	77.3
奥地利	45 360	50 546.70	45 437	45 450	104.7	103.4
荷兰	46 910	50 793.14	48 473	46 400	161.2	155.5
澳大利亚	51 360	67 458.36	44 649	42 450	41.9	41.0
瑞典	52 270	60 430.22	46 949	46 680	86.4	82.7

续表

经济体	人均 GNI（美元）		人均 PPP（美元）		开放度指数(%)	
	2017	2013	2017	2013	2017	2013
新加坡	54 530	55 182.48	85 535	76 860	322.4	359.9
丹麦	55 330	59 831.70	46 683	44 950	103.4	102.8
美国	59 160	53 041.98	54 225	53 750	26.6	30.0
挪威	76 160	100 818.50	64 800	66 520	68.5	67.0
瑞士	81 130	84 815.41	57 410	59 210	118.9	132.2
总体平均	39 566	43 682.00	41 485	41 085	93.5	89.2

注：(1) 本表中国家的分类按照世界银行发布的 2019 财年《世界发展报告》。根据该报告，低收入经济体为 2017 年人均 GNI 低于 995 美元的经济体；中下等收入经济体为人均 GNI 为 996～3 895 美元的经济体；中上等收入经济体为人均 GNI 为 3 896～12 055 美元的经济体；高收入经济体为人均 GNI 为 312 056 美元或以上的经济体。

(2) 开放度指数＝$(X+M)$/GDP×100%。

资料来源：联合国开发计划署：《2018 年人类发展报告》。

国际贸易对世界各国经济的发展都有巨大的影响，是各国经济发展的一个重要动力来源。表 5－2 中的开放度指数表明，2013 年对于大多数国家或地区来说，进出口总额占 GDP 的比值均介于 20%到 350%之间，巴西最低，为 26.4%，新加坡最高，为 359.9%，表中各经济体开放度的平均水平为 78.4%。到 2017 年，大多数国家的开放度介于 20%和 320%之间，开放度最低的国家是尼日利亚和孟加拉国，为 20.7%，开放度最高的国家仍然是新加坡，为 322.4%，世界平均开放度为 73.67%。

有些国家的开放度为什么会超过 100%？按照支出法计算，GDP 等于“投资＋消费＋净出口”。在这里，出口减去进口剩余的“净出口”才算进 GDP 中。所以对一些外向型经济体而言，进出口总额超过 GDP 也是很正常的。当然，如果用“净出口除以 GDP”这种方式来计算，就不会出现超过 100%的现象。其他开放度均超过 100%的经济体包括瑞士、丹麦、荷兰、奥地利、比利时、捷克、马来西亚、泰国、洪都拉斯、刚果（布）、毛里塔尼亚等，这些国家的一个共同点是它们都是较小的国家。开放度较低的经济体包括尼日利亚、哥伦比亚、巴西、阿根廷、日本、美国等。这些国家开放度的数据表明，经济体越大（以疆域和人口或经济总量来衡量），其开放度越低，而相对较小的经济体的开放度则较高。以常识来解释这一现象便是，相对较小的经济体没有能力生产人们需求的多种商品，因此，这些经济体便有了出口的需求，以出口来换取国内不能生产的商品。较大的经济体则不同，尤其是当这些经济体拥有丰富的资源和生产要素时，就能够从事多样化的产品生产。

从 2013 年到 2017 年间，各类收入水平经济体的开放度的变化差异趋于接近，低收入经济体的开放度逐渐接近中等收入经济体，但是总体水平依然低于中、高收入经济体。2017 年低、中等收入经济体的开放度与 2013 年相比，都有所降低，而高收入经济体的开放度则有所提高。一个很有趣的现象是，尽管从开放度来看，美国和日本是两个开放度较低的国家，然而它们的进出口总额在世界的排名却名列前茅。这个事实表明，虽然美国和日本两国在国际市场上出口的货物和服务数额巨大，但是它们的出口总额占本国整个经济活动量的比例仍然较小，这样便使得两国的开放度指数相对较低。除经济规模外，三次产业变动对开放度也有很大影响，而产业结构又与一国发展阶段有关。一方面，处于经济初级发展阶段的国家，由于农业比重较大、制成品比重不高、出口竞争力不强等原因，一般开放度较低。另一方面，发达国家中可贸易程度较小的第三产业（服务业）占有较高比重，因此它们的开放度通常也不高。相比之下，处于经济发展中期阶段的国家由于第二产业比重高，产品在国际上具有一定的竞争力，所以开放度较高。从美国、中国、日本等国家的经济发展史可以观察到，它们的开放度经历了由低到高、再由高到低的变化。

世界各国平均开放度较高表明，国际贸易对于世界经济的重要性正日益提高。20 世纪 90 年代以来影响国际贸易发展的各种壁垒不断减少，这是促进国际贸易增长的一个重要因素。国际贸易规模的扩大和自由度的提高将经济全球化推向了一个新的高度。

第二节　GATT/WTO 促进世界贸易自由化的努力

一、GATT/WTO 的建立

为了确保世界经济不倒退到 20 世纪 20 年代到 30 年代时的孤立状态，1947—1948 年间，在联合国的体系中成立了关税与贸易总协定（GATT）。GATT 最初成立的目的在于继布雷顿森林体系的世界银行、国际货币基金组织之后，建立第三个机构来处理国际经济协作中的贸易问题。50 多个国家参与了建立国际贸易组织（ITO）的谈判，企图把它作为联合国的一个特别机构。国际贸易组织章程显得雄心勃勃。章程中的规定超出了国际贸易范围，还包括了雇用劳动力、货物合同、限制性商业做法、国际投资和服务贸易方面的规定，其目标是在 1947 年古巴哈瓦那召开的关于贸易和雇工的联合国大会上通过成立国际贸易组织的决定。

与此同时，从 1945 年 12 月开始 15 个国家启动了关税减让的谈判。由于第二次世界大战刚刚结束，它们希望尽早推动贸易自由化，并着手修正从 20 世纪 30 年代早期遗留下来的一些贸易保护主义措施。

第一轮谈判结束后 15 国达成了一揽子贸易协定，并且就多达45 000种产品的关税减让达成一致，其价值相当于 100 亿美元的产品贸易，相当于世界贸易总额的五分之一。到 1947 年 10 月 30 日签署协议的时候，参与国增加至 23 个。1948 年 6 月 30 日《临时执行协议》中规定的关税减让措施生效。GATT 也随之诞生，发起成员为 23 个。

23 个缔约方与其他经济体一起参与了旨在拟定 ITO 章程的谈判。GATT 的一项条款规定，各缔约方应该接受 ITO 章程中的一些贸易规则。GATT 的缔约方认为应该尽快临时性地实施这些贸易规则，以便保护谈判达成的关税减让成果。它们解释了 GATT 和 ITO 章程之间的关系，同时也考虑了放弃成立 ITO 的可能性。它们是对的。

GATT 签订后不到一个月，哈瓦那会议于 1947 年 11 月 21 日召开了。ITO 章程于 1948 年 3 月在哈瓦那最终获得通过，然而该章程却无法获得一些国家的立法机构的通过。虽然美国是 ITO 章程制定的主要推动力量，但该章程却在美国国会遭到强烈抵制。美国政府于 1950 年宣布美国国会不再寻求通过哈瓦那宪章，这表明 ITO 事实上胎死腹中。因而在 1995 年 WTO 成立以前 GATT 成了唯一协调国际贸易的多边组织。GATT 看似组织严密，但是在存在的 47 年中它只是一个临时性的协议和组织。

尽管人们普遍意识到 GATT 由于建立之初的环境所限有诸多的缺陷，但在 20 世纪 80 年代和乌拉圭回合谈判的准备阶段并没有任何迹象表明在谈判期间会提出成立一个新组织的建议。好像各成员都害怕这样的提议会遭到诸多反对，尤其是美国国会，因为在此之前已经有两个类似的贸易领域的提议都遭到了美国国会的反对。建立一个新贸易组织的想法是之后才酝酿产生的。加拿大政府首先于1990年5月提交了一份正式的建立世界贸易组织（WTO）的议案。稍后，欧盟表示同意建立一个类似的组织，不过提议命名为多边贸易组织（MTO）。经过各方的努力，在1993年12月谈判的最后几个小时里，各成员（包括美国）通过了世界贸易组织章程提议，并于1994年4月在摩洛哥完成最终宪章章程，并提交给各国政府通过。从此世界进入了WTO时代。

二、贸易回合谈判

在将近半个世纪的时间里，GATT的主要目标就是关税减让，在这方面GATT也确实取得了很大的成功，它将制造业产品的平均关税水平从1945年的40%降低到了2000年的4%。大部分关税减让是通过一系列叫作“回合谈判”的多边贸易谈判实现的。在国际贸易自由化过程中最大幅度的关税减让是通过GATT主持举行的多边回合谈判取得的。在GATT期间，从1980年到1994年，7轮多边贸易谈判达成的协议使世界贸易总值从2万亿美元增长到了4万亿美元。在20世纪90年代，随着关税重要性的降低，人们关注的焦点转移到了国际贸易中的非关税壁垒，而1995年建立的WTO则将重点放在了服务贸易上（见表5-3）。

表5-3 贸易回合谈判

谈判地点	年份	谈判主题	影响的贸易额（亿美元）	参与成员数
日内瓦	1947	关税	100	23
阿讷西	1949	关税	不详	13
托基	1950—1951	关税	不详	38
日内瓦	1956	关税	25	26
日内瓦 狄龙回合	1960—1961	关税	49	26
日内瓦 肯尼迪回合	1964—1967	关税和反倾销措施	400	62
日内瓦 东京回合	1973—1979	关税、非关税措施、框架协议	1 550	102
日内瓦 乌拉圭回合	1986—1994	关税、非关税措施、规则、服务、知识产权、争端解决、纺织品、农业、WTO成立等	37 000	123

资料来源：www. wto. org.

前五个回合谈判的重点均为关税减让。在第六个回合，即肯尼迪回合谈判中，虽然事先确定此轮谈判的重点目标之一是非关税贸易壁垒，而事实上谈判的中心仍然围绕着关税减让展开，但谈判还是涉及了非关税领域，包括各成员签署的GATT反倾销协议和一个发展方面的条款。在第七个回合，也就是东京回合的谈判中，虽然也讨论了很多关税减让的问题，但非关税措施也得到了重点讨论。东京回合谈判从1973年持续到1979年，有102个成员参与此回合谈判。东京回合谈判坚持了GATT的一贯努力，继续致力于降低关税。此轮谈判的成果包括世界九大工业品进口国的关税平均下调三分之一，从而使得工业品的平均关税降低到了4.7%。在8年的关税削减过渡期间，关税减让的一个要素是“和谐一致”的原则，即按照比例，关税越高，减让的幅度越大。

在乌拉圭回合谈判中继续就非关税措施进行了细致的讨论，同时通过增加服务和知识产权等领域的议题以及创立重要的新机构使贸易体系的范围大大扩展。这一回合的谈判持续了7年半，几乎是预计时间的两倍。最终共有123个成员参加了谈判。乌拉圭回合谈判几乎涵盖了贸易的所有方面，从牙刷到游船，从银行业到电信业，从野生稻谷基因到艾滋病治疗，包罗万象。显然这是历史上最大规模的贸易谈判，很有可能也是历史上最大规模的谈判。据初步估算，乌拉圭回合谈判的成果将会影响价值2.7万亿美元的货物贸易和价值将近1万亿美元的服务贸易。

数据显示，贸易自由化的程度和经济增长之间确实存在着统计上的联系。第二次世界大战后，国际贸易和经济都得到了空前的发展。工业品的关税大幅下降，目前工业国家的平均关税低于3%。在战后的前25年，世界经济年均增长率大约为5%，贸易壁垒的减少是促进世界经济高速增长的一个原因。同一时期，世界经济以更快的速度增长，年均增长率为8%（见图5-2）。

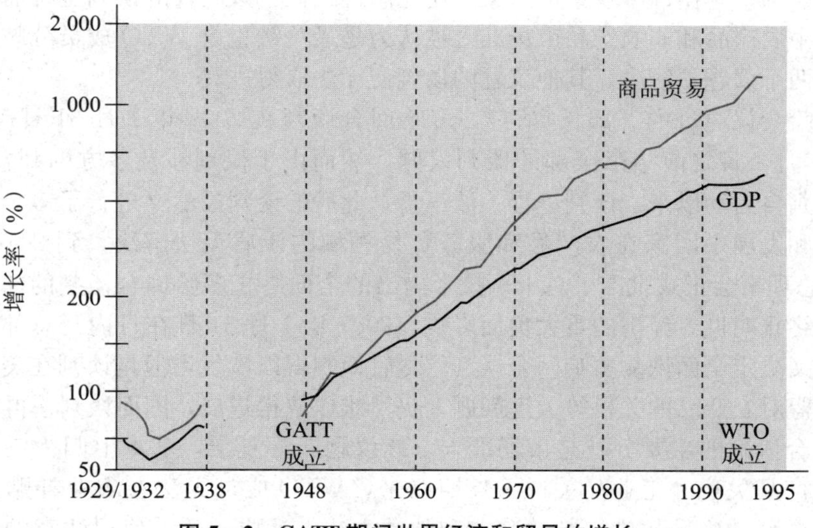

图5-2　GATT期间世界经济和贸易的增长

资料来源：http://www.wto.org.

三、新一轮多边谈判：多哈回合

1996年，一些国家公开提议启动新一轮多边贸易谈判。结果表明实施这一提议是非常困难的。WTO于1999年年底在西雅图召开部长级会议，会议中各国试图启动新一轮谈判，但最终没有成功。有两个问题阻碍了新谈判的启动：一个是会议之外的问题，一个是会议之内的问题。会议之外有一个巨大的反对全球化的群体，有时它会使用暴力。这个不寻常的大型抗议群体由各种群体组合而成，包括环境保护主义者、维护人权者、消费者权益保护者、劳工组织、反移民团体、动物权利保护者和无政府主义者。在会议之内的问题是，各国代表无法就新一回合谈判的议题达成一致意见。这两个问题干扰和推迟了新一回合谈判的启动。

在21世纪，各国加速推动新一回合谈判的启动。2001年11月，在卡塔尔的多哈召开的部长级会议上，各国就新一回合谈判的议题达成了一致。选择多哈为会址的原因是防止抗议者们妨碍会议的进行。在延长会议时间之后，经过各主要与会国的彼此妥协，各国部长最终就第九回合多边贸易谈判的议题达成了一致意见。除了降低工业品关税这样的常规议题外，议题中还包括了其他重要的问题。

- 非关税贸易壁垒（NTBS）。例如：政府采购和通关手续；关于自由化规则的新的谈判。
- 农产品。废除所有出口补贴，进一步减少国内补贴，降低进口关税和其他限制进口的壁垒。
- 服务。在更多的服务领域扩大自由化程度。
- 反倾销和反补贴法规。阐明和改进减少使用反倾销和反补贴措施的原则。
- 专利药品。发展中国家有权不受知识产权法规的限制，获取低价格药品保护国民健康。
- 环境。确认WTO规则与多边环境保护协定间的一致性。
- 争端解决。改进争端解决机制，以便发展中国家能够更方便地利用该机制。

多哈回合的议题比许多观察员想象的还充满挑战性。该回合的谈判也许需要很多年才能完成。其中农产品和非农产品市场准入被认为是最关键也是WTO成员分歧最集中的两个议题。这两个议题不解决，其他议题的谈判便无法取得进展。

按照多哈会议通过的《部长宣言》，多哈回合谈判从2002年1月31日起正式启动，在2005年1月1日之前结束全部的谈判议题。然而由于谈判涉及各方的利益协调困难，多哈回合谈判自启动以来，谈判进程一波三折，此后的谈判虽然又进行了多个回合，但由于发达国家和发展中国家在农产品和服务贸易领域的矛盾无法解决，到2016年7月27日，WTO总理事会正式批准了总干事拉米提出的全面终止多哈回合谈判的建议。出于多边贸易谈判终止对世界经济的重大负面影响，2007年1月31日在日内瓦总部召开的全体成员大会上又决定全面恢复多哈回合谈判。尽管谈判得以恢复，但是谈判在美国对农产品的补贴和欧盟对农产品的关税等关键问题上仍然难以取得进展，因而谈判一再被搁置。

多哈回合谈判的主要分歧是市场准入。该议题非常复杂，基本上归为三大方面：农业补贴、农产品关税和工业品关税。长期以来，WTO成员无法在农业补贴、农产品关税和工业品关税的削减幅度、削减公式和削减方法上达成一致。值得注意的是，虽然各方分歧非常复杂，但主要分歧还是发达成员和发展中成员之间的分歧，其主要原因是发展水平不同，因此各自的利益和诉求也不同。美欧等发达成员的主要目标是进一步打开发展中成员的工业品和服务市场，而发展中成员则希望美欧降低农业补贴并开放农业市场，因此，如何达成一项平衡的协议，使各方均得到好处而又尽量避免损失就成了谈判中的最大难题。

第三节 自由贸易与贸易保护之争

多边贸易组织为推动贸易自由化和减少贸易壁垒做着不懈的努力，然而在某些特定国家和产业，一直存在着贸易保护主义和自由贸易之间不同观点的对峙。各方代表性的论点如下。

一、赞同贸易自由化的论点

全球资源分布的不均衡，尤其是商品生产的不均衡，使国际贸易必然发生 世界各国资源分布不均，例如中东石油资源储量丰富，南美和亚洲木材资源丰裕，南亚盛产金子和钻石。因此，各国为了得到各自稀缺的资源而进行国际贸易。然而，目前世界贸易格局的确存在着不公平的现象。由于世界市场上初级产品的价格很难跟得上通胀水平的提高，发展中国家出口方购买力不断下降。而发达国家又出于对通货膨胀的考虑而抵制石油等商品价格的提高，持续低水平的初级产品价格阻碍了发展中国家的工业化进程。

自由贸易促进国际竞争从而使消费者受益 一个国家可以专门生产并出口本国具有比较优势的产品，进口与他国相比生产效率较低的产品。这便是大卫·李嘉图在其比较优势理论中所指出的：自由贸易促进生产的专业化分工，并且与自给自足的经济相比，参与国际贸易的国家的人民将获得更多的利益（见图 5－3）。

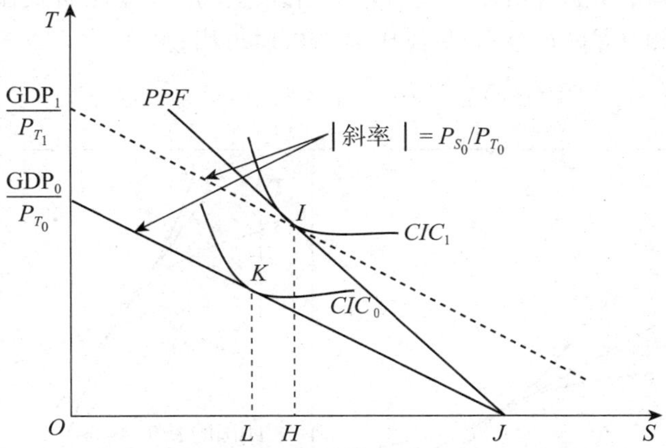

图 5－3 国际贸易分工带来的利益（A 国）

图 5－3 表示的是 A 国在自给自足经济状态下和参与国际贸易之后的对比情况。T 代表纺织品、S 代表大豆、CIC 代表社会无差异曲线。首先，I 点（参与国际贸易后的消费点）位于 K 点（参与国际贸易之前的消费点）的右上方。这说明 I 点的消费组合中的两种商品的数量均多于 K 点的消费组合中的数量。假设 A 国的人口数量保持不变，A 国在新的均衡点就能够将通过国际贸易获得的更多产品平均分配给 A 国公民。因而 A 国的每个公民，至少是潜在的福利水平，都比自给自足状态时更高。社会无差异曲线（CIC）表示的是一国的福利水平，因此 CIC 曲线位置越高，则表示该国社会福利水平越高。由于 A 国的 CIC 从 CIC_0 移动到了 CIC_1，说明 A 国的福利水平提高了。

另一个直接衡量参与国贸易利益的指标是实际 GDP。如果用自给自足经济状态下的价格来计算，A 国在自给自足经济状态下的实际 GDP 为 GDP_0/P_{T_0}。下面考虑图中过 I 点的虚线，其斜率等于贸易前 P_{S_0}/P_{T_0} 的价值。这条虚线位于 A 国原生产可能性曲线交点的上方，这个事实表明，无论用哪一种商品来衡量，I 点的消费量均高于 K 点。也就是说，A 国居民的生活水平提高了。

目前有关贸易利益方面的一个争执是，由发展中国家的成本结构带来的价格优势是以低价格的方式使发达国家的消费者获益，还是发展中国家的低成本优势仅仅扩大了进口零售商或其他发达市场上其他中间商的获利空间。

国际贸易使资源得到有效利用 激烈的竞争迫使各国都将重心放在本国具有竞争力的产业上。例如，发展中国家可以利用本国丰富的劳动力资源发展劳动密集型产业。发达国家可以利用本国高教育程度和高技术水平的工人来生产高技术含量的商品和服务，例如金融服务。赫克歇尔-俄林的要素禀赋理论证明了这一想法。根据赫克歇尔-俄林理论，一国如果拥有某种充裕要素，并在生产中密集使用该要素，则该国具有生产这种商品的比较优势并出口该商品。图 5-4 是对这一理论的验证。

在图 5-4 中，由于 A 国资本相对比较丰裕，所以可以肯定 A 国在生产大豆上具有比较优势，而 B 国劳动力比较丰裕，所以 B 国在生产纺织品上具有比较优势。进一步假设两国的生产可能性曲线 PPF 均表示机会成本递增，并且形状不同。两国居民的偏好相同，也就是两国的社会无差异曲线 CIC 的形状相同，在图中的整体位置应该相同。在自给自足经济状态下，A 国的生产点和消费点为 I 点，B 国的是 X 点。生产可能性曲线在生产点的斜率表示的是该国商品的价格比。最后，价格线与生产可能性曲线在生产点相切，分别标示为 $(P_S/P_T)_A$ 和 $(P_S/P_T)_B$。从图中显然可以得出：

$$(P_S/P_T)_A < (P_S/P_T)_B$$

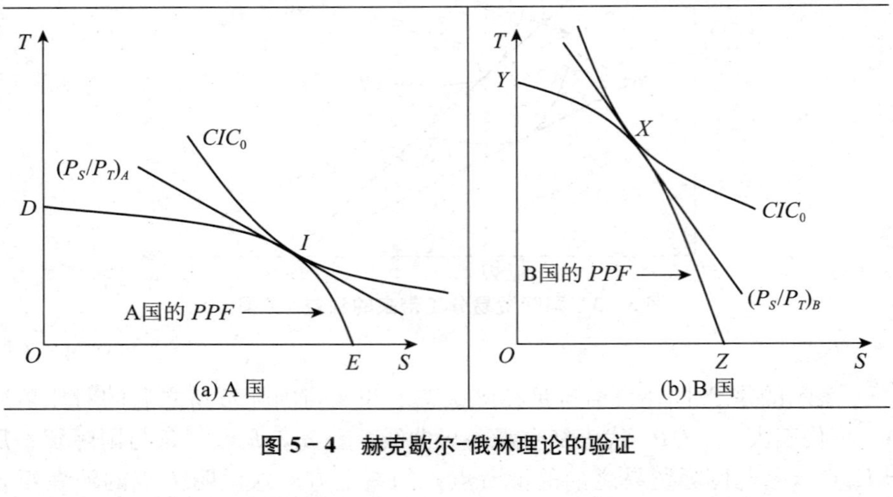

图 5-4 赫克歇尔-俄林理论的验证

已经确定 A 国和 B 国分别在生产商品 S 和商品 T 上具有比较优势。当两国间开展贸易后，商品 S 的价格在 A 国开始上升，同时在 B 国下降。相反，商品 T 的价格开始在 B 国上升，同时在 A 国下降。最终，由于两国闲置的资源都得到了更有效的利用，两国均可从对外贸易中获利。

如图 5-5 所示，当贸易开始时，商品 S 的价格便开始上升，如图中贸易条件曲线

$(P_S/P_T)_0$、$(P_S/P_T)_1$ 和 $(P_S/P_T)_2$ 所示。最平缓的价格曲线 $(P_S/P_T)_0$ 与 A 国的 PPF 在自给自足时的 X_0（$=C_0$）点相切。当贸易条件曲线移动到 $(P_S/P_T)_1$ 时，商品 T 的产量下降，生产要素转移到商品 S 的生产中，使 A 国的生产点移动到 X_1。在 X_1 点商品 S 的供给超过了该商品的国内需求，这样 A 国生产的一部分商品 S 可以出口到 B 国以换取 B 国生产的商品 T。A 国的消费点从 A 国的 PPF 移到了 C_1 点。在 $(P_S/P_T)_1$ 表示的价格水平上的贸易量是多少？答案是 $V_1C_1X_1$ 所表示的三角形，也就是当价格为 $(P_S/P_T)_1$ 时 A 国的贸易三角。该三角形的底 V_1X_1 表示出口，而三角形的边 V_1C_1 表示 A 国所希望的进口量。如果贸易条件曲线继续上移，移动到 $(P_S/P_T)_2$ 的位置，生产点将继续沿 A 国的 PPF 向下移动到 X_2。在 X_2 点，A 国几乎完全专门从事商品 S 的生产，该国的消费点和贸易三角的形状也会随之改变。

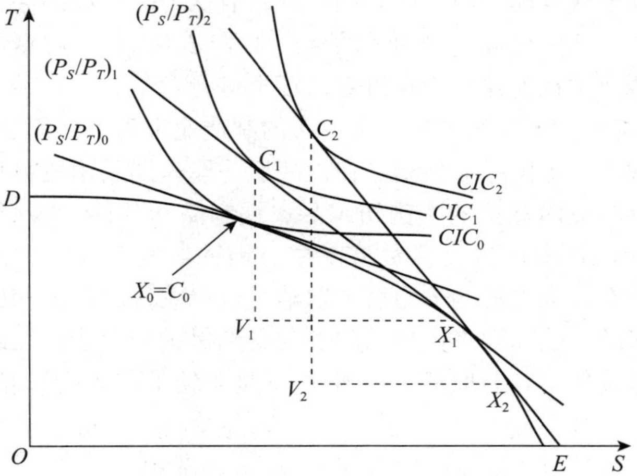

图 5－5 商品 S 世界价格的提高对 A 国贸易的影响

贸易可以通过技术转移帮助新兴经济体发展 发展中国家希望通过国际贸易或技术转移缩小与发达国家之间的差距，赶上工业化国家，并且提高生活水平。韩国以出口带动经济增长的战略使该国的人均 GDP 从 1962 年的 87 美元上升到 1995 年的10 000多美元。随着技术转移的频繁化，更多的国家获得了进军世界市场的技术。从长期来看，这些国家的公司会成为发达国家公司在世界市场上的主要竞争对手。图 5－6 表示的是贸易和技术转移的过程。

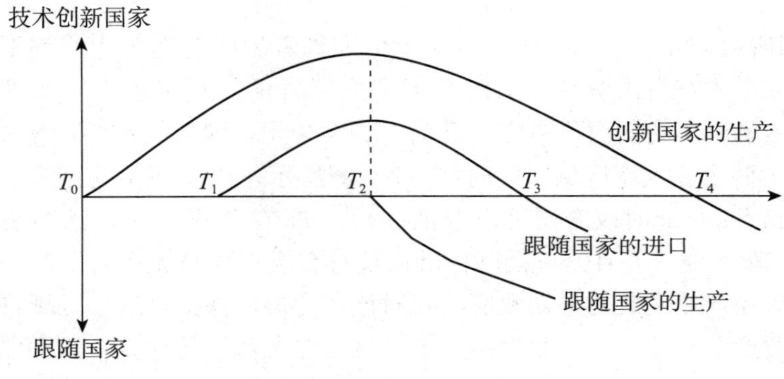

图 5－6 技术转移

出口创造工作岗位 人们普遍认为出口创造就业而进口则减少就业。据估算，在 20 世纪 70 年代每 10 亿美元的出口贸易可创造 20 000个就业机会；而到了 20 世纪 90 年代，每 10 亿美元的出口将会增加 7 000个就业机会。对于像日本这样的国家，每 1 000亿美元的贸易顺差意味着 700 000个就业机会。

各国间开展贸易有助于减少武装冲突 欧洲经济共同体在第二次世界大战后能够很快成立的一个原因就是各国之间的贸易联系和经常性的对话减少了政治、军事冲突发生的可能性。然而目前的问题是商业纠纷取代军事对抗成为国家间竞争的形式。

二、反对贸易自由化的论点

幼稚产业论 新建立的产业，特别是新兴国家的新兴产业，在面对国际竞争之前常常需要时间积累经验并形成规模优势。新兴国家的政府认为临时性的关税保护是必要的，因为这样就会减少进口，同时可以使国内的幼稚产业学习如何以足够低的成本生产，直到最终国内的幼稚产业脱离关税的保护而在世界市场上进行竞争。

自从 1791 年亚历山大·汉密尔顿在其发布的制造业报告中使用了幼稚产业的概念后，幼稚产业论便流行起来。美国政府主要是在内战后一段时期采用贸易保护主义措施，通过高筑关税壁垒来鼓励与英国竞争的本国纺织品、铁制品和其他一些产品的生产。在 20 世纪 50 年代和 60 年代，日本通过设置贸易壁垒对钢铁、汽车、造船、电器等产业进行保护，直到这些产业具有了强大的竞争力后才取消了进口关税。韩国和巴西的汽车制造业也是在保护下成长起来的。然而随之产生的问题是受到保护的产业往往缺乏获取国际竞争力的动力，因而保护措施便不容易取消了。图 5－7 是对幼稚产业论的解释。

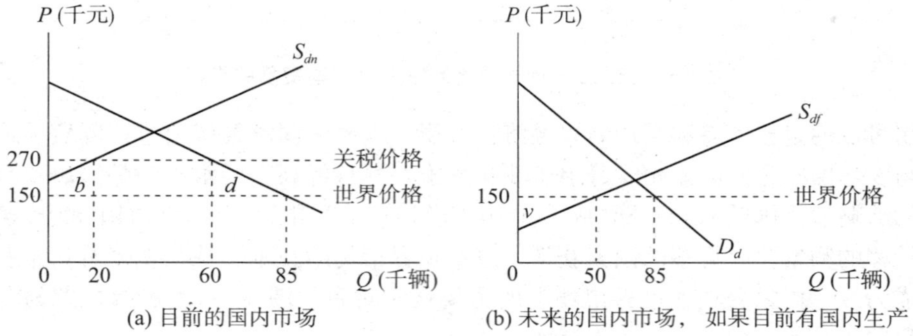

图 5－7 幼稚产业的保护

如（a）图所示，在这个国家中，以世界标准衡量的所有汽车生产都不具备成本竞争优势。因此，如果进行自由贸易，国内便不可能从事任何汽车生产。如果该国政府征收 80%的关税，一辆汽车的国内价格将上升为 270 000 元，国内汽车的产量将是 20 000 辆，因而产生 b 和 d 两个无效率区域。同时如（b）图所示，由于该国幼稚产业的兴起，供给曲线向下移动到 S_{df}。此时政府便可以取消关税。如（b）图所示，该国便可拥有年产量为50 000辆的汽车产业，并且是以国际标准衡量具有成本竞争优势的生产。区域 v 代表生产者剩余，如果在产业发展的早期政府没有对该产业加以保护，这个区域将不会存在。

战略性产业论 有些产业被政府贴上了“战略性产业”的标签，因而受到免遭国际市场竞争的保护。1945 年后，这样的产业包括基础设施产业，例如邮政服务、电信、能源

(例如公共能源)和航空。政府认为将这些产业国有化是出于对国家安全的考虑。然而,随着东西方对立程度的降低,国家安全问题被越来越少提及,许多基础设施产业被私有化,并且对外开放接受国际市场的竞争。

但是,仍然有些产业部门被各国政府列为战略性产业并受到政府的保护。其中一个这样的产业便是农业。欧盟通过共同农业政策(CAP)一直保持对农业保护的立场。CAP规定,欧盟农产品的价格是以效率最低的生产者为准,以此来保证农产品的持续供应。这项政策的影响如图 5-8 所示。

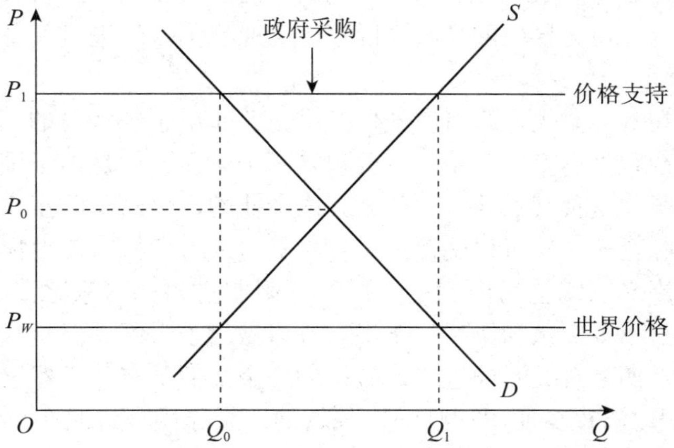

图 5-8 价格支持和关税的效果

我们以欧盟的农业政策为例。欧盟某成员国政府决定通过价格支持体系来帮助本国农民。在自给自足经济状态和没有政府支持的情况下,产品以价格 P_0 出售。价格支持要达到的效果是保证农民能以 P_1 的价格销售该产品。这使产量上升到 Q_1,消费量下降到 Q_0,随后由政府购买生产和消费水平的差额部分 Q_1-Q_0。现在考虑开展世界贸易后的情况。假设产品的世界价格是 P_W,显然政府无法采取自由贸易政策,因为政府已经保证以价格 P_1 购买产品。如果进行国际贸易,进口商将以较低的世界价格进口农产品,然后在国内以政府支持的价格卖出。这样实施农产品政策的成本将是巨大的。因此,由于价格扭曲政策,即价格支持政策的存在,第二个扭曲政策,也就是贸易保护政策就很有必要了。

其他国家(尤其是美国)认为没有政府保护的农产品市场使消费者支付更低的价格,因而从中受益。尽管这样的观点也有一定道理,一些国家仍然担心过度依赖食品进口后果严重,特别是在灾荒年,而且各国即使付出较高的价格也应该拥有保证本国食品供应的能力。

贸易管理论 各国政府往往将本国的对外贸易限制在一定水平上,也就是出口所获得的可自由兑换货币能够支付进口商品的价格,这样可以避免造成重大的贸易赤字以及增加以硬通货表示的债务。尽管这会限制贸易和本国经济在短期内的发展,但这有利于减小本国汇率变动的压力,同时可以保证充足的外汇储备。

夕阳产业与经济重组论 自由贸易能够带来重大影响,因为一种产品的进口会影响本国生产同类产品的企业和产业的盈利水平,甚至会威胁它们的生存。其结果是资源从没有竞争力的部门转移到了具有长期发展前景的产业。在工业化国家,政治家们意识到当工作机会转移到发展中国家后,非技术劳动力的损失是相当大的。虽然传统的看法是发达国家应该出口高科技和知识密集型产品，但重新培训那些受教育水平低、非熟练的工人是件既困难又高成本的工作。此外，从受到威胁的产业中转移出来的工人和资源并不能很快被利用到别的产业中。制造业减少的就业在服务业得到补充，这是一个趋势，然而国内制造业部门的空洞化一直是发达国家政府关注的问题。

发展中国家政府论 发展中国家认为，对于贫穷的发展中国家来说，进口关税已经成为一种很重要的财政收入来源，而不是一种贸易保护手段。与名目繁多的税收相比，关税收入的成本较低，因为只需几个关税官员把住几个重要的港口和边界入境处即可。这一论点合理地解释了为什么许多低收入国家 1/4 到 3/5 的财政收入都来自关税，它们对关税的依赖程度高于那些以出口为导向的高收入国家。工业化国家的进口关税平均仅占政府财政收入的 2%左右。

非经济目的 在有些时候，政府实施保护措施并非出于经济目的。也就是说，政府这样做的目的和经济福利没有直接关系。主要包括两个方面：一是出于国家安全考虑。国防就是一个很好的例子。这种观点认为，如果国内产业的产出对国防意义重大，政府就应该保护该产业免受国际竞争，这可以确保国家发生战事或者危机时关键物资的供给。

美国是世界上许多以安全为由制定专门法律限制进口的国家之一。美国政府在 1962 年《贸易扩大法案》第 232 条和第 233 条中对进口做出了限制，但是这些法律条款很少使用。最著名的一个案例是有关石油进口，最近的一个案例是有关机器设备的出口自动限制（VER）谈判。美国政府很少使用这些法律条款的一个原因或许是美国在许多与国家安全相关的产品上具有比较优势。事实上美国更多的是阻止这些产品的出口而不是限制其进口。

二是文化保护主义。一些国家通过限制来自国外的影响（经常包括进口和外国直接投资）来保护本国的文化。不是所有的国家都愿意毫无限制地接触西方的产品。加拿大一直抵制美国的“文化帝国主义”，限制美国教材的销售，减少本国广播站播放的外国内容，并且对在加拿大版本的美国杂志上刊登的加拿大广告征税。同样，具有强烈民族文化感的国家（例如法国）或浓厚宗教信仰的国家（例如中东）都对西方的物质主义和狂热表示怀疑。

本章小结

经济全球化的最主要特征体现在世界各经济体之间的相互依赖关系上。全球范围内各国人民生活往来的不断加深，产品生产与服务交往的频繁，以及产品和资金在各国之间流动性的提高，大大促进了各国之间的相互依赖。经济全球化的过程实质上就是各国政府不断放松对生产、资金和其他生产要素流动的限制的过程。

对国际贸易参与度的衡量 国际贸易是联系各国的第一个重要纽带。第二次世界大战结束后，随着各国对贸易管制的放松，国际贸易的扩张速度大大超过了世界总产出。贸易依存度和开放度两个指标的提高是对国际贸易大发展的最好见证。这两个指标的计算方法分别为：贸易依存度指的是一国贸易总额占该国 GDP 的比重。开放度的计算方法有两种。UNCTAD 计算开放度的方法与计算贸易依存度的方法一致。

WTO 对促进贸易自由化的贡献 促进贸易自由化最重要的力量来自 WTO 和它的前身 GATT。经过八轮多边贸易谈判，世界工业产品的关税大幅度下降，在发达国家已经降到平均低于 3%。最后一轮乌拉圭回合谈判是时间最长、最困难但同时也是最富有成果的谈判。乌拉圭回合谈判所涉及的领域包括众多非关税措施，同时还深入服务和知识产权领域。从2001年开始，新一轮多边贸易谈判多哈回合启动，所涉及的领域包括政府采购、农产品等敏感部门。可以预见，多哈回合谈判也不会一帆风顺。

对贸易自由化的争论 在贸易自由化的进程中，经济学家、企业和政府之间就贸易自由化的争论也从来没有停止过。本章从正反两个方面对贸易自由化的争论进行了总结。赞成贸易自由化的观点包括：全球资源分布的不均衡使国际贸易必然发生、自由贸易促进国际竞争从而使消费者受益、国际贸易使资源得到有效利用、贸易可以通过技术转移帮助新兴经济体发展、出口创造工作岗位、各国间开展贸易有助于减少武装冲突。反对贸易自由化的观点有：幼稚产业论、战略性产业论、贸易管理论、夕阳产业与经济重组论以及发展中国家政府论等；另外一些属于非经济方面的原因，如国家安全、文化保护等。

问题与思考

1. 表5-1显示了中国对外贸易依存度经历了由低向高再下降的变化过程。

2. 开放度的上升对贸易参与国意味着什么？从有利和不利影响两方面来分析。

3. 在WTO成立之前的八个回合的谈判中，哪个回合的谈判是最困难但却最富有成果的？

4. 关税的降低和世界经济发展之间有直接的联系吗？

5. 赫克歇尔-俄林模型中对相同偏好的假设增加了由不同的要素禀赋来决定各国比较优势的可能性。这种说法正确吗？请解释。

6. 进口会减少工作岗位而出口会增加工作岗位。你同意这种观点吗？

7. 一些发展中国家将征收进口关税作为一种重要财政收入来源。从长期来看，这对这些国家经济发展的影响是什么？

8. 贸易自由化与贸易保护主义历来是各国政府和学界争论的一个话题。近年来以美国为首的一些发达国家中出现贸易保护主义倾向的背后原因是什么？

在线学习与应用

登录WTO网站（www.wto.org）了解多哈回合谈判的最新进展。讨论谈判过程中存在的主要障碍。

案例研究

钢铁贸易自由化？还在持续的辩论

2002年年初，布什总统宣布实施一项新的贸易措施：从2002年3月开始，在之后的3年内美国将对钢铁进口征收新的一系列关税，从5%到30%不等，以此来保护美国国内的相关产业免受外国厂商的竞争。受此措施影响的国家和地区包括巴西、韩国、日本、俄罗斯、中国、澳大利亚和欧盟。虽然对钢铁行业实施保护并不新鲜（20世纪60年代以来，钢铁行业存在着不同程度的保护），但在这样一个竞争激烈的国际性产业中，如此高的关税还是带来了一些问题。从加拿大和墨西哥进口的钢铁不受该措施的限制，因为这两个国家是《北美自由贸易协定》的签约国。

美国的钢铁行业是美国经济中的一个重要产业部门，从业人员达到20万，相关的服务行业从业人数达1 200万。从 20 世纪 70 年代日本的钢铁产品进入美国市场开始，该产业进入了转型期；新技术和来自全球的竞争迫使整个行业规模大幅度缩小，其结果是美国国内钢铁消费的 1/3 以上来自进口。全球钢铁行业的发展呈现了同一趋势，世界钢铁的主要生产商雇用的员工人数 1974 年为 240 万，到 2000 年减少到了 90 万以下。美国国内自 20 世纪 80 年代以来整个行业的从业人数减少了 2/3。然而就像其他一些产业一样，美国的一些大型钢铁生产商在引进技术方面落后于其他厂商，例如在用氧气炉代替平炉方面，以及在将生产转移到低成本的小型工厂方面，此类小型工厂每吨钢产量耗时低于每人 2 小时，而美国平均的生产时间为每人 3.9 小时。这样高效率的生产在 20 世纪末期占到美国整个钢铁生产的一半。

其他问题还包括工会与退休工人签订的退休金支付合同成本，以及 20 世纪 90 年代末期大企业增加的每吨 25～30 美元的能源成本。尤其是大企业处于严重的劣势地位。它们需要 12%的资本回报率来承担更新资产的费用，然而即使是在好年景，它们的年利润率也很少超过 8%。此外，旧设备的更新至少需要 10 年时间。结果 90 年代末有超过 30 家钢铁公司申请破产保护。

美国的新关税措施对世界钢铁市场的影响随即显现。欧盟立即采取报复措施，对部分钢铁产品进口征收 15%～26%的半年期临时性关税。欧盟的钢铁进口量从 1997 年的1 540 万吨增加到了 2001 年的将近 2 700 万吨，增加了 75.3%。欧盟的限制措施并不适用于发展中国家的小钢铁生产商。美国国内的钢铁价格在新关税措施实施后开始上涨。2002 年第一季度热轧型线圈的交货价格从每吨 240～260 美元上涨到第三季度的每吨 400 美元。2002 年的前四个月，美国和欧洲的钢铁产量分别下降了 5.3%和 4.4%。随着出口的下降，西欧和拉美的钢铁产量分别下降了 1.2%和 3.7%。只有亚洲的钢铁产量持续增加，因为有更多先进的设施被应用到了亚洲的钢铁生产中，更重要的是，因为在亚洲金融危机后亚洲的货币贬值使亚洲的钢铁生产商能以低成本在世界市场上竞争。

据估算，美国纳税人为保持钢铁行业的每个工作岗位支出的成本约为 44 万美元，为保护钢铁行业而支出的每一美元成本中的一半直接变成了钢铁企业经营者和工人的收益。每吨钢铁的价格每上升 50 美元，消费者对钢铁缴纳的税收就增加 60 亿美元。问题是：这样做值得吗？

资料来源：Anonymous，“New U. S. Protectionism,” *Oil & Gas Journal* (May 27，2002)：19 - 20.

讨论题：

1. 解释美国钢铁行业用来说服政府征收钢铁进口关税的论点。你对这些观点有何看法？

2. 美国征收钢铁进口关税后，谁的利益受到了损害？

3. 解释征收钢铁进口关税所带来的后果，也就是世界钢铁行业的动荡。

4. 你对于加拿大和墨西哥免于征收钢铁进口关税有什么看法？

第六章

金融全球化

本章要点

- 什么是金融全球化？金融全球化是通过哪些标准来衡量的？
- 证券投资与国际直接投资之间的区别是什么？这两种资本流动形式在20世纪90年代的金融危机中扮演了怎样的角色？
- 金融全球化带来的利与弊分别有哪些？
- 导致金融危机发生的主要诱因是什么？
- 美国次贷危机是怎样演变成全球金融危机的？
- 国际货币基金组织和世界银行的主要职能和活动有哪些？
- 近几年经济学家们对国际金融机构改革提出了怎样的建议？

金融全球化不是一个全新的现象，但它在现阶段所具有的深度和广度是前所未有的。国际的资本流动已经存在相当长的一段时间。事实上，按照某些衡量标准，资本流动性与实际资本流动在一个世纪前就已经能与今天相匹敌。不同的是，当时只有个别国家和部门参与了金融全球化，资金流动跟随着移民的流动，并且一般作为对国际贸易流的支持而存在。直到20世纪70年代，世界才进入新一轮金融一体化发展阶段。对资本限制的放松、资本流动性的增长和更多的发展中国家融入全球金融体系中成为后布雷顿森林体系时代的主要特征，引导世界经济以更为紧密的一体化形态进入新世纪。

第一节　定义、特征、推动力量与测量

一、定义

国内外学者对金融全球化给出了不同的定义。一些国外学者［如埃斯瓦尔·普拉萨德（Eswar Prasad，2003）］认为金融全球化是一个综合性的概念，指的是通过跨国金融流动不断提高全球范围的融合。他们进一步将金融一体化定义为一个国家与世界资本市场的对接或一个国家国内金融体系与世界金融机构的融合。这种融合一般要求该国政府开放国内

金融部门和资本账户。而中国金融学家张亦春与徐文彬（2004）将金融全球化解释为金融行业跨国发展，金融活动按照统一规则开展，同质的金融资产定价相近，以及数量巨大的国际资本在世界各金融中心之间迅速流动。无论哪一种定义，它们的共同点是日益紧密的国际联系和国际金融市场上对资本自由流动限制的不断放松。

二、特征

金融全球化的特征是五个自由化：第一是利率自由化——取消政府部门对利率的管制，使其按照市场对资本的需求而自由浮动，以实现资源的有效配置；第二是汇率自由化——采取更加灵活和多样化的汇率机制以实现汇率自由浮动的目标；第三是银行业务自由化——放松对银行业务活动的管制以使银行业务由短期金融市场向长期金融市场及其他业务拓展，由国内市场向国际市场拓展；第四是金融市场自由化——各国金融市场相互融合形成全球化的金融市场；第五是资本流动自由化——取消政府部门对资本跨国流动的限制。

三、推动力量

金融全球化的背后有多种不同的推动力量，包括政府、借款人、投资者和金融机构。政府通过放松对国内金融部门和国际收支资本账户的管制参与全球化。最近 30 年来，无论发达国家还是发展中国家的金融管制都在逐渐放松。企业甚至家庭越来越多地通过国际贷款参与到金融全球化的进程中，以缓解资金约束，促进消费和投资。而国际投资者则利用金融全球化的优势通过跨国投资分散风险。金融市场的开放使得发达国家的金融机构和个人都能方便地运用各种各样的金融工具投资于新兴市场。金融机构也在全球化中扮演了十分重要的角色。信息技术带来的成果消除了地理上的阻碍，使得跨国公司在同一个地点就可以同时服务于多个市场。另外，发达国家中日益激烈的竞争导致许多银行和非银行金融企业都在积极寻找机会增加在新兴市场和新兴业务上的市场份额，与此同时，发展中国家日益开放的监管系统也为跨国公司参与当地业务敞开了大门。

四、测量

在衡量一国金融与世界经济的融合程度时，资本流动的法律限制和实际发生的跨境资本流动是两个重要的指标。资本账户的开放通常被认为是迈向金融一体化的重要举措。资本账户记录了国际借贷、资产的买卖，包括权益资本、收益再投资和其他国际收支中的长期或短期资本。一种间接的衡量资本账户开放程度的指标是基于各国政府向国际货币基金组织报告的本国对资本流动的限制。另外一种更为直接的衡量金融开放度的方法是国外资产与负债占 GDP 的比例。这两种方法虽然相互关联，但说明的是两个截然不同的方面：对资本账户的限制措施是法律上存在的对资本流动的限制，而金融开放指的是以实际发生的资本流动量为基础所显示的事实上的金融一体化。许多工业化国家按照两个指标衡量都已经达到了深层次的金融一体化。一些实行资本账户管制的发展中国家发现限制并不能有效地控制实际资本流动的发生。一方面，20 世纪 70 年代和 80 年代一些拉美国家发生的资本外逃事件就是非自觉的事实上的金融一体化，而在法律上限制资本流动的例证（即在资本账户未开放情况下的一体化）；另一方面，一些非洲国家对资本账户几乎没有限制，但资金流动水平却是最低的（即没有一体化的金融开放）。同样，我们也很容易找到对资本账户的限制有效地制约了资本流动的国家。

第二节　国际资本流动

自布雷顿森林体系瓦解以后，国际金融体系最显著的特征表现为国家间日益增长的资金流动。近年来，国际资本市场上的交易量急剧增长。为了更好地理解近年来的上升趋势，有必要对证券投资（短期资本流动）和国际直接投资（FDI）分别论述。

一、证券资本流动

经济学家们将证券投资定义为通过购买金融工具获得10%以下股份的行为。证券资本流动具有较短的借贷期和较低的筹资成本，通常被作为获取短期收益的手段。证券交易期限短，易于管理，并且不需要企业将其管理权交给外国投资者。在一段时间内，证券资本流入可以优化本国的资源配置，有助于一国金融部门的发展。由于证券资本是非所有权和流动性较强的投资，因此证券资本能够快速转移。正是证券投资的这种特性使货币和金融市场快速增长，加快了国际化的进程。尽管自20世纪80年代以来，全球货物和服务贸易市场的增长令人瞩目，但与国际货币和金融市场的发展相比则逊色得多。其中外汇市场的扩张就是一个很好的例子。

外汇市场

外汇市场是一个分散的进行货币交易的全球性市场。就交易量而言，它是世界上迄今规模最大的市场。这个市场上的主要交易者是大型国际银行。世界范围的金融中心为各类不同的买卖双方提供了除周末外的24小时的交易平台。外汇交易市场决定了不同货币之间的比价。

国际清算银行对中央银行外汇交易每3年所做的初步调查结果和场外衍生交易市场活动显示，外汇交易市场每天的交易量从2007年4月的3.3万亿美元增加到2010年4月的4.0万亿美元，到2013年4月进一步增加到5.3万亿美元。外汇掉期交易是2013年4月最活跃的交易品种，每日交易量达到2.2万亿美元，排在第二位的是现汇交易，每日交易量为2.0万亿美元。

交易量的增长是由于以下原因：外汇作为资产的一个品种的重要性的增加；高频率交易者的交易活动的增加；以及散户作为一个重要的细分市场的出现。电子交易和多地点交易的选择降低了交易成本，增加了市场的流动性，吸引了许多不同的参与者，特别是通过在线门户网站进行的电子交易为散户参与外汇交易提供了方便。

表6-1显示的是外汇市场（显示各国货币交易、世界出口额增长的市场）的年交易额。第一栏数据是外汇成交量。第二栏数据显示出自1979年以来世界货物出口额持续增长，2017年是1979年的13倍。从第一栏数据可以看出，外汇成交量在相同时间内增长约81倍。第一栏中最后一个数据显示外汇市场的年成交量达到1 430万亿美元。表的第三栏提供了外汇成交量与世界货物出口额的比率，该比率显示的是外汇成交量与世界出口额的对比关系。从计算出的比率可以看出，外汇成交量1979年相当于世界货物出口额的12倍，2017年外汇成交量超过世界货物出口额72倍，达到73∶1。

表 6-1　外汇市场年成交量

年份	外汇成交量（万亿美元）	世界货物出口额（万亿美元）	比率
1979	17.5	1.5	12：1
1986	75.0	2.0	38：1
1989	190.0	3.1	61：1
1992	252.0	4.7	54：1
1995	297.5	5.0	60：1
1998	372.5	5.4	69：1
2001	300.0	6.6	45：1
2007	861.3	13.6	63：1
2010	1 044.0	15.2	69：1
2013	1 383.3	18.3	76：1
2017	1 430.0	19.5	73：1

资料来源：国际清算银行，世界贸易组织。

二、国际直接投资

国际直接投资的增长

国际货币与金融市场上另一个显著的发展趋势是国际直接投资（FDI）的增长。国际直接投资指的是购买国外金融资产达到10%或以上的所有权。国际直接投资是对生产性资产的投资，而非对金融资产。它并不包括短期资金流，比如证券投资和外汇投资。因此，国际直接投资流入是指外国居民购买国内金融资产并获得10%或以上国内公司的所有权。国际直接投资流出是指国内居民购买国外金融资产并获得10%或以上国外公司的所有权。相比较而言，国际直接投资是一种长期投资，涉及与另一个经济体中某公司的长期关系和控制利益。国际直接投资通常以跨国公司建立国外子公司或与国外公司建立战略性同盟的方式出现。这样做的目的是寻求长期的合作承诺。因为跨国公司在国外建立子公司，它们与客户及供货商建立起了宝贵的关系与网络，因而跨国公司所进行的国际直接投资不会频繁地进入或撤出。正是这种长期的合作承诺和公司的投入使国际直接投资成为对一国经济起稳定作用的投资。这些长期的安排也导致外国投资者对本国公司和产业一定程度的所有权。

自20世纪80年代后期以来，国际直接投资并未受到20世纪两次金融危机的影响，其增长已经远远超过世界出口额的增长。这些资金流——大部分为长期资金流——基本上集中在发达经济体。紧随着1995年和1998年两次新兴经济体金融危机发生之后，流入新兴经济体的国际直接投资下降，而流入发达经济体的国际直接投资直线上升。到20世纪90年代末，70%以上的国际直接投资流入发达经济体。

然而，从2001年开始，流入发达经济体的国际直接投资在两年的时间里猛跌了66.5%，尤其是美国的国际直接投资流入跌幅达79.95%——跌至6 326亿美元，不到2000年高峰期的一半。造成过去三十年国际直接投资严重逆转的因素是疲软的经济增长和下跌的股票市场。最主要的宏观因素是资本输出和输入大国的经济增长缓慢，甚至进入衰退，尤其是美国。“9·11”恐怖袭击直接导致了美国经济的衰退，其他因素，如高估的股票市场、低储蓄率、高私人负债率、公司的低利润率和大量对外收支赤字加速了经济衰退。美国经济的不确定性扩散到全世界，造成发达经济体和发展中经济体国际直接投资的进一步下跌。发展中经济体情况最严峻的是非洲，其次是拉丁美洲和加勒比地区。世界上人口最多的地区，亚洲和太平洋地区的国际直接投资流入仅有小幅下降，这归功于中国吸引了更多的国际直接投资（见表 6-2）。

表 6-2 全球国际直接投资流入，部分地区和国家，2000—2017 年

年份	2003	2005	2007	2009	2011	2013	2015	2017
国际直接投资流入量（10 亿美元）								
发达经济体	442.2	542.3	1 444.1	618.6	880.4	565.6	1 141.3	712.4
欧盟	338.7	421.9	923.8	363.1	490.4	246.2	515.9	303.6
美国	56.8	99.4	266.0	143.6	223.7	187.5	465.7	275.4
日本	6.3	2.8	22.6	11.9	−1.8	2.3	3.3	10.4
发展中经济体	166.3	334.3	567.9	532.6	724.8	778.4	744.0	670.7
非洲	18.0	30.7	63.1	56.0	48.0	57.2	53.2	41.8
拉丁美洲	46.9	103.7	106.4	78.6	163.1	182.4	169.2	151.3
亚洲和大洋洲	101.3	199.9	338.2	325.6	432.9	430.0	595.2	333.7
中国	53.5	72.4	83.5	95.0	124.0	123.9	135.6	136.3
欧洲东南各国，独联体	2.4	—	91.0	70.0	93.8	107.0	518.2	477.5
世界总量	632.6	916.3	2 100.0	1 221.8	1 700.1	1 452.0	1 867.5	1 429.8
占全球国际直接投资的比重（%）								
发达经济体	69.9	59.2	68.8	50.6	51.8	40.0	61.1	49.8
发展中经济体	26.3	36.5	27.0	43.6	42.6	53.6	39.8	46.9

资料来源：UNCTAD：历年《世界投资报告》。

全球国际直接投资于 2004 年恢复增长。与 20 世纪 90 年代后期相比，发展中经济体吸引的外资比例持续提高，而发达经济体的比例不断下降。到 2013 年发展中经济体所占比重超过发达经济体，达到 53.6%。从 21 世纪开始直到美国次贷危机爆发之前，发达经济体吸引的国际直接投资平均在 60%以上，而美国次贷危机的爆发是一个重要的转折点，在此之后发达经济体吸引外资的绝对优势已不复存在。

跨国兼并与收购的兴起

跨国兼并与收购（M&A）（指将在不同国家的企业合并起来）是国际货币和金融市场上又一个突出的特征。跨国兼并与收购活动曾经推动了 20 世纪 90 年代后期国际直接投资在发达经济体中的兴盛。兼并指的是一个企业吸收另一个企业的资产与负债。收购指的是一个企业购买另一个企业的资产与负债。跨国兼并与收购由于税收法律的修订、商业法规与劳动法规的松动、股东文化的改变得到了令人瞩目的发展。在 20 世纪 90 年代中期以后，跨国兼并与收购的资本流入年增长超过 1 万亿美元。与国际直接投资的地域分布格局相同，跨国兼并与收购主要集中在发达经济体——美国、日本和欧盟。根据经济合作与发展组织收集的数据，欧洲公司是跨国兼并与收购中主要的收购者。2000 年，英国完成了世界上最多的跨国兼并与收购，占当年全球兼并与收购总数的 30%。20 世纪 90 年代后期和 21 世纪初，美国则超过所有国家实现了最多的兼并与收购，获得了超过 1/3 的全球跨国兼并与收购交易。

表 6-3　跨国兼并与收购价值及年增长率，2007—2017 年

年份	2007	2008	2009	2010	2011	2012	2013	2014	2015	2016	2017
跨国兼并与收购（亿美元）	10 450	6 260	2 850	3 490	5 560	3 320	3 490	3 990	7 210	8 870	6 940
年增长率（%）	67.2	−40.1	−54.5	22.5	59.3	−40.3	5.1	14.3	80.7	23.0	−21.8

资料来源：UNCTAD：历年《世界投资报告》。

跨国兼并与收购也同样经历了 2001 年以来的大幅下跌。震荡的股市是跨国兼并与收购大跌的直接原因。由于财富效应的负面影响，股票市场价值的下跌加重了经济衰退对跨国兼并与收购数量的下降和不平衡的影响。世界 49 个股票市场的交易量持续下跌，2002 年下降了 16%，2003 年再度下降了 15%。与此同时，跨国兼并与收购在 2002 年下降了 37.7%，接着在 2003 年又下降了 19.7%。然而，从 2004 年起，随着主要发达国家，尤其是美国经济的复苏，跨国兼并与收购恢复了它的上升势头，2005 年增幅达 87.9%。然而，跨国兼并与收购的最大跌幅出现在 2008 年和 2009 年，分别达到 40.1%和 54.5%，此次大跌是受美国次贷危机导致的金融危机的影响；而 2012 年 40.3%的跌幅则是受欧洲债务危机的影响，可见发达国家金融危机与波动导致的世界范围的金融动荡具有更大幅度的负面影响。2000 年以来国际直接投资的震荡起伏证明：由于各国之间更紧密的联系和各国金融部门之间的相互融合，金融全球化对所有国家都产生了巨大的影响。

2018 年国际直接投资比 2017 年下降了 13%，其中发达经济体吸引的外资下降幅度达到 27%，转型经济体下降了 28%，而发展中经济体则实现了逆转，吸引的外资提高了 2%，再次超过发达经济体（见图 6-1）。

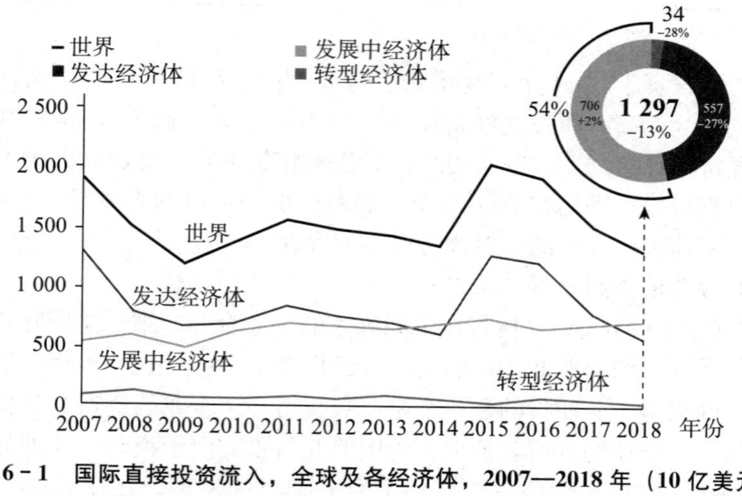

图 6-1　国际直接投资流入，全球及各经济体，2007—2018 年（10 亿美元）

资料来源：UNCTAD：历年《世界投资报告》。

第三节 金融全球化的利益

推动金融全球化发展的正是全球化进程所产生的利益。发达经济体是金融全球化的最大受益者，同时发展中经济体也可以从中获益。

一、资本配置与经济增长

大多数发展经济学家相信，持续的资本积累是发展中国家达到并维持持续性经济增长的根本条件。鼓吹资本市场开放的观点认为，通过有限度地放开股票和债券的发行权和鼓励市场竞争，资本的自由流动可以使储蓄进入生产效率最高的领域，提高稀缺资源的有效配置。储蓄者通过投资高回报率的项目使他们承担的风险得到了回报。市场因此能以最有效的模式配置资源，实现实际资源的开发和更高的生产率。储蓄者，也就是实际上的金融投机商，承担了跨国金融交易的风险，并为一国的经济提供了必要的流动性。

二、资本流动缓解国内经济周期

通过获取国际直接投资和外国储蓄者提供的证券资本，国内的企业和家庭有可能将它们的借贷扩展到国外，因而使国内企业和消费者在本国经济衰退期仍可以继续消费和投资。它们在经济增长时期可以回报国外储蓄者。输入国际资本有助于平衡国内经济周期，使本国经济更加趋于稳定。

通过这样的方法，国内的储蓄者可以将风险进行国际分摊，降低遭受国内经济危机打击时的风险敞口。国际资本流动带来的正面效应使国内储蓄者享受更高的风险调整后的回报率，从而催生了更高水平的储蓄和更多的投资活动。作为回报，储蓄和投资的增加进一步诱发了经济的额外增长。

三、资本流动促进经济的长期发展

对于发展中国家来说，通过国际直接投资和证券投资形式获取的全球资本极大地减少了为投资项目融资的成本。这使得本国企业和个人能够开展更多的投资项目，从而为实际资源的发展做出贡献。从长远来看，这将转化为更高的生活水平和更高效率的经济增长。此外，国外的私人储蓄可以代替外国政府不确定的发展援助，这些援助常常附带繁杂、拖拉的官僚程序和限制条件等无效率的成本消耗。

总的来说，经济学家对于金融部门对长期经济发展的作用持两种相反的观点。一些经济学家认为实际资源的发展（包括物质资源如厂房和设备）以及技术与人力资本的发展是长期经济发展的主要决定因素。根据这种观点，金融部门在长期经济发展中并不扮演重要的角色。

另一种观点认为，金融部门的发展促使经济基础改变。金融部门可以吸引外国资本并且影响私人经纪人的长期储蓄和借贷的决定，从而影响长期的投资决策。金融部门的发展以这样的方式对经济的长期发展产生影响。

然而，最近的关于金融发展与实体部门增长关系的非正式调查倾向于支持第二种观点。这项调查得出的结论是：金融发展的确通过促进储蓄增长和将资金导向最高生产效率的项目而影响了经济增长。

两缺口理论

支持资本流动可以促进发展中国家经济长期发展的著名理论有“两缺口理论”，它是由美国著名发展经济学家钱纳里（H. Chenery）于 20 世纪 60 年代中期首先提出的用于解释发展中国家经济发展主要障碍和引进外资必要性的一种理论。

根据西方经济学理论，社会总需求和社会总供给的基本平衡关系如下：

$$Y=C+I+X-M \tag{6.1}$$

式中，Y 为国民净产值，C 为总消费，I 为总投资，X 为总出口，M 为总进口。由于 $Y-C=S$（总储蓄），从式（6.1）可整理得到：

$$I-S=M-X \tag{6.2}$$

正是根据式（6.2），两缺口理论认为：第一，发展中国家储蓄率低，在试图扩大国内投资以加速经济发展之时，势必出现 $I-S>0$ 的“储蓄缺口”。储蓄缺口不仅是资金缺口，而且包含了扩大投资所需的先进设备、建材等的物资缺口。第二，因此，发展中国家不得不用 $M-X>0$ 的“外贸缺口”，即持续的外贸逆差来填补储蓄缺口，以实现投资的扩大，并争取社会总供求的大体平衡。所以说，储蓄缺口势必导致和长期伴随着外贸缺口。“两缺口”并存，是发展中国家发展初期必然经历的共同发展模式。然而，依靠外贸逆差支持的经济发展很快会遭遇外汇短缺的短板。为解决两缺口问题，引入外资就成为发展中国家特别是早期经济发展可以选择的重要途径。

中国改革开放初期同样有两缺口问题，即国内储蓄和外汇短缺问题。中国采用的一种方式是补偿贸易，即利用外资进口机器、设备、技术以及某些原材料，约定在一定期限内，用产品或劳务等偿还所借的外资。这种方式不仅解决了外汇短缺和国内储蓄不足的问题，而且解决了产品出口的问题。

四、发展中国家金融体系的发展

对发展中国家来说金融全球化带来的最大的潜在利益是国家金融体系的发展，即更完善、更深入、更稳定和更有秩序的金融市场。经济学家最近的研究显示，资本市场的开放一般能导致资本配置的优化和国家金融部门的进一步发展。金融全球化主要通过以下两种渠道推动金融发展：第一，金融全球化意味着可以获得新的资本来源和更多资本，这使国家可以更好地促进消费、深化金融市场的发展，以及提高市场规范度；第二，金融全球化可以改善金融基础设施，因而缓解信息不对称带来的消极影响，减少逆向选择和道德风险问题。大量文献资料显示金融全球化对金融体系的发展产生了积极影响。举例来说，证券市场的开放提高了证券价格并增加了投资。其他在企业层面所做的研究结果表明，参与国际资本市场的企业能得到非正常的回报率和更低的资产价格，同时能享受到增加的流动性和更低的不稳定性。关于国外银行的准入研究显示，国外银行带来的竞争压力使银行体系提高了效率。

第四节　金融全球化的风险

尽管金融全球化带来了推动力和潜在利益，它同时也带来了一定的风险，尤其是对发展中国家而言。由于不得不屈从于国内外投资者的行为，金融全球化使那些经济基础薄弱的国家面临风险。金融全球化也同样可能使经济基础雄厚的国家面临危机。国际金融市场的不完善和资本流动的外部因素使得开放程度高的国家可能面临更高的风险。此外，与世界金融市场相融合的国家使自己暴露于危机传导的影响。危机通过实体部门的连接渠道、金融渠道或者资本市场的不完善传递到其他国家，产生羊群效应或恐慌。因此，尽管有观点支持资本市场的开放，然而金融市场本身的不完善和政策扭曲可能使一国的金融体系无法对其经济发展做出贡献。

一、金融市场的不完善

许多经济学家认为，信息不对称——金融交易中的一方，比如说借款人，常常拥有另一方（贷款人）无法得知的信息——是金融市场中的普遍现象。信息不对称可能带来逆向选择、羊群效应和道德风险，从而导致资本的低效率配置。

首先，逆向选择是一种影响金融市场的不完善行为，它指的是那些希望将资金投入没有价值的项目的人可能是最希望获取资金的人。① 逆向选择使储蓄者放贷或持有金融工具的愿望降低，包括向高质量项目投资或持有债券的愿望下降。

其次，信息缺乏还可能导致羊群效应。当缺少信息的储蓄者根据那些他们认为信息灵通的人群的行为做出决定时就会引发羊群效应。在全球化的环境下，羊群效应可以演变成危机蔓延的催化剂，将金融系统的不稳定扩散到区域水平。羊群效应还可能导致资产价格下降或大大超过正常价值的货币贬值。

最后，另一个可能影响金融市场的潜在问题是道德风险，它是指借款方在债券发行后从事高风险业务的可能性。例如，当本国政府明确表示或暗示保证某个企业或银行不会破产时就可能产生道德风险。例如，某个企业在知道自己不会破产后，就有可能会为了获得高回报而从事有更高风险的项目。国际组织，如国际货币基金组织也被谴责以同样的方式制造了道德风险，因为它表示准备拯救那些面临清偿危机的主权国家。这种观点的持有者认为，若主权国家政府知道当它陷入外汇储备危机时国际货币基金组织会向它提供资金，该政府就不会以外汇安排的方式执行自己的政策。

二、政策扭曲

政策扭曲也可能影响资本流动，从而导致效率低下和易变的资本配置。当一国政府的政策引导市场产出偏离理想的产出水平，或者偏离高经济效率的产出水平时政策扭曲就会发生。微观经济政策（例如，进口关税和对特殊行业的补贴）保护那些特殊行业的生产者免于遭受来自国外的竞争。获得保护的行业通常是那些在国际市场不具备竞争力的行业。

然而，这些政策措施通过行业保护产生了不同的产出水平和高于竞争环境下的经济利益。反过来，较高的利润又吸引了更多的资本从其他更有生产效率的行业流出，进入被保护的行业。各国间不同的税收政策、贸易限制和宏观经济政策等仅仅是少数导致资本配置不当的政策扭曲行为。

此外，不同国家的金融买卖规则可能产生规则性的独断行为，或者使本国机构转移到

---

① 在销售领域，它指的是那些低质量产品的生产者希望通过欺骗手段粉饰自己的劣质产品，因而消费者无法做出正确的判断。这一现象又被称为“柠檬问题”（lemon problem），是美国经济学家乔治·阿克洛夫（George Akerlof）首先注意到并提出的。

海外或在海外从事某些业务以规避国内的规制和监管。这些行为将降低政府的调控能力，反而使本国机构暴露于监管者极力要避免的那些风险。

三、金融不稳定与金融危机

当市场不完善和政策扭曲变得严重时，就可能产生金融不稳定，即指金融部门无法将资金配置于最有效率的项目时的情况。严重的金融不稳定可以引发以银行业危机、货币危机和外债危机为代表的金融危机。然而，几乎每个开放本国资本市场的国家在过去几十年中都曾经历过某种形式的金融危机。因此，各国政策的一个关键目标就是减少前文所述的各种问题发生的可能性，以创造一个稳定的金融环境。

尽管资本市场开放和获得全球资本渠道可以减少项目融资成本并刺激经济增长，但它们带来的综合负债有可能动摇经济的稳定性。一般来说，国际直接投资是一种稳定因素，而短期负债由于其高流动性特征而成为一国金融市场的不稳定因素。如果证券资本逃离某个发展中国家，就会使该国原本脆弱的金融部门缺乏急需的流动性，从而会给该国造成金融不稳定。这将激发金融危机的发生，进而威胁一国金融中介的偿债能力和汇率体制的生存能力。

证券资本和国际直接投资具有各自不同的优缺点。由于政府、企业、居民具有不同的资金需求，也由于融资项目具有不同的时间限制，因而对于一个国家的金融部门来说十分重要的是，既要吸引短期投资，又要吸引长期直接投资，这样才能优化资本配置，刺激实体部门和金融部门的发展，同时最大限度地降低金融不稳定。

资本流动在近几次金融危机中的作用

1994—1995 年的墨西哥金融危机有力地说明了过于依赖证券资本的后果。墨西哥在 20 世纪 90 年代初期和中期经历了私人资本流入的大幅度增长，其中证券资本占有很大的比重。在 1994—1995 年，墨西哥的政局不稳定和发展中国家的利率上升共同引发了大量的证券资本外流。仅 1995 年一年就有6 830万美元的资本从西半球的新兴经济体中流出，外流幅度为私人资本流入的 112%，导致整个地区的净资本流入为负值。资本外流对该地区大多数国家的货币产生了巨大的贬值压力，并且使得墨西哥的爬行钉住汇率安排彻底崩溃。

在 20 世纪 90 年代中期，私人资本流入亚洲新兴经济体如泰国、马来西亚、印度尼西亚和韩国等国的作用与墨西哥在 20 世纪 90 年代初期的状况非常相似。尽管在 1997 年金融危机之前该地区吸引了较高的国际直接投资，它仍然严重依赖证券资本以及其他形式的短期借贷。泰铢于 1997 年秋天发生崩溃引发了该地区如墨西哥金融危机时一样的资本外逃。资本流动及其后果于 1998 年和 2002 年两次重现西半球，使巴西雷亚尔遭受了大幅贬值。

20 世纪末和 21 世纪初发生在两个不同地区的危机的教训是，过分依赖证券资本流动会带来金融不稳定。然而非常重要的一点是，外国资本的外流并不是这些金融危机发生的根本原因。外国资本外流只是一种现象，其根本原因在于投资者对该国的宏观和微观经济政策、政治稳定、金融市场的完善以及生产和制造部门丧失了信心（见图 6-2)。

美国次贷危机的发生与影响

次贷危机是在美国由抵押违约和抵押品赎回权被取消所引发的金融危机，并对全球的银行和金融市场产生了全面的破坏性影响。此次危机的根源可追溯到 20 世纪末，爆发于 2007 年，充分暴露出金融产业运行规则和全球金融体系的脆弱。

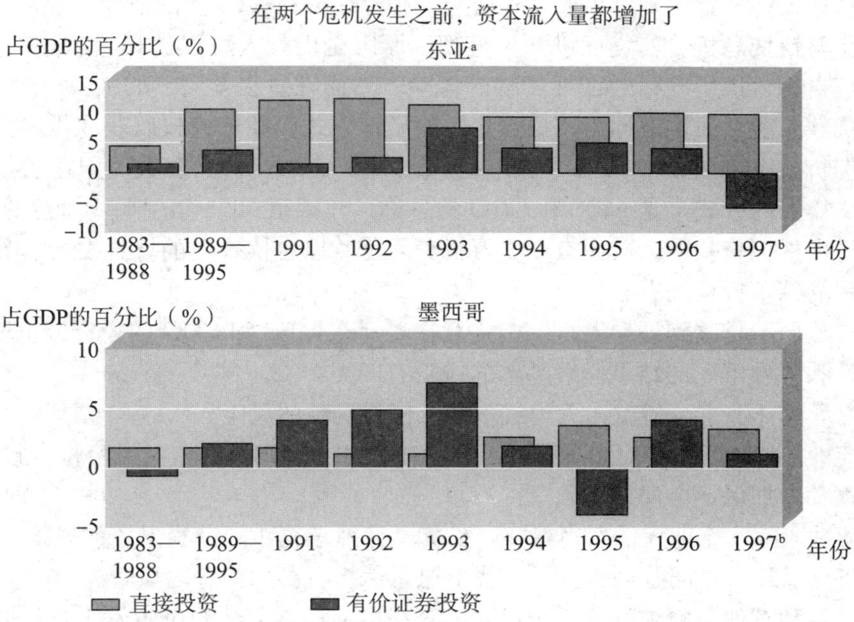

图 6－2　亚洲金融危机和墨西哥金融危机发生前后资本变动情况

a. 包括印度尼西亚、韩国、马来西亚、菲律宾和泰国。

b. 为估计数。

资料来源：IMF 和墨西哥银行。

美国近年来发行的许多住房抵押贷款属于次级抵押贷款，意思是借款人几乎不用支付首付或零首付。次级抵押贷款的对象是低收入、低资产、拥有不良信贷记录的人群。当美国的房产价格于 2006—2007 年开始下跌时，抵押违约案例急剧上升，金融企业持有的次级抵押贷款债券价值丧失殆尽，导致众多银行的资产和美国政府支持企业的资产大幅下跌，全球信贷紧缩。

成因　导致此次危机的原因不同且十分复杂，主要原因在于过去几年中与房地产和信贷市场相关联的因素。具体原因包括：购房者无力偿还抵押贷款、借贷双方的错误判断、房地产高涨阶段的投机预期和过度建设、风险抵押产品、个人与企业的高负债水平、传播可能隐藏抵押违约风险的金融产品、货币政策、政府管制（或许是管制缺失）。最终导致危机发生的核心问题是道德风险。

房地产泡沫　随着美国房地产泡沫的破裂以及次贷违约与可调利率抵押贷款违约的频发，危机终于在 2005—2006 年间开始显现。在危机前几年政府的政策和竞争压力鼓励了高风险借贷行为。此外，低首付的贷款激励政策和房价的长期高涨趋势都鼓励了借款人从事高风险的抵押行为，因为他们相信将很快能以更优惠的条件再融资。贷款人开始向风险更高的借款人提供贷款，甚至包括非法移民。次级贷款数额不断攀升，1994 年占原始贷款总额的 5%，1996 年占 9%，1999 年占 13%，2006 年占 20%。贷款人除了向有较高风险的借款人提供贷款外，还不断提供高风险贷款的选择和鼓励措施。2005 年首次购房者的平均首付只有 2%，而 43%的购房者没有任何形式的首付。

然而，当 2006—2007 年利率开始上升、美国许多地区的房价温和下降时，再融资变得十分困难。随着没有压力的贷款初期阶段的结束，房产价格并未如人们所预期的那样高涨，可调利率抵押贷款的利率提升，违约与抵押品赎回权被取消的案例急剧上升。

证券化与信贷危机 信贷危机开始显现，原因是借款人可以选择贷款违约。传统上，贷款人应当自行承担所发行的抵押贷款的风险。然而在过去60年间，各种形式的金融创新逐渐使贷款人能够通过被称为“证券化”的操作方式卖掉抵押权以获取报酬。此类证券被称为抵押贷款支持证券（MBS）和担保债务凭证（CDO）。大多数美国住房抵押贷款都采取了合伙投资的方式，是MBS和CDO的总称。在截至2008年中期所发行的10.6万亿美元美国住房抵押贷款中，其中有6.6万亿美元贷款以合伙投资的方式发行，另外4万亿美元由传统的储蓄机构拥有。

这一“从原始贷款到证券发行”模式意味着拥有MBS和CDO的投资者也要承担几种类型的风险和各种不同的结果。最基本的风险有四类：

- 信用危机：房主或借款人无力或不愿意偿付贷款的风险。
- 资产价格风险：资产贬值的风险（例如本案中的MBS），该类风险将导致财产损失、低标价销售和增加保证金的要求。
- 流动性风险：企业无法获得融资，例如从商业票据市场获得融资的风险。
- 合作方风险：合同签订一方无力或不愿意承担自己的债务的风险。

以上风险和其他风险被称为系统风险，意指以前没有关联的风险发生转移并变得具有高度关联性，形成对金融系统的危害。

证券化，再加上投资者对MBS的需要以及评级机构对MBS的高评级，意味着具有高违约风险的抵押贷款几乎可以任意滋生，将风险从证券发行人转移给广大的投资者。证券化意味着发行人可以重复出借一笔资金，大大提高自己的收入。由于发行人不再承担任何违约风险，因而他们有各种动力来降低担保标准以提高贷款额和总收益。

当购房者违约时MBS和CDO的投资者获得的投资收入下降，可预见的信贷危机发生概率上升，对投资者和整个抵押产业带来巨大的负面影响，该影响又由于近年来居民和企业高昂的负债水平（金融杠杆）被放大。

一些人认为抵押贷款标准变得松懈，原因在于证券化带来了道德风险，而在抵押贷款的资金链中，每一个环节都在盈利，而将由此导致的信贷危机传导至下一个环节。与此同时，一些金融企业持有大量自己发行的MBS，也积聚了大量信贷危机，因而它们对道德风险的产生不负主要责任。还有些人提出证券化的理念没有问题，问题在于实施的过程。

信用评级的失真 有证据表明，一些参与次贷证券评级的机构清楚评级过程是虚假的。高信用等级鼓励投资者购买次贷支持的证券，为高涨的房地产市场提供融资。人们对于评级机构的依赖以及评估方式对投资的引导使许多投资者将证券化产品（其中就包括次贷支持的证券）等同于高质量的证券。批评者认为评级机构是受累于利益的困扰，因为它们的收入来自投资银行和那些设计并向投资者销售证券产品的企业。

许多金融机构特别是投资银行在2004—2007年发行了大量债券，并将收益投资于MBS，它们将赌注下在了房价的持续上涨以及购房者对抵押贷款的连续支付上。以低利率借入资金，再以高利率将收益进行投资，此举是一种金融杠杆行为。这样的行为等同于个人将自己的房产二次抵押到证券市场进行投资。该策略在房地产繁荣时期收益很高，但当房价开始下降、贷款违约开始时便会导致大量损失的发生。自2007年以来，持有MBS的金融机构和个人投资者由于抵押贷款违约和MBS价值的大幅度下跌遭受了巨大的损失。

全球传导效应　MBS和CDO所带来的一个主要后果是使美国的房贷市场与全球金融市场更加紧密地联系在一起，使最终由美国的次级贷款导致的风险形成了全球性的影响。MBS这种金融产品（其价值依赖于抵押贷款的支付和房地产价格）使全球的金融机构和投资者都投资于美国的房地产市场。世界各主要银行和金融机构都大量举债并投资于MBS。据报道，截至2008年7月17日已造成大约4 350亿美元的亏损。危机对全球股票市场也产生了巨大的影响。2008年1月1日至2008年10月11日，投资者所持有美国企业股票的价值从20万亿美元下跌至12万亿美元，损失了8万亿美元。其他国家的损失平均在40%左右。

美国的次贷危机最终发展成全球性的金融危机，几乎没有哪个国家可以幸免。

自20世纪90年代的全球性金融危机之后，学术界、私人机构和国际政策组织对于各国优化资本流入组合提出了众多的政策建议。某些建议将在本章后面讨论。

第五节　多边框架的建立与政策制定

意识到单个国家可能没有能力阻止危机发生以及阻止危机扩散到全球，世界上许多国家共同成立了一些国际机构，希望进行多边政策合作与协调。这些机构旨在减小危机发生的可能性和阻止危机向外扩散。

一、现有的多边机构

在现有的旨在防范和阻止全球金融危机的多边努力中，处于中心地位的两个超国家机构是国际货币基金组织和世界银行。

国际货币基金组织

国际货币基金组织（IMF）的职能在于推进国际货币合作、外汇安排和经济增长，为处于国际收支困境的国家提供短期资金援助。自1945年12月成立以来，IMF成员的数量是其建立之初时的约6倍。到2019年IMF拥有189个成员，其中180个是主权国家，9个是地区。

一国加入IMF时需要将一笔资金存放在被称为“认缴份额”的账户中。这些以“特别提款权”（IMF的一种综合货币）计量的存款组成一个基金库，IMF从中提款并借给成员。IMF根据各国的实际收入制定每个国家的认缴份额。根据IMF的标准信贷安排，认缴份额决定了一国可以从IMF借款的额度，而且决定了该成员在IMF中的投票权。例如，美国的认缴份额占全部成员金额的17.398%，位于第二位的是日本，占6.461%，中国的份额占6.394%，位于第三，这些比例也就是这些国家在IMF中的投票权比例。

当IMF考虑以短期贷款为成员提供金融援助时，它通常会提出具体的限制条件以约束该成员政府的行为。IMF的这项被称为“约束条件”的政策要求成员与IMF合作制定该成员的金融政策。有时候IMF要求某成员对其政策做出某些整改后才可以接受它的贷款。作为广义上的满足约束条件的一部分，IMF可能只要求在原则上满足某些方面的政策目标，这样的要求被称为“低约束条件”。在此类情况下IMF被认为与该成员达成了政策共识；作为另外一种政策选择，IMF会执行“高约束条件”，即要求一成员达到特定的量化目标，称作“行为标准”。不能达到这些目标将导致IMF暂停贷款的支付。

IMF最初的基本职能是提供所谓的临时（资助）安排和短期信贷。现在IMF通过常规的援助工具仍继续提供此类资助。20世纪70年代初金本位制的结束减少了成员对短期调整型信贷的需求，于是IMF扩大了其他形式的贷款计划。其中一种是特许资助，是IMF向贫穷和严重负债成员提供的贷款，这种贷款计划既可以旨在支持经济振兴项目的长期贷款，也可以旨在帮助陷入债务偿付困境国家的长、短期贷款。此外，还有其他融资服务。通过这些资助计划，IMF旨在为经历出口异常变动、对本地区金融系统失去信心或由于其他地区的金融危机的溢出效应带来损失的合格成员提供帮助（见表6-4）。

表6-4　IMF融资服务

普通IMF服务	
临时安排（SBA）	旨在帮助需要暂时性或周期性调整的成员。该安排通常为期12～18个月，按季度执行。根据表现标准和阶段性计划检查发放资金
外部基金援助（EFF）	为宏观经济结构出现问题需要调整的成员提供资助，期限为3年
特许资助	
扶贫和发展扶持（PRGF）	为以促进经济增长为目的的长期结构项目提供资金支持，贷款期为10年
重债穷国（HIPC）计划	对无法支付大额双边或多边外债的成员提供资金支持
其他融资服务	
补偿贷款援助（CFF）	资助遇到暂时性出口减少或进口食品费用增长困难的成员
补充准备援助（SRF）	资助由于突发性和破坏性的调整问题而丧失市场信心的成员
应急贷款额度（CCL）	援助受外部危机传导影响的成员

资料来源：国际货币基金组织。

世界银行

世界银行是另一个为陷入财务危机的国家提供支持的关键超国家机构。世界银行也成立于1945年12月，但其职能比国际货币基金组织更有限。世界银行仅向约100个发展中国家提供贷款，旨在减少贫困和提高生活水平。据估计，在世界银行的借款国中，约有30亿人平均每天生活费少于2美元，每天约有4万人死于可预防的疾病，有1亿多人从未接受过任何形式的教育。

与IMF不同的是，世界银行一直专门发放用于长期建设和发展的期限相对较长的贷款。它最初的目标是为各国在第二次世界大战之后的重建工作提供资助。在20世纪60年代，世界银行扩大它的职责范围，重新将减少全球贫困作为其工作重点。

与各成员政府普遍利用IMF贷款补充预算资源的做法不同的是，各国一般从世界银行获取贷款来资助具体的项目，例如改善灌溉系统、医疗设施等。然而，近几年世界银行的一些项目与IMF的功能有所重叠，世界银行也为重债国家的长期结构性调整和债务重组提供资助。

世界银行实际上由5个不同的机构组成，表6-5提供了具体的名单和介绍。这些机构既向政府和私人公司提供贷款，也为金融发展的各方面提供咨询和帮助，包括解决国外投资者和发展中国家可能存在的争端。世界上最富有的国家为大多数世界银行项目提供赞助，同时世界银行也在国际资本市场上筹集资金。

表 6-5　世界银行的机构

机构	职责
国际开发协会	专为发展中国家减少贫困提供贷款
国际复兴开发银行	专为中等收入国家和较有信誉的发展中国家提供贷款和其他形式的发展资助
国际金融公司	通过提供资金担保、为私人贷款提供代理业务以及为私人公司提供咨询服务等推动发展中国家的私人投资
多边投资担保机构	通过对借款者和投资者提供政治风险保险，促进发展中国家的国际直接投资
国际投资争端解决中心	为解决国外投资者和发展中国家产生的投资争端提供调节和仲裁

资料来源：世界银行。

二、对目前 IMF 和世界银行政策的评价

20 世纪 90 年代所发生的危机促使一些经济学家和政策制定者为 IMF 和世界银行的重建提出建议。在考虑这些建议之前，有必要对这两个机构的现行政策进行审视。

IMF 的前约束条件与后约束条件①

与所有其他贷款者一样，IMF 也面临着上文所提到的两大主要问题：逆向选择和道德风险。

IMF 对借款者设置约束条件的目的在于解决道德风险问题。然而，大多数观察家认为，IMF 的这种方法至少有两个缺陷。

第一，IMF 的官员并不公布他们与具体成员之间的借贷条款，这意味着只有依赖 IMF 独自监控借款成员是否正确地使用了其他成员提供的资金。通常，私人投资者只有在 IMF 采取一定的措施，例如停止既定的贷款支付额时才能得知借款成员违反了与 IMF 的协定。IMF 此举可能引发市场的迅速逆转，使借款成员陷入更严重的金融困境，因而更难遵守与 IMF 签订的原始协议。因此，IMF 对借款协议保密的做法只会削弱其防止成员资金被滥用的努力。

第二，通常 IMF 官员最初只对贷款设定一般的原则性条件。他们只对已经违反低约束条件的借款成员转而施加高约束条件。当然，此时 IMF 已经无法防范道德风险。

批评者指出，IMF 的暗箱操作和只在不得已时才采用高约束条件的行为，实质上相当于使用后约束条件，也就是在既成事实基础上的约束条件。他们认为这种既成事实的、决定 IMF 贷款条件的任意方式（他们称之为“后约束条件”）削弱了实际借款人和潜在借款人对 IMF 的信任。他们认为这种信任的削弱增加了道德风险的可能性，并且扩大了逆向选择问题的范围，因为它会吸引借款成员尽可能利用低约束条件政策的不透明性。

① 即在 IMF 同意贷款之前强加的约束条件，以及在 IMF 已经同意提供贷款之后强加的约束条件。

为减少这两种问题，IMF 的批评者一直建议使用前约束条件，或者在 IMF 发放贷款之前公之于众的条件。他们还强烈要求施加几项直观易懂的条件，以便每一个人都能监督借款成员对条约的遵守情况。然而直至今日，IMF 仍然维持其秘密的、任意决定的贷款政策。

然而，另外有经济学家对 IMF 的贷款要求提出批评，认为国际货币基金组织的经济援助都是“有条件地”提供的，即受援助成员需要实行 IMF 建议的经济改革。这些经济学家认为，这样做会影响受援成员的社会稳定，实际上适得其反。例如，阿根廷因采用布雷顿森林机构提出的经济政策而被 IMF 推崇为模范国家。然而，2001 年，该国出现灾难性的金融危机，不少人相信是由 IMF 倡议的紧缩财政预算和私有化重要资源开发项目所致。紧缩的预算削弱了政府维持基础建设、福利、教育服务的能力。另一个引起争议的国家是肯尼亚。原本肯尼亚的中央银行控制了该国货币的流动，IMF 提供协助后，要求肯尼亚放宽货币政策。调整后肯尼亚不但外商投资大减，而且在贪污官员的腐蚀下，亏空了数以十亿计的肯尼亚先令，致使肯尼亚的财政状况比之前更差。IMF 对危机的迟缓反应，以及亡羊补牢的做法，令不少经济学家提出要改革 IMF。

一些发展中国家则认为IMF竭力维护美元作为主要国际储备货币的霸权地位，忽视超主权储备货币的作用。IMF 的基金份额和投票权分配不合理，在 IMF 的重大决策上，美国拥有一票否决权，一些新兴的发展中成员在 IMF 的代表性不符合它们的经济发展状况。

世界银行项目

世界银行目前每年向发展中国家发放超过 150 亿美元的贷款。一些贫困国家，特别是非洲国家，吸引私人投资十分困难，因此世界银行是这些国家主要的贷款来源。尽管如此，自 1990 年以来仅有 12%的世界银行贷款被投放到这些国家。

尽管每年有超过 150 亿美元的私人资本流入发展中国家，但是世界银行一直向那些在吸引私人投资方面没有困难的国家提供大量贷款。例如 20 世纪 90 年代后期，国外投资者试图投资某国最大的热电厂项目时，热电厂的建造者却拒绝了国外投资者，原因是他们可以从世界银行拿到条件更优惠的贷款。

尽管世界银行的官方使命是向发展中国家中无力吸引私人投资的项目提供贷款，然而这个发展机构却越来越多地与私人投资者进行竞争。在这样的竞争中，该机构往往以低于市场利率的条件胜出私人投资者。对此类贷款持批评态度者认为，这类项目扭曲了私人资本市场并且鼓励效率低下的投资，应当为 20 世纪 90 年代后期东亚经济损失承担一定的责任。他们还指出，一些国家，例如某国不适合接受发展援助，因为它拥有庞大的外汇储备，并且它持续保持每年经常账户盈余超过百亿美元，因此，它是一个净资本出口国。然而，它每年都要向世界银行借款 20 亿～30 亿美元。

世界银行面临的一个重要的约束来自世界银行贷款总库中净捐款国的压力，因为它们要求世界银行自己保持巨大投资回报，进而降低捐款国的风险损失。发展中国家中的那些稳定且回报率高的项目通常也是最有可能吸引私人投资者兴趣的项目。相比较而言，那些最贫困而且最需要贷款来资助项目的国家又是最不可能为世界银行产生稳定回报的国家。

三、重建国际金融秩序

金融危机造成的破坏，以及国际机构无力阻止其发生的事实使这些机构在近几年面临外界的批评，主要有两类批评意见。一种观点认为，这些组织的设计和机构都十分合理，只是这些组织应当在金融危机发生之前更好地防范危机的发生。而另外一种观点则指责这些多边金融机构操作不当，甚至质疑其本身存在的依据。根据后一种观点，最起码应当对世界金融组织结构做一些调整，甚至需要对其重新再造。

为了尽量减少甚至阻止国际金融危机的发生，政策制定者们必须对金融危机产生的原因有进一步的认识。但是实际上，关于金融危机的成因有不同的观点。让我们依次讨论有哪些因素可以帮助国家和超国家机构决定它们出面干预的时机，以尽可能降低危机发生的可能性。

经济不平衡与国际金融危机

经济基础指标　对金融危机产生原因的传统观点集中在经济基础指标上，即一国经济的基础要素，如目前和未来的经济前景、货币与财政政策等。根据这一观点，如果基于一国经济的基础状况确定的汇率价值和政府确定的汇率目标不一致，就会导致金融危机。如果外汇交易者察觉到一国货币的政府汇率目标高于其在私人外汇市场上基于基础经济状况确定的实际汇率价值，那些交易者就自然会抛售以该种货币标价的资产以避免损失。通过减持这些资产，交易者就可以避免由于该国政府或央行用来购买本国货币和维持目标汇率所需的外汇储备告罄而带来的风险，从而减少损失。

投机者下一步就是寻找获利的机会。他们估计政府缺乏足够的外汇储备，便大量抛售以该国货币标价的资产，促使该国政府或央行放弃维持它的目标汇率。与此同时，由于投机者断定官方汇率一定会大幅下降，他们便通过在市场上的有利位置大做期货、期权和掉期交易。这种行为被称为对一国官方汇率的投机性攻击。

如果投机性攻击获得成功，投机者便可通过这样的措施获取巨额利润。他们获利的办法是以高位的官方价格卖掉以外币标价的资产，之后再在衍生交易市场上以与潜在经济基础指标基本一致的较低价格买入这些资产。当然，投机者也可能会并且有时的确会输掉这样的赌博，因此投机性攻击不总是成功的。然而，如果一国的政府目标汇率与由它的实际经济基础所决定的汇率偏离过大，投机性攻击成功的概率就会上升。

自我满足预期①与传递效应　第二种观点则认为，即使一国的经济基础与其钉住汇率相一致或政府和央行有切合实际的汇率目标，自我满足预期与传递效应也可能有带来国际金融危机的潜在作用。根据这种观点，只要交易者普遍认为一国的政策制定者在维持目标汇率上由于政治难题等因素面临着较高的内部成本，投机性攻击就有可能发生。

例如，假设货币投机者察觉到政策制定者缺少决策力。投机者推断政府由于不愿意采用高利率和其他对经济产生不利影响的措施而可能选择贬值本币，此时他们便可能有了获利的机会。如果有足够多的投机者形成了这样的预期，即一国政府不愿意接受对经济产生不利影响的措施，他们就会大量抛售以该国货币标价的资产。这还会引发其他风险厌恶型交易者为了规避损失而抛售以外币标价的资产。实际上，根据这种观点，投机性攻击的发生仅仅是由于投机者预期攻击将会成功，而不需要因为经济基础存在潜在的问题。

金融体制的弊端　第三种观点认为一国金融体制的弊端是导致危机发生的根本原因。根据这种观点，正是政府的政策导致了道德风险的蔓延，创造了金融危机发生的条件。例如，一国政府可能要求银行向某类企业或行业发放贷款，由于这些企业或行业知道无论它们如何使用那些资金都会同样获得信贷，它们就会将自己置于承担风险的境地。许多观察

---

①　自我满足预期指事先对某事发生的自我预期。

家认为 20 世纪 90 年代后期马来西亚和印度尼西亚在发生金融危机时，这些国家都存在着这样的道德风险。那些接受政府指导性信贷的企业和行业所承担的风险最终产生了实际的损失，那些观察者指出，这才是引发危机的原因。

多边国际机构的政策 另一些道德风险论的支持者强调，如 IMF 和世界银行这样的多边国际机构的政策也会导致危机的发生。他们认为，一方面，当这些机构以低于市场价格的利率为行业和政府提供信贷时，实际上降低了那些接受贷款国的信誉标准。这种观点的理由是，私人放贷者在无法与 IMF 和世界银行以低于市场标准的利率竞争借款者时，为了利润就会倾向于降低他们的信贷标准并且向信用较低的借款者发放贷款。另一方面，由于政府清楚，当向缺少信用的借款者的过度借贷导致广泛传播的金融危机发生时，它们可以申请 IMF 和世界银行的援助，因而便缺少了在自己的金融体制内控制风险贷款的动力。

危机的预防与早期预警系统

以上每一种观点都提供了不同的有助于预测金融危机发生的指标。根据强调经济基础失衡的重要性这一观点，出口、进口、外汇储备、实际收入、货币总供给、汇率和利率等变量都能作为潜在危机的预测指标。比如说，如果一国的贸易失衡迅速恶化并且它的外汇储备急剧下降，那么危机可能即将来临。

然而，根据强调道德风险的观点，经济基础失衡的变化有可能在危机发生过程中才产生。因此，经济基础的变化并不有助于提前预警危机的发生从而进行预防。认为自我满足预期引发危机的观点对于经济基础的预警作用持更加消极的态度。根据这种观点，要找出经济基础和危机之间的紧密联系是非常困难的，因为有时候危机发生之前经济基础并未产生明显的变化。

在确定哪些指标能够预警金融危机之前，经济学家对危机的定义达成共识是有必要的。然而，对于确定一场危机何时发生也有许多不同的观点。例如哈佛大学的杰弗里·弗兰克尔（Jeffrey Frankel）和加州大学伯克利分校的安德鲁·罗斯（Andrew Rose）建议，当一国货币在前一年名义利率贬值至少 10%以上的基础上第二年继续贬值超过 25%时，危机无疑已经发生。然而，大多数经济学家则考虑了更灵活的衡量指标，认为应该把汇率变化和外汇储备等变量考虑在内。他们认为一旦这些指标超过一定的界限，即可认为金融危机已经发生，界限的确定依据是此前几年的指标所显示的以往的正常变量规律。

在此类研究中，经济学家们试图找出那些能够预警金融危机发生的经济变量，或者在危机发生前能够作为预警指标的一些典型现象。经济学家认为有一种预警指标是国家债务评级指标，比如穆迪公司和其他一些评级机构的信用评级。这些评级或许能反映出道德风险问题。此外，他们也提出一大套潜在的危机评估贷款指标，包括汇率、利率、国民收入水平、货币发行量等。这些反映经济基础的指标，从金融危机的传统观点来说，自然是预测金融危机的重要指标，并且这些指标为交易者的预期提供了重要信息。

然而，经济学家们发现信用等级并不能帮助预测金融危机。这可能是因为道德风险问题并非危机发生的根本原因，也可能是因为像穆迪公司这样的评级机构缺乏足够的信息来准确地评价道德风险的范畴和国际借贷者真实的信用水平。经济学家们还发现，综合使用几个经济基础指标比使用单一指标能更好地预测金融危机的发生。

进行金融风险指标研究的目的是建立一个早期预警系统，或者某种机制，它通过监测金融和经济数据来预报那些可能最终发展成为危机的问题。其中心思想是，如果一个多边国际机构能研究出一个有效的早期预警系统，它就能得到有效的提示，在危机发生之前采取快速的干预措施，阻止危机的发生。

在 IMF 和世界银行内外部均有人乐观地认为经济学家能最终研究出一个可靠的早期预警系统。然而，许多经济学家对此持怀疑态度。一些人质疑任何一种关于金融危机起因的观点——经济基础失衡、自我满足的预期引发的投机或是由道德风险问题带来的国际国内贷款条件的缺陷——能够孤立地解释每一场危机的能力。因此，持此观点的人认为在有限的预测指标基础上建立的早期预警系统无法提高多边国际组织迅速阻止危机发生的能力。

对国际经济组织和政策的再思考

一些批评家认为，几乎没有证据显示多边国际组织拥有在危机发生前阻止其发生的能力，这是对多边国际组织最强烈的批评。实际上，一些批评家认为这些多边国际组织本身就是引发金融危机的原因之一。由此，他们提出世界各国应当考虑对这些组织进行根本性的结构改革。

对长期发展性贷款的再思考

自 20 世纪 90 年代早期以来，发展经济学的一个重要主题是，只有当一个发展中国家拥有更有效的组织机构（例如基本产权、健全的法律体系、廉洁的政府部门等）时，市场才能更好地促进经济增长。许多事实表明，在那些产权保护不力、法律制度不完善、政府贪污腐败的国家，即使不设政策障碍从而允许市场发挥作用，经济增长速度也依然比较缓慢。

这说明以提高发展中国家生活水平为己任的国际组织首先需要考虑的是帮助改善国家的基础部门和机构。从最基本的层面来说，经济学家强调建立市场基础，比如产权和契约权是最重要的。为实现这一目标需要建立可靠的执法体系，建立相应的部门以更好地制定国家政策，包括建立独立的中央银行和实行透明预算程序的财政当局。

此外，为了使机构改革与更高、更长期的增长率目标相一致，有关国家需要采取相应的战略以使改革持续下去。这需要统一大家对改革的意见，有时还需要对改革实施中遭受损失的群体予以补偿。一个关键的问题是，像世界银行这样的国际组织能为促进发展中国家的有利于经济增长的机构改革做些什么。从某种角度来说，IMF 和世界银行几乎无能为力。毕竟在很大程度上塑造国家机构是发展中国家人民自己决定的政治问题。

制约金融危机的组织架构选择

关于改革国际金融组织机构的建议大多数集中在与金融危机有关的多边组织政策制定上。这些建议范围广泛，既有对现有机构和程序进行小幅调整的建议，又有用新组织替代现有的多边国际组织的建议。

这些建议都有一些共同的内容，包括国际贷款人和借款人更经常和更深入的公开信息，国际贷款人提高金融和会计标准，IMF 贷款增加高约束条件和前约束条件的使用，以及一些建议中提出的提高鼓励私人贷款人贷款的力度。然而，除了这些共同点之外，有些建议往往大相径庭。一些建议要求 IMF 加强监管力度，而另一些建议要求对 IMF 的管理进行大规模改革。仍有一些建议呼吁解散 IMF，用新形式的国际组织予以取代。

到目前为止，有关国际金融机构的改革取得了一些成绩。例如 2016 年 1 月 27 日，IMF 宣布 2010 年份额和治理改革方案已正式生效，这意味着中国正式成为 IMF 的第三大股东。IMF 在一份声明中说，IMF 的《董事会改革修正案》从 2016 年 1 月 26 日开始生效，该修正案是 IMF 推进份额和治理改革的一部分。根据该修正案，约 6%的份额将向有活力的新兴市场和发展中国家转移，中国的份额占比从 3.996%升至 6.394%，排名从第六位跃居第三位，仅次于美国和日本。中国、巴西、印度和俄罗斯 4 个新兴经济体跻身 IMF 股东行列前十名。2016 年 3 月 4 日，IMF 宣布，自 2016 年 10 月 1 日开始，IMF 将在其“官方外汇储备货币构成”（COFER）的季度调查中单独列出人民币以反映 IMF 成员用人民币计价储备的持有情况。其实，2016 年 10 月 1 日也是最新的特别提款权（SDR）篮子生效的日期，人民币成为 SDR 五大货币之一。IMF 还将篮子货币的权重调整为：美元占 41.73%，欧元占 30.93%，人民币占 10.92%，日元占 8.33%，英镑占 8.09%。毫无疑问，在未来的一段时间内，关于改革国际金融组织机构的讨论将继续引发全球性的争论。

本章小结

金融全球化的定义 国外一些学者从广义的角度将金融全球化定义为：金融资本的流动导致国际往来的增加。中国学者认为金融全球化指的是金融业跨国发展，金融活动按全球统一规则运行，同质的金融资产的价格趋于等同，巨额资本通过金融中心在全球范围内迅速运转，从而形成一体化的趋势。中外学者的定义虽然有所不同，但这些定义的一个共同点是金融全球化导致各国的金融联系越来越紧密和各国政府对本国资本流动管制的不断放松。在金融全球化的进程中有各种不同的力量在起作用，包括政府、借款人、投资者、金融机构等，然而政府在这一进程中起着关键的作用。

金融全球化的测量 测量一国金融一体化与全球经济融合程度的方式有两种，即资本流动的法律限制和实际发生的跨境资本流动。一国资本账户的开放是迈向金融一体化的典型步骤。测量资本账户开放的一种间接的方法是各国政府向 IMF 报告的本国对资本流动的限制；而测量金融开放度的比较直接的方法是预计的国外资产和负债的总存量占 GDP 的比例。

金融全球化的特征 金融全球化的特征是五个自由化：第一是利率自由化——取消政府部门对利率的管制，使其按照市场对资本的需求而自由浮动，以实现资源的有效配置；第二是汇率自由化——采取更加灵活和多样化的汇率机制以实现汇率自由浮动的目标；第三是银行业务自由化——放松对银行业务活动的管制以使银行业务由短期金融市场向长期金融市场及其他业务拓展，由国内市场向国际市场拓展；第四是金融市场自由化——各国金融市场相互融合形成全球化的金融市场；第五是资本流动自由化——取消政府部门对资本跨国流动的限制。

金融全球化的推动力量 金融全球化的背后有多种不同的推动力量，包括政府、借款人、投资者和金融机构。

金融全球化的风险 金融全球化带来的不仅是利益，还有风险，对于发展中国家来说更是如此。金融全球化不仅给经济基础薄弱的国家带来了风险，对于经济基础完善的国家同样有风险。进入国际金融市场的国家更容易受到来自其他国家经济变量的影响，因而遭受风险影响的可能性增大。金融风险一般来自金融市场的不完善，例如信息不对称、逆向选择和道德风险，以及政策扭曲等。

国际组织对防范金融危机所做的努力 世界上许多国家共同创建了多边国际组织，并通过多边政策合作和协调来防范危机和危机向世界扩散的可能性。为此目的做出巨大努力的世界组织包括国际货币基金组织和世界银行。这些超国家组织提出的一个防范危机的建议是建立早期预警机制。为此目的，经济学家们提出了几个引起金融危机的潜在原因，例如经济基础指标、自我满足预期与传递效应、金融体制的弊端以及多边国际机构的政策。经济学家也在寻找确定金融危机的指标，如反映道德风险问题的国家债务评级指标，还有贷款指标，包括汇率、利率、国民收入水平、货币发行量等。

对国际金融组织架构的改革建议 为了更好地防范金融危机，人们提出了不少对现行国际金融机构进行改革的建议。这些建议既包括对现存机构的小幅调整，也包括用新的机构代替现有的机构。然而到目前为止，除了一些小的改革外，还没有实行大的变革，因此对此问题的争论还将持续下去。

问题与思考

1. 列举金融全球化带来的利与弊，各提出三点。

2. 证券投资与国际直接投资之间的本质区别是什么？

3. 为什么仅仅依赖证券资本是不合理的？为什么仅仅依赖国际直接投资也是不合理的？

4. 解释自 2000 年以来的国际直接投资流入起伏变动的原因。

5. 在美国次贷危机发生过程中，哪个环节具有道德风险？哪个环节具有“柠檬”效应？

6. 国际组织贷款应当提供低于、等于还是高于市场的利率？确定自己的选择，并支持自己的立场。

7. 如果要建立一个金融危机的早期预警系统，应当考虑哪些指标？哪些指标在预测金融危机方面有重要的作用？

8. 本章内容对理解亚洲金融危机提供了一些工具。在危机发生之前，泰国采用固定汇率机制。请解释为什么投机性攻击迫使泰国政府放弃了它的固定汇率机制。

9. 讨论政府、国际组织、私人机构分别或共同能为防范金融危机做些什么。

在线学习与应用

国际上对于国际货币基金组织与世界银行有种种批评，组织学生按照小组调研国际上对于这两个世界金融组织的改革建议，并对这些建议做出评价。

案例研究

“一带一路”倡议带动沿线直接投资的进入

2013 年，中国提出了共建丝绸之路经济带和 21 世纪海上丝绸之路（合称“一带一路”）的倡议。在“一带一路”沿线的不同区域和经济集团中有超过 60 个国家，它们的外国直接投资流入总额达到 6 万亿美元，直接投资流出超过 3 万亿美元。中国与其合作伙伴签署了 50 多个协议，涵盖 6 个主要国际经济走廊。从中国延伸到欧洲的“一带一路”上的投资目的地和项目并非一成不变。随着包括国际直接投资在内的越来越多的金融资源被调动起来，投资活力在过去的两年里迅速增强。一些位于主要经济走廊沿线的国家由于积极参与这项倡议，已开始吸引大量来自中国的外国直接投资。

在丝绸之路经济带的核心区域中亚，实施这项倡议正在使中国在自然资源以外的其他行业产生更多的国际直接投资，并有助于实现各东道国经济的多样化。中国企业已经对哈萨克斯坦和土库曼斯坦等国的采掘业进行了大量的直接投资。中国对该地区正在规划中的投资项目侧重于基础设施建设和提高工业产能。此外，农业和相关业务也是投资目标领域。例如，中国企业正在与当地合作伙伴谈判，欲投资 19 亿美元到哈萨克斯坦农业上，包括一个将番茄加工厂从中国搬迁到该地的项目。南亚也从中巴经济走廊沿线正在实施的一些项目中受益。这些投资带动了大量外国投资进入基础设施行业，特别是发电和运输业。例如，中国电力建设公司和卡塔尔 Al Mirqab Capital 已开始联合投资巴基斯坦第二大港口卡西姆（Qasim）港的一座发电厂。此外，中国国家电力投资公司和当地的枢纽电力公司已经启动了总额为 20 亿美元的燃煤发电厂的建设。

埃及作为北非的积极参与者，与中国签署了一份备忘录，其中包括 150 亿美元的中国投资，这被认为与埃及参与“一带一路”建设有关。埃及正在承担“一带一路”框架下的一系列合作项目，包括在苏伊士运河区建立经济区以及投资海运和陆运设施。

资料来源：UNCTAD：《2017 年世界投资报告》。

讨论题：

1. 中国的“一带一路”倡议为什么能够带动沿线国家和地区国际直接投资的发展？
2. “一带一路”倡议对中国的经济发展有何益处？

第七章

世界经济可持续发展——问题与挑战

本章要点

- 世界各国面临的最主要的挑战是什么？
- 贫富两极分化有多大？如何衡量贫富差距？
- 什么是人口的自然增长和下降？
- 世界上的自然资源是否足够支撑人口的快速增长？
- 工业化与城市化进程是如何影响人类的生活和生态变化的？
- 为什么流行病是影响世界经济发展的消极因素？

经济全球化和一体化把世界各国的命运联系到了一起，共同分享全球化带来的利益（即便各国之间利益分配不均）和面对共同的问题。全人类所面对的全球性挑战带有明显的历史特征。当代社会中人们普遍认识到的全球性问题包括经济发展不平衡、世界人口与资源问题、环境问题和流行病等。这些全球性问题对世界经济的可持续发展带来了巨大的挑战，威胁着所有国家的幸福和安康。本章将集中关注这些问题并分析它们给世界经济带来的影响。

第一节　不平衡的全球经济发展

尽管全球化将世界上大多数经济体联结为世界经济体系，但它也同时扩大了发达世界和发展中世界的差距。许多经济学家认为当代世界经济发展的一个最大特点就是它的不平衡性。如今发达世界与发展中世界的分界线越来越明显。目前，由北美、欧洲和日本这三维核心组成的发达世界拥有最多样化的经济、最先进的技术、最先进的生产力和最繁荣的社会。虽然发展中世界拥有世界人口的85%，但其人口、地区和区域在跨国行业、先进通信科技、物质消费、国际新闻和娱乐方面的发展水平却十分有限。从地理划分的角度讲，大多数经济发展水平最高的国家位于北半球（大约在北纬30度以北），这一现象产生了世界经济地理中的另一对流行短语，即“南半球”与“北半球”之分。

一、对经济不平衡和不公平的测量

经济学家们采用一些定量的方法来确定贫富之间的差距。其中最典型的包括：人均GDP、联合国开发计划署（UNDP）的人类发展指数及性别发展指数以及用于测量地区不平衡的基尼系数。

人均 GDP

从更微观的角度观察，全球人均 GDP 是世界经济中贫富格局的一个最直观的反映。2017 年，在北美和西欧的几乎所有国家、日本、澳大利亚和新西兰，年人均 GDP 超过 2 万美元。而在世界其他国家，年人均 GDP 一般在 1 000 美元和 10 000 美元之间。

2018 年，人均 GDP 最高的国家（卢森堡，114 340 美元）和最低的国家（布隆迪，275 美元）之间存在着巨大的鸿沟。的确，世界各国的贫富差距是在不断扩大而不是缩小。1970 年世界上 10 个最贫困国家的人均 GDP 仅仅是 10 个最富裕国家的 1/50，到 2017 年这个比例进一步扩大至 1/117。世界上最富有的 500 个人的收入总和高于最贫穷的 4.16 亿人口的总和。更有甚者，占世界人口 40%的 25 亿人仅占世界总收入的 5%，他们每人每天仅有 2 美元的生活费。而最富有的 10%的人口，几乎全部生活在高收入国家，却占世界总收入的 54%。收入不平等与其他生命机会不平等相互作用。出生在贫穷家庭的人的生存概率大大降低。出生在加纳和塞内加尔的 20%最贫困家庭中的孩子在 5 岁之前死亡的概率比最富有的 20%家庭的孩子大两到三倍。

根据世界银行的统计，经过 20 年的努力，世界实现了第一个千年发展计划目标——到 2015 年与 1990 年相比贫困人口减少一半，这个目标在 2010 年提前 5 年实现。根据世界银行 2019 年的报告，在 2015 年有 10%的人口每天生活费用不到 1.9 美元，而 2013 年是 11%，比 1990 年下降了约 36%。在 1990 年约有 11 亿人口为极端贫困人口。2015 年每天生活费用不足 1.9 美元的人口从 1990 年的 18.5 亿下降至不足 7.36 亿。

尽管如此，生活在极端贫困状态下的人口比例仍然非常高，在目前的经济发展预期下，期望到 2030 年实现消除极端贫困人口的目标的进度在减缓。这是因为要接触到那些极端贫困人口变得更加困难，他们多数生活在经济脆弱的国家和偏远地区。许多人仍然难以获得良好的教育、医疗、电力、安全用水和其他基本服务，因为这些往往取决于社会经济地位、性别、种族和地理位置。多维视角的考虑——包括教育、获得基本公共设施、医疗保健和安全等其他方面——揭示了贫穷是一个更广泛、更根深蒂固的世界性问题。如果从包括消费、教育和获得基本公共设施在内的多维角度考虑贫困人口比例，贫困人口所占比例比单纯用货币指标计量时大约高出 50%。图 7-1 是世界银行绘制的世界贫困人口的地理分布情况。该图显示，世界上大约一半的贫困人口主要集中在 5 个国家：印度、尼日利亚、刚果（金）、埃塞俄比亚和孟加拉国。

人类发展指数

人类发展指数（HDI）是由联合国开发计划署（UNDP）提出的一个综合性人类发展指标。人类发展指数的基本原则简单明了：国家发展不应该仅仅通过人均收入来衡量，经长期实践证明还应该通过健康和教育成就来衡量。HDI 的分类基于其固定分界点，这些分界点来自构成 HDI 的四分位数，分别为：低人类发展水平，HDI 值小于 0.550；中等人类发展水平，HDI 值介于 0.550 和 0.699 之间；高人类发展水平，HDI 值介于 0.700 和 0.799 之间；极高人类发展水平，HDI 值大于等于 0.800。

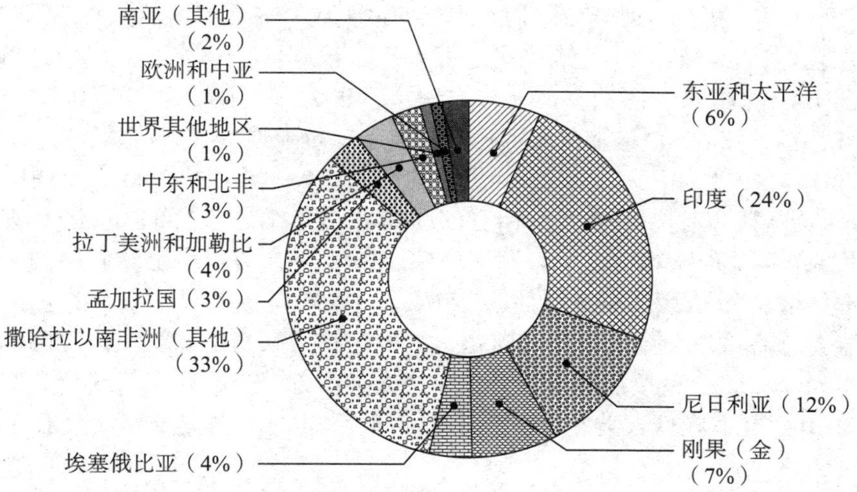

图 7-1 世界贫困人口所在国家与地区的比例，2015 年

资料来源：世界银行网站。

多年来，该报告也制定并加入了其他指数，以衡量人类发展的其他维度，了解人类进步过程中落后的群体，并监测人类发展的分布情况。2010 年，该报告引入了三个指数，以监测贫困、不平等和性别赋权等多个人类发展维度。《2018 年人类发展报告》指出，回顾过去近三十年，所有地区和人类发展群体都取得了实质性进展。2017 年全球 HDI 值为 0.728，比 1990 年的 0.598 上升约 21.7%。在世界范围内，人们的寿命更长，受教育程度更高，生活机会也更多。平均寿命比 1990 年延长了 7 岁，同时也有超过 130 个国家普及了初等教育（见图 7-2）。

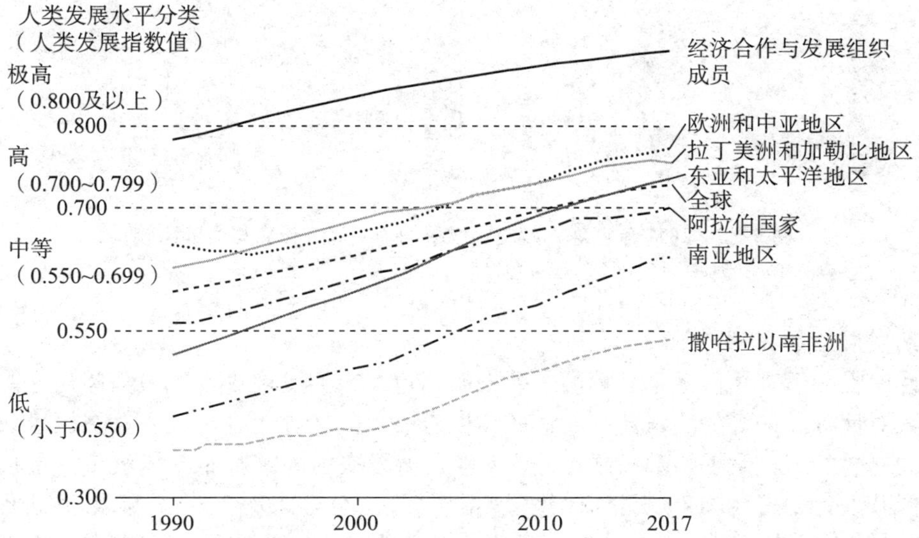

图 7-2 1990—2017 年不同国家与地区组别的人类发展指数值

资料来源：联合国开发计划署：《2018 年人类发展报告》。

《2018 年人类发展报告》指出，总体而言，在过去的几十年中，人类的发展取得了重大进展，特别是在低人类发展水平国家中，自 1990 年起，HDI 提升了 46.6%。但是一些国家遭受了严重的挫折，有时导致它们几十年的进步成果在几年内被抹去。同时，各国人类发展的差距虽然在缩小，但仍然存在巨大差距。根据《2018 年人类发展报告》，全球 HDI 排名前五位的国家，挪威（0.953）、瑞士（0.944）、澳大利亚（0.939）、爱尔兰（0.938）和德国（0.936），与排在最后五位的国家，布隆迪（0.417）、乍得（0.404）、南苏丹（0.388）、中非共和国（0.367）和尼日尔（0.354），差距仍然巨大。国际乐施会的报告显示，"全球最富有的 8 个人所拥有的财富相当于全球最穷的 36 亿人所拥有的财富"，且"2017 年全球财富中，82%都属于顶端的 1% 人口，而全球底层的一半人口的财富完全不见增长"。虽然最富有和最贫穷人口的收入份额差异引人注目，但仅关注这些群体可能会忽略另一个令人担忧的问题，即中等收入家庭生计状况的下降和停滞。此外，到 2017 年，26.5%的受雇成年人是工作穷人的一部分，按购买力平价计算每天工作收入不到 3.10 美元。在低人类发展水平国家，47.5%的成年人是文盲，只有 17.1%的人口可以上网。

图 7-3 是对人类发展不平等的对比。该图显示，塞拉利昂的人均预期寿命比中国香港少约 32 岁，德国人的平均受教育年限是布基纳法索人的 9.4 倍，而卡塔尔的人均收入是中非共和国的 176 倍。这些数据都说明了世界各经济体发展的极端不平衡。

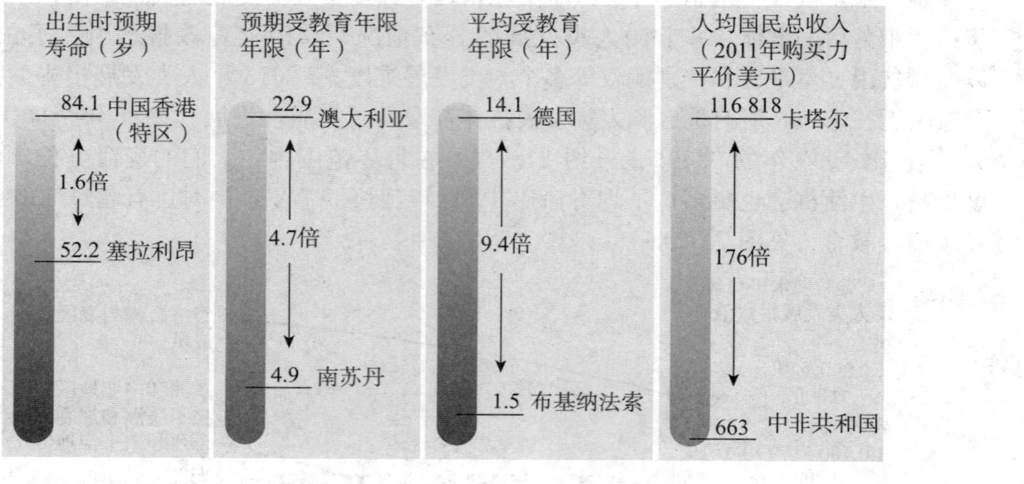

图 7-3　2017 年全球人类发展成果的不平等（最高与最低比较）

资料来源：联合国开发计划署：《2018 年人类发展报告》。

性别发展指数

女性面临的不利条件是不平等的主要根源，也是人类发展进步的最大障碍之一。性别发展指数对性别不平等的测量包括女性的预期寿命、受教育程度、收入和在国家议会中的比例。如同总的人类发展指数一样，1.0 代表完美无缺的国家，而 0 代表最差的国家。根据联合国开发计划署的《2018 年人类发展报告》，从全球来看，2017 年女性的平均 HDI 值（0.705）比男性（0.749）低 5.9%。大部分差距是由于许多国家的女性收入和受教育程度较低。在低人类发展水平国家，性别差距最大，女性的平均 HDI 值比男性低 13.8%。在发展中区域，拉丁美洲和加勒比地区的性别差距最小（2.3%），南亚性别差距最大（16.3%），阿拉伯国家其次（14.5%）。第二个衡量性别差距的综合指数是性别不平等指数（GII）。它揭示了女性在生殖健康、教育、政治代表权和劳动力市场中所面临的不平等。GII 值越大，性别差距越大。每个国家都存在性别不平等现象。2017 年全球 GII 值为 0.441。在发展中区域，GII 的值从欧洲和中亚地区的 0.270，到阿拉伯国家的 0.531，再到撒哈拉以南非洲国家的 0.569，经济合作与发展组织国家为 0.186。

女性在议会中只占 23.5%的席位，女性失业率较高，劳动力参与率较低。此外，大多数无偿看护和家务工作由女性承担，这限制了她们对有偿工作的选择。在老年时期，男女之间也存在巨大差距。尽管平均而言女性的寿命比男性长，但领取养老金的男性比例比女性高出 2.9 个百分点（90.4%对 87.5%）。这反映了社会保障计划的缺陷，而对于主要从事无偿护理工作的女性而言，更凸显出非缴费型养老金福利的不足。缺乏女性赋权是性别不平等的一个重要方面。虽然存在许多形式的赋权障碍，但女性在人身安全方面特别容易受到剥夺的伤害。南亚地区约 31.7%的女性、撒哈拉以南非洲 31.5%的女性、欧洲和中亚地区 26.3%的女性都经历过亲密伴侣的暴力（其他区域缺乏数据）。在全球范围内，仅可获得大约一半国家的此类数据。在低人类发展水平的国家中，年龄在20～24 岁的女性有 39%在 18 岁生日之前就已结婚。童婚决定了她们日后的生活方式，而且往往剥夺了她们受教育、工作和自立的机会。较高的未成年生育率也阻碍了年轻女性的机遇。全球的未成年生育率为每 1 000 名 15～19 岁女性中有 44.0 例，在撒哈拉以南非洲这个比例最高，为 101.3。图 7 - 4 显示了女性与男性在不同年龄段的比较。结果显示，除在初等教育阶段女性略有胜出外，在其他阶段女性都处于劣势。

性别是世界上最能带来区别待遇的标志，尤其是在南亚。性别弱势开始于出生之际。

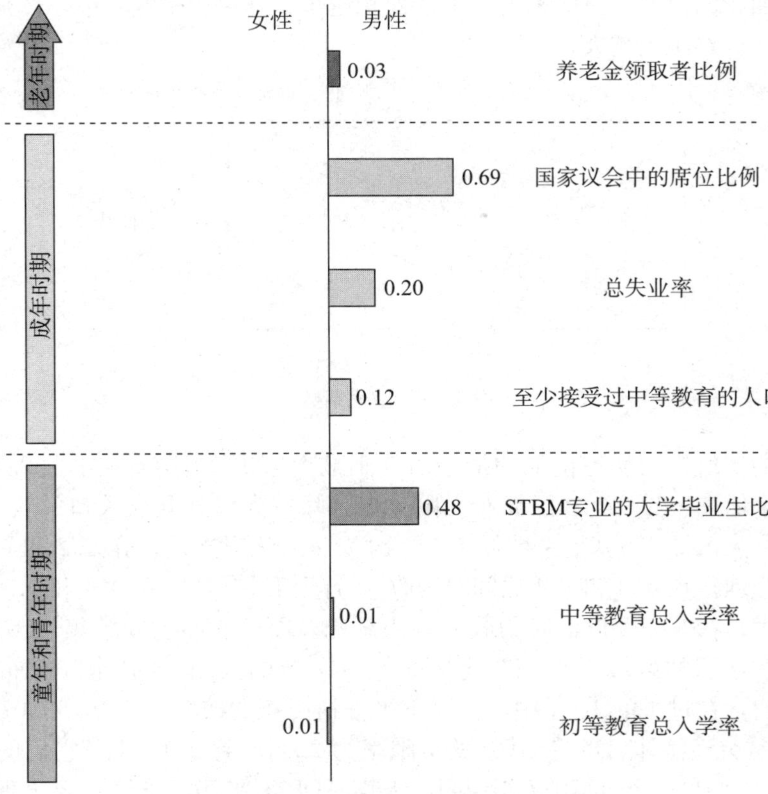

图 7 - 4　生命旅程中的性别平等偏差

资料来源：联合国开发计划署：《2018 年人类发展报告》。

在印度，1～5 岁女婴的死亡率比男婴高 50%。用另一种方式表达则是，13 万条年轻的生命每年就因为带着两条 X 染色体出生而被判定为死刑。而在巴基斯坦，如果性别能够平等，将给 200 多万名女性带来受教育的机会。

实际上，女性在全球经济的发展和变化进程中发挥着中心且日益重要的作用。在许多发展中国家，女性在现今的国际分工形成的制造业部门中构成了劳动大军的主体。在另外一些国家，当世界经济使当地经济陷入衰退、贫困不断加剧时，是女性在帮忙维持着家庭的生计。然而女性的收入却比从事同一种工作的男性平均少 30%～40%。她们还比男性工作更长的时间：在非洲和亚洲平均每周多工作 12～13 个小时（包括有偿的和无偿的工作）。

地区不平衡与基尼系数

经济发展的不平衡常常带有地区因素。先天条件是地区经济发展的决定因素。资源稀缺、历史的遗忘、投资匮乏、大量低技术人员等共同构成了某些地区经济发展落后的原因。有些地区先天条件的落后直接限制了在当地出生的个人的机会。例如，一个出生在墨西哥恰帕斯州的儿童，比一个出生在墨西哥城的儿童的前途要渺茫得多。恰帕斯州的那个孩子在 5 岁前死亡的概率是墨西哥城孩子的 2 倍，而完成小学教育的机会则是后者的一半，生活在没有自来水的房子里的可能性是后者的 10 倍。到了该工作的时候，他/她的收入比墨西哥城的孩子少 20%～35%，而且比北墨西哥的居民少 40%～45%。

基尼系数（或基尼比率）是衡量一国或一个地区人口间不平等的一种流行工具，是由意大利经济学家基尼根据洛伦兹曲线提出的（见图 7－5）。所谓的基尼比率指的是 A 的面积占 $A+B$ 的面积的比率。总的来说，A 的面积越小，基尼比率就越小，贫富之间的差距也就越小。反之，差距则越大。

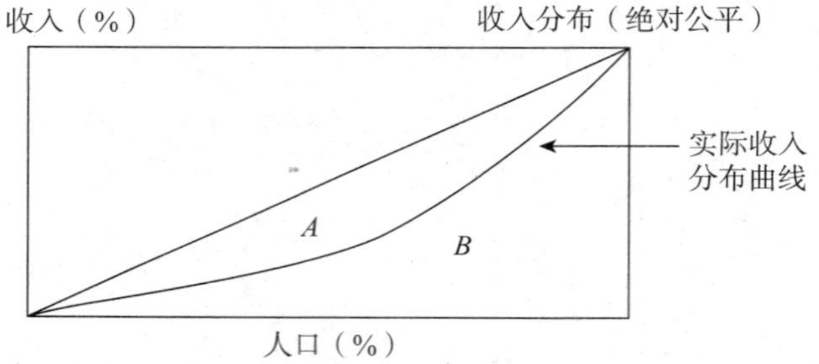

图 7－5　基尼系数

基尼系数的比值排列从理论上的最小值 0 到最大值 1。当所有人的收入绝对平等时，基尼比率为最小值 0；当一个地区拥有无限人口，除一人以外其余人口的收入都为 0 时，基尼比率达到最大值 1。当基尼系数低于 0.2 时为收入绝对平均；在 0.2 和 0.3 之间时为收入分配比较合理；在 0.3 和 0.4 之间时为收入分配相对合理；在 0.4 和 0.5 之间时为收入分配差距较大；在 0.5 及以上时为收入差距悬殊。图 7－6 是 2007 年、2012 年和 2017 年世界基尼系数显示的区域不平等变化情况。2017 年的人均 GDP 全球分布曲线向左移动，该变化说明，在过去的 10 年中，世界不平等情况有所改善。例如，2007 年，占世界人口 80%的最贫穷经济体对世界 GDP 的贡献率为 22%。到 2017 年，它们的贡献率上升到 32%。然而，在 2012 年至 2017 年期间，人均 GDP 不平等的下降主要出现在中上等收入经济体中。世界上最富裕和最贫穷经济体之间的相对差距几乎没有变化。

表 7－1 是部分国家和地区的基尼系数。从该表中可以看出，贫富差距最不平等的

国家主要是特别贫困的国家，如撒哈拉以南非洲国家。贫富差距较小的国家有三类：一类是较为贫困的国家，它们的相对平等是在整体国民富裕水平较低的层次上实现的。另一类是比较富裕的国家，如北欧国家，它们的相对平等是在普遍富裕的基础上再由政府征收高个人所得税实现的。还有一类国家是原来的计划经济国家，这些国家的相对平等也是在极低的富裕水平上实现的，例如改革开放之前的中国。美国是发达国家中唯一基尼系数在 40 分值之内的国家，可见如美国这样的世界经济强国，贫富差距较大的问题也长期未能解决。

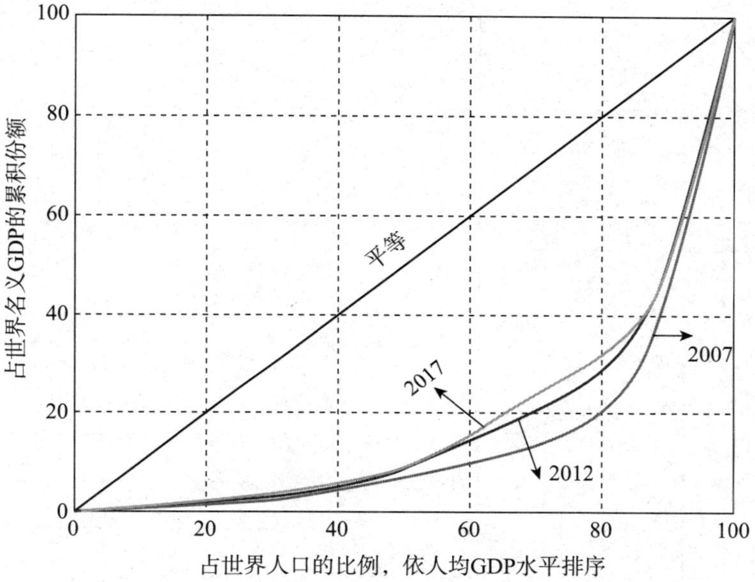

图 7－6　世界 GDP 分布图（%）

表 7－1　部分国家和地区的收入差距，基尼系数

部分地区	基尼系数（2013）	基尼系数参照值	基尼系数（2010—2017）	部分国家
		90		
		80		
撒哈拉以南非洲地区	72.2	70		
世界	67.0	60	63.0	南非
			61.0	纳米比亚
			60.5	博茨瓦纳
拉丁美洲和加勒比地区	57.1	50	57.1	赞比亚
			51.3	巴西
			50.8	哥伦比亚

续表

部分地区	基尼系数（2013）	基尼系数参照值	基尼系数（2010—2017）	部分国家
中东欧和独联体	42.8	40	48.5	肯尼亚
			47.7	智利
			43.4	墨西哥
			42.2	中国
			42.2	阿根廷
			41.5	美国
			40.1	菲律宾
经济合作与发展组织	36.8	30	39.8	斯里兰卡
			39.1	埃塞俄比亚
			37.8	泰国
南亚	33.4		37.7	俄罗斯
			34.8	越南
			33.2	英国
			32.7	法国
			31.8	埃及
			31.8	波兰
			30.4	匈牙利
		20	29.2	瑞典
			29.0	阿尔巴尼亚
			28.7	东帝汶
			25.6	冰岛
		10	16.6	阿塞拜疆

资料来源：联合国开发计划署：《2018年人类发展报告》。

二、不平衡的影响与国际援助

国家和地区之间如此巨大的不平衡和差距使许多人对经济全球化对提高人民富裕和幸福水平的公平性产生了怀疑。这里经济公平的概念十分重要，因为这要求我们考虑世界经济发展中的利益和责任应如何在不同经济发展层次的国家间分配。不平衡就是不公平。不公平也是经济上的浪费和社会的不稳定。严重的收入不平衡对经济增长十分有害：它降低了经济增长成果向减少贫困转化的速度；缩减了经济发展的成就和贫困人口获得的份额。特别是世界上的许多国家、人民和种族感到全球化带来的迅速变革使他们被边缘化、被掠夺或被遗忘。在发展中世界的许多地方，不公平的感受已经酝酿了相当长的时间。随着世界上富裕国家和地区越来越依赖于发展中国家的廉价劳动力和资源，不公平的情绪与对过去殖民统治和帝国主义侵略的怨恨交织在一起。

减少人类发展机遇方面的不公平分配已经成为公共政策应优先考虑的问题。例如，最富裕地区与最贫穷地区儿童死亡率之间的差距缩小20%就可以将儿童死亡率减少2/3，相当于每年可以救活600万名儿童。国际援助是与贫困战斗的最有效的武器之一。然而，援助在富裕国家中有时被认为是一种单向的慈善行为，这其实是一种误解。在一个威胁和机遇共存的世界中，援助实际上既是一种投资，也是一种道义责任——是对共同富裕、集体安全和共同未来的投资。今天的不充分投资将导致明天的损失。

实现有效的援助需要满足三个条件。第一，必须为受援国提供足以支持其进入人类发展起飞[①]阶段的援助。所提供的援助应当为政府对健康、教育、经济基础设施进行多方面投资所需的资源，目的是打破贫穷的恶性循环，支持经济的复苏以及弥补资金缺口。第二，援助应当以可知的、低交换成本的和以货币计价的形式发放。第三，有效的援助要求“国家所有权”。发展中国家的政府应当承担为使援助发挥最佳效用而创建所需环境的基本责任。对富裕国家来说，它们则应承担兑现自己承诺的责任。虽然援助的规模和质量正在取得进展，然而以上条件仍未实现。

富裕国家一方面公开宣称援助的重要性，另一方面它们的言行却不一致。八国集团中的3个国家——意大利、美国和日本提供的援助占其GDP的比例是经济合作与发展组织发展援助委员会22个成员中最小的。然而值得肯定的是，美国作为世界上最大的援助捐赠国，自2000年以来将援助金额增加到80亿美元，并且目前是世界上对撒哈拉以南非洲地区捐助最多的国家。然而，捐赠者在实现援助目标上的表现却不尽如人意，一些主要的援助国没能够实现从建立目标向做出具体的、有约束的预算承诺转变。自1990年以来发达国家的财富增长并没有使它们变得慷慨：人均收入增长了6 070美元，而人均援助额却减少了1美元。这些数据表明，全球化的赢家，即使它们能从中得到好处，也没有优先考虑帮助全球化的输家。

第二节　世界人口挑战

据世界银行的统计，2018年世界人口总数已经达到75.11亿。联合国人口基金预计世界人口将在21世纪初以每年9 000万的速度增长。这意味着到2050年，世界人口将达到近80亿。比较来说，整个19世纪人口仅增加了不到10亿。当代人口数量的激增引起了各国政府的担忧，因为这意味着对有限资源的过度利用，以及对经济增长的消耗。

一、人口动态与增长过程

为了评估人口的增长和变化，专家们考察两个重要的因素：出生率和死亡率。出生率和死亡率是一个地区发展水平以及该地区在世界经济中地位的重要指标。

出生率或生育率

粗出生率（CBR）指的是一年内平均每千人中出生人数的比率。粗出生率的确不精确，因为它衡量的是总人口的出生率，而不是按照特定的年龄组或对照组进行统计。

尽管经济发展水平是决定粗出生率的重要因素，其他同等重要的因素也在影响着粗出

① （人类发展）起飞，指发展完成准备阶段，进入快速发展阶段。

生率，特别是人口结构对粗出生率具有更重要的影响。此外，一个地区女性的受教育程度、宗教、社会习俗、饮食习惯和健康状况、政治和社会不安定等因素都影响着一个地区的粗出生率水平。大多数人口学家也认为是否能够获得生育控制的方法对于一国或一个地区的生育水平同样具有举足轻重的作用。目前生育率最高的地区是非洲，同时非洲也是世界上最贫穷的地区。

粗出生率仅仅是描述生育率的其中一个指标，它的作用事实上十分有限，因为它无法预测未来潜在的生育水平。人口学家因此建立了另外两个能更好地预测人口发展潜力的指标：总和生育率和人口倍增时间。总和生育率（TFR）用来统计一个女性在人口学家所定义的生育年龄范围内——15～49 岁，所生育孩子的平均数量（见表 7 - 2）。粗出生率代表的是在某一年中新生儿的数量，而总和生育率是一种预测性指标，衡量一对照组妇女在一定时期内的生育率。总和生育率略高于 2 时便达到生育更替水平。这意味着出生率和死亡率大致平衡，人口数量处于稳定状态。2018 年世界总和生育率为 2.4。尽管生育率下降但足以保持全球人口的持续增长。世界各国中尼日尔的生育率最高，达到 7.2，韩国最低，为 1.1。

表 7 - 2　部分国家的总和生育率（TFR）变化，1995 年和 2017 年

国家	阿富汗		阿根廷		中国		印度		纳米比亚		俄罗斯		美国	
年份	1995	2017	1995	2017	1995	2017	1995	2017	1995	2017	1995	2017	1995	2017
TFR	6.36	4.48	2.72	2.28	1.85	1.63	3.57	2.40	6.46	3.35	1.80	1.43	2.10	1.77

资料来源：世界人口组织数据库。

与总和生育率相关的是人口倍增时间。顾名思义，人口倍增时间指的是一个地区人口增加到目前规模的两倍时所需要的时间。例如，一个人口年增长率为 1.8%的国家需要 40 年时间实现人口翻倍。事实上目前世界人口正在以这样的速度增长。另外一个人口年增长率为 3.18%的国家只需要 22 年的时间就可以实现人口翻倍，即目前肯尼亚的倍增时间。出生率，以及我们由此推断出的人口动态，只能告诉我们人口增长潜力的一部分原因，我们还需了解死亡率。

死亡率

与出生率相反并且同样决定人口总数和组成的是粗死亡率（CDR），即每年每千人中死亡人数的比例。与粗出生率相同，粗死亡率通常能粗略地反映经济发展水平——低出生率的国家一般死亡率也较低。

尽管常常与经济发展水平联系在一起，粗死亡率同时深受其他因素的影响。例如，人口结构中男性和老年人较多时通常意味着较高的死亡率。其他影响死亡率的重要因素还包括健康保障的获得、社会等级、就业甚至住所。人口中较贫困人群的死亡率高于中产阶级。总的来说，矿工的死亡率高于学校教师，而城市的死亡率往往高于农村地区。粗出生率与粗死亡率之间的差额等于自然增长率，即当出生率大于死亡率时；而自然递减率是死亡率大于出生率。

死亡率可以按年龄和性别组来测量，其中一个最普遍的衡量标准是婴儿死亡率。这一数据指的是每年不到一岁的死亡婴儿相对于存活婴儿的比率，通常用每千个存活婴儿中不到一岁婴儿的死亡人数来表示。

研究者用婴儿死亡率作为衡量一国保健体系和获得保健人数的指标。婴儿死亡率的全球分布显示，非洲和亚洲国家的婴儿死亡率较高，而欧洲和北美洲国家则较低。总体上说，婴儿死亡率格局反映出哺乳期妇女的营养充足状况及某一地区医疗卫生资源的供给和人员的配备情况。

与婴儿死亡率与总和死亡率相关的是预期寿命，即一个新生婴儿的期待平均寿命。毫不奇怪，预期寿命在国与国之间、地区与地区之间，甚至在城市的不同地方，也由于阶级和种族的不同而差别巨大。

由于全球人口的增长，生育率与死亡率的持续下降，世界人口向老龄化结构转化的速度在加快。美国华盛顿特区的人口咨询局预测：到2050年世界人口中65岁以上人口的比例将达到16%，而2018年是9%，1960年是5%。在65岁人口中85岁以上人口的比例增长最快。在世界人口中儿童（15岁以下）的比例正在下降，而且持续下降，1960年为37%，2018年为26%，到2050年将下降至21%。年龄结构，以及年龄结构变化的速度与时间各国不尽相同，但对于各国政策安排与资源配置应当具有提示作用。

二、人口流动与迁移

人口动态格局除了死亡和出生两个影响因素外，第三个至关重要的影响因素就是人口在不同地区之间的流动。人们可以到达很远的地方，在世界或区域间流动；也可以仅仅从某城市的一端搬迁到另一端。在大多数情况下，人口流动和移民是对世界体系内相互依赖程度的反映。例如，全球性的产业投资转移带来与此相适应的当地人口的变动，人口随着就业机会的出现或消失决定去留。

流动性与移民

用来描述人口流动的词汇是流动性，即从一地流动到另一地的能力，无论流动属于短期行为还是长期行为。流动性还可以用来描述人类的许多活动，包括从上班路程这样的日常往来（例如，从郊区到城市，或从郊区到郊区）到跨洋过海这样的永久性迁移。

另一个描述人口流动的词汇是移民，即搬迁到新居所的长距离移动。移民包括永久性的或暂时性的迁移行为，如从一个住宅区或定居地（行政单位）到另一个的行为。从一个特定的地点搬出被称为出境移民，也称为对外移民；搬入到一个特定的地点被称为入境移民，或者说迁入。因此，一个俄罗斯人移民到以色列属于移出俄罗斯而移入以色列。这种从一国到另一国的迁移行为称作国际移民。迁移同样发生在某国家或地区之内，这类移动称作内部迁移。永久性或暂时性地变换居所可能出于多种原因，但在大多数情况下是出于期望更好的经济状况或者从政治逆境中逃走，例如战争或压迫等。

移民的决定来自内因和外因两种因素的共同作用，大多数移民都是自愿的。一个人选择了搬迁便属于自愿移民。当搬迁行为违背个人意愿而发生时，外因就造成了强制移民。强制移民（包括内部或国际）在当代仍是一个重要的问题。根据联合国的报告，共有2 150万人被强制移民或成为难民。这些移民可能由于很多原因逃出某国或某地，而其中最常见的原因是战争、饥荒（常常是由战争引起的）、威胁生命的环境退化或灾难、政治恐吓与压迫。2001年9月11日对世贸中心和五角大楼的恐怖袭击（即“9·11”事件）引发了中亚尤其是阿富汗的，同时也是全球性的大规模难民潮。难民们的处境极其悲惨。2019年联合国难民署发布的年度《全球趋势报告》显示，2018年全球有近7 080万人被迫流离失所，比一年前增加了约230万，也是近70年来的最高纪录。

国际自愿移民

然而，并非所有的移民都是被迫的。实际上大多数人自愿选择了移民。例如，从欧洲到美国的持续不断的移民中就包括了许多自愿离开家乡的人。这些移民中包括了寻求更好的经济机会者，如瑞典人和挪威人。

临时前往他国工作的移民被称为外来工作者。对许多发展中国家来说，派遣人员出国工作是一种重要的经济战略；这不仅减少了当地的失业率，也使被派遣人员的家庭获得了大量钱财。

国际强制移民

非洲的奴隶交易就是国际强制移民的一个典型案例。从 17 世纪一直到 19 世纪，这股移民潮是欧洲经济扩张的一个重要组成部分。例如，从糖类交易中获取的暴利是非洲奴隶在美洲一些国家和地区的种植园中的辛苦劳作换来的。其他著名的国际强制移民的例子还有第二次世界大战之前犹太人从德国和东欧地区的外迁。

然而，苏丹却处于一种矛盾的境地，一方面由于内战几百万名国民流离他乡，另一方面却又接纳了邻国 75 万名难民。有些时候，难民在流亡目的国长期滞留。例如，在约旦和黎巴嫩的一些巴勒斯坦难民营从 1948 年的阿以战争开始存在了几代人的时间。一些难民营的高出生率给国际组织和东道国的人道主义援助带来了巨大的压力。

三、国际移民对劳动力市场影响的理论分析

国际移民对本国、本地区或者当地的政治、经济、文化状况产生了深远的影响。例如，古巴曾出现的大规模高技术人员的外流造成古巴诸如医疗等服务的短缺。美国、德国、法国等国家则从廉价劳动力中获利，它们吸引了大批愿意以很低的报酬工作的低技术含量的移民。但这些国家在经济衰退时期也会面临巨大的社会压力，因为当地的失业居民抱怨外来移民“偷”走了他们的工作机会或社会福利。

为了简化移民影响的理论分析，假设只有两个国家：一个是低收入的“南部”，另一个是高收入的“北部”。首先我们假设不允许移民发生时的情况，如图 7－2 中的 A 点所示。在没有移民的情形下，北部工人的工资为每小时 6 美元，而南部具有同等技能的工人每小时工资为 2 美元（可能因为政府限制自由贸易或者由于技术水平的不同）。

如果取消所有限制移民的政策，南部的工人可以去北部竞争北部的工作。假设搬迁不需要付出任何代价，没有任何痛苦，南部工人会大量北迁，造成北部工资水平下降，南部工资水平上涨，直到两地工资水平相等，北迁才会停止。

然而搬迁对移民来说会产生费用。货币上的支出包括交通费及搬迁所需的其他费用，以及搬迁过程中损失的工资。此外，移民们通常会有远离朋友和亲戚后的失落感，他们在一个陌生的国度对生活的许多方面都感到不确定。他们不得不学习新习俗和新语言，还要承受来自新国家的敌意。所有这些因素都会对移民产生影响，因此不难想象，即使法律上对移民没有任何限制，实际工资之间的差距也会持续存在。因此只有较少的人，如图 7－7 中的 2 000 万人能够获得足够高的工资收入以弥补其搬迁费用（c），这一搬迁费用相当于北部每小时 1.8 美元的收入。因而移民到北部的劳动力使当地的工资水平只降到了每小时 5 美元，而同样数量的外迁劳动者将当地工资水平仅提高到每小时 3.2 美元。在 B 点这个新的均衡点，选择移民的人数与北部以每小时 5 美元支付的劳动力需求正好相等。

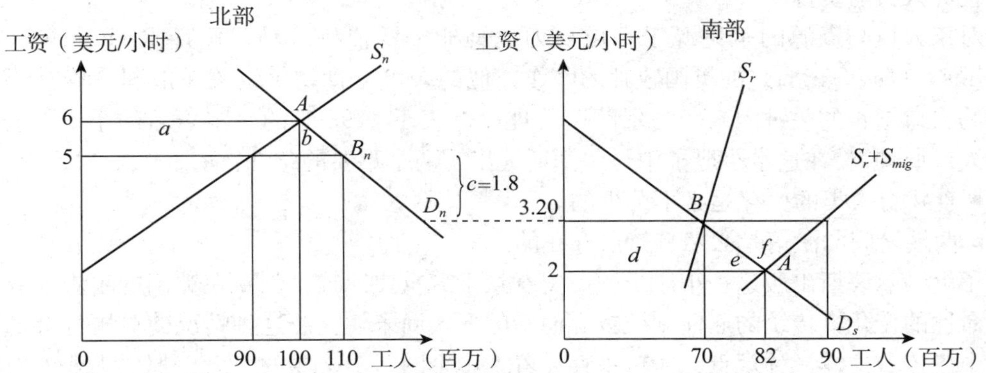

图 7－7　国际移民对输出国和输入国的影响

决定移民到北部的人每小时工资收入为 5.00 美元，这仅相当于南部 3.20 美元的收入，原因是他们有一部分收入用于支付在北部工作的费用和不利之处。为了衡量他们的净收入，我们来看移民劳动供给曲线以上、新旧工资水平线（2.00 美元和 3.20 美元）中间的面积，即 e 和 f 的面积。

确定谁是南、北两个地区的净获利者和净损失者并不困难。留在南部的工人的供给曲线是 S_r，他们是净获利者，因为工作竞争减少之后他们的工资水平从 2.00 美元提高到了 3.20 美元。我们可以使用标准的剩余方法来计算他们作为劳动力卖方的所得，即 d 的面积，这种方法与计算生产者作为商品卖方的生产者剩余的方法相同。他们的雇主由于必须支付较高的工资而失去利润。南部雇主的剩余损失是 $d+e$ 的面积。（他们损失了部分剩余是因为他们是现在较高劳动力价格的购买者，这正如消费者作为商品的买方在商品价格上涨时遭受消费者剩余损失一样。）当然，北部的雇主从多余的劳动力供给中获利。北部的工资水平从 6.00 美元下降到 5.00 美元，为他们带来了 $a+b$ 面积的额外剩余价值。原本在北部工作的工人因为工资下降而损失了 a 的面积。所以在这个案例中，一些人从国际自由流动中绝对获利而另一些人则遭受绝对损失。

图 7－7 的分析表明了移民对整个国家的福利的一些清晰的或许出人意料的影响（不包括那些移民者，因为很难讨论他们究竟属于哪个国家）。我们首先考察移民对北部的影响，在这里我们排除那些移民入境的人员。作为一个国家，北部从标准的经济意义上讲是获利方，即雇主（以及购买他们产品的广大民众）的获利明显超过本地工人的损失。b 的面积是净获利。

劳动力输出国显然是输家。雇主的损失 $d+e$ 的面积超过了留在南部的工人的所得 d 的面积。从目前来看，接受移民的国家和移民者是获利方，而输出移民的国家是受损方。当然，世界作为一个整体从中获利，因为移民自由将人们送到他们可以为世界生产力做出更大净贡献的国家。

四、人口争议与人口政策

目前研究世界人口趋势的学者们所讨论的最重要的一个问题是：在不耗尽地球资源或不过度滥用资源的前提下，地球到底可以承载多少人口？在人口与资源之间的关系中，哪一个才是问题的核心？这已经是专家们从 19 世纪初就开始争论的焦点了。

世界人口与资源

对于人口与资源的争论源于一位名为托马斯·罗伯特·马尔萨斯（Thomas Robert Malthus，1766—1834）的英国牧师的著作，他的人口与食物供给关系的理论确立了资源是制约人口增长的关键因素。马尔萨斯的理论发表于1798年的一本著名的小册子——名为《人口原理》。在这本小册子中马尔萨斯提出了两个重要的条件：

- 食物对人类的生存是必不可少的。
- 两性之间的激情是必然且持久存在的。

了解马尔萨斯出版这一小册子的历史背景十分重要。技术创新在英国的工农业界带来了革命性的变化，传统的雇佣制被摈弃而新的形式尚未建立。这种情况使英国社会的富裕阶层中流传着这样一种观点：人口中存在着“多余的”不必要的工人。那些失业的农场工人成了社会慈善的沉重负担，为此政府通过了所谓的《济贫法》来管理乞讨和公共行为。

在他的著作中，马尔萨斯坚持认为人口增长的力量大于地球生产必需品的能力。他同时也相信如果人们接受这一前提，那么结果就是这样一条自然法则，即人口将不可避免地耗尽食品的供给。

马尔萨斯并非没有批评者，一些有影响力的思想家如威廉·戈德温（William Godwin）、卡尔·马克思（Karl Marx）和弗里德里希·恩格斯（Friedrich Engels）都对马尔萨斯的前提和观点提出质疑。戈德温认为“人类能够在任何恶劣的条件下工作”。马克思和恩格斯的意见基本相同，他们坚持认为技术发展和资源的公正分配能够解决假想的人与食物之间的不平衡。

双方这场关于人口与资源关系的争论一直延续到今天。例如，地理学家大卫·哈维（David Harvey）沿用了马克思的科学研究方法，提出对人口与资源问题能有很多不同的解决方法。这些解决方法基于人类的创造力和社会革新能力，通过技术和社会变革为人类克服环境的制约提供了机会。

然而，新马尔萨斯主义者——今日马尔萨斯观点的支持者——则预测了人口的末日。他们相信整个世界上不断增长的人口由于他们耗尽地球资源的潜能，对环境造成了最严重的威胁。尽管他们承认发达国家的人口消耗了大多数资源，然而他们和其他学者都认为只有在世界各地都实行严厉的人口控制才能解决这一问题，哪怕需要采取严厉的恐吓手段。

另一种较为平和的观点认为，人类的行为和政府的政策是比人口规模本身更重要的影响环境状况及自然资源的因素。支持这种观点的人拒绝将人口问题纳入生物话题中，即持续增长的人口将制造生态危机；并且他们也拒绝将人口作为一个经济问题来讨论，即技术革新和市场灵敏度能在灾难发生前调控人口的增长；他们宁愿将其看作一个政治问题，也就是政府有意回避处理的问题，原因是政府缺少重新分配财富或资源以减少贫困和高生育率的意愿。

人类的生存是否已经超过地球的承载能力，这成为20世纪后半叶人口政策制定者和政治领袖所关心的一个重大问题。为此产生了许多监督并试图影响人口变革的国际机构，这些机构还召开了一系列试图建立可行的全球人口政策的国际会议。制定人口政策所需达成的共识是：如果国家和地区能保持人口数量不超过资源和工作机会的供给，它们就能在原有水平上获得更好的发展机会。

五、人口政策与计划

当代对人口问题的关注——尤其是人类的生存是否已经超过地球的承载能力——促进了国际和国内政策与项目的发展。人口政策是一项政府的官方政策，用以影响部分或所有目标，包括人口大小、组成和分布。人口政策的实施以人口项目的方式进行。政策的作用是确定目标，而项目则是用来实现这些目标的工具。

过去二十多年来大多数国际人口政策都是针对减少世界范围内的人口出生数量。目前解决高出生率的政策工具基本上采用计划生育的形式。国际人口计划委员会限制出生率的愿望是对全球人口快速增长的忧虑的回应，特别是发展中国家人口的快速增长远远高于发达国家人口的增长。伴随发达国家与发展中国家之间人口增长的不平衡的是整个社会和经济的不平衡，以及整个环境的退化和破坏。

对人口增长预测的地理分布值得关注。在 21 世纪，人口增长预计几乎全部集中在非洲、亚洲和拉丁美洲，而欧洲和北美洲将经历非常低的增长，有些国家甚至是零增长。包括 32 个国家在内的高收入国家的人口增长率为零，形成对照的是，39 个发展中国家的人口自然增长率在 3.0 以上。每年人口自然增长率在 3.0 以上意味着这些国家的人口将在大约 24 年内翻倍。如此惊人的人口增长率以及由此引发的生活与环境质量问题已经引起了国际社会的广泛关注。

联合国为制定全球性人口政策而举办的国际性会议每 10 年召开一次，而每次国际会议都力图制定降低发展中国家出生率的政策。1974 年在罗马尼亚首都布加勒斯特举行的世界会议上提出了两种完全相反的降低出生率的途径。事实上会议显露的主要不同点甚至为是否确实存在人口问题。当发达国家警告发展中国家太多的新生儿正在引爆“人口炸弹”时，发展中国家则认为发达国家在鼓吹种族灭绝。它们强调，不是发展中国家而是发达国家由于其工业和石油等能源的高消耗引起环境的退化。发展中国家提出的观点是，降低出生率的最有效办法是经济发展，而非发达国家所宣称的计划生育政策。十年之后在墨西哥城，双方的观点发生了逆转，发展中国家开始强调增加计划生育项目和发放避孕工具，而发达国家却认为“经济发展是最好的避孕方法”。

1994 年的开罗会议没有关注世界人口的增长率问题，而是指出在世界上几乎所有国家的出生率都在下降，有些国家的下降幅度相当大。会议的参加者们认识到人口增长在可预见的将来有可能实现平衡，因此无论是发达国家还是发展中国家一致认为必须继续努力降低出生率，使人类尽早通过人口增长巅峰期。在开罗会议上形成的政策号召政府要向所有人推行计划生育政策；要有目的地采取措施降低贫困和疾病；要增加受教育机会，尤其是女性的受教育机会；要努力实现环境的可持续发展。在三次国际人口会议中，开罗会议首次实现了几乎所有参加国都同意的一项保持人口稳定的计划，该计划鼓励各国自由选择家庭大小、人口政策和项目以及发展政策和实践。

的确，如今人口学家和政策制定者已经普遍认识到妇女地位与出生率之间存在着紧密的联系。有机会接受教育和获得工作的妇女通常生育较少的孩子，因为她们对由孩子带来的经济安全感和社会认同感的需要正在下降。例如在博茨瓦纳，没有接受过正式教育的妇女平均有 5.9 个孩子，而那些受过 4～6 年学校教育的妇女只有 3.1 个孩子。在塞内加尔，没有受过教育的妇女平均生育 7 个孩子，反之，受过 10 年教育的妇女生育孩子的平均数目下降到了 3.6 个。亚洲和南美洲的数据与这个结果相类似。

第三节　环境问题与经济发展

在人类历史上没有比工业化进程对自然世界产生更大影响的演变了。有两种进程，工业化和城市化，前所未有地改变了人类生活，并对生态变化产生了深远的影响。这些变化有史以来第一次超越了地域或区域的范围，影响到了整个世界。今天，环境变化的最核心问题就是能源和土地的使用。

一、能源需求对环境的影响

可以肯定地说，工业革命中最核心、最具有突破性的技术就是矿物燃料的发现和利用：煤、石油和天然气。尽管在欧洲和美国的工厂最初都是依赖水蒸气作为机器的能源，然而碳氢化合物燃料才能够提供更持久、更可依赖和更有效率的能源。毫不奇怪，自工业革命以来能源的生产和需求的稳步增长与资源的开发和转换同步发生。

目前，世界对能源的需求严重依赖不可再生能源，包括矿物燃料和核能源，以及可再生能源，例如太阳能、水能、风能和地热能等。矿物燃料从有机物质中生成，能直接燃烧产生热能。核能源产生于有放射性的同位素，大多数商业性核能是通过铀在反应堆中生成的。可再生能源如太阳能、水能、风能和蒸气通过不同的方法产生，用来驱动抽水机、机械和发电机。

当前世界能源消耗主要由以下来源组成：35%石油、24%煤、18%天然气、6%水力、5%核能源、12%生物能。然而，这些可利用能源的地理分布十分不均衡。50%的世界石油供给来自中东，而大多数煤炭来自北半球，主要是美国、中国和俄罗斯。核反应堆主要集中在发达国家和少数发展中国家。例如，法国 90%的电力都来自核能源。

能源的消耗也有相当大的地域差异。据估计，目前世界能源的年消费量需要地球经过 100 万年才能自然生成。世界能源消费量一年相当于 13 亿吨煤当量。最值得注意的是，这个数量是 1950 年全球人口消费量的 4 倍，是 1850 年消费量的 20 倍。发展中国家的人口约 4 倍于发达国家，然而其消费的能源占全球的比例却不到 1/3。图 7－8 是不同人类发展水平国家的二氧化碳人均排放情况。以发达国家为主的极高人类发展水平国家组别的人均二氧化碳排放量大大高于其他组别，这些国家对气候变化带来的不良影响最大，人均二氧化碳排放量为 10.7 吨，而低人类发展水平国家组别则是 0.3 吨。这样的平均数据也掩盖了其中内部相当大的差异。同样都是极高人类发展水平的国家，卡塔尔 2014 年人均二氧化碳排放量最高，每人释放量超过 45 吨，而乌拉圭仅为每人 2 吨。人类发展水平较低的国家，特别是小岛屿发展中国家，通常排放量最低，但却往往最容易受到气候变化的影响。

然而，有一点需要重点强调：能源转换的过程每一步都对物质环境有一定的影响，包括从开发到提取、处理和利用的每个阶段。从美国的阿巴拉契亚山脉到西伯利亚西部等世界上的煤矿产地，煤矿开采都造成植被和表层土壤的流失，导致土壤侵蚀和水污染，也带来酸雨和有毒排放。煤矿开采还诱发矿工的癌症和肺部疾病。煤炭燃烧带来了大量对环境有害的气体的排放，如二氧化碳和二氧化硫。

家庭取暖时燃烧的石油以及内燃机使用的汽油产品将有害的化学物质送入地球大气

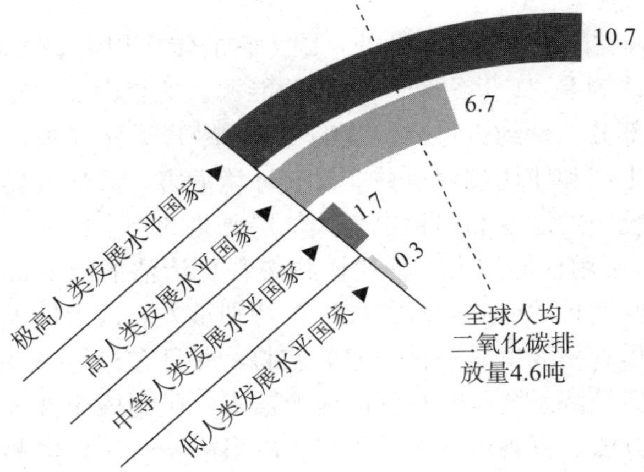

图 7－8　2014 年不同人类发展水平国家的人均二氧化碳排放量（吨）

资料来源：联合国开发计划署：《2015 年人类发展报告》。

层，引起大气污染和相关的健康问题。石油的生产和运输过程产生了石油溢出，造成对水源和生态系统的严重污染。航行于世界各地的油船造成的石油外溢对海鸟和哺乳类动物产生了直接的环境危害。的确，由于石油作为能源被广泛使用，海洋正在遭受严重的污染。图 7－9 显示每年有大量的石油泄漏到海洋里。尽管国际媒体对世界海洋上灾难性的石油溢出反应迅速，然而每年上亿加仑排入海洋的石油大都来自非事故排放。如图 7－9 所示，海洋石油污染源绝大部分来自随意排放的城市和工业废物，只有大概 5%的海洋石油污染是由油船事故造成的。

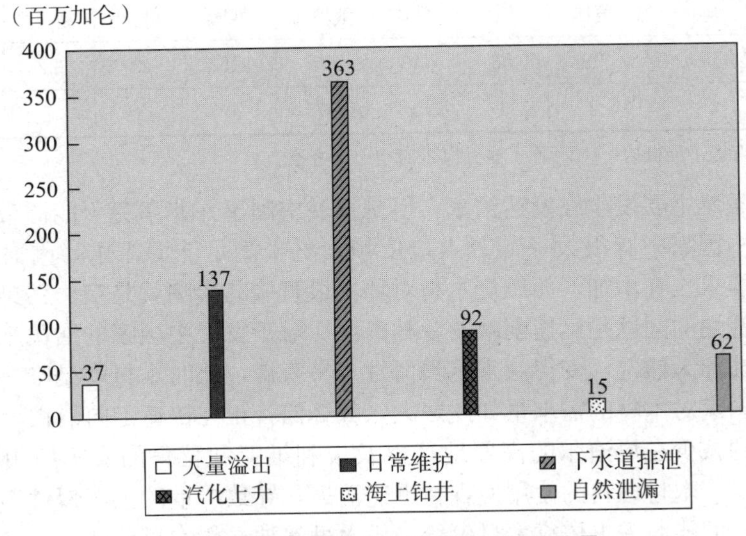

图 7－9　1996 年全世界流入海洋的石油量

石油钻探也会带来严重的环境后果，如井喷和火灾。1991 年春天波斯湾战争之后发生的石油火灾虽然不是常见的现象，但它却有力地证明了石油生产和消费对大气质量的影响。撤退的伊拉克军队点燃了科威特的 732 口油井，直到当年初夏时节仍有 550 口井在燃烧。燃烧产生的浓烟覆盖了整个波斯湾地区。许多评论家认为波斯湾战争是历史上最严重的一次生态灾难。

天然气是碳氢化合类能源中毒性最低的，因为它的转换相对清洁。现在天然气是近 1/4 的世界商业能源，被认为是 21 世纪增长最快的能源。天然气的储存仍在不断地被发掘，俄罗斯拥有其中的大部分——约占世界储量的 1/3。尽管天然气被认为是比石油和煤更好的替代能源，但它的生产和使用过程也并非没有环境危害。天然气转换设备有很大的爆炸风险；天然气运输系统中的泄漏和损耗也是大气层恶化的一个原因。

在 20 世纪中期，民用核能作为一种比矿物燃料更清洁的能源被广泛推广。核能被看作是解决发达国家急剧增长的能源需求的办法，特别是人们认为世界各地的铀储量足够维持几个世纪的使用。尽管核战争是一种普遍的威胁，并且在核能源发展的早期就已受到诸多批评，然而面对世界经济系统不断扩张的能源需求，民用核能被普遍认为是解决这一问题的令人振奋的技术方法。直到核电站发生严重的事故——比如像英国温德斯格尔事故与美国三里岛事故——那些关心核能源的科学家和民众的呼吁才受到重视。这些呼吁用无可争辩的事实指出了核能源生产中令人质疑的方面，例如核反应堆的安全和核废料的处理问题。1986 年切尔诺贝利核反应堆的突发事件验证了这些问题。自从这些事件发生后，许多发达国家大量地减少或停止了它们对核能源的依赖。例如，瑞典在 2010 年前有 50%的电力来自核能发电，之后停止了对核能的依赖。

在大多数发达国家由于核反应堆潜在的环境灾难而远离核能源的时候，一些发展中国家，尤其是人口众多的国家却向着相反的方向发展。印度、韩国都开始了它们的核能源项目。不过，到目前为止，这些国家还未发生过核能源生产事故。表 7-3 是部分国家已有和在建的核反应堆。

表 7-3　2017 年部分国家已存在的和正在建设中的核反应堆

国家	美国	法国	日本	俄罗斯	英国	韩国	印度	中国	伊朗
在运行核反应堆	99	58	42	35	15	24	22	39	1
在建项目	2	1	2	7	0	4	7	18	0

资料来源：国际原子能机构：《国际原子能机构 2017 年年度报告》。

核能问题虽然主要发生在发达国家，但是发展中国家并非幸免于能源带来的特有的环境问题。发展中国家中有很大一部分人口依赖木材来满足能源需求，因而随着人口的增长，对木材的需求也在增加。而燃烧木材对环境最直接的影响就是空气污染。其实燃烧木材最值得人们警惕的问题是迅速削减的森林资源。对于发展中国家的居民来说，其他传统能源（煤、石油和天然气）变得越来越贵而且不易获得，此时木材就是唯一的替代品。由于许多发展中国家对木材的需求量如此之大，森林储备正在快速走向消亡。

木材燃料的减少在尼泊尔的高原地区以及玻利维亚和秘鲁的安第斯山脉地区尤为明显。在这些地区，木材燃料的使用使森林迅速消失，导致严重的土壤侵蚀。在撒哈拉以南非洲地区，90%的能源需求依靠木材供给。伐木虽然被看作农村生活的一部分，然而城市居民也不乏用木材满足家庭能源需求者。例如，在尼日尔首都尼亚美，随着城市自身的扩张，过度砍伐的区域也在扩张。据估计，现在尼亚美市的居民必须走 50～100 公里才能找到木材。

由于矿物燃料所带来的明显的环境污染，水力发电曾一度被视为可行的替代能源。可以毫不夸张地说，整个 20 世纪在全世界范围内兴起的建坝热潮提高了能源的整体利用率、质量和可靠性。[1] 发达国家利用水资源支持城市扩张，而发展中国家利用水资源发展经济（还包括水利灌溉、水路和饮用），然而遗憾的是，水坝建设同样对环境有着深远的负面影响。这些影响中最显著的是对下游水流、水蒸发、沉积层、矿物质和土壤湿度、航道、河岸、水生物群和水植物群的改变，以及对人类健康的改变。此外，大坝的建造过程极大地改变了周围的地形，这常常引起严重的后果。例如，为建造大坝而清除的树林常常导致大面积的洪水。解决此类问题的方法还很难确定，因而许多人认为应当在清楚地认识到建坝对社会和环境的综合成本之后再开始新的大坝工程。

水力发电的诱惑力持续不衰的原因在于与矿物燃料相比，它产生的大气污染物较少。的确，火力发电站、工厂以及汽车和其他形式的交通工具应当为地球大气层不断加重的酸化负责。人类和其他有机生物产生多种气体，包括氧气和二氧化碳，这是一个自然现象。然而工业化水平的提升和汽车的使用破坏了这些气体的天然平衡，导致了严重的大气污染。大气中上升的酸性是指二氧化硫、氧化氮、氢化碳，它们都是通过汽车尾气、产业加工和发电站（矿物燃料）释放到大气中的。多数气象学家相信，二氧化碳排放的增加通过温室效应造成地球气候变暖。地球气候变暖可能导致大面积的荒漠化，也可能由于极地冰盖融化而淹没一些重要的沿海城市和农田。

如果这些气体在大气中达到足够的浓度并且没有被有效地驱散，就会形成酸雨。酸雨的影响面很大。例如在北半球的许多地区，林木被腐蚀或死亡，被酸化的土地无法支持植物的生长。北美洲和斯堪的纳维亚地区的湖水变成了酸性水。在城市中酸雨不断侵蚀大理石和石灰石建筑，例如雅典的巴台农神庙（祭祀雅典娜女神的神庙）、伦敦的圣保罗大教堂及其他世界著名建筑。

在我们认为能源的利用只会对环境产生破坏作用时应当认识到，的确还存在其他的可用于替代矿物燃料、核能和水力发电等的能源来源。从太阳、风、地球内部（地热）和潮汐中获取的能源干净、可靠，而且有利可图。一些发达国家所使用的太阳能设备被证明既便宜又不产生污染。地热能和风能虽然在能源供应总量中微不足道，但在世界上的某些地区获得了成功。意大利、德国、美国、墨西哥和菲律宾都已经从地热能或风能中获得了部分能源。

二、土地用途的改变对环境的影响

地球环境除了受到工业污染和稳步上升的能源需求的影响外，还受到土地用途变化的严重影响。为了燃料、农田、畜牧、资源提炼、高速公路的修建、发电以及战争而清空土地的行为对土地都产生了显著的影响。土地可以分为五大类：森林、耕地、草地、湿地和居住地。地理学家认为土地用途的改变以两种形式发生：转换或变更。转换是指将土地从一种用途彻底转向另一种用途（例如从森林转变成居住地）。变更是指对土地表面进行改动，例如在一片草地上铺上铁轨，或减少森林覆盖面积而不是全部砍伐。由于人口的增长，对居住地和耕地的需求同样在增长，因此对土地用途的改变也将增加。

人类活动对环境所产生的一个最巨大的影响要属地球森林植被的减少和改变，因为人类为了开辟耕地和居住地，几千年来不断地对其进行砍伐。人类砍伐森林不仅为了满足人口增长所需要的住所，也为了利用森林中蕴含的巨大资源。世界上的森林覆盖面积已经减少了 800 万平方公里，占农业社会以前森林资源总量的 1/4。

---

① 在全世界大约36 000个水坝中，有一半以上位于中国。

森林的不断消失和毁坏被称为“森林退化”，而目前世界上的雨林退化正以惊人的速度发展。据联合国粮农组织估计，全球的雨林正在以每秒钟 0.40 公顷（约 1 英亩）的速度被破坏。今天，雨林的覆盖面积不到土地表面的 7%，仅为几千年前雨林面积的一半。然而，雨林的破坏不仅在于树木的减少——这种可再生资源的消耗速度远大于其再生的速度，而且在于其他极具药用价值的生物成分的减少。雨林的破坏还造成森林自身二氧化碳循环体系的不稳定，这将对全球气候产生深远的影响。

气候变化及生物多样性减少也与大量森林砍伐有关。森林砍伐会同时造成土地退化，减少淡水的数量与恶化淡水的质量。近年来森林损耗的速度有所放缓。但在 1990—2015 年，地球上仍然损失了 3.2%的森林面积。低人类发展水平国家则损失了 14.5%（见图 7-10），其中的许多国家为全球生物多样性的储库。淡水取水量占全球供应量的 7.2%，各国之间和各区域之间也存在巨大差异。在南亚，每年的提取量占可再生资源总供应量的 23.8%。不可持续地取水，以及污水处理不当导致饮用水受污染，都会对健康、就业和性别不平等产生连锁影响。

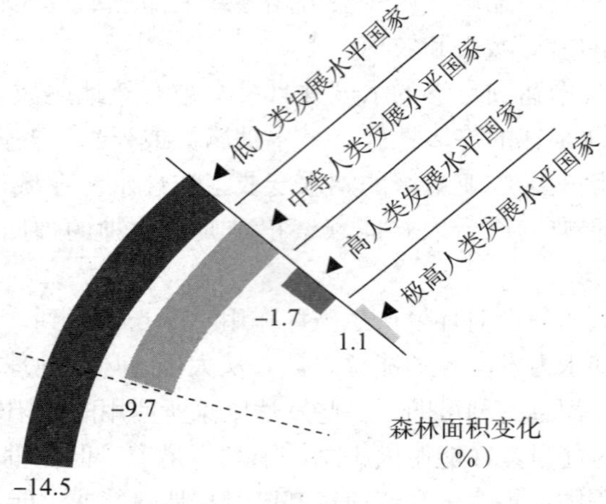

图 7-10　不同人类发展水平国家组别的森林面积变化，1990—2015 年

资料来源：联合国开发计划署：《2018 年人类发展报告》。

耕地是另一种土地使用的重要形式。在过去的 300 年间，全球用作耕地的土地面积已经扩张了 450%。在 1700 年，全球的耕地储备相当于整个阿根廷的面积。如今它大致相当于整个南美大陆的面积。发展中地区耕地扩张的部分原因在于人口的增长和全球消费需求的增长；部分原因在于农业的全球化，一些产品的生产从发达地区转移到了发展中地区。发达地区的耕地面积减少的部分原因在于全球化的结果，也有部分原因在于通过使用更多的化肥、杀虫剂、农耕机械和农作物新品种等提高了耕地的集约化利用。

事实证明杀虫剂对生态系统造成了严重的危害。杀虫剂不仅提高了害虫对化学药品的免疫力，而且能杀死和损害较大动物的基因，尤其是鸟类。农药的使用引发的一种基因损害表现为：鸟蛋的壳厚度不够，因而无法保护蛋的完整和其中的胚胎，这种损伤贯穿于小鸟孵化的整个过程。较薄的蛋壳过早地裂开，使胚胎尚未发育成熟就暴露于外界。

当今农业生产者面临的最紧迫问题是土壤退化和水土流失，这些变化正在以高于自然侵蚀上千倍的速度发生着。世界范围内的表层土壤流失是一个严峻的问题，因为表层土壤是固定而且无法替代的资源，地球平均每100～500年才能生成10毫米厚的表层土壤。据估计，每年有将近500亿公吨的表层土壤由于侵蚀而流失。在一些发展中国家，由于管理不善而造成的土壤侵蚀已经导致荒漠化，即表层土壤和植被永久性且大面积地流失。农业除了造成土壤退化和水土流失外，还由于过度抽取地下水以及排放受到除莠剂、刹虫剂和农药污染的农用水而对水的质量和数量产生了影响。

人类对草地的影响基本上有两种形式。第一种是清除草地后用作其他用途，在大多数情况下是作为居住地。第二种是草地被用于生产目的，或作为牧场被用于放牧，目的是饲养牲畜。随着世界范围内对牛肉的需求上升，草地的使用率也在上升。大面积的过度放牧使草地这种资源也面临严重的退化问题。最严重的情况是过度放牧已经导致荒漠化，其中最典型的例子就是20世纪70年代以来非洲萨赫勒地区草原的荒漠化。然而，撒哈拉沙漠边缘的草场退化并不仅仅是由牧人们不加考虑的过度放牧行为所造成的。严重的干旱、土地退化、不断的饥荒以及应对灾难的传统体系的崩溃共同形成了对脆弱资源的巨大压力，导致了草地覆盖面积的减少和极端的土壤退化。

全球化的压力，特别是工业化所带来的矿物燃料的燃烧、森林资源的破坏、河道上大坝的修建、土地利用格局的大规模变化等都给环境造成了相当大程度的破坏。任何事情都逃不脱全球化的影响，尤其是环境。

第四节　流行病

流行病是一个影响国家福利的关键因素，因为它可以迅速而彻底地改变人口数量和组成。在我们所处的时代，流行病可以迅速地在大范围内传播，其主要原因在于人和其他疾病载体能够在短时间内从一地传播到另一地。流行病在国际和国内不同的层次都产生了深远的影响，充分反映出这个不断缩小的世界越来越强的互相依赖性。流行病可能以各种不同的方式影响不同的人群，并且根据医疗卫生条件的质量和数量对不同地区产生或大或小的影响。历史上几起大规模的人口骤减事件就源于流行病的传播。

一、西班牙殖民地的流行病与人口下降

历史学家们几乎一致认为欧洲对新大陆（美洲）的殖民化是造成历史上最严重的人口损失的根本原因，他们也一致认为造成这次人口损失的最根本原因是疾病。新大陆的人口几千年来与旧世界（欧洲）隔绝，根本不具备对欧洲一些常见疾病的免疫系统。处女地流行病指的是受威胁的当地居民没有自然免疫力，或者当地早期的居民在其有生之年没有接触过的流行病。处女地流行病在所谓的“哥伦布交换”期间经常发生，虽然当时疾病的传播在绝大多数情况下只是单向的。“哥伦布交换”是指由哥伦布航行引发的新大陆与旧世界的接触。例如，在前哥伦布时代此类疾病如天花、麻疹、水痘、哮喘、斑疹伤寒、伤寒、淋巴腺鼠疫、霍乱、猩红热、疟疾、黄热病、白喉、流感以及其他疾病并不为当地人所知。

地理学家W. 乔治·洛弗尔（W. George Lovell）曾经考察了从当地居民与外界开始接触到17世纪早期，流行病在新大陆的一些西班牙殖民地人口减少中所扮演的角色，并用几个案例来支持他的观点。

第一个案例发生在伊斯帕尼奥拉岛（Hispaniola，即今天的海地和多米尼加共和国）。哥伦布 1493 年的航行将携带着猪瘟的欧洲猪引入岛上，结果给这些岛屿带来了流行性感冒。此后的航行又传入了天花和其他流行病，最终导致岛上阿拉瓦克（Arawak）人口的灭绝。

第二个案例发生在墨西哥中部，洛弗尔描述了 16 世纪最初十几年，何南·科尔特①在阿兹特克人（Aztec）的首都特诺奇蒂特兰（Tenochtitlan）② 征服阿兹特克人的过程中，导致灾难性的天花在这个处女地人口中爆发。当地阿兹特克人的文献中对这场疾病有着生动的描述：

> 西班牙人来到特拉克斯卡拉，随后一场大规模的瘟疫在特诺奇蒂特兰城爆发。瘟疫从第 13 个月开始传播，共持续了 70 天。它在城里的每个角落肆虐，杀死了无数的人民。他们的脸上、胸上和腰上不断长出疮口，从头到脚都被痛楚的疮口覆盖。
>
> 这场疾病十分凶猛，没有人能够走动甚至挪动一下身体。患者处于完全无助的状态，只能像僵尸一样躺在床上，甚至无法抬起自己的手指或头部。他们不敢俯卧或翻身，只要挪动一下身体，便会痛得大叫。
>
> 无数人被瘟疫夺走了生命，许多其他人则死于饥饿，因为他们无法起身去寻找食物，而其他人也都因病无法照料他们，所以他们只能躺在床上被饿死。

第三个案例于较晚一些时期发生在墨西哥北部。传教士把散落的人口集中到了一起，因此创造了疾病传播的条件。在传教士到来之前，与西班牙人的接触已经使当地人口减少了 30%～50%。当传教士把人们集中到较小的地区时，死亡率上升到占集聚人口总数的 90%。具有讽刺意味的是，试图拯救印第安人灵魂的传教行为却间接剥夺了他们的性命。最终流行病从早期疫区向外扩散，商人携带着疾病跨越遥远的贸易路线先于西班牙军队和传教士到达了玛雅帝国。玛雅人没有败在欧洲人的技术优势上，却败在一种他们先天不具防范力的新型疾病的肆虐上。

洛弗尔对发生在玛雅人的危地马拉和南美洲的安第斯中部的流行病做了类似的描述，那里的流行病传播同样带来了灾难性的人口下降。学者们将土著人口几近灭绝的现象称为“人口崩溃”。高死亡率造成的人口下降带来了严重的生态影响，造成许多高产量的农业区变成了撂荒地。例如，许多安第斯的梯田被抛弃，接踵而至的是严重的土壤侵蚀。然而，在有些地区如尤卡坦半岛（在今天的墨西哥），大面积的平整过的土地最终又变为了森林。

二、现代流行病

在现代社会，一种传播最广泛的疾病就是艾滋病（获得性免疫缺陷综合征）。艾滋病已经给从东南亚到撒哈拉以南非洲地区带来了严重的问题，它同样也影响了欧洲国家和美国等许多发达国家的部分人口。到 2016 年除极少数高人类发展水平国家外，大多数国家都有艾滋病感染人口（见表 7－4）。

---

① 何南·科尔特（1485—1547）是 16 世纪初征服墨西哥和秘鲁的西班牙殖民者。

② 特诺奇蒂特兰是阿兹特克人于 15 世纪末建立的一个幅员辽阔的帝国的政治中心。该城在帝国发展到极盛时被西班牙人攻陷。

表 7-4　2016 年部分地区成人艾滋病感染率（占 15～49 岁人口比例）（%）

世界	阿拉伯国家	东亚和太平洋	欧洲和中亚	拉丁美洲和加勒比	南亚	撒哈拉以南非洲	经济合作与发展组织
1.1	0.1	0.5	0.5	0.5	0.2	4.5	0.4

资料来源：联合国开发计划署：《2018 年人类发展报告》。

科学家们对艾滋病的传播进行了大量研究。例如在美国，艾滋病首先在男性同性恋者和共用针头的静脉注射吸毒者中传播。从地域分布上看，上述两类人群集中的地区如旧金山、纽约、洛杉矶和南佛罗里达州等地聚集了早期艾滋病病人。自从第一批病人出现后，艾滋病便逐渐向其他人群传播，在每类人群中都有不同的表现，包括血友病和接受输血的人群。艾滋病或许首先在城市中心区产生严重的影响，之后在美国的各个地区爆发，使越来越多的男性和女性人口被感染。然而，这种疾病在非洲中部地区的传播模式却有所不同，它的传播同时在男性和女性以及在非吸毒人群中发展，并且两种性别中的感染率较为平均。艾滋病在非洲的传播路径也有所不同，它沿着公路、河流和海岸线以及与所有主要的区域市场系统相连接的运输路线发展。艾滋病对非洲中部和南部国家，包括刚果（布）（原先的扎伊尔）、赞比亚、斯威士兰、博茨瓦纳和南非的影响尤为严重，被感染人数超过人口 10%以上。尽管农村地区同样受到疾病的威胁，城区人口所受影响最为严重（见表 7-5）。

表 7-5　2016 年成人艾滋病感染率高发国家（占 15～49 岁人口比例）（%）

莱索托	博茨瓦纳	南非	纳米比亚	津巴布韦	赞比亚	莫桑比克
25	21.9	18.9	13.8	13.5	12.4	12.3

资料来源：联合国开发计划署：《2018 年人类发展报告》。

艾滋病引发了人类发展过程中最严重的逆转。在 2003 年一年，这种疾病便夺走了 300 万条生命，另有 500 万人被感染。上百万名儿童成为遗孤。自欧洲发生黑死病以来，最严重的人口冲击发生于第一次世界大战期间的法国，其预期寿命下降了大约 16 年。相比之下，艾滋病使博茨瓦纳的人口预期寿命减少了 31 年。除了显而易见的生命代价以外，艾滋病还摧毁了这些发展中国家复兴所依靠的社会和经济基础。

尽管人类还未发现治疗艾滋病的有效方法，但是一些国家却成功地减缓了艾滋病的传播。例如芬兰通过强大的公关运动以及为居民提供良好的医疗服务，已经成功地减缓了 HIV（人类免疫缺陷病毒，即引起艾滋病的病毒）的传播速度。然而，撒哈拉以南非洲国家却由于深陷贫困、不健全的医疗体系、低效率的政治体制和不断的内乱，因而没有一个国家能够提供最起码的必要预防措施。许多东南亚国家在减缓艾滋病的传播方面也面临着类似的困境和不容乐观的局面。

本章小结

经济全球化带来了一系列全球性问题，这些问题构成对世界经济可持续增长和各国人民福利的巨大挑战。目前全球性的问题主要有经济发展不平衡、贫富差距加大、世界人口与资源问题、环境问题以及流行病。

经济发展不平衡问题及其测量　许多经济学家都认为目前世界经济发展中最重要的一

个现象是经济发展的不平衡。发达国家和发展中国家间的差距在不断扩大，区域间的差距也在加大，进一步加剧了贫富悬殊问题。比较贫富差距的数量指标包括：人均 GDP、人类发展指数、性别发展指数以及基尼系数。为了解决贫富差距问题，国际社会做出了巨大的努力，然而各国还需进一步加大力度，特别是发达国家应做出更多的努力。

世界人口与资源问题 为了更好地评价人口增长所带来的变化，专家们首先考察两项指标的变化——出生率与死亡率。这两项指标是标志一个地区经济发展水平和在世界经济中所处位置的重要依据。除此之外还有第三个关键指标，即人口的流动情况，包括流动性与移民。国际移民可以对当地、国家和区域带来深刻的政治、经济和文化影响。图 7－7 从理论上论述了国际移民给输入国和输出国带来的经济影响。

关于人口与资源之间的争论源于一位英国牧师托马斯·罗伯特·马尔萨斯于 1798 年出版的著作。从此关于过多的人口是否超过地球的承载量问题一直是人口政策制定者和政治领袖关注的重大问题。目前对于人口政策的共识是，如果各国和地区能够保持人口增长与资源和工作机会的平衡，就会有机会实现经济发展水平的提高。

环境问题 与目前环境变化最紧密相关的两个问题是能源与土地的利用。能源转换过程中的每一个阶段，从勘探、开发、加工到利用都对地球环境产生负面影响，例如矿物能源、核能、燃料木材、水能和天然气等都是如此。除了能源利用造成的污染外，环境还日益受到对土地的使用带来的巨大压力。对于土地的使用主要分为两类：土地用途的完全改变和对原土地功能的部分改变。然而无论哪种形式，如为获得燃料对土地的索取、农业种植、放牧、资源开发、高速公路建设以及战争等都对环境产生了巨大的负面影响。

流行病 一个影响各国福祉的关键因素是流行病，它们可以在短时间内快速改变人口的数量和结构。在早期欧洲殖民者占领美洲时期，他们带去的流行病是使当地人口几乎消亡的最重要因素。在当代社会，对人类产生威胁的主要流行病是艾滋病。它的传播从东南亚到撒哈拉以南非洲，从发展中国家到发达国家，已经成为一个严重的全球性问题。

问题与思考

1. 哪一种是帮助发展中国家减少贫困的最有效途径：提供资金资助，与贫困国家进行贸易，还是提供技术支援？

2. 为什么一个地区的出生率和死亡率是该地区发展水平和其在世界经济中地位的重要指标？

3. 根据表 7－1 找出基尼系数高的国家和基尼系数低的国家。哪类国家的贫富差距更大？为什么？

4. 既然图 7－7 的分析结果显示劳动力的自由移动可以为输入国带来净收益，那么为什么劳动力输入国仍要限制移民入境？

5. 为什么女性接受教育是控制生育的一个重要因素？

6. 什么是能够替代传统能源的最有前途的清洁能源？

7. 将许多农田变为建筑工地对环境有什么负面影响？

8. 在当今世界上，我们还会不会感染处女地流行病？你认为非典型性肺炎和禽流感属于处女地流行病吗？

9. 研读表 7－6，指出各个人类发展水平不同组群的国家和地区分别集中分布在世界的什么位置。

表 7-6 联合国开发计划署《2018 年人类发展报告》人类发展指数

2017 年排名	国家和地区	2012 年人类发展指数	2017 年人类发展指数	2012—2017 年位次变化
极高人类发展水平				
1	挪威	0.942	0.953	0
2	瑞士	0.935	0.944	0
3	澳大利亚	0.929	0.939	0
4	爱尔兰	0.902	0.938	13
5	德国	0.928	0.936	−1
6	冰岛	0.802	0.935	5
7	中国香港	0.911	0.933	3
7	瑞典	0.908	0.933	5
9	新加坡	0.920	0.932	−2
10	荷兰	0.921	0.931	−4
11	丹麦	0.924	0.929	−6
12	加拿大	0.908	0.926	0
13	美国	0.918	0.924	−5
14	英国	0.898	0.922	5
15	芬兰	0.908	0.920	−3
16	新西兰	0.905	0.917	−1
17	比利时	0.905	0.916	−2
17	列支敦士登	0.911	0.916	−8
19	日本	0.895	0.909	1
20	奥地利	0.899	0.908	−2
21	卢森堡	0.892	0.904	1
22	韩国	0.890	0.903	1
23	法国	0.886	0.901	0
24	斯洛文尼亚	0.877	0.896	0
25	西班牙	0.873	0.891	1
26	捷克	0.865	0.888	1
27	意大利	0.874	0.880	−2
28	马耳他	0.849	0.878	4
29	爱沙尼亚	0.859	0.871	−1
30	希腊	0.854	0.870	−1
31	塞浦路斯	0.852	0.869	−1
32	波兰	0.836	0.865	5

续表

2017 年排名	国家和地区	2012 年人类发展指数	2017 年人类发展指数	2012—2017 年位次变化
33	阿拉伯联合酋长国	0.846	0.863	1
34	安道尔	0.853	0.858	−2
34	立陶宛	0.831	0.858	−2
36	卡塔尔	0.844	0.856	−1
37	斯洛伐克	0.842	0.855	−1
38	文莱	0.852	0.853	−8
39	沙特阿拉伯	0.835	0.853	0
40	拉脱维亚	0.824	0.847	2
40	葡萄牙	0.829	0.847	1
42	巴林	0.800	0.846	7
43	智利	0.819	0.843	0
44	匈牙利	0.830	0.838	−4
45	波兰	0.834	0.833	−1
46	克罗地亚	0.816	0.831	0
47	阿根廷	0.818	0.825	−2
48	阿曼	0.815	0.821	0
49	俄罗斯	0.798	0.816	3
50	黑山	0.800	0.814	0
51	保加利亚	0.786	0.813	6
52	罗马尼亚	0.795	0.811	2
53	白俄罗斯	0.803	0.808	−4
54	巴哈马	0.807	0.807	−7
55	乌拉圭	0.790	0.804	1
56	科威特	0.796	0.803	−3
57	马来西亚	0.781	0.802	1
58	巴巴多斯	0.795	0.800	−4
58	哈萨克斯坦	0.781	0.800	0
高人类发展水平				
60	伊朗	0.781	0.798	−2
60	帕劳	0.749	0.798	1
62	塞舌尔	0.770	0.797	4
63	哥斯达黎加	0.772	0.794	1
64	土耳其	0.760	0.791	8
65	毛里求斯	0.767	0.790	3

续表

2017年排名	国家和地区	2012年人类发展指数	2017年人类发展指数	2012—2017年位次变化
66	巴拿马	0.771	0.789	−1
67	塞尔维亚	0.768	0.787	0
68	阿尔巴尼亚	0.767	0.785	0
69	特立尼达和多巴哥	0.774	0.784	−7
70	安提瓜和巴布达	0.765	0.780	1
70	格鲁吉亚	0.750	0.780	7
72	圣基茨和尼维斯	0.756	0.778	3
73	古巴	0.767	0.777	−5
74	墨西哥	0.757	0.774	−1
75	格林纳达	0.749	0.772	3
76	斯里兰卡	0.757	0.770	−3
77	波斯尼亚和黑塞哥维那	0.739	0.768	7
78	委内瑞拉	0.774	0.761	−16
79	巴西	0.736	0.759	7
80	阿塞拜疆	0.745	0.757	−1
80	黎巴嫩	0.751	0.757	−4
80	马其顿	0.740	0.757	2
83	亚美尼亚	0.737	0.755	2
83	泰国	0.731	0.755	4
85	阿尔及利亚	0.740	0.754	−3
86	中国	0.722	0.752	7
86	厄瓜多尔	0.726	0.752	4
88	乌克兰	0.743	0.751	−8
89	秘鲁	0.729	0.750	0
90	哥伦比亚	0.725	0.747	2
90	圣卢西亚	0.730	0.747	−2
92	斐济	0.719	0.741	5
92	蒙古	0.720	0.741	4
94	多米尼加	0.710	0.736	8
95	约旦	0.726	0.735	−5
95	突尼斯	0.719	0.735	2
97	牙买加	0.721	0.732	−3
98	汤加	0.717	0.726	2
99	圣文森特和格林纳丁斯	0.718	0.723	0

续表

2017年排名	国家和地区	2012年人类发展指数	2017年人类发展指数	2012—2017年位次变化
100	苏里南	0.711	0.720	1
101	博茨瓦纳	0.683	0.717	8
102	马尔代夫	0.688	0.717	4
103	多米尼克	0.721	0.715	−9
104	萨摩亚	0.697	0.713	0
105	乌兹别克斯坦	0.683	0.710	4
106	伯利兹	0.706	0.708	−3
106	马绍尔群岛	—	0.708	—
108	利比亚	0.741	0.706	−26
108	土库曼斯坦	0.686	0.706	0
110	加蓬	0.678	0.702	3
110	巴拉圭	0.680	0.702	2
112	摩尔多瓦	0.684	0.700	−3
中等人类发展水平				
113	菲律宾	0.677	0.699	1
113	南非	0.664	0.699	6
115	埃及	0.675	0.696	0
116	印度尼西亚	0.675	0.694	−1
116	越南	0.670	0.694	1
118	玻利维亚	0.662	0.693	2
119	巴勒斯坦	0.687	0.686	−12
120	伊拉克	0.659	0.685	1
121	萨尔瓦多	0.670	0.674	−4
122	吉尔吉斯斯坦	0.649	0.672	0
123	摩洛哥	0.635	0.667	3
124	尼加拉瓜	0.633	0.658	3
125	佛得角	0.636	0.654	0
125	圭亚那	0.642	0.654	−2
127	危地马拉	0.613	0.650	4
127	塔吉克斯坦	0.642	0.650	−4
129	纳米比亚	0.617	0.647	0
130	印度	0.600	0.640	2
131	密克罗尼西亚联邦	0.616	0.627	−1
132	东帝汶	0.599	0.625	1

续表

2017年排名	国家和地区	2012年人类发展指数	2017年人类发展指数	2012—2017年位次变化
133	洪都拉斯	0.597	0.617	2
134	不丹	0.585	0.612	4
134	基里巴斯	0.598	0.612	0
136	孟加拉国	0.566	0.608	7
137	刚果	0.573	0.606	2
138	瓦努阿图	0.592	0.603	−2
139	老挝	0.569	0.601	2
140	加纳	0.570	0.592	0
141	赤道几内亚	0.589	0.591	−4
142	肯尼亚	0.559	0.590	3
143	圣多美和普林西比	0.551	0.589	4
144	斯威士兰	0.561	0.588	0
144	赞比亚	0.569	0.588	−3
146	柬埔寨	0.553	0.582	0
147	安哥拉	0.543	0.581	3
148	缅甸	0.549	0.578	0
149	尼泊尔	0.548	0.574	0
150	巴基斯坦	0.535	0.562	1
151	喀麦隆	0.526	0.556	3
低人类发展水平				
152	所罗门群岛	0.529	0.546	1
153	巴布亚新几内亚	0.530	0.544	−1
154	坦桑尼亚	0.506	0.538	3
155	叙利亚	0.631	0.536	−27
156	津巴布韦	0.505	0.535	2
157	尼日利亚	0.512	0.532	−2
158	卢旺达	0.500	0.524	3
159	莱索托	0.505	0.520	−1
159	毛里塔尼亚	0.499	0.520	3
161	马达加斯加	0.507	0.519	−5
162	乌干达	0.492	0.516	2
163	贝宁	0.489	0.515	2
164	塞内加尔	0.476	0.505	5
165	科摩罗	0.493	0.503	−2

续表

2017年排名	国家和地区	2012年人类发展指数	2017年人类发展指数	2012—2017年位次变化
165	多哥	0.466	0.503	5
167	苏丹	0.485	0.502	—1
168	阿富汗	0.482	0.498	—1
168	海地	0.481	0.498	0
170	科特迪瓦	0.454	0.492	3
171	马拉维	0.455	0.477	1
172	吉布提	0.459	0.476	—1
173	埃塞俄比亚	0.430	0.463	3
174	冈比亚	0.445	0.460	0
175	几内亚	0.428	0.459	2
176	刚果（金）	0.420	0.457	3
177	几内亚比绍	0.437	0.455	—2
178	也门	0.505	0.452	—20
179	厄立特里亚	0.422	0.440	—1
180	莫桑比克	0.412	0.437	1
181	利比里亚	0.420	0.435	—2
182	马里	0.408	0.427	0
183	布基纳法索	0.394	0.423	2
184	塞拉利昂	0.407	0.419	0
185	布隆迪	0.408	0.417	—3
186	乍得	0.391	0.404	0
187	南苏丹	0.388	0.388	0
188	中非	0.365	0.367	0
189	尼日尔	0.336	0.354	0
人类发展指数组别				
—	极高人类发展水平	0.880	0.894	—
—	高人类发展水平	0.732	0.757	—
—	中等人类发展水平	0.613	0.645	—
—	低人类发展水平	0.486	0.504	—
区域				
—	阿拉伯国家	0.686	0.699	—
—	东亚和太平洋地区	0.707	0.733	—
—	欧洲和中亚	0.749	0.771	—

续表

2017 年排名	国家和地区	2012 年人类发展指数	2017 年人类发展指数	2012—2017 年位次变化
—	拉丁美洲和加勒比地区	0.740	0.758	—
—	南亚	0.602	0.638	—
—	撒哈拉以南非洲	0.514	0.537	—
—	最不发达国家	0.499	0.524	—
—	小岛屿发展中国家	0.661	0.676	—
—	经济合作与发展组织	0.880	0.895	—
—	世界	0.709	0.728	—

资料来源：联合国开发计划署：《2018 年人类发展报告》。

在线学习与应用

从互联网上搜索 2014 年埃博拉病毒对西部非洲国家的影响，评价该流行病对这些国家经济的影响。

案例研究Ⅰ

全球气候变化与《京都议定书》

自 1992 年在里约热内卢召开的联合国环境与发展会议以来，国际社会一直在寻求加速经济发展与避免环境受到威胁之间的平衡方法。全球环境面临的最大潜在威胁在于能源消耗的增长对全球气候的影响。在里约热内卢的联合国环境与发展会议上，167 个国家通过了《气候变化框架公约》，该公约的目标是解决如何降低温室气体排放量的问题，即由于能源使用带来的全球气候变暖问题；另外一个同样重要的目标是确保所有国家公正地分担保护环境的责任。

1997 年 12 月，这些国家通过实施《京都议定书》来推进解决全球经济发展与环境保护之间的平衡问题。《京都议定书》标志着限制发达国家温室气体排放量的首次尝试。《京都议定书》的目标是到 2012 年发达国家将其温室气体综合排放量从 1990 年的水平减少 5%左右。它同时具体确定了每一个发达国家为达到减排目标必须做出的努力。二氧化碳排放量最高的国家，美国、日本和大部分欧洲国家，预计应减少 6%～8%。

虽然《京都议定书》比 1992 年的《气候变化框架公约》有了实质性的进步，但是仍有一些重要的问题需要 167 个参与国妥善解决。其中一个最有争议的问题是是否允许发达国家进行“排放权交易”。排放权交易是指，如果一个国家的排放量低于公约限定的额度，则允许其将本国剩余的排放额度出售给他国，后者便可以使用所购买的额度满足履行公约义务的目的。支持排放权交易的人认为这个计划有助于控制污染，因为它使减排发生在成本最低的地方，从而达到降低控制温室气体排放成本的目的。

第二个仍未解决的重要问题是未加入该公约的国家在什么程度上参与全球控制排放的行动。1992 年的框架公约将减缓全球气候变化的重任放在那些毫无疑问应该为目前温室气体状况负责的发达国家肩上，但同时认为发展中国家也应当尽自己的一份力量。然而，

《京都议定书》既没有限定发展中国家的排放量，也没有建立使其采取自愿减排措施的机制或日程。由于一些发展项目的环境敏感性，因此一个有益的鼓励发展中国家经济发展的措施是所谓的清洁发展机制。这个机制允许发达国家投资于发展中国家中能够减少温室气体排放的项目，以作为获得排放权额度的回报。这样做的目的是帮助发展中国家发展它们的经济而不增加总体的温室气体排放量。

然而仅仅靠《京都议定书》本身是不可能完成所设定的目标的。占世界排放总量约1/5的美国是一个关键因素。由于美国政府没有采取任何措施来减少其排放量，美国的温室气体排放量将超过2008年排放目标的40%。2001年3月布什总统带领美国退出了《京都议定书》，他宣称该议定书的内容难以接受，因为发展中国家对温室气体排放没有任何义务，而美国为达到排放目标将付出十分昂贵的代价。虽然如此，其他178个国家还是于2001年年底完成了《京都议定书》的最终版本。然而，没有了美国的参与，《京都议定书》不会有大的作为。

虽然《京都议定书》无法实现大幅度减少排放量的目的，但是气候谈判者们希望通过制定一个新的协定使环保进程在21世纪更好地进行下去。他们希望鼓励能源政策改革，同时通过创新研究和投资促使低排放技术进入市场。此外还可以扩充《京都议定书》的范围，使其包括更全面的减排内容，从而最终将温室气体浓度保持在一个安全的水平。而实现这种可能的一个重要途径便是发展低排放技术。

资料来源：Adapted from World Resources Institute，"Negotiating Climate：Kyoto Protocal Marks a Step Forward，" 1999，https：//www. wri. org.

讨论题：

1. 作者对《京都议定书》持悲观态度。你认为是什么原因？
2. 谁应该为环境问题承担更多的责任，发达国家还是发展中国家？

案例研究Ⅱ

美国等发达国家的垃圾难题

美国——世界最大的垃圾制造商

2019年7月，总部位于英国巴斯的全球风险和战略咨询公司梅波克洛夫出台了一份调查报告，指出美国正带动全球垃圾暴增，对人类健康、环境、经济等构成严重威胁。数据显示，美国每年产生的城市固体废弃物大约为2.39亿吨，平均每人产生约773千克，总量和人均量皆为全球之冠。报告显示，美国以占全球4%的人口，产生了全球12%的城市固体废弃物，人均产生垃圾量是全球平均水平的3倍多。

《人民日报》记者张梦旭2019年7月8日刊文指出，统计数字颇有劲爆力，现实情况也是触目惊心。在众多美国超市，人们已习惯用商店免费提供的塑料袋将商品大包小包拎走，全美一年消耗1 000亿个塑料袋；美国的宾馆和快餐厅，普遍只提供一次性泡沫餐具，餐厅垃圾桶普遍充斥着这类白色垃圾；超市和饭店里大量当天未售出的食品基本上丢弃处理，据美国农业部估算，美国人每年浪费的食物多达1 330亿磅（约6 000万吨），价值1 610亿美元。

令情况更为糟糕的是，美国的垃圾处理能力严重不足。梅波克洛夫公司的报告指出，美国的垃圾回收率只有35%，在发达国家中表现最差，只有德国废弃物回收率的一半。该公司环境研究部负责人威尔尼·科尔斯说，美国在这方面的记录很糟糕，可以看出美国的基础设施并不能够提供回收选项。美国《赫芬顿邮报》的报道指出，在美国，倾倒、填埋和烧毁依然是处理固体废物的主要方法。

美国等发达国家的垃圾去哪里了？

垃圾处理能力的不足，暴露出行动意愿的缺失。长期以来，美国等发达国家出于对处理成本等因素的考虑，把固体废物打上“可循环利用”的标签出口到发展中国家。发达国家一边享受着生产和消费的好处，一边将回收和处理的义务“甩锅”给发展中国家，这样的模式已越来越不可持续。随着发展中国家纷纷拒收“洋垃圾”，美国各大垃圾处理站垃圾几乎堆积成山，垃圾处理成为燃眉之急。

让垃圾成为美国及其他发达国家的忧虑的是 2018 年 1 月 1 日，中国正式实施“洋垃圾”禁令，禁止回收包括塑料垃圾在内的 4 大类 24 种洋垃圾。在这之前，世界上几乎一半（45.1%）的可回收垃圾都运往了中国。自 1992 年有相关记录以来，中国在长达二十几年的时间里几乎“吃下”全球 72%的塑料垃圾。

美国是全球最大的“可回收”垃圾出口国，绿色环保理念在过去相当长时间里已然成为该国政治正确，现在一下子被扯掉了遮羞布。有人发现，环保人士先是拿了大笔的政府经费，然后转手把垃圾卖到中国，再赚一笔“绿色美元”。中国一直是美国最大的垃圾进口国之一，在 2017 年就消化了美国一半的出口垃圾。中国拒绝洋垃圾后，美国只能通过内部消化和更改垃圾目的地，双管齐下解决垃圾回收问题。

可刚实行半年就困难重重。2018 年 7 月，美国 2/3 的州面临着垃圾回收危机。由于垃圾回收后无人购买，数百万吨垃圾被拉到填埋场直接掩埋。仅半年时间，美国就掩埋了 2 000 多吨废纸，不少美国城市开始取消或收紧回收计划，不再回收混合塑料和纸张，居民只能将可回收垃圾直接扔进垃圾箱，分类回收成了名存实亡的政策。

面临同样处境的还有澳大利亚，它的垃圾回收系统也一样几近崩溃。2018 年 4 月早些时候，澳大利亚的一部纪录片揭露了该国垃圾的回收处境，位于维多利亚州的一处垃圾厂被曝光。镜头里，垃圾已经堆积成山，附近的河道也被污水占据，恶臭无比。据悉，在中国颁布禁令前，澳大利亚 30%的垃圾都运到了中国，澳大利亚国内只有几十个垃圾回收站，但在中国颁布禁令后，它并没有在建造回收站上下功夫，只想着“这些垃圾要丢到哪里”。据了解，澳大利亚有完整的垃圾回收和处理系统，但不少民众却觉得“垃圾回收”是个骗局，不利于保护环境，民众的不支持极大地加剧了危机。2019 年 3 月 20 日，澳大利亚垃圾回收委员会会长皮特在接受采访时表示：“中国引发了这场危机，其他亚洲国家效仿后，我们的情况变得越来越糟。”

美国加利福尼亚伯克利生态中心的执行董事马丁·布克告诉记者，世界上根本不存在可以回收塑料垃圾但不产生损害的神奇地方，只要回收，必定有污染。据了解，这家非营利组织自 1973 年来，一直从事路边回收项目。在该中心的工厂里，工人们穿着防护围裙，戴着工作手套，在一个肮脏的垃圾流程中挑选着，这些垃圾在传送带上叮当作响。

布克说，由于回收成本太高和塑料成分太复杂，有 40%的混合塑料无法回收，这种垃圾会直接进入垃圾填埋场。出于防止污染考虑，美国人更希望将这些垃圾出口到他国。起初，他们也不知道这些塑料最终会到达哪里。好奇心强的美国人做了一个实验，用全球定位器来追踪塑料垃圾，得知塑料垃圾大多到了中国和马来西亚。“我们认为这是一个真正的问题，混合塑料可能最终倾倒在发展中国家。”布克说，塑料回收工厂的工作条件很差，经常将污染物直接倾倒到小溪中，当地环境调查人员在沟渠和水道里发现了被倾倒的垃圾。

为了蝇头小利，牺牲绿水青山，太不值了。也正是由于这个原因，2018 年 1 月 1 日，在中国开始禁收塑料垃圾后，包括泰国、老挝在内的一些东南亚国家急了，它们担心自己成为下一个“世界垃圾工厂”。2018 年 8 月 16 日，泰国环境部官员表示，泰国将出台禁令禁止进口 432 种废旧电子产品。而在这之前几周，越南就开始停止签发进口废料的许可证，但这并不能阻止各国非法回收商违法、赚钱。其中，马来西亚的问题最严重，不少非法回收商试图通过回收他国垃圾发财致富。

绿色和平组织（Greenpeace）最新发布的一份报告称，在 2018 年的头七个月里，美国向马来西亚出口的塑料垃圾比前一年增长了一倍多。马来西亚政府也表示，向马来西亚出口废塑料的国家还有日本、英国、德国等。目前，马来西亚政府正在遏制这个不断扩大的非法行业，严厉打击机会主义者。自 2018 年 7 月以来，马来西亚至少有 148 家无照塑料回收工厂被关闭，但只有少数人受到指控。

马来西亚能源和气候变化部部长杨碧茵（音译，Yeo Bee Yin）女士说：“富裕国家不应该把马来西亚当作垃圾场。我们会处理好自己的垃圾，也请你们照顾好你们自己的垃圾。”杨碧茵表示，私自回收他国的垃圾是不合法的。“这违反了《环境质量法》，他们没有执照不说，还在污染我国环境。”不少国家也开始正视垃圾的危害。2019 年年初，因为加拿大将垃圾运往菲律宾，倾倒垃圾，菲律宾总统杜特尔特也急了，喊话加拿大：“要么运走，要么开战。”

洋垃圾处理难题

佐治亚大学工程学院副教授詹娜·詹贝克（Jenna Jambeck）表示：“我们之前的研究结果表明，全球只有 9%的塑料被回收利用，大多数塑料垃圾被直接填埋或遗弃到自然环境中。到 2030 年，由于（中国）实行进口禁令，大约 1.11 亿吨塑料垃圾需要另寻去处。因此，如果我们想负责任地处理这些垃圾，我们必须制订更健全的回收计划，重新考虑塑料产品的使用和设计。”对于仍可正规进口的硬纸板、废金属等垃圾，中国大幅提高了污染物所占比例标准，要求杂质比例不得超过 0.5%，这超过了美国大多数废品处理商能够达到的技术水准。

废物回收工业研究所专家艾迪娜·阿德勒（Adina Adler）警告说：“坦率地说，没有任何一个国家能搞定中国过去处理的天量垃圾，甚至一群国家也不行。”

印度尼西亚、越南或印度等其他废料进口国根本无法消化中国之前处理的数千万吨垃圾，也很少有美国企业有能力处理这么多的垃圾。阿德勒说道：“最大的问题是，中国几乎没有给这个行业过渡的时间。”他们预计中国将在 2020 年前禁止进口所有回收材料——这个期限实在太短了。

和很多国家指责中国“一刀切”禁止进口洋垃圾不同，英国人却罕见地积极评价这项禁令，他们认为中国此举除了可以改善中国的环境外，还可以对全球垃圾回收产业产生正面影响。

但另一方面，这样的局面也揭示了人类面临着共同的巨大难题：垃圾处理问题。目前，欧盟表示正考虑出台塑料使用税；英美等国则希望将部分垃圾转移到东南亚的某些国家；澳大利亚更是开始拨款“拯救”本国的垃圾处理回收行业。但一种观点是，在新的全球废物垃圾处理回收浪潮下，以上举措都并非是长久之计，而只不过是“隔靴搔痒”罢了。

讨论题：

1. 中国禁止进口发达国家的洋垃圾对于中国环境保护有何意义？

2. 你如何看待一些发达国家长期以来将自己的垃圾出口到中国及其他发展中国家的行为？

3. 解决有害垃圾的根本出路何在？

第八章

国际合作与协调

本章要点

- 什么是国际外部性和全球公共品？国家政府和跨国机构对此能做些什么？
- 世界各国如何保护全球环境？
- 什么是结构性相互依赖？它是如何使得各国在政策上合作和协调的？
- 国际政策合作的潜在优势和缺点有哪些？

随着国家之间交往的增多，它们各自的经济活动已经越来越多地影响到彼此的自然环境。这种国际的环境影响常常是负面的，例如在某国从事的生产活动污染了其他国家的空气和水源，或者此类活动耗尽了其他国家赖以生存的自然资源。人们对环境问题的关心不可逆转地成了全球性的问题，也是日益增多的国际摩擦的来源。长期以来许多经济学家认为市场失灵（妨碍经济效率、个体自由和其他潜在社会目标的实现）需要国家政府进行积极的干预。如今，越来越多的经济学家认为市场失灵会带来国际性的后果，因而国际组织有必要采取行动。跨国挑战需要跨国的解决方案。这即是本章的重点——国际合作与协调的努力与成效。

第一节　国际干预改变国际外部性

一、外部性与国际外部性

我们生活在一个存在着各种扭曲因而不完善的世界，而且这些扭曲无法自我消除。一种重要的扭曲现象是经济的外部性，或称外溢效应。外部性有两种类型：正外部性和负外部性。先举一个正外部性的例子。在合资企业的工作可以为社会带来收益，该收益事实上高于人们在考虑申请该工作时的预期。例如，该合资企业的工作不仅使本企业的职工和雇主获得了知识、技能和管理方法，而且使其他企业和其他人受益，此时便产生了正外部性。在这个例子中，在该企业工作的社会边际收益高于员工们所得到的工资率。如果个人决策者忽略这一外部性所带来的收益，则会导致此类外部性极少发生（例如在这个例子中，只有极少数人被雇用到该企业工作）。在有关负外部性的第二个例子中，最经典的例子是河流污染。纸制品销售商一般不会将纸作坊对河流的污染计入他们的生产成本中，除非政府强制要求他们这样做。因而纸张生产带来的污染没有算作纸张价格的一部分。同样，石油燃料的购买者不认为使用这些燃料所带来的空气污染是他们所应支付的燃料价格的一部分。如果制造或消费这些产品的私人决策者忽略了这些成本，就会发生这些产品的过度生产或消费。

当一国的市场活动影响到另一国第三方的福利时，溢出效应即国际外部性就会发生。让我们看看匈牙利和南斯拉夫渔民的窘境。他们赖以生存的生活手段是每天从蒂萨河（多瑙河的支流）捕获的鱼。2000 年年初，10 万吨含有氰化物的淤泥从罗马尼亚的金矿中倾入这条河中。不出几天，一百多吨死鱼顺流漂到了匈牙利和南斯拉夫。

采金者在将闪亮的黄金从其他矿物中分离出来时会自然产生氰化物。罗马尼亚的黄金生产者必须处理产生的氰化物，他们的一般做法是先将氰化物储存在水罐中，之后再将其安全排放。与此同时，他们将最终产品——纯金运送到黄金交易商手中，后者再将黄金产品推销给工业使用者、珠宝批发商及其他黄金需求者。然而匈牙利和南斯拉夫的渔民却遭受到黄金生产产生的外部性。大多数罗马尼亚的黄金消费者大概不会知道氰化物会污染到东欧的河流。因而从他们的角度来看，他们于 2000 年付出的价格与氰化物的产生没有关系。匈牙利和南斯拉夫渔民所遭受的溢出效应强有力地说明，类似黄金这样的产品的市场价格不能反映出它的生产所带来的广义的社会成本。由于罗马尼亚黄金的市场价格低于整个社会为这种金属所付出的代价，因而黄金产品的生产带来的是负外部性。从社会的角度来看，过多的资源以个体市场价格配置到黄金生产中。进一步说，在罗马尼亚以外地区存在着同样的现象，因而也就产生了国际外部性，即一国市场活动对其他国家产生了溢出效应。

在另外一些情况中，自由市场对某种产品或服务的生产配给的资源不足。举例说，几个发展中国家的居民接种疫苗有可能阻止疾病传播到其他发展中国家和发达国家，因而可以提高所有国家居民的生活质量。这种情况就属于正外部性。正外部性可以发生在一国内部，或者如本案例一样发生在各国之间。然而在发展中国家自由市场的疫苗价格可能过低，因而无法激励潜在的疫苗生产商提供使社会受益的产量。

由于自由市场活动并没有将外部性考虑在内，因而政府可以采取行动促使市场上造成外部效应的生产者和消费者将其考虑在内。在类似氰化物污染的负外部效应的例子中，一个多边组织或许可以对氰化物的安全储存设定一个强制性的最低标准，或者限制氰化物的产生，或者对黄金之类会产生氰化物等副产品的产品的生产者课税。

对于类似疫苗这样具有减少疾病作用的正外部性的产品，多边组织可以直接为其提供服务，补贴疫苗生产者和注射服务，或采取旨在增加疫苗和注射服务需求的政策。

二、通过国际干预纠正国际外部性的理论解释

假设一些国家通过协调努力建立了某国际机构，该机构将如何解决黄金生产者造成的国际氰化物污染问题？让我们考虑图 8-1（a）。如果黄金生产者和消费者都没有意识到黄金生产过程中氰化物产生的社会负担，那么自由市场上的黄金价格是 P_1，黄金的生产量和消费量均是 Q_1。然而，假如世界上的黄金生产者将氰化物造成的社会成本考虑在内，他们只有在更高的价格下才愿意为生产一定数量的黄金承担所产生的社会成本。在这样的

条件下，市场供给曲线将从 S_1 向上移动到 S_2。结果世界各地的黄金消费者将支付更高的市场价格 P_2，黄金生产者将生产 Q_2 单位的黄金。

为了带来这种对社会有利的结果，国际组织或许可以制定政策以限制产生氰化物的生产活动，比如说黄金的生产。总的来说，限制黄金的国际贸易不失为限制黄金的世界总产量以取得社会认可的生产水平的途径。然而大多数经济学家都怀疑国际组织能否成功地制定出这样一项数量调控政策，使其产量恰好是社会所需要的水平。出于这一考虑，经济学家们传统的做法是支持对产生负外部性的商品和服务的生产者征税。如果一个国际组织可以决定每单位黄金生产的社会成本是多少，它就可以要求生产者承担这些成本。这样的做法同样将产生如图 8-1（a）所示的结果，导致市场供给曲线向上移动相同的幅度，由此提高自由市场的价格并减少黄金的生产从而减少氰化物的污染。国际组织的另外一个选择可以达到相同的效果，即要求或强制国家政府征收与社会成本相等的税收。国际组织或国家政府可以利用税收资助清除污染或防止污染的活动。

图 8-1（b）表示的是国际组织如何纠正正外部性。在图中所示的例子中，只有这个市场上的消费者愿意而且可以接种疫苗，并且获得抵御疾病的收益，因而有 D_1 的市场需求曲线。然而如果疫苗接种能扩大范围，其他地区的人同样可以从中获益，所以整个社会的需求曲线是 D_2，那么疫苗的市场价格就会从 P_1 上升到 P_2。价格的上升鼓励私人生产者提供更多的疫苗，使接种疫苗的总量从 Q_1 上升到 Q_2。

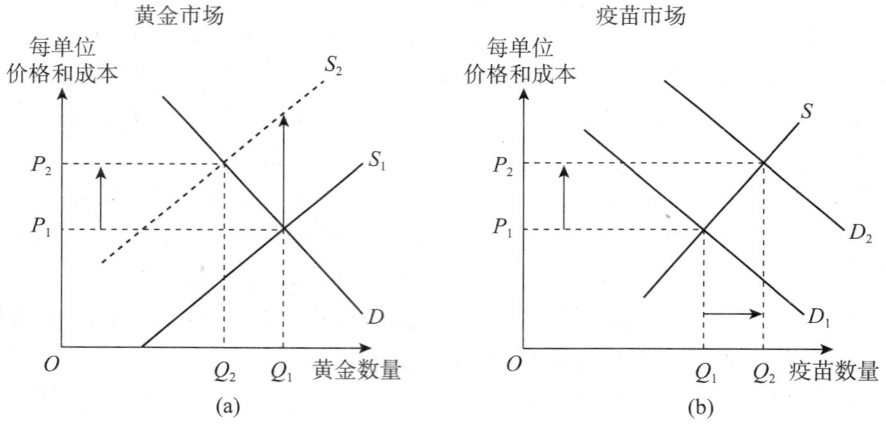

图 8-1　纠正正外部性和负外部性的政策

为了使疫苗的接种量上升到 Q_2，国际组织可以直接组织疫苗接种。或者它也可以对私人生产者提供补贴，使私人生产者获得的有效价格上升到 P_2。另外一个选择是直接补贴消费者，使他们更愿意接种疫苗。

第二节　国际努力保护全球环境

一、全球公共品与搭便车问题

许多产品和服务属于私人产品，一次只能被一个个体消费。个体还可以同时消费多种产品和服务，比如一个乐队提供的娱乐服务或管弦乐音乐会等。在这些产品和服务中，有些产品和服务消费者无法单独享受，而不得不与他人分享。此外，有些产品的特性是，一旦为部分消费者提供这些产品和服务，其他一些人不需要额外支付任何费用也可享用。进一步说，虽然不是不可能但却很难剥夺那些未付费的个人享受这些产品和服务的权利。凡是满足这些条件的产品和服务即为公共品。

一些产品和服务常常出现在国家或区域公共品的名单中，例如国家或区域防御、扑灭森林火灾、地下水污染清理、防洪和动物疾病控制等。一些人还喜欢将公园、河流、航运、高速公路甚至互联网包括在内，尽管大多数经济学家把这些产品划分为“半公共品”，因为拒绝未付费的人们使用这些产品是有可能的。另外还有一些商品和服务常常被归类为全球公共品，即全世界人民可以享用的产品（目前仍有争议），包括海洋污染清除、天气预报、地球臭氧层保护和疾病根除等。对于全球公共品的名单因人而异。一些观察者甚至将地球卫星轨道、洲际和海洋航线与飞机航线，以及电磁光谱的频道分配都归入其中，尽管将未付费的用户排除在外也是可以做到的。

然而，世界范围内的其他一些物质也具有类似全球公共品的特征。地球大气层和地表水高居榜首。虽然原则上说可以阻止某些人使用地球表面上某些地区的空气，然而事实上使用市场机制却很难做到。

与之类似，世界上大多数海洋和一些河流看起来也符合全球公共品的标准。我们可以使用警力阻止某些人群在海洋中的某个区域游泳、划船或航行，并且拥有海岸线的国家也常常在从海岸线起向外的一定距离内设置对这些活动的法律限制。然而在公海上限制此类活动的任何孤立的努力很可能都是行不通的。某片区域的海水自然地从一处流往另一处，所以即使给予该片海域所有权，也是很麻烦的行为。

大气和海洋都是公共财产的经典例子。不会有任何个人拥有地球的大气空间，就如同不会有其他个人拥有地球上某一片海洋一样。理解这一点有助于解释为什么达成保护地球大气和水体的多边协议比达成保护土地的协议要成功得多。

所有公共品都具有的一个共同特征就是搭便车问题。这个问题的出现是由于一些人认为其他人将为公共品付费，所以即使不支付自己的那一部分也不会影响公共品的产出。显而易见的是，如果有足够多的人都试图搭便车，结果就很难筹集到用以支付公共品的资金。这就是大多数税务体制具有强制性的关键原因，也是税收是世界各地人们热烈争论的话题的原因。无论怎样，如果一国居民对于什么产品或服务属于公共品或公益品持不同意见，那么他们恐怕不会对该付多少税款来资助这些产品和服务达成共识。

外部性可以影响整个世界的环境。一些人甚至将整个地球环境都视为全球公共品。毫无疑问，世界环境的许多部分属于公共财产，即一种所有人共享而非个人所拥有的非排他性资源。例如，地球大气层为所有人所共有，而它的任何一部分都不属于某个人。当此类资源不属于任何人时，人们根本没有动力（或许自觉意识除外）去考虑这些资源被滥用的问题。

尽管地球表面相当大的部分为私人所有，但是个人或企业在使用这些资源时仍然造成环境污染和退化等负外部性。解决这个问题的一种途径或许是政府通过购买甚或是没收私人财产的方式将现有的私人土地变为公共土地。依据这一观点，世界上的资源属于全球公共品，因而有必要通过政府间的一致努力来保证环境的原始状态。

然而，这种将世界环境视为全球公共品的观点本身存在一些问题。事实证明一国政府并非总是该国环境的有效管理者。此外，在大多数国家，拥有私人财产是一项人类的基本自由。因而，许多政府常常购买或预留公共土地，但大多数国家却不会出于环境保护目的而没收土地。

二、降低污染的社会边际收益

世界各国都采取了许多措施来使环境免遭污染。例如，政府可以要求土地所有者在进行可能毁坏湿地、破坏动物栖息地或是杀害濒临灭绝物种的行为前签署环境影响声明书；许多国家制定规则要求公司支付大量费用以防范污染的产生；也有一些国家制订了对制造污染者的征税计划。

然而一个非常重要的问题是确定国家或国际环境保护的合理目标。世界上的一些国民和政策制定者认为减少污染的目标应该是最终根除所有的污染。然而大多数经济学家则认为彻底消除污染并非社会的最优选择，理由是社会在减少污染的努力中既付出成本，也有收益。

几乎每个人都同意保持环境清洁是有益的。例如水资源每清洁一分，整体社会福利水平就会得到提高。然而每增加一单位水资源的清洁度所带来的社会福利水平的提高取决于环境被污染的程度。例如，假设衡量水资源的物理清洁度最高为 100%。如果一个与几国交界的湖泊中的水只有 62%的清洁度，那么将湖水的清洁度提高 8%将大大提高社会福利水平；而如果湖水原来已经达到 91%的清洁度，那么将清洁度提高 8%对社会福利水平的影响就相对小得多。只有 62%清洁度的水基本不能饮用，而将其清洁度提高 8%后水的质量就可以达到供人们使用的程度。相对而言，一个已经达到 91%清洁度的湖泊中的水已经能够满足多种用途，所以很多人可能甚至没有注意到水的清洁度提高了 8%。

与污染做斗争的成本很高，并且减少每单位污染的成本由于环境质量的不同而不同。例如，一个只达到 62%的清洁度的湖泊可能受到几个污染源的污染，例如附近生产车间随意丢弃的废物，或者由于设备散发的热气滋生的浮游微生物等。如果希望将水质提高 8%，减少或消除无意倾倒的垃圾是一种相对低廉的减少污染的形式。然而，当这池湖水已经达到 91%的清洁度时，提高 8%的清洁度可能需要减少热气的散发。这将会带来大规模的生产过程重组，因而将是十分昂贵的举措。

因而社会在不断提高水资源的清洁度时，随着减少污染的额外成本的增加，由此获得的额外收益同时也在降低。这意味着水资源达到绝对清洁对社会来说并非最好的结果。以一个濒临几个国家的湖泊中的水为例，社会所应争取实现的理想目标是达到例如 90%的清洁度。

经济学家将水资源清洁度提高一定比例所带来的额外的社会收益称作减少污染的社会边际收益。当湖水的清洁度在 91%的水平时，社会从继续提高水资源清洁度中所获得的收益低于湖水的清洁度在 62%时的水平。这意味着社会边际收益曲线就如图 8－2 中所描述的那样是一条向下倾斜的曲线。随着整个水资源清洁度的提升，社会从每单位水资源清洁度的提高中所获得的额外收益呈递减趋势。

相反，社会为提高一定比例的清洁度而付出的额外成本，即经济学家所称减少污染的社会边际成本，随着水资源总体清洁度的提高而上升。因此，图 8－2 中的社会边际成本曲线是一条向上倾斜的曲线。

现在我们假设该湖水的整体清洁度等于 75%。显然，在这一总体清洁度水平上，减少

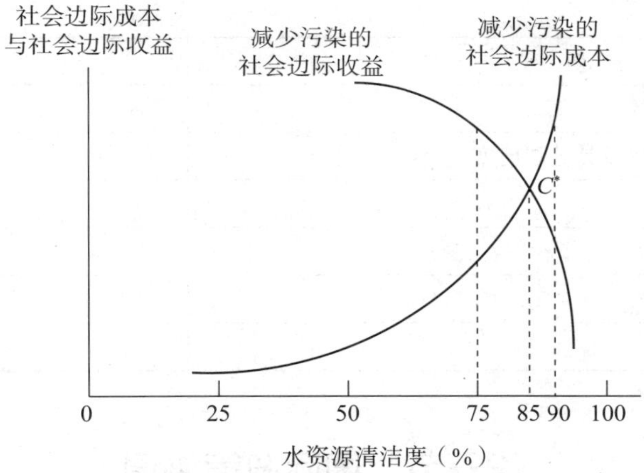

图 8-2　确定社会最优水资源清洁度

污染的社会边际收益高于减少污染的社会边际成本。因此，整个社会继续从提高水资源质量的努力中获得净收益。然而，如果水体的总体清洁度达到 90%，社会边际成本超过社会边际收益，整个社会为减少污染付出了过多的努力。鉴于这一原理，社会最优水资源的清洁度 C^* 应该是 85%，在这一点上减少污染的社会边际收益等于减少污染的社会边际成本。值得注意的是，水资源的最优清洁度几乎不可能是 100%。社会福利达到最高水平时也至少存在一定量的水污染。

三、减少污染的多边努力

当然，在世界许多地方，许多居民认为水资源污染水平过高，因而他们的目标就是立即将污染程度降到现有水平以下。只有当污染程度开始降低时，一些国家才会开始考虑它们希望将污染程度确切降低到什么水平。

以前降低污染的努力多是以国家为界进行的。然而，今天许多以环境为目标的非政府组织，即追求某项特殊利益（包括全球环境保护）的私人国际组织，正在推动环境保护方面的国际协作。

其中的一些努力已经为这些组织带来了回报。世界上许多国家都已经加入了旨在建立最低国家污染标准的国际协议以及使用公共环境资源的国际规则。根据现有的估计，大约有 500 个国际协定与环境规则有关。表 8-1 列出了其中一些最重要的多边协议。有些缔约国在对减少污染的成本和收益进行了详细的研究后才同意签订国家和全球防治污染目标的协议。不过，最近建立多边环境协议的努力多数集中在国际贸易领域。

表 8-1　重要的国际环境协议

协　议	年　份
《国际捕鲸公约》	1946
《防止海洋污染公约》	1972
《濒危物种国际贸易公约》	1973
《国际防止船舶造成污染公约》	1973
《长程跨界空气污染公约》	1979

续表

协　议	年　份
《保护臭氧层维也纳公约》	1985
《控制危险废物越境转移及其处置巴塞尔公约》	1989
《气候变化框架公约》	1992
《生物多样性公约》	1992
《防治荒漠化国际公约》	1994
《京都议定书》	1997

第三节　国际政策协调

全球化将越来越多的国家联结为利益共享的整体。产品、服务和金融资产的跨国交易将越来越多的国家联系在一起，激励各国人民采取共同制定国家经济政策的行动。

一、结构性相互依赖与国际政策外部性

在当今世界上，国家和居民跨越国境进行大量产品及服务的贸易和大量金融工具的交换，国家经济形成了结构性的相互依赖关系。这意味着国民经济体系——其产品和服务市场、金融市场和支付体系——相互连接在一起。

结构性相互依赖的一个重要的结果就是对一国有利或有害的事件同样也将影响另一国居民的利益。这意味着一个国家居民采取的有利于自己的集体行动会传递并影响到其他国家居民的福利。经济学家将这样的溢出效应称为外部性，或者说是某个人或团体由于另一个地区或市场中的个人或集体的行动而获得的收益或承担的成本。

当一国居民的行为影响到另一国的经济表现时，国际外部性就会发生。在有些时候，一国的经济活动对另一国产生了不利的影响，这就是负国际外部性。而另一种可能性是，一个国家居民采取的有利于自己的集体行动改善了另一国的经济业绩，这就是正国际外部性。

一国的政治体制通常要求领导者、团体代表或政府机构代表该国居民执行经济政策。这样的政策能改变居民和商业者的选择，并因此影响整个国家的经济业绩。

如果各国的经济形成了结构性相互依赖关系，那么国际政策的外部性，或者说政策影响的成本与收益向其他国家的外溢，就会发生。例如，各种贸易保护政策可以引发负国际政策外部性或者“以邻为壑”的效应。此类政策有可能实现国内目标，但同时也有可能给其他国家的经济发展带来不利影响。当然，正国际政策外部性也会发生，经济学家通常将其称为“联动效应”，即一国政策对国内经济的作用带来了另一国经济业绩的改善。

二、国际政策合作

国家政策的制定者认识到他们的决策行为可能影响到其他国家；他们也同样认识到他国的政策制定者所制定的政策将会影响本国的经济表现。这一点激励了决策者在从事战略政策的制定时，即在规划符合本国目标的政策时，也要考虑与他国的结构依赖程度，以及他国决策者可能采取的行动路线。对于政策制定者的决策可能产生正或负外部性的认识也

促使他们联合起来，以使他们各自的决策选择所带来的负面后果最小化，并且提高可能产生的正溢出效应。

世界各国通过共同努力以实现共同经济目标的主要途径是国际政策合作。它指的是通过建立正式的机构和程序，政策制定者可以彼此合作实现国家制定的目标；提供为落实政策目标而采取的有关具体措施方面的信息；分享关于各自国家经济方面的信息和数据。

一个通过国际安排促进国际政策合作的例子是七国集团（G7）。这是由七个国家组成的集团，包括加拿大、法国、德国、意大利、日本、英国和美国。这些国家的主要经济政策官员定期举行会议，商讨宏观政策目标和计划，也探讨与成员国有关的特定经济问题。之后七国集团将俄罗斯纳入其中，形成著名的八国集团（G8）。

二十国集团是第二次世界大战后以国际经济政策为协调目的的一系列倡议中的最新安排。二十国集团，也被称为 G20，是为来自二十个主要经济体的国家政府和央行搭建的一个国际对话平台。其成员包括 19 个国家和一个区域组织，即阿根廷、澳大利亚、巴西、加拿大、中国、法国、德国、印度、印度尼西亚、意大利、日本、墨西哥、俄罗斯、沙特阿拉伯、南非、韩国、土耳其、英国、美国以及欧盟。欧盟委员会和欧洲中央银行代表欧盟。G20 的经济总量占世界经济总量的 90%，占世界贸易量的 80%（如果去除欧盟内部贸易量，则占 75%），拥有世界 2/3 的人口。

G20 成立于 1999 年，成立的目的是为促进国际金融稳定而进行高层次的政策研究与评价。它寻求解决超越任何单一组织职责的问题。G20 的政府首脑自 2008 年举行第一次会谈后便定期举行会议，自 2011 年 11 月凯恩斯首脑会议后，所有 G20 首脑每年举行一次会议。

G20 的主要关注点是全球经济治理，但是首脑会议议题却年年都有变化，例如，2016 年 G20 中国杭州峰会的主题是“构建创新、活力、联动、包容的世界经济”。讨论的议题包括：创新发展方式、建设开放型世界经济、完善全球经济治理、促进国际贸易和投资、推动联动包容式发展。

自 2008 年华盛顿首脑会议后，随着 G20 重要性的提高，成员领导们于 2009 年 11 月 25 日宣布 G20 将取代 G8 成为主要富裕国家的经济委员会。尽管 G20 缺少实施其政策的强制力，但它显赫的成员资格为全球政策制定注入了强劲的动力。当然，国际上对于 G20 的合法性一直存有争议，对其组织和宣言的效用也一直有批评之声。

另一个例子是总部设在瑞士巴塞尔的国际清算银行。这个组织对各类国际贷款协议履行受托管理人的职能，并且在各种外汇市场上为世界上许多国家的央行提供中介服务。包括花旗银行和 J. P. 摩根在内的美国私立银行协同十国集团（七国集团成员加上比利时、荷兰和瑞典）政府致力于促进于 1930 年建立的国际清算银行的发展。的确，许多私立银行仍然持有国际清算银行的股份。它最初的目标是监督欧洲各国履行根据《第一次世界大战停火协定》提出的财产清算要求。第二次世界大战之后，国际清算银行成为欧洲复兴计划（为各国从战后的破坏中重建经济而设计）参与国的清算中心。国际清算银行最终发展成为十国集团（G10）成员中央银行再加上瑞士中央银行提供信息的票据交换所。国际清算银行的经济雇员定期为十国集团的高级央行官员提供简报并且为这些国家的政策制定部门的经济官员召开协调会。

例如，国际清算银行参与的一类国际政策协调活动是为某组国家的共同利益而共同制定国家的经济政策。1988年十国集团央行和其他银行的决策者们通过了《巴塞尔协议》，该协议为在这些国家内建立的私有银行确定了为防范风险制定的共同“银行资本充足标准”，即根据这些资产的风险制定的保障银行所有者权益的最低资产要求。

通过银行业政策的协调，十国集团成员国寻求解决由于各国银行广泛的竞争行为所引发的国际政策外部性。例如，如果十国集团成员国中仅有一国对其银行系统采取了严格的资本金标准，它的银行就会在国际金融市场的竞争中处于劣势，因为该国银行需要把较大数量的私有资本作为资产准备。与之类似，假如一国没有采用《巴塞尔协议》，该国的银行就会从世界各地获得更大份额的贷款量。对准备金的要求进行协调保证了上述两种政策外部性都不会发生。

国际政策协调的支持者认为，国家可以从广泛的政策协调中获得大量益处。这些观察家们认为世界各国应当建立日常的政策协调程序，而不是像1988年《巴塞尔协议》中制定银行资本标准时偶尔才进行政策协调。的确，许多人都认为国家从协调所有的经济政策，包括那些旨在扩大产出和抑制通胀的政策中获得相当多的益处。

三、有关国际政策协调的正反观点

总体上讲，由于各国在追求本国经济目标的过程中可以通过共同努力获取利益，因此自然会有支持国际政策协调者。然而，也有一些人提出很有说服力的观点来质疑政策协调总能产生正效应的可行性。

国际政策协调的潜在利益

国际政策协调的支持者们通常提出三个理论依据。

将国际政策外部性内部化　为了几个国家的共同利益而进行政策协调的行为可以有效地约束这些国家的政策制定者将这几个国家作为一个整体来考虑。通过这样的国际政策协调方式，个别国家制定的可能产生不利外部性影响的政策被内部化。例如，如果美国50个州在制定各自的政策时都不考虑其政策对其他州的影响，那么将会产生怎样的后果？联邦政府通过协调整个国家的政策，将50个州的居民由于不进行政策协调可能产生的负政策溢出效应最小化。

与此相类似，《巴塞尔协议》对银行资本金的调控说明各国认识到了，如果每个国家对本国银行系统的管理各行其政，可能会产生负面的竞争结果。这个协议使十国集团的成员国避免了负政策外部性可能带来的不利后果。

从有限的政策工具中获得最大的效益　国际协调同样可能使得国家政策制定者从所拥有的有限的政策工具中获得大量效益。举一个简单的例子，假设两国的中央银行各自有两个相同的目标：提高国内产值的均衡点，降低汇率变动。因而每个国家都希望增加本国的货币存量，如此可以促进本国的总需求，同时防止本国货币存量相对他国货币存量的变动，以防止汇率的波动。

这是一个有意简化的例子，但它说明了一个基本点。如果一国政策制定者缺少与目标相关的政策工具，那么通过共同合作来决定合适的政策工具组合，政策制定者将会更容易达到他们的多重目标。在这个意义上协调对双方都有利。

获得国际支持　国际政策协调的第三个理由是不同国家的政策制定者通过共同协作获得彼此的支持，以抵抗国内的政治压力。国内政策制定者在面临国内要求批准某项政策（该政策是以牺牲社会的长期利益换取短期获利）的压力时，他们可以将对国际协调合约所做的承诺作为反对这些行为的理由。例如，假设智利政府面临大选前的困难局面，它可能要求智利银行采取通胀政策以刺激选举前几个月的经济增长。如果智利银行反驳说这样的政策违反了与其他中央银行之间协调彼此政策的约定，进而会损害智利在其他中央银行甚至在世界金融市场上的信誉，那么智利银行或许就能抵挡来自政府的压力。

国际政策协调的潜在缺陷

国际政策协调并非免费的午餐，它至少存在四个可能的缺陷。

引发国内损失 国家的最基本定义是它的主权，或者说是在国家境内其公民对于资源的自主控制权。如果国际政策协调会使国家获利，那么一国的公民和领导者必须愿意放弃一定程度的主权。他们必须愿意在追求单纯的国内目标时也追求国际目标。

举个例子，假如几个国家于 2019 年 1 月 1 日商定从当年 3 月 1 日起采取固定彼此的汇率比值的决定。然而在 2 月底的时候，其中一个国家意识到：如果它将本币对其他几个国家的货币贬值，便可从中获利。然而为了遵守政策协调的协议，该国领导也只能放弃通过货币贬值获取自己利益的想法。

相互缺少信任度 上述例子说明了国际政策协调中的一个根本问题，即加入合作协议的国家往往存有作弊的动机。为了说明这类动机存在的原因，可以看图 8-3。图中的每个格都有一个假设的价值，即 A 和 B 两国居民在进行或不进行政策协调时可能获得的“福利数量”。在图 8-3 左上角的格中，我们可以看到，A 国和 B 国如果实行独立的、非协调的政策，每个国家获得的福利水平都是 75 个单位。相反，如果两国都进行政策协调，那么右下角的格中显示它们都可以获得 100 个单位的福利值。因此政策协调对两国均有利。

		B国 不合作	B国 合作
A国	不合作	A 国福利水平 = 75 B 国福利水平 = 75 总体福利水平 = 150	A 国福利水平 = 150 B 国福利水平 = 25 总体福利水平 = 175
A国	合作	A 国福利水平 = 25 B 国福利水平 = 150 总体福利水平 = 175	A 国福利水平 = 100 B 国福利水平 = 100 总体福利水平 = 200

图 8-3 两国在实行或不实行政策协调时的假想福利水平

然而，每个国家存有的从作弊中获利的可能仍然会导致政策协调的失败。A 国的政策制定者知道，如果 A 国不遵守协调协议中的规定而 B 国仍然遵守该协议，A 国的福利水平就可以提升到 150 个单位。因此，A 国的政策制定者就有动机破坏彼此的协议以获得更高的国家福利水平。结果就如图 8-3 右上角的格所显示的那样，B 国的福利水平下降到了 25 个单位。因此，A 国是以损失 B 国的利益来获取自己的利益。与此同时，B 国的政策制定者同样面临着作弊的诱惑，采取“以邻为壑”的政策，就如左下角的格中所显示的结果。

显然，在这个例子中，当两国政府协调并遵守协议时，两国居民的福利总和达到 200 单位的最高值。然而，两国都有违反协议而采用“以邻为壑”政策的动机，因而产生较低的 175 单位的福利水平。但是如果两国同时违反协议，福利总水平就处于 150 单位的最低水平。无论怎样，每个国家都可能认为如果遵守协议就只能被他国的决策者欺骗，那么不遵守协议的结果要好些。

这个例子说明了国际政策协调中的一个关键问题。协调国家政策的决议只有在所有参与者彼此信任时才会有效。因此，一国对国际政策协调协议的承诺必须对其他参与国而言具有可信度。在缺乏这样的可信度的情况下，每个国家都会认为同意协调只能使本国的福利水平恶化，并且使本国公民受到由于其他参与国的作弊行为而引起的不利影响。

其他国家的政策制定者缺少履约能力 欺骗和作弊并不是唯一使参与国遭受政策协调损失的原因。另一个问题是当一国牺牲部分主权以便从协调中获利时，其他国家的政策制定者可能缺少追求最好的共同政策的能力。也就是说，一国在决定为另一国放弃一定程度的决策权时，必须在两点上有足够的信心：一是另一国的政策制定者将遵守协调协议；二是另一国的政策制定者必须有能力高效地完成自己的任务。

另一种可能性是，尽管协作国的政策制定者相信他们将会遵守协议并称职地履行政策，然而政策制定者仍然无法对可供所有成员国共同追求的合适政策的前景达成一致。此类矛盾的产生可能是由于不同的政策制定者有不同的着重点，例如，他们对应给予实际产出和通胀目标多少权重有不同意见。另外，政策制定者可能对实施协议的最佳方法持有不同意见。例如，德国和英国决定进行政策协调，但是德意志联邦银行的经济学家强烈认为应将货币增长率作为协调目标，而英格兰银行的经济学家同样坚决地认为应当将名义利率作为协调目标，这样一个关于政策实施的技术性争论也可能引起协调协议的破裂。

一些看似成功的协调有时可能导致不利的结果 即使各国都同意协调，遵守协议，并且将它们的共同福利水平作为政策目标进行考虑，仍然有可能最终结果是本国居民的福利水平下降。

例如，假设两个国家受到正国际货币政策外部性的影响。如果任何一个国家的央行增加货币流通量，将会产生两种效果。一是本国总需求的上升；二是联动效应，即由于本国居民收入的增加使他们从另一国居民处购买商品和服务的数量增加，进而推动了另一国居民的收入和期望消费水平的上升，因此使得另一国国内总需求上升。

进一步来说，假设两国的央行同时面临着时间不一致和低政策信用度问题。这两国的居民了解到两国政策制定者具有通过扩大货币总量和提高总需求达到提高国家产出水平的动机。在没有政策协调的情况下，各国国内就会产生由于货币性扩张导致的总需求量的上升，但同时总产出下降，原因是工人在预期到较高的通胀水平时会要求更高的工资。其结果是两国国内的通胀倾向提高。

现在考虑如果两国的央行成功地进行了货币政策协调会产生什么结果。每个央行因此不仅将考虑提高本国的国内产出，而且将对方央行试图提高产出的动机考虑在内。结果是，每个央行都将提高其货币总量，甚至高于没有政策协调时的数量。两国的居民会意识到这一点并且期待更高的通胀水平。所以当本国央行进行政策协调时，他们会要求更高的工资待遇。因此，每个国家的通胀倾向在两国央行进行货币政策协作时会进一步增加，甚至高于两国央行不协作时。两国的居民将不得不承担更高的通胀成本。

本章小结

经济外部性 市场调节不灵会导致扭曲现象的发生。市场扭曲的一个主要表现是外部性，或称为“溢出效应”。外部性有两种类型：正外部性和负外部性。当一国产生的外部性越过本国国界影响到他国时会带来国际影响，或称为国际外部性。

公共品 有些产品在为一些消费者享用的同时还不得不被其他人享用。这些产品的特性决定了一些人可以不必支付任何费用即可与他人共同享用这些产品。具有此种特性的产品被称为“公共品”。全球公共品和搭便车现象的存在带来了许多严重的问题，例如对全球环境的保护不力。解决这些问题需要全球政府的共同努力。然而，一个重要的问题是为国内和国际环境保护的努力确定一个合适的目标，例如水污染的净化达到100%的程度并不能实现最优的社会效益，对水污染净化的社会边际收益的分析说明了这一点。如今各国政府和非政府组织都在共同努力推动全球性的环境保护措施。许多国家加入了各种旨在确定各国最低污染水平的国际协定，以及共同享有环境资源的全球性规则。

结构性相互依赖 在经济全球化的时代，各国的经济体系相互联结，形成结构性相互依赖。结构性相互依赖的结果是对一国有利或有害的事件也会对其他国家的居民带来利益上的影响。结构性相互依赖还会产生国际政策的外部性，即一项政策的正面和负面效应会影响到他国。政策的外部性为国际政策协调提供了依据。

国际政策协调 国际政策协调既有潜在的利益，也有潜在的问题。潜在利益包括：将国际政策外部性内部化，从有限的政策工具中获得最大的效益，获得国际支持。潜在缺陷包括：引发国内损失，相互缺少信任度，其他国家的政策制定者缺少履约能力，一些看似成功的协调有时可能导致不利的结果。

问题与思考

1. 对于发展中国家来说，对知识产权保护实行国际标准有什么好处和坏处？
2. 美国政府实行了一项减少污染的措施，其中公司可以购买或卖出其在法定限额内的污染权。讨论这项政策如果扩展适用到世界其他地区会有什么好处和坏处。
3. 列出一张表格，说明依据哪些特征可以判断一项活动是否具有国际环境外部性，环境的哪些特征可以被归类为全球公共品，以及治理国际环境问题的多边机制。
4. 解释国际政策协调和国际政治合作的区别。哪一个在今天更常见？
5. 在进行国际经济政策协调的潜在缺陷中，哪一个你认为是最重要的？为什么？
6. 讨论国际政策协调的潜在缺陷。哪一个你认为是最大的问题？表明观点并进行论证。

在线学习与应用

进入G8信息中心的主页（www.g7.utoronto.ca），下拉到“G7和G8的峰会及文档”，然后点击“峰会：代表团和文档”，点击“科隆，德国”。然后点击“G7财政部部长在科隆经济峰会上的报告”，查看G7的财政部部长关于加强国际金融结构的报告。找出财政部部长建议的六个基础改革建议。

案例研究

法国法官与国际外部性的斗争

2000年4月，一些团体在法国法院对Yahoo.com提起联名诉讼。它们指责Yahoo.com自愿主持纳粹纪念品拍卖的行为等同于“宣传纳粹主义”，并且破坏了法国禁止售卖或展览任何可能引起种族主义的物品的法律。这些团体请求法庭提供司法援助，禁止 Yahoo. com 在法国公民可以浏览的网页上拍卖纳粹纪念品。

要求 Yahoo. com 做出补偿

Yahoo. com 对这场诉讼的回应是，由于公司并没有允许在它的法国拍卖网站上交易纳粹纪念品，因而它没有违反任何法国法律。公司同时认为，那些法国居民如果认为这些纪念品的展示冒犯了他们，只要不去访问那些允许拍卖的美国网站即可。

然而在 2000 年 5 月 22 日，一位法国法官同意了那些提起诉讼的团体的诉求。这位法官任命了专家组来判定阻止法国网民进入 Yahoo. com 美国拍卖网页的技术可行性。这些专家在 2000 年 11 月提供了结论以后，这位法官要求 Yahoo. com 承担安装这种特定过滤系统的费用。这套系统可以通过 IP 地址识别出 Yahoo. com 拍卖网页的法国访问者，从而阻止他们浏览该网页。这位法官声明，Yahoo. com 在 90 天内不执行这一命令将会导致每天 1. 3 万美元的罚金。

此后不久，eBay. com 宣布不再允许在其拍卖网页上进行纳粹纪念品的在线交易，并且其他几家公司也宣布了同样的政策。由此，强制 Yahoo. com 承担消除可预见的负外部性成本的举动也使其他公司自愿取消了提供某些特殊内容的服务。

司法权问题

上述案例揭示了与国际外部性相关的两个问题。第一，在这种情况下对一国公民来说具有“历史意义的纪念品”对另一国居民来说却是一种“冒犯性物品”。在空气或水体污染问题上，每个人都会同意存在负国际外部性，然而纳粹纪念品对一些人来说是一种视觉污染，对另一些人来说却不然。一些在网上购买这些物品的美国公民认为，尽管他们厌恶纳粹思想，但他们感兴趣的是一些纳粹纪念品的重要历史意义。

第二，这个例子凸显了如何决定哪些国家在处理网络国际外部性问题上具有管辖权的问题，因为网络世界没有国家界限。当亚马逊网收到投诉说它热卖阿道夫·希特勒的极端书籍《我的奋斗》时，它采取的措施是不将此书卖给投递地址在德国的客户。如果上述案例中的法国法官将类似的判决适用于希特勒自传的案例，那么亚马逊网站将不得不采取网上过滤措施使德国的顾客无法看到这本书的信息。毋庸置疑，很多国家的政府都会禁止亚马逊网站和其他网络书商售卖这样的书籍。然而，如果更多的政府遵循这个法国法官所建立起来的先例，那么今后这些进行网络销售的公司的经营成本将大幅增加。

讨论题：

1. 一国政府如何判断已存在国际负外部性？如何纠正？

2. 你认为日本的历史教科书中粉饰日本在第二次世界大战期间对中国和其他亚洲国家的侵略行径的行为会带来负外部性吗？

第九章

经济全球化中的世界各国经济

本章要点

- 什么是发达国家和发展中国家？划分的标准是什么？
- 进口替代发展战略和出口导向型发展战略的根本区别是什么？
- 美国的“新经济”指的是什么？它的主要特征是什么？
- 日本自20世纪90年代以来经历了哪些困境？
- 巴西政府采取的主要政策措施是什么？
- 计划经济的主要特征是什么？
- 俄罗斯的经济改革过程是简单快速的吗？

经济全球化通过世界市场、国际分工、商品与资本的流动将世界各个国家联系在一起。伴随着经济全球化的深入发展，国际分工不断深化，各国的比较优势得到充分发挥，国际经济交流与合作日益广泛。总体来说，经济全球化的发展使人类社会呈现出前所未有的繁荣景象，人类文明达到了以往难以想象的高度，各国之间的相互联系和彼此依存比过去任何时候都更频繁、更紧密。尽管发达国家是全球化和一体化的主要受益者，尽管全球化和一体化进程中存在各种问题，但不可否认的是所有参与这个进程的国家都不同程度地从中受益。

本章分析了不同类型的经济体在全球化进程中的经济发展道路。第一类经济体是发达国家，以美国和日本为代表。第二类经济体是发展中国家，以巴西为代表。第三类经济体是转型国家，以俄罗斯为代表。

第一节　国家分类

“发达国家”和“发展中国家”是两个常用的描述国家发展阶段和福利水平的名词。什么是发达国家？什么又是发展中国家？对如何确定这些国家的分类及归属有不同的衡量标准。

“发达”一词被用来形容先进的经济体，在这些经济体中第三、第四产业通常占主导地位。这些国家的经济发展水平一般被解读为高人均收入和高人类发展指数（HDI）。在当代，发达国家的一个近义词便是工业化国家。一些有时还提到的但已过时的用于描述发达国家和发展中国家的名词有第一世界和第三世界，以及北方和南方。“西方国家”这个名词也有相似的含义，但它的内涵限制了它的使用，尤其是在亚太地区。

一、国际组织的定义

按照联合国的做法，并没有成熟的规则来确定发达国家和发展中国家。依照惯例，亚洲的日本、北美的加拿大和美国、大洋洲的澳大利亚和新西兰以及欧洲国家被认为是发达国家。在国际贸易统计数据中，以色列和南部非洲关税同盟成员国也被当作发达国家。在今天更广泛的“发达国家和地区”范畴中可能也包括了“亚洲四小龙”（韩国、中国台湾、中国香港以及新加坡）。东欧各国以及俄罗斯既不属于发达国家，也不属于发展中国家，它们通常被称为“转型国家”。

和联合国一样，WTO也没有明确给出发达国家和发展中国家的定义。WTO中的发展中国家是在自我选择的基础上提出的，虽然这一名单并不为所有WTO成员所接受。总体来说，在WTO的成员中，超过三分之二的成员均为发展中成员。根据联合国发展政策委员会2015年3月制定的标准，人均国民总收入（GNI）（3年平均数）在1 035美元以下的国家可列入最不发达国家名单，共有47个最不发达国家。

其他世界组织如世界银行和IMF一般认为发达国家和地区包括下列37个国家和地区以及非主权领土、地区及实体：

美洲：百慕大群岛、加拿大、美国。

亚洲：以色列、日本、新加坡、韩国、中国香港、中国澳门、中国台湾。

欧洲：安道尔、奥地利、比利时、塞浦路斯、丹麦、法罗群岛、芬兰、法国、德国、希腊、冰岛、爱尔兰、意大利、列支敦士登、卢森堡、摩纳哥、荷兰、挪威、葡萄牙、圣马力诺、西班牙、瑞典、瑞士、英国、梵蒂冈。

大洋洲：澳大利亚、新西兰。

一些组织认为欧盟的其他成员国也应属发达国家之列，包括2004年加入欧盟的国家，尤其是捷克和斯洛伐克，以及2007年加入欧盟的罗马尼亚和保加利亚，但是这些国家更应当算作新兴工业化国家，其中一些国家（例如拉脱维亚、立陶宛、波兰）远远不及欧盟15国富裕。然而，欧盟所有成员国的人均GDP和人类发展指数都高于世界平均水平。马耳他和斯洛文尼亚被世界银行列为高收入国家，但斯洛文尼亚不在IMF列出的高收入国家之列。

在世界其他部分，中国香港和中国澳门一直被大多数组织列为发达经济体。虽然香港和澳门已回归中国，而中国是个发展中国家，但它们在国际上仍然被认为是独立的经济实体（因为它们有自己的货币），而且根据香港和澳门各自的基本法律，它们也拥有独立的政治体制。由于两个区域的经济和中国内地有差别，它们各自拥有自己的疆界和关税控制权。

墨西哥虽然是《北美自由贸易协定》的签约国，同时也是经济合作与发展组织的成员国，但该国的经济一直不及其北方邻国发达。由于这些原因，一些人仍然认为墨西哥属于发展中国家而不是发达国家。事实上墨西哥最合适的归属是这两个极端之间，属于新兴工业化国家，因为墨西哥的人类发展指数在0.8以上，高于土耳其、俄罗斯和南非，并且墨西哥属于兴盛的中上等收入经济体。

在某些信息来源中，南非和土耳其被列为发达国家，但是根据它们的人均 GDP 和 HDI 的排名，它们显然属于发展中国家（两国都属于中上等收入国家）。阿拉伯联合酋长国和文莱由于人均 GDP 相对比较高，在一些信息来源中被列为发达国家。然而这两国的 HDI 低于 0.9。此外，两国的经济完全或严重依赖旅游业（阿拉伯联合酋长国），或石油/天然气的生产（文莱），而这样的经济单一的国家不应该像发达国家一样被归入先进和成熟的经济体。

保罗·萨缪尔森等经济学家经常将阿根廷当作一个罕见的例子来说明一个国家如何进入发达国家行列后又丢掉这一地位。在 20 世纪 30 年代，依赖农产品出口和高消费经济，阿根廷成为世界上六大最富裕的国家之一，人均 GDP 和工资水平都等同于法国和英国。然而在第二次世界大战之后，阿根廷的经济发展却没有跟上其他发达国家的脚步，随后出现的政局动荡和经济危机更是使阿根廷沦为一个中等收入国家。

二、人均 GDP

衡量一国人民生活水平的一种常用标准是人均 GDP。大多数国际组织和经济学家都用人均 GDP 来衡量一国的收入水平。由表 9-1 可知，经济合作与发展组织的人均 GDP 最高，而撒哈拉以南非洲的人均 GDP 最低。用人均 GDP（美元）来衡量，2016 年最富有的五个经济体是卢森堡（104 702 美元）、瑞士（78 813 美元）、中国澳门（73 187 美元）、挪威（70 813 美元）和卡塔尔（59 331 美元），而最穷的五个经济体是布隆迪（286 美元）、马拉维（301 美元）、中非（382 美元）、莫桑比克（382 美元）和马达加斯加（401 美元）。然而，在用人均 GDP 为标准来定义“发达”的状况时，还必须考虑到一些经济体不是通过发展以重工业和服务业为基础的经济来取得“发达”经济地位的，而是以自然资源的开采取得（往往是临时性）高人均 GDP，例如瑙鲁依赖磷酸盐采掘使人均 GDP 达到高水平。同样，巴哈马群岛、巴巴多斯岛、安提瓜和巴布达岛、圣基茨和尼维斯岛的经济则完全依赖旅游业。

表 9-1 2016 年各地区的人均 GDP 单位：美元

东亚及太平洋	欧洲和中亚	拉丁美洲和加勒比	中东和北非	经济合作与发展组织	南亚	撒哈拉以南非洲
6 586	7 137	7 951	3 934	42 445	1 640	1 449

资料来源：世界银行数据库、OECD 数据库。

中东的一些石油生产国、文莱、特立尼达和多巴哥岛的人均 GDP 虽然很高，但人们一般不把这些经济体列为发达经济体，因为这些经济体的经济完全依赖石油生产和出口。在许多情况下，特别是沙特阿拉伯，人均 GDP 2018 年为 23 219 美元，由于财富分配不均，人们的福利水平被扭曲。一些经济体，尤其是巴林岛、特立尼达和多巴哥岛已经开始发展多样化经济。

三、人类发展指数

联合国的人类发展指数是一种用来衡量各国人类发展水平的统计指标。人类发展指数是一种比较标准，用来衡量世界各国的人口预期寿命、识字率、教育和生活水平。它是衡量各国富裕程度，尤其是儿童福利的一种标准方法。我们可以用这一指标来区分发达国家、发展中国家和不发达国家，也可以用它来衡量经济政策对人们生活质量的影响。该指数是1990年由巴基斯坦经济学家Mahbub ul Haq提出的。根据人类发展指数，各经济体（联合国几乎所有成员以及几个特别地区）可分为四组：低人类发展水平（HDI值小于0.550）、中等人类发展水平（HDI值介于0.550和0.699之间）、高人类发展水平（HDI值介于0.700和0.799之间）和极高人类发展水平（HDI值大于等于0.800）。《2018年人类发展报告》中共有59个经济体属于极高HDI组，有53个经济体属于高HDI组，有39个经济体属于中等HDI组，有36个经济体属于低HDI组。另有6个经济体的HDI数据无法获得。

第二节 发达国家及其经济发展

根据人类发展指数的衡量方法，共有59个国家属于极高HDI组，然而按照惯例只有23个国家被公认为发达国家，或者说是完成了工业化的国家。这23个国家是美国、日本、德国、英国、法国、加拿大、比利时、丹麦、芬兰、希腊、冰岛、爱尔兰、意大利、卢森堡、荷兰、挪威、葡萄牙、西班牙、瑞典、瑞士、奥地利、澳大利亚和新西兰。在这些发达国家中，按照GDP总量来衡量，美国排名第一，日本第三。由于这些国家在世界生产、贸易、投资中占主导地位，这些国家的经济活动成为研究的重点。

一、20世纪90年代的美国经济和次贷危机

美国的人口占世界总人口的4.3%，耕地面积占世界总量的10.68%，但其产出却占世界总产出的24%（2017年）。美国的总产出以平均每年2%～3%的速度增长，增长速度是人口增长速度（0.7%）的3～4倍。这使美国的人均产值一直保持增长态势。在一个世纪以前，美国三分之一左右的产出来自农业，占37%，制造业占22%，采矿业占9%。此后，随着第三产业的不断发展，美国总产出的构成发生了逆转：美国总产出中有将近80%来自服务部门而不是有形商品。据美国劳动统计局称，这种趋势还在上升。在今后新增加的就业机会中，有98%将来自服务业，例如卫生保健、工程、教育、社会服务和会计等。

20世纪90年代的经济扩张与21世纪之初的经济疲软

20世纪90年代，当日本和世界上其他一些经济体忙于应对经济低增长以及其他问题时，美国经济却创纪录地持续扩张。从1991年3月到1999年年底，美国经济持续增长，形成了历史上和平时代最长的经济扩张期。1999年11月，失业人口仅占美国整个劳动力人口的4.1%，是此前30年来的最低失业率。消费品价格在1998年仅上涨了1.6%（自1964年以来除一年以外最低的增长幅度），1999年增长速度只是略有提高。这种高增长率、低失业率和低通胀率的现象在美国现代经济发展中不同寻常。经济发展周期的一般规律似乎被推迟了。这一“美国经济奇迹”被一些经济学家称为“新经济”。

“新经济”奇迹的产生是美国国内外各种因素相互作用的结果。如同早期的经济变革一样，20世纪90年代，美国经历了深刻的经济变革。发生在计算机、电信、生物科学方面的技术创新浪潮深刻地影响着美国人的工作和生活方式。与此同时，苏联的解体和东欧的剧变，西欧经济实力的加强，亚洲强大经济体的崛起，拉美和非洲经济机会的增加，商业与金融的全球一体化发展，所有这些都为美国公司提供了新的机会。

在 20 世纪 90 年代，美国经济前所未有地同世界经济紧密相连。《北美自由贸易协定》进一步加强了美国与其最大贸易伙伴加拿大以及墨西哥的经济联系。80 年代快速发展的亚洲与欧洲一起成为美国主要的制成品供应商和美国出口产品市场。先进的全球电信系统以以往无法想象的方式将世界金融市场联系起来。

世界经济的发展越来越依赖于美国经济的增长，因为美国的需求占世界总需求的近三分之一。不幸的是，对美国经济的希望很快就由于许多绊脚石而变得暗淡，这些绊脚石随后将美国和其他地区的经济带入困境。从 2000 年开始，美国的经济遭遇了许多重大挫折，包括：2001 年 9 月的恐怖袭击，2000 年以来股市财富的大规模缩水，以及公司的会计丑闻，等等。股票市场的价值高估、低储蓄率、私有部门的高债务、惨淡的公司利润以及高额的对外赤字等都加剧了经济的衰退。石油贸易和市场的领头羊安然公司在 2001 年申请破产，这起颇具争议的事件和对美国公司实际财务状况的担忧对美国的经济产生了巨大的冲击波。这是美国历史上第二大公司破产案例。就像一座纸牌屋，世界通信公司在 2002 年 7 月也土崩瓦解，制造了美国有史以来最大的一起申请破产保护案例。该公司制造了一起涉案金额将近 40 亿美元的财务欺诈案，该财务欺诈使本来亏损的公司看起来处于盈利状态。受到财务违规调查的其他大公司包括施乐公司、安达信公司、百时美施贵宝公司和强生公司。

这些事件进一步恶化了本来就严重萧条的就业和商业投资局面。从 2002 年 9 月到 2003 年 1 月之间，美国公司削减了近 25 万个工作岗位，世界经济也没有显现出从 2001 年 3 月的萧条中恢复的势头。由于世界各国对美国商品和服务需求的下降，美国的失业率从 2001 年的 4.8%上升到了 2002 年的 5.9%。当世界上大约三分之一的经济体受到通货紧缩的压力，价格和工资陷入下降的旋涡时，在财务上陷入困境的美国公司影响价格的能力也受到了限制。劳动力市场也显得疲软和低迷，制约了美国经济增长所需的强劲的外部需求。

然而 2001 年的美国经济萧条是历史上最温和的一次。到 2002 年，美国经济小幅度但稳步地恢复。面对经济发展形势的逆转，美国经济能够保持稳定的原因在于政府采取的宏观政策，包括货币政策（由美联储制定）和财政政策（由总统和国会制定）。

货币政策　美联储采取了干预措施，通过降低利率鼓励消费和刺激美国整体经济的增长。美联储将利率从 2001 年初期的 6.0%下调到了 45 年来的最低水平——1.0%。尽管联邦基金利率在 2002 年全年基本保持不变，但此前的利率下调促进了全年的经济增长。要理解利率下调产生的时滞影响，就需要理解货币政策影响经济的途径。利率下调的政策影响会从下列四个渠道刺激需求：鼓励消费（特别是耐用品的消费）、促进商业投资（通过降低资金成本）、促进房地产投资（从房地产行业的膨胀可以看出）、降低美元的兑换价值（可以增加出口并减少进口）。所有这些影响都需要一段时间后才能感受到，因为消费者必须计划如何最好地利用降低的借贷成本，公司必须计划新的投资项目，进口商和出口商必须考虑美元汇率的变化如何影响它们的定价和成本。

利用模型和数据分析的结果均显示，货币政策的改变仅仅在几个月的时滞后就发挥了作用，而且这些作用的效力能持续很久，所以 2001 年的利率下调措施促进了 2002 年全年的经济增长。一个著名的经济模型可以帮助理解该货币政策对经济影响的幅度。根据该模型的预测，如果其他变量保持不变，联邦基金利率每下降一个百分点可以带来实际 GDP 一年后高于基线水平 0.6 个百分点。两年后这一货币政策对经济的刺激作用使实际 GDP

增长了1.7%。用数据分析的方法大致得出了同样的结论：一项研究显示，联邦基金利率的一般性下调将在之后的几个季度中稳步提高总产出，并在大约18个月后对总产出的影响达到最高程度。两种分析方法均表明2001年采取的利率下降措施在随后的几年中继续对经济增长产生了强烈的刺激作用。

财政政策 财政政策的一个重要目标就是通过限制政府控制的产出在总产出中的比例来促进经济增长。2001年美国国会和政府依照这个目标取得了重大进展，通过了《经济增长与税率减让法案》，这项法案的通过标志着在大范围税基上的减税。法案在原有的15%的最低纳税等级之后又增加了一个更低的10%的新税基。由于此项减免，2001年纳税人可以根据减免的金额提前获得退税（大多数个人纳税人可获得300美元，大多数共同申报纳税的已婚夫妇可获得600美元）。

2001年第一季度，美国的GDP以年均0.6%的速度下降，第二季度下降了1.6%。按照GDP总量与当前收入的传统关系来测算，税收方案在第三季度使年增长率提高了1.2个百分点。结果表明，如果没有减税政策，第三季度的GDP将以每年1.5%的速度下降而不是实际看到的0.3%。在第四季度，减税政策继续使实际GDP提高了1.2%，这样在没有退税的情况下GDP增长速度本应为每年1.5%，但实际上却增长了2.7%。

尽管经济得到恢复，但几十年来困扰美国经济发展的问题依然存在。联邦政府的预算在四年盈余之后于2002年再次出现预算赤字，当年达到1 580亿美元，相当于GDP的1.5%。财政预算再次出现赤字主要由于以下四个因素：2001年经济萧条的持续影响、股票市场的下跌、由于反恐战争带来的政府支出的增加、保护国土安全的支出。经济萧条往往导致政府赤字增加，因为它会增加政府支出（例如增加失业保障的支出），同时它会减少税收收入（由于可课税收入的减少）。2001年的经济紧缩虽然程度较轻，但它却导致税收收入的大幅度下降，其中最重要的原因便是当时恰逢股票市场的下跌。股票市场的衰退减少了资本收入，同时也减少了同资本市场密切相关的工人的可课税收入。

结果美国的累积国债创纪录地超过2.3万亿美元，相当于实际GDP的20%，贸易赤字超过了实际GDP的4%，这一日益扩大的贸易赤字必须靠每天10亿美元的国外资本流入来弥补。美国的对外政策对高涨的赤字影响巨大，因为美国提出的反恐目标大大增加了国防支出。五角大楼的高层预算官员称，2003年1月到9月美国在伊拉克的军事行动可能耗费580亿美元以上。美国对伊拉克战后重建的承诺将花费1 000亿美元，重建需要三年完成。国防部指出美国在阿富汗的军事行动每月花费10亿美元。这些都在美国国内引起了关注，因为这些支出大部分都将由纳税人来承担。

从房地产业的繁荣到次贷危机

政府政策 21世纪初政府采取的低利率政策和大量外国资金的流入创造了一个宽松的信贷环境并带来房地产市场的繁荣，这也为危机的发生埋下了种子。由于房地产业的繁荣，美国家庭房地产所有权拥有率从1994年的64%（大约保持在自1980年以来的水平）提高到2004年的69.2%。次级抵押贷款是导致房地产所有权比率上升的一个主要因素，也是推动整个房地产需求的主要因素。

提高房地产所有权比率是克林顿和布什政府的一个目标。有证据表明，联邦政府依赖抵押产业，包括联邦国民抵押贷款协会（房利美）和联邦住房贷款抵押公司（房地美）来降低贷款标准。此外，美国房地产与城市发展部的抵押贷款政策促进了发行风险贷款的趋势。

从1995年开始，“两房”公司因购买向低收入借款人贷款的MBS而得到政府的鼓励性补偿，从此开始了“两房”公司在次贷市场上的介入。次级抵押贷款在1994—2003年每年增长25%，9年间次级抵押贷款的规模扩大了近10倍。这些证券相对丰腴的收入，加之时处低利率时代，使华尔街产生了极大的兴趣；同时又由于“两房”公司一般只购买风险最小的次贷证券，因而推动了整个次贷市场的发展。1996年美国房地产与城市发展部指示“两房”公司将其购买的相当于42%的抵押贷款发放给低收入家庭的借款人。这一贷款比例在2000年提高到50%，在2005年提高到52%。在2002—2006年间“两房”公司所购买的次贷证券从每年的1 720亿美元上升到5 000亿美元，之后下降到4 500亿美元，实现了政府要求它们降低房产支付难度的要求。

文化因素　消费主义文化是形成以“即时满足”为基础的经济的一个因素。从2005年以来美国家庭用于支付消费或利率的支出超过了99.5%的个人可支配收入。如果将大多数与住房所有权相关的支出从计算中剔除，美国家庭的支出自1999年起便年年超出它们的可支配收入。

房地产市场　对房地产需求的增长推动了房价的上涨和消费支出。美国房价在1997—2006年间平均增长了124%。在2001年前的20年间，房屋价格相当于一般家庭收入的2.9～3.1倍，而这一比例上升到2004年的4.0倍和2006年的4.6倍。房地产泡沫导致不少房地产所有者以较低的利率再融资，或以房价上涨为由对消费支出进行二次抵押。美国的家庭债务2007年年底达到个人可支配年收入的127%，而这一比例在1990年为77%。

家庭负债从1974年末的7 050亿美元、占个人可支配收入的60%增加到2000年末的7.4万亿美元，2008年年中达到14.5万亿美元、占个人可支配收入的134%。美国的一般家庭2008年平均拥有13张信用卡，40%的家庭有负债，2008年比1970年上升了34%。

信用和房价膨胀导致建筑市场繁荣和房屋供给过剩。宽松的信贷和对房价持续增长的信念鼓励众多的次贷借款人获得可调利率抵押贷款。这类抵押贷款怂恿借款人在前期以低于市场的利率获得借款，而在其余阶段则按照市场利率还贷。借款人在宽限期结束后无法支付较高的欠款时就要想办法对抵押贷款再融资，然而当美国许多地区的房价开始下降时，再融资变得越来越困难。借款人在感到无力通过再融资偿还每月的欠款时便开始违约。

投机行为　对住房不动产投资的投机行为是危机产生的一个原因。在2006年，有22%的房屋购买（165万套）是出于投资目的，另有14%（107万套）房产是假日住房。一年前这两个数字分别是28%和12%。换句话说，创纪录的40%的房屋购买并非出于居住目的。

房价下降　到2008年9月，美国房价从2006年中期的高峰时期下跌，下降幅度平均超过20%。房价出人意料的大幅下降意味着众多借款人的资产为零或负值，或者说他们的资产价值低于他们的抵押贷款。到2008年3月估计有880万个借款人（占房产所有者的10.8%）的资产价值为负数，预计这一数字到2008年11月上升至1 200万。在此情况下借款人便产生了“逃离”抵押贷款、放弃自己房产的动机，尽管此举在未来几年内有损自己的信用记录。不同于其他大多数国家的是，美国住房抵押贷款不具有追索权；一旦债权人收回违约的以抵押贷款购买的房产，他不再具有对违约者的收入或资产继续追索的权利。随着越来越多的借款人停止偿还借款，抵押品赎回权的取消和待销售房屋的数量也在增加。2007 年新销售的房屋比前一年下降了 26.4%，到 2008 年 1 月未销售新房的存量是 2007 年 12 月销售量的 9.8 倍，是自 1981 年以来的最高比例。房价受此影响进一步下降，导致房产所有者的资产价值继续下降。抵押贷款支付的下降也降低了抵押贷款证券化（MBS）的价值，进而侵蚀了银行的净资产价值和金融健康，这一恶性循环是危机产生的核心。

美国经济的可持续发展

从 2008 年至 2011 年年底，美国经济经历了第二次世界大战后最严重的大衰退和缓慢复苏。2008 年美国的 GDP 下降 0.3 个百分点，2009 年出现了第二次世界大战后 60 多年以来最严重的大衰退，当年 GDP 下降了 3.5 个百分点。然而由于美国经济的自我修复能力和基础良好，因而美国也成为发达国家中恢复较快的国家（见表 9-2）。

表 9-2　1990—2017 年美国经济增长率（%）

年份	1990	2000	2005	2010	2015	2016	2017
美国	1.9	4.1	3.4	2.5	2.6	1.6	2.19
高收入国家	3.3	4.1	2.7	2.9	2.2	1.7	—

资料来源：世界银行数据库。

美国经济的快速恢复得益于它的经济可持续发展的基础良好。表 9-3 显示的是美国经济可持续发展的各项主要指标。从该表中可以看到，美国的优势在于它的高比例的技术劳动人口和较高的 R&D 支出，这使美国的高科技发展有资金和人力资本的支持。美国的出口集中度也较低，表明美国的产业在多个领域具有较强的比较优势，因而其出口也更为多样化，在世界范围内属于产品多样化程度较高的国家。

表 9-3　美国经济可持续发展的各项指标

	净储蓄占 GNI 百分比（%）	资本形成总值占 GDP 百分比（%）	技术劳动力占总劳动力人口百分比（%）	集中度指标（出口）	R&D 支出占 GDP 百分比（%）
年份	2006—2016	2011—2017	2011—2017	2016	2005—2015
美国	6.1	19.7	96.3	0.1	2.8
OECD 国家	8.0	21.3	81.0	—	2.5

注：集中度指标（出口）：衡量一个国家出口产品的浓度（也称为赫芬达尔-赫希曼指数）。该指数值越接近 1，表示该国的出口越高度集中于少数产品。相反，越接近 0 则表示出口越均匀地分布于一系列产品，表明经济具有多样化趋势。

资料来源：联合国开发计划署：《2018 年人类发展报告》。

表 9-4 显示了美国的社会可持续发展情况。美国属于极高人类发展水平国家，除出生时预期寿命略低于经济合作与发展组织（OECD）国家的平均值外，其他数值都高于该组织的平均值，显示了美国社会的发展水平和发展潜力。在经济全球化和一体化不断深化的时代，作为世界最大的经济体，美国的经济发展的快慢、兴衰，经济与货币政策的变动都会通过世界货物、资本与劳动力市场对世界其他国家产生重大的影响，进而影响整个世界经济发展的速度与方向。

表 9-4　2017 年美国社会发展各项指标

	HDI 位次	HDI	出生时预期寿命（岁）	预期受教育年限（年）	平均受教育年限（年）	人均 GNI（2011 年购买力平价美元）
美国	12	0.924	79.5	16.5	13.4	59 683
OECD 国家	—	0.895	80.6	16.2	12.0	39 595

资料来源：联合国开发计划署：《2018 年人类发展报告》。

二、日本：在泡沫破裂之后

虽然日本经济奇迹已于 1971 年结束，但在此后的 20 年中，尽管存在着供给方的严重冲击（指石油危机），日本经济仍得益于它的影响而保持快速的增长。日本的出口贸易由于再投资和高生产力达到惊人的高效率。日本还实现了赶上美国的目标，人均 GDP 于 1989 年超过了美国，尽管购买力仍然只有美国的 72%。

从 1971 年到 1991 年日本的经济发展势头都很强劲，年均增长率为 4.4%。在这期间只有 4 年的年增长率低于 3%，而且都是由于遭受了各种冲击的影响。这些冲击暴露出日本经济体系的特点及其进行经济改革的能力。

尼克松冲击　1971 年 8 月 15 日，美国总统理查德·尼克松结束了自 1944 年开始生效的布雷顿森林体系中的固定汇率制。在这一体系下，黄金价格以每盎司 35 美元的兑换比率与美元挂钩，所有其他货币均盯住美元。日元与美元的兑换比率为 360 日元/美元。当尼克松宣布美元与黄金脱钩时，美元贬值，日元升值为 308 日元/美元。在一年内，尼克松总统访问了中国。日本人被这突如其来的世界大国间的重新组合搞得一片茫然，并且因事先未获得任何消息而感到十分窘迫。这一事件使得日本更加意识到自己同美国有限的政治联系以及对美国的过度依赖。

两次石油冲击　1973 年年底，第一次石油危机震惊了全世界，石油输出国组织国家实行了石油禁运，并且将石油价格提高到了原来的四倍。石油几乎全部依赖进口的日本，不得不大幅提高对石油的支出。1974 年日本物价高企，进口增加了 40%，经济增长趋于停滞。然而一年之后，日本利用了日元与美元的汇率差和以出口价格为基础的购买力平价之间的差异，再次实现贸易平衡。在随后的几年中，日本继续奉行节约能源的做法，实现了巨额贸易顺差。

20 世纪 70 年代末期，伊朗革命再次促使石油价格成倍增长，引发了新一轮通货膨胀、贸易失衡和能源问题。日本此时与其他工业化国家在技术上正在达到平行水平，因此不得不放慢了生产效率增长的速度。

第二次石油危机带来的日元贬值再次扩大了日元兑美元的汇率与用日元计量的生产成本之间的差距，大大促进了日本出口的增长。在汽车、汽车零部件、钢铁、消费电子产品、机床这些行业，日本在美国的市场份额逐年增加。美国用“对等”立法回应日本，威胁对不平等贸易关闭美国市场。在美国调整以适应日本的出口冲击时，美国国内一系列的贸易申诉也使美国出台了临时性和“自愿性”的针对日本出口冲击的立法。

由于里根计划的实施，1981 年美国的实际利率大大提高，最终导致美元升值了 63%。日元的贬值进一步提高了日本出口产品的竞争力。到 1985 年，美国的贸易赤字达到 1 220 亿美元，而日本的贸易盈余上升至 560 亿美元。1985 年 9 月，工业化国家认为货币的走势已经失控。五国财长在纽约的广场饭店会晤并宣布他们一致认为美元已过度升值。在几周内，美元币值开始下跌，到 1988 年达到了 1 美元兑换 128 日元，由此引发了日元升值周期，或称“高日元”时期。

日元升值 以美元衡量的日本出口产品价格飞涨使日本面临越来越大的压力。如果日本要避免贸易失衡的危机，日本企业就必须削减成本，降低价格，最终就是以更多的现代工厂和设备进行再投资。日本企业如此做了，而且投入力度很大。日本企业毫无疑问从以日元计价的低进口原材料中获得了好处。为了刺激经济，截至 1987 年 2 月日本银行将利率降低至 2.5%，结果到 1991 年实际投资直线上升，从占 GDP 的 27%上涨到 32%，达到一个发达国家前所未有的高度。日本最终再造了它的工业体系。

随着贸易盈余以每年高于 900 亿美元的额度增长，日本也在增加对本国股票市场、外国资产、房地产和外国借贷的投入。东京和大阪的地价上涨了 3 倍以上，东京证券交易所的日经指数从 11 000 点上升到了 39 000 点。日本的银行和投资基金购买了美国的政府债券，日本商人购买了价值近 1 400 亿美元的美国资产和房地产，例如哥伦比亚电影制片公司、卵石海滩高尔夫球场以及纽约的洛克菲勒中心。日本的制造商在美国、欧洲和东南亚投资建厂，以此获得市场准入，规避贸易保护主义的干扰，获取技术，同时降低劳动力成本，而劳动力成本在日本国内不断攀高。

应对泡沫破裂与全球化

货币升值最终使日本陷入危机。在资产投机的压力和 1989 年通货膨胀的威胁下，日本银行的新任行长决定提高利率和给经济降温。1990 年利率再次升高，到了 1991 年日本陷入了衰退。截至 1993 年，日本经济的年增长率均低于 1%，直到 1996 年也没有恢复到 3%的增长速度，而且 1996 年日本经济再次下滑。在 1998 年的又一次经济衰退之后，日本的经济开始缓慢增长，1999 年实际 GDP 的增长率为 0.8%，2000 年为 1.7%。日经指数在 2001 年 7 月跌至 12 607 的低点，房地产的价值也在下降。同时失业率上升至 4.9%的历史新高。

日本政府在经历长时间的平衡预算的努力后于 1992 年试图用财政政策来刺激经济。在 1992—1995 年的三年中，财政赤字大幅上升。虽然这样的措施使政府债务和债务服务创历史新高，但它对经济增长的作用却微乎其微。接着日本政府又采取了降低利率的措施，到 1995 年利率下降至 0.5%。不幸的是，由于资产价格不断下降，银行坏账持续存在，即使是低利率也未能刺激借款的有效增加。

为了使苦苦支撑中的银行和低迷的经济重振信心，日本银行于 1999 年 2 月开始施行零利率政策，这是一项颇具争议的政策。考虑到这项政策可能带来的负面效应，日本银行强烈期望在政府的决定性引导下，在所有领域尽快采取综合措施以实现结构重组的目的。

对于日本经济的持续停滞没有简单的解释。许多日本人认为西方化可以在某种程度上解决问题，他们倾向于认为传统体制是造成问题的部分原因。以往的劳动力和资本市场、强有力的官僚体制、公司治理以及独特的社会安排都运行得很好，然而现在看来它们都已不适合全球化的规则。自 20 世纪 90 年代以来，日本的经济已经挣扎了很久，人们对政治失去了信心，社会中充斥着停滞不前的气氛。日本人越来越清晰地认识到过去的体制不一定适合 21 世纪的社会。

小泉纯一郎时期的结构性改革

2001 年 4 月日本首相小泉纯一郎就任时，日本面临的最大的经济挑战之一就是国内银行不良贷款的累积。在过去的几年中，日本的金融危机迫使许多银行通过并购来整合资源和削减成本。在并购之后，包括日本第一劝业银行、富士银行、日本兴业银行以及安田信托银行在内的瑞穗股份公司成了世界上最大的银行，资产达到1.3万亿美元。银行间的并购促使各银行分担日益增加的呆账负担。据日本政府估算，银行的呆账仍然保持在33万亿日元，但日本民主党认为真正的呆账总额接近150万亿日元。美国和其他发达国家都向日本施加压力，要求日本清理呆账。然而，日本的工人担心清算呆账会进一步导致失业率提高，因为日本企业破产的风潮已经造成日本失业率的提高，2000年就有18 926家企业倒闭，造成199 280个雇员失业。

承担着将日本经济从十年之久的萧条中恢复过来的重任，日本首相小泉纯一郎于2001年5月初宣布了一项雄心勃勃的经济战略。他计划实施一项被称为"新世纪复兴"的经济改革计划，并且建立适合21世纪的新型经济和社会体系。虽然计划的详情当时尚未对外公布，然而小泉纯一郎的激进政策建议反映出他进行结构改革和严肃财经纪律的郑重承诺。

新的改革议程中包括促使银行在两到三年的时间内清理所有呆账的计划。作为这项战略的一部分，日本政府旨在通过减少政策干预以促进经济竞争。为了阻止日本已经高达5.6万亿美元的债务继续增加，日本政府建议设定政府借款的上限，即每年2 450亿美元。考虑到工人所承担的结构性改革的负担，日本政府还推出了一项由政府补贴的失业计划，据此失业工人可获得长达12个月、相当于100%在职工人工资的援助。考虑到日本劳工法对解聘工人的严格限制，这样的改革使企业更容易解雇工人从而进行结构性调整。

复苏与预测

2004年，日本经济终于从泡沫破裂后持续十年的停滞中恢复过来。经济发展停滞最先起因于泡沫时期企业的资产价值缩水而无法偿还过度膨胀的债务。之后又由于贷方账簿上的坏账迅速增加引发了银行的经营危机。因此要清理泡沫经济带来的后果，首先银行必须减少坏账，同时企业必须理性经营，如通过减少债务和取得财务盈余来降低成本。还有一点需要提醒的是，20世纪80年代正当日本陶醉于泡沫经济带来的繁荣之时，世界经济全球化正在深入发展。其他工业化国家的企业将高新的IT技术全面应用于管理之中，提高了生产力，因而赢得了全球化时代激烈的竞争，获得了生存空间。日本经济在全球化时代变得落伍，最终使"日本第一"变为"被遗忘的日本"。

自2003年开始的复苏表明，日本经济最终摆脱了这些负担，并且开始步入赶超世界其他国家的新阶段。日本金融机构的实力以惊人的速度恢复，甚至让国际观察员们感到敬畏。日本银行的坏账率从超过20%下降到了5%以下，金融机构的改革以远远超过预想的速度和力度进行着。日本企业通过管理者的努力恢复了世界"最强企业"的地位，因为管理者们意识到自己的落后从而采取必要的措施进行结构重组、降低成本、进行技术创新和设备更新。促使日本企业取得成功的因素首先是有能力的管理者的坚定意志；其次是日本政府将推进改革置于政策实施的优先地位；最后是由美国和中国引领的良好的全球经济环境。

泡沫破裂后的经济停滞期给日本留下了值得吸取的教训。随着这些教训带来的果实开始成熟，日本应该充分认识到它周围的世界正处于不断的发展中。因而为了保持自己富裕的生活方式，日本应当不断地回顾过去的困境和经历，下定决心进行改革。今后的十年对于日本来说将是一个关键的时期，在这个时期中可以看出日本是否真正实现了经济复兴。

日本经济的可持续发展

日本是亚洲国家中唯一被认为属于发达国家的经济体，目前经济总量位列世界第三。

尽管日本的经济增长速度在过去几年中一直没有超过2%，但是它的经济的可持续发展潜力雄厚。表9-5是日本经济可持续发展的各项指标。日本在科技发展方面的比较优势强大，表现在技术劳动力占总劳动力人口的百分比达到99.9%，是世界上这项指标最高的国家。它的R&D支出即使在发达国家中也属于高水平。但是日本的净储蓄较低，甚至低于OECD国家的平均水平，这导致日本的国内投资水平也较低。日本23.6%的资本形成总值占GDP百分比属于中等水平。

表9-5　日本经济可持续发展的各项指标

	净储蓄占GNI百分比（%）	资本形成总值占GDP百分比（%）	技术劳动力占总劳动力人口百分比（%）	集中度指标（出口）	R&D支出占GDP百分比（%）
年份	2006—2016	2011—2017	2011—2017	2016	2005—2015
日本	6.0	23.6	99.9	0.141	3.3
OECD国家	8.0	21.3	81	—	2.5

资料来源：联合国开发计划署：《2018年人类发展报告》。

表9-6是日本社会发展水平指标。日本是少数几个进入极高人类发展水平的亚洲国家，排名第19位。日本人的平均受教育年限达到12.8年，这解释了它的技术劳动力人口极高的原因。日本的出生时预期寿命达到83.9岁，是仅次于中国香港地区最长寿的经济体。这虽然说明了日本的社会福利水平高，但同时也带来了发展的隐患。2017年日本占世界总人口的比例为1.68%，人口增长率为−0.2%。在日本人口总量不断下降、人口出生率不断下降的背景下，人口老龄化与少子化并存，给日本中长期的发展带来了不确定性。

表9-6　2017年日本HDI各项指标

	HDI位次	HDI	出生时预期寿命（岁）	预期受教育年限（年）	平均受教育年限（年）	人均GNI（2011年购买力平价美元）
日本	19	0.909	83.9	15.2	12.8	38 986
OECD国家	—	0.895	80.6	16.2	12.0	39 595

资料来源：联合国开发计划署：《2018年人类发展报告》。

第三节　全球化时代发展中国家的经济发展战略

一、发展中国家及其发展战略

发展中国家的人口占世界总人口的5/6，超过50亿。这些国家的特征为低人均GDP、高文盲率、高出生率以及住房及卫生设施短缺。大多数发展中国家的农业部门占经济的比例远远高于工业化国家，而且长期受资本短缺的困扰。这些国家的出口部门往往都集中于几种初级产品，例如农产品、石油、矿产品等，或者是初级制造业部门，例如纺织品和鞋类。

发展中国家的命运大相径庭。一些国家取得了高增长率，发展十分成功。另外一些国家却遭遇了严重的经济衰退，依然十分落后。表 9－7 显示出收入的巨大差异是最显著的特征。东亚地区的收入增长最快。“亚洲四小龙”（韩国、中国台湾、新加坡、中国香港）在过去的约 20 年中发展十分迅速，已经达到了相对较高的收入水平。东亚的其他一些经济体同样增长迅速，包括马来西亚和中国。然而，发展中国家中许多国家的人均收入在 2000—2017 年间却增长缓慢，这种情况大多数发生在撒哈拉以南非洲和南亚国家，这些国家人均 GDP 在将近 20 年的发展中仍未超过 2 000 美元。

表 9－7 2000—2017 年按区域和收入水平划分的人均 GDP 单位：美元

年份	2000	2005	2010	2015	2016	2017
世界	5 484	7 271	9 514	10 172	10 201	10 715
高收入国家	25 021	32 776	38 138	39 137	39 675	41 211
中等收入国家	1 216	1 939	3 876	4 792	4 766	5 169
中等偏下收入国家	558	843	1 675	2 004	2 060	2 188
中等偏上收入国家	1 881	3 094	6 295	7 965	7 865	8 605
中低收入国家	1 131	1 784	3 530	4 334	4 299	4 655
低收入国家	303	385	629	762	703	750
最不发达地区	307	425	779	970	949	1 060
重债穷国	328	445	744	883	876	953
欧洲和中亚	1 778	4 277	7 757	7 486	7 123	7 943
拉丁美洲和加勒比	3 909	4 825	8 526	7 866	7 583	8 313
中东和北非国家	1 608	2 278	4 123	3 906	3 866	3 769
南亚	444	680	1 252	1 545	1 644	1 841
撒哈拉以南非洲	546	892	1 554	1 600	1 463	1 553

资料来源：世界银行 WDI 数据库。

为了改善本国的经济状况，许多发展中国家都实施了大规模的发展计划。这些计划几乎总是涉及政府对经济的大规模干预。例如，为了鼓励工业发展，政府对农民征收高税收，用获得的收入去补贴工业。这些税收也起到鼓励工人离开农业到城镇中的工业岗位就职的作用。这些计划的另一个共同特征是大量使用贸易政策。总的来说，发展中国家采取的战略通常可以分为以下两类。

进口替代发展战略

许多发展中国家的官员主张，国家为了经济发展必须减少对初级产品出口的依赖，必须采取政府政策允许以牺牲农业和矿业来发展工业。所谓的进口替代发展战略的目标就在于促进工业化的快速发展从而实现经济的发展，为此目的国家需要对外国商品建立高关税壁垒以鼓励本国的生产。

经济大萧条的发生促使许多国家采取进口替代发展战略。一些初级产品出口国家，例如巴西和澳大利亚，以牺牲工业进口为代价于 20 世纪 30 年代开始了工业化进程。进口替代战略在 20 世纪 50 年代至 60 年代期间取得独立的国家中获得了很高的声誉并迅速盛行于大多数发展中国家。这些国家对工业制成品进口所设置的壁垒已经接近战前施行最严苛保护主义的工业化国家的水平。虽然许多国家从20世纪60年代中期开始转向促进贸易和出口导向政策，然而进口替代发展战略对于发展中国家来说仍不失为一项重要的战略。

进口替代战略将幼稚产业论应用于发展中国家所确定的某一个或几个产业部门。具体操作方式是由政府决定那些最适合本国工业化发展的部门，提高这些工业部门产品的进口关税以鼓励本国投资，然后在工业化实现的进程中再逐步降低壁垒。如果政府选择了正确的部门，则在贸易保护取消时这些部门的工业仍然会蓬勃发展。然而在现实中，由于贸易保护和利益之间的强大关联，贸易壁垒很难消失，原因是市场上任何导致利润下降的变化都会导致受保护的部门要求政府给予更多的保护。其结果是贸易壁垒不断提高，而被保护的产业与国际水准比较很难成长为更强、更具有竞争力的部门。

进口替代发展战略还有其他问题。第一，实施进口替代发展战略的国家不对资本产品设置高关税，因而进口的资本产品便被广泛应用于本国的生产中。地方经理采用的是相对资本密集的生产技术。这意味着新兴工业部门的就业率低于不采用资本密集型技术时的就业率。因此，发展这些新兴工业部门对就业率增长的贡献有限，而发展中国家有着丰富的劳动力资源。此外，这还会导致资源的配置不当和低效率。

第二，由于整个发展战略依赖于政府官员的选择，因此大量资源被用来说服官员们相信各类项目的优点。而另一种情况则是用来贿赂官员们。不论是哪种情况，用于此类活动的资源本来可以投入生产性企业中，因而造成了除贸易保护通常引起的净损失之外的额外的经济损失。

出口导向型发展战略

与进口替代发展战略不同的是，一些发展中国家采用了出口导向型发展战略。采用这一发展战略时政府的政策锁定的部门属于具有潜在比较优势的部门。因此，如果一国拥有丰富的技术水平较低的劳动力资源，政府便会鼓励发展劳动密集型产业，以期促进这些产品的出口。出口导向型发展战略包括如下政府政策：保持市场的相对开放，使国内价格与世界市场价格一致；保持低汇率，使本国出口产品的价格在国际市场上具有竞争力；尽可能减少政府对要素市场的干预，使工资和租金真实地反映要素的稀缺。另外，成功的出口商常常享受额外的优惠，包括优先使用港口设备、通信网络、较低的贷款利率和税率等。

出口导向型发展战略包括两个阶段：初级产品出口导向期和制成品出口导向期。许多发展中国家都有幸拥有丰富的自然资源或广袤的土地，非常适合生产和出口自然资源及土地资源密集型产品。初级产品出口导向型发展战略要求政府有计划地挖掘本国自然资源的比较优势，生产几项最适合本国要素禀赋的产品，出口这些产品以换取他国生产的制成品。共有22个发展中国家一半以上的出口收入依靠单一初级产品的出口，其中有14个国家完全依靠石油，另有3个国家依靠咖啡。另外有41个发展中国家从单一初级产品出口中获得本国出口总收入的20%～49%，其中有10个国家依靠石油，有6个国家依靠棉花，而依靠黄金、蔗糖、木材、钻石、矾土和铝的国家分别为3个。

采用初级产品出口导向型发展战略除了可获得一般的静态贸易利益外，还可获得其他一些利益。第一，如果没有贸易，某些要素很可能利用不足或者被闲置。这意味着在封闭经济状况下，一国的生产点位于生产可能性曲线以内，而开放对外贸易有利于鼓励密集使用现有生产要素。第二，这一发展战略能够诱发外资的进入。国外企业进入这些国家有利于帮助它们扩大出口部门。随着出口部门的发展，其他外国投资随之进入一些相关部门，进而促进其他工业部门的发展。无论上述哪种情况发生，外资的流入都会促使发展中国家的生产可能性曲线向外移动，并最终使增长产生连带效应。连带效应指的是由于某个产业的扩张给其他产业或部门带来的收益。例如，一个大规模的采矿部门的发展会带动本地采矿装备产业的发展。这种效应被称为后续关联。第二种关联是出口部门的发展带动了基础设施的发展和供给，例如公路、铁路、港口、电信、电力等。这些基础设施的发展有助于降低本国其他产业的经营成本，进一步促进经济的发展。

初级产品出口导向型发展战略依赖从贸易获得的静态和动态利益作为促进经济增长和发展的基本动力。有观点认为澳大利亚、加拿大和美国正是通过实施这样的战略实现了经济发展。近期某些依靠这一战略获得一定成功的国家包括哥伦比亚（咖啡）、墨西哥和尼日利亚（石油）以及马来西亚（橡胶）。

尽管有这些实例，一些经济学家和许多政府官员一直对初级产品出口导向型发展战略持批评态度。他们反对这项战略的理由如下：第一，世界初级产品市场的增长速度不足以支持经济的发展。也就是说，发达国家是初级产品的最大买家。随着这些国家的发展，它们对初级产品的需求也在增长，但两者的增长速度并不一致。从长期看，初级产品在工业化国家的总进口中的比例呈下降趋势。

与此战略相关的第二个问题是基础产品出口国的贸易条件长期恶化。劳尔·普雷维什（Raul Prebisch）和汉斯·辛格（Hans Singer）于20世纪50年代提出发展中国家先是由于初级产品价格的下降（同时也不稳定）而蒙受损失。不久，与制成品进口相关的初级产品出口价格也开始下降。价格下降是由下列两个原因中的任何一个引起的。第一，如果工业化国家对初级产品的需求不振，就会对初级产品价格的增长产生下行压力。第二，如果发展中国家的政府采用扩大出口的政策，就会导致世界市场上产品供给的增加，同样促使价格下降。随着贸易的继续，上述两种情况中的任何一种都只能使发展中国家从贸易中获利的份额减小。实证研究表明，20世纪50年代和80年代是初级产品价格下跌时期，而两次世界大战期间、朝鲜战争时期和70年代早期是初级产品价格上升时期。1900—2000年，初级产品在2000年的价格是1900年价格的一半。因此初级产品的价格的确呈下降趋势。

从1980年开始，越来越多的发展中国家转向采用制成品出口导向型发展战略，这项战略注重向工业化国家出口低技术、劳动密集型产品。一些国家便是采用制成品出口导向型发展战略而取得成功的例子，包括第二次世界大战后重建时的日本、其他东亚国家以及一些新兴工业化国家。

实施制成品出口导向型发展战略并非易事，因为工业化国家增加了采用这种战略的困难。工业化国家事实上歧视发展中国家的出口制成品。较之于从其他工业化国家进口的产品，工业化国家对从发展中国家进口的产品设置了更多的非关税贸易壁垒。总的来说，下列一些商品被征以制成品中最高的关税税率，包括纺织品、衣服、鞋类，而发展中国家在生产这些产品上具有最广泛的比较优势。工业化国家敦促发展中国家实践自由贸易和比较优势原则，而它们自己却没有这么做。世界贸易组织将新一轮多哈回合多边贸易谈判命名为“发展回合”，该回合的一个重点是改善发展中国家向工业化国家和其他发展中国家的出口准入问题。

尽管存在着对发展中国家出口产品的歧视问题，一些发展中国家还是打开了本国制成品出口的世界市场。一个原因是发展中国家已经成为标准化生产线的出口商，而这些领域的技术革新空间逐渐缩小，例如纺织、轮胎和简单的电器。第二个原因是发展中国家已经成为一些技术含量较高产品的装配地，例如计算机。来自工业化国家的跨国公司向发展中国家提供先进的技术、零部件并负责制成品的营销和分销。第三个原因是针对发展中国家制成品进口的贸易壁垒并非牢不可破。这些产品可以另辟蹊径进入工业化国家的市场，或者发展中国家可以开发其他不受壁垒限制的新产品。

二、巴西经济及其发展战略

巴西是世界上国土面积排名第五的国家，国土面积达到851.57万平方公里，占南美洲总面积的47%。2017年巴西人口大约为2.09亿，排名世界第五。2017年巴西是世界第八大经济体，主导着拉丁美洲的经济，产出超过拉美总产出的1/3。

巴西属于热带和亚热带气候，拥有大面积的耕地和丰裕的自然资源，因此巴西自然成为许多自然产品的出口国。巴西是世界第一大烟草和蔗糖出口国，橘子汁产量占世界产量的85%，而且一个世纪以来，巴西一直是世界第一大咖啡生产国。此外，巴西的大豆出口位居世界第二，牛肉和鸡肉的出口位居世界第三。巴西拥有世界铁矿石总储量的1/3，出口占世界总量的30%，是澳大利亚的主要竞争对手。巴西的锡、铝和黄金的生产分别排名世界第二、第六和第十。虽然巴西是世界上排名第五的农业大国，但该国只有1/3的出口收入来自初级产品出口。巴西主要的出口产品包括运输工具（飞机和汽车）、冶金和化工产品。

历史背景与进口替代发展战略

葡萄牙人于1500年发现了巴西，巴西得名于葡萄牙殖民者开发的第一种产品巴西木(pau brasil)。从殖民时期到20世纪，巴西经济的增长轮流受到糖、黄金和咖啡（也许是最重要的）的推动。

在20世纪50年代，巴西和其他许多拉丁美洲伙伴国家一样相信发展中国家在制造业上具有潜在的比较优势。然而，它们最初无法同其他发达国家成熟的制造业竞争。按照进口替代发展战略，政府应当支持新兴产业的发展直到这些产业成长壮大并且具有国际市场竞争力，此时制造业才能发展起来。

巴西的战略是利用关税和非关税壁垒、汇率控制和进口许可证来保护国内市场。另外，巴西政府通过国家经济开发银行来提供信贷。巴西政府还利用各种优惠政策吸引外国直接投资，鼓励在基础产业和公共事业部门创办企业。政府对制成品设置的有效平均关税率超过了250%，受保护的产业部门包括钢铁、汽车、铝、水泥、重型机械以及化学品等。这些产业都被认为是经济的增长点，可以创造与其他经济部门之间的“上游”或“下游”关联以及外部效应。

尽管在1950—1963年间，巴西的年经济增长速度接近7%，但其经济战略却产生了负面影响，国家遇到了国际收支方面的问题。一些分析家认为低效的产业结构和未能使出口多元化是问题产生的原因。1964年4月，经济发展停滞、失业率增加最终导致了政府的倒台。之后巴西迎来了长达21年的军事统治时期。

军事政府

最初几年，军事政府专注于控制通货膨胀和减小宏观经济失衡。政府采取了货币贬值和吸引国外资本等措施来解决国际收支失衡问题。此外，政府再次在经济中扮演了主导角色，例如承担公共基础设施项目、扩大国有企业的作用、使用信贷和财政等激励措施鼓励私有部门的投资等。国有企业主导了钢铁、采矿、石油化工等产业。据估算，在巴西100家最大的公司中（以资产价值为标准）有74%是国有企业。这些措施产生了效果，巴西的经济再次得到了发展。在1968—1973年“巴西经济奇迹”时期，巴西的年均经济增长率超过了10%。

1973年第一次石油危机时期，石油价格上涨了四倍。那时，巴西80%的石油依靠进口。为了应对危机，巴西选择了加强进口替代促进经济更快发展的战略，然而实施这一战略需要减少外汇储备或者增加外债。1975年，巴西政府推出了一项雄心勃勃的国家发展计划，包括庞大的投资计划以及旨在加强出口替代的多种鼓励措施。这项政策看起来确实发挥了作用。在此后的几年中，经济发展速度保持在6%左右。

不出所料，巴西政府的发展计划导致外债和通货膨胀双双高企。1979年，支付债息的金额超过了出口总额的63%。外债从1973年的64亿美元上升到了1980年的540亿美元。外债大部分属于公共部门借贷，截至1981年，国有企业的外债占全部外债总额的近50%。1978年的第二次石油危机使巴西政府面临着迅速攀升的石油价格。由于美国实施的紧缩性货币政策，利率上升，而巴西所借的外债大部分以浮动利率借入，因而国际利率的上升自然增加了新借款和偿还剩余借款的成本。

以上因素严重打击了巴西脆弱的经济。巴西成为发展中国家中外债最多的国家，每年偿还的债息达到了GDP的5%。巴西国内经济陷入萧条，通货膨胀、货币贬值、利率上升且实际工资下降。1981年GDP同比下降了4%以上，同时财政赤字增加，通货膨胀扶摇直上，公共投资和私人部门投资下降。“经济奇迹”消失了。

20世纪90年代以来的巴西经济

20世纪80年代中期巴西结束了军事统治。每届新当选的政府都首先着手解决通胀问题，因为到20世纪80年代末通胀率已经上升到3位数以上。1993年5月，在施行了短暂的财政调整计划以后情况终于有所好转，巴西政府取得了小幅财政盈余并且推出了新货币——雷亚尔，并使其以半固定汇率平价与美元挂钩。通胀率从1994年6月的每月50%下降到了1994年第四季度的每月2%左右。

巴西政府从1994年开始对外开放经济。巴西加快了贸易自由化步伐，将平均进口关税税率从1990年的32%降低到了1994年的14%，同时取消了非关税壁垒。为了刺激投资（到1992年已下降到GDP的18%），巴西政府继续扩展私有化部门，对钢铁企业、电力企业、银行、铁路企业和其他国有企业实行私有化。在1991—1999年期间，私有化取得的收益超过730亿美元。

墨西哥金融危机过后，巴西的财政收支失衡、雷亚尔升值以及经常账户赤字增加等问题逐渐显现。部分外部失衡由外国直接投资填补（最显著的是1998年），而中长期债务则通过国际债券市场以及高利率吸引的大量短期证券资本的流入得到解决，结果到1998年，外债额达到2 430亿美元。巴西再一次在不断变动的全球资本市场上处于高度脆弱的地步。由于IMF的415亿美元一揽子援助资金和巴西央行的货币贬值措施，潜在的金融危机得到平复。巴西政府相信巴西将会再次走上长期稳定发展的道路。

自新千年以来，巴西的经济保持平稳发展态势。在21世纪的头5年内平均经济增长速度保持在2.18%。总的形势呈现出经济稳步发展，出口繁荣，国际收支账户健康发展，通胀适度，失业率下降，负债占GDP的比重下降。巴西政府实施了审慎的财政和货币政策，并且推行了必要的微观经济改革。

巴西经济虽然取得了进步，但还存在着显著的弱点，即近几十年来，巴西经济在高速增长和停滞甚至衰退的周期间反复。根据巴西彭特亚多基金会大学经济学院教授保罗·杜特拉的观点，“巴西经济增长呈现痉挛状态”。每隔一段时间，巴西政府便通过小范围改革并约束财政纪律来推动经济增长；但中长期改革缺位和政策失误往往又诱发新问题，导致增长停滞甚至衰退。进入21世纪后，得益于建立自由市场、采取更审慎的宏观政策和实现央行独立等一系列改革措施，“巴西奇迹”再度吸引全球目光。即便在经历次贷危机后的2010年，巴西经济增速仍高达7.5%。2011年，英国智库经济与商业研究中心发布的统计数据显示，巴西的经济规模首次超过英国，成为全球第六大经济体。但好景不长，近年来“痉挛”再次发作，巴西又一次经历了严重经济衰退。2015年和2016年巴西经济连续两年大幅萎缩（见表9-8），2017年和2018年虽然走出了衰退，但增速徘徊在1%左右。和巴西几乎同一时期实现经济起飞的韩国成功跻身高收入国家，而巴西则深陷危机。杜特拉认为，要避免“中等收入陷阱”，关键在于推进中长期改革，因为改革是经济增长的基础。

表9-8　1990—2017年巴西经济增长率（%）

年份	1990	2000	2005	2010	2015	2016	2017
巴西	−3.1	4.1	3.2	7.5	−3.8	−3.6	1.0
世界	3.0	4.4	3.9	4.3	2.7	2.4	3.2
拉美	0.4	3.8	4.5	6.0	−0.3	−0.8	1.6

资料来源：世界银行数据库。

巴西经济的可持续发展

巴西作为拉美地区最大的经济体，在区域经济发展中扮演着重要的角色。巴西经济的兴衰直接影响着拉美地区的经济发展。从巴西的经济可持续发展指标（见表9-9）看，巴西的集中度指数显示巴西的产业与出口产品的多样化程度较高，R&D支出在发展中国家中也处于较高水平，这是巴西经济发展的有利条件。然而巴西的净储蓄较低，资本形成总值较低，这些都解释了巴西高达51.2%的偿债总额，这使巴西经济长期经受着高债务负担的困扰。

表9-9　巴西经济可持续发展各项指标

	净储蓄占GNI百分比（%）	偿债总额占商品、服务和初级收入的出口百分比（%）	资本形成总值占GDP百分比（%）	技术劳动力占总劳动力人口百分比（%）	集中度指标（出口）	R&D支出占GDP百分比（%）
年份	2006—2016	2006—2016	2011—2017	2011—2017	2016	2005—2015
巴西	5.6	51.2	15.5	62	0.126	1.2
拉美与加勒比	8.0	29.6	19.8	55	—	0.7

资料来源：联合国开发计划署：《2018年人类发展报告》。

从巴西的社会发展指标看，巴西属于高人类发展水平国家，人均GNI已经超过13 000美元（2011年购买力平价美元），预期受教育年限在高人类发展水平国家中属于较高，但是平均受教育年限处于中等水平（见表9-10），技术劳动力人口超过了60%。从以上数据看，巴西具有较好的经济发展潜力，但是正如杜特拉所认为的，巴西只有坚持推进中长期改革，尤其是取消本地产业补贴、开放市场、吸引外资、整顿财政纪律，并推进包括养老金制度在内的社会福利制度改革，才有可能打破在“奇迹”和“陷阱”之间循环的周期律。

表 9-10　2017 年巴西 HDI 各项指标

	HDI 位次	HDI	出生时预期寿命（岁）	预期受教育年限（年）	平均受教育年限（年）	人均 GNI（2011 年购买力平价美元）
巴西	79	0.759	75.7	15.4	7.8	13 755
拉美与加勒比地区	—	0.758	75.7	14.4	8.5	13 671

资料来源：联合国开发计划署：《2018 年人类发展报告》。

第四节　经济转型国家

1989—1991 年间苏联的解体以及中欧和东欧的剧变产生了一批新的发展中国家。40 年计划经济给这一区域带来的结果是技术落后，环境严重破坏，工厂废弃，人民生活困窘。这些国家面临的最根本任务就是向市场经济转变，因此这些国家被称为转型国家。作为一个群体，这些国家同其他发展中国家有许多共同之处，但也面临独特的问题和机遇。为了便于理解转型经济体的发展前景，有必要回过头来对计划经济及其实践做一了解。

一、中央计划及其在国际贸易中的实践

市场经济体系依靠价格来配置资源、预估发展趋势并且提供激励。例如，当某种商品的价格上升时便预示着商品的稀缺性增加，这将鼓励消费者减少消费，同时刺激生产者提高产量。同样，原材料价格的上升就是告诉企业该原材料变得更为稀缺，因而鼓励企业减少该原材料的投入而增加其他价格相对较低的原材料。形成对照的是，中央计划经济依靠政府计划来决定生产什么、生产多少以及生产要素的价格。当政府的官僚机构而不是市场的力量决定价格时，平衡供给和需求的自动调节机制缺失，因而短缺和剩余就成为规律而不是一种例外。

为了按照计划配置稀缺资源并且监督计划的实施，政府建立了一套垂直的管理体系和一套水平的地方行政体系。这两个体系功能重叠。结果，以投入产出关系为基础的不同部门和地区之间有秩序的联系被破坏了，取而代之的是争夺投资和资源的关系。事实上，计划的制订者们并不能获得制订计划所需的全部信息，因而计划变成了一种事后的调整。同时，当经济结构和政策目标存在差异时，计划制订者便使用扭曲的价格、各种直接和间接的补贴（软预算约束）、数量调节方法来安排和调整国家的经济。结果，所有部门的生产均属于以下两种情况之一。

在第一种情况下，企业以高于均衡水平的计算价格进行生产，如图 9-1（a）所示；在另一种情况下，企业以低于均衡水平的计算价格进行生产，如图 9-1（b）所示。在第一种情况下，由于该生产部门以高于均衡水平的价格生产，结果形成了 Q_2Q_1 的剩余。该部门的供给曲线 SS 实际上是该部门的边际成本曲线。因此，较高的价格事实上使该部门以较高的边际成本产生剩余。在第二种情况下，价格低于均衡水平，结果造成 Q_1Q_2 的短缺。

经济互助委员会

在计划经济体制国家，自给自足往往是明确的政策目标。和许多其他发展中国家的政策

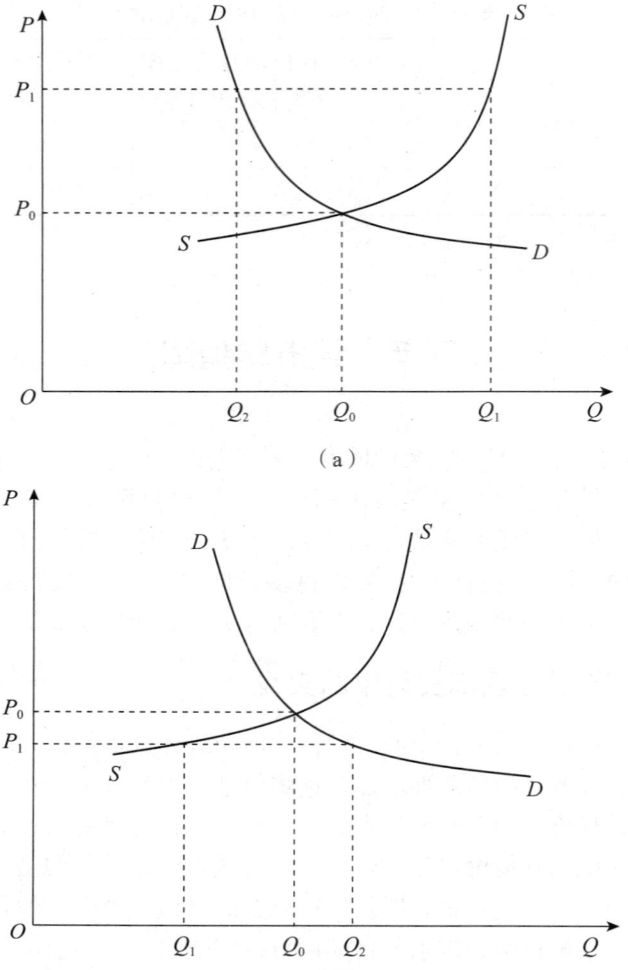

图 9－1　价格扭曲造成的剩余或短缺

制定者一样，计划经济的决策者也将工业化视为重要的政策目标。计划制订者认为贸易既有害，又不可缺少，因此生产出口产品仅仅是为了进口国内无法生产的产品。第二次世界大战之后，苏联将其势力扩展到了中欧和东欧，将这些地区的经济体纳入它的自给自足体系中。这些国家成立了经济互助委员会（以下简称“经互会”）来管理和协调该组织内部成员之间的贸易。经互会的创始成员有苏联、波兰、匈牙利、捷克斯洛伐克、保加利亚和罗马尼亚。之后，民主德国、越南、古巴和阿尔巴尼亚（临时的）也加入进来。

经互会成员内部的贸易发展迅速，在最初的五年中，内部成员之间的贸易额从占成员贸易总额的不足 1/3 增长到了超过 3/4。苏联向其他成员出口石油以换取制成品，例如拖拉机、公共汽车和铲车。尽管计划制订者不相信以比较优势为基础进行国际贸易的学说，但是他们却相信生产专业化和规模经济。许多产品都产自一个服务于所有经互会成员的庞大工厂，甚至是像钢铁、汽车这样的基础产品也产自少数几个工厂。结果，即使经互会成员同西方国家很少有贸易交往，其成员之间也存在大量的贸易，尤其是在严峻的冷战时期。

经互会的贸易体系确实使那些中央计划经济国家得以摆脱孤立于其他世界贸易体系的一些负面影响。不幸的是，经互会建立的贸易模式使一些国家向市场经济的转型变得复杂。例如，保加利亚将近80%的贸易发生在经互会成员之间，因此当苏联突然解体时，保加利亚的大部分贸易立刻处于停滞状态。

经互会成员与其他世界经济体隔绝的原因并不只是在意识形态上拒绝比较优势理论，也不只是经互会成员与西方紧张的政治关系。从现实情况来说，中央计划经济必须将自己与市场经济隔绝，否则，由世界市场价格决定的贸易价格会侵蚀政府的定价能力和中央计划控制的资源配置能力。例如，苏联在计划中强调资本品和军事产品的生产，而留给消费品生产的产能却十分有限，其结果是排队、等待、配给和高昂的消费品黑市价格。为了避免经济发展偏离国家的计划，中央计划经济国家必须防止商品在经互会和市场经济体之间的自由流动。

经互会国家阻断商品流通的方法主要是利用垄断性的国家机构负责对外贸易。通常，国家计划部门与对外贸易部门共同决定哪些是国家需要但国内无法生产的商品。为了进口这些商品，这些部门再制定生产出口商品的计划。之后对外贸易部门再向国家贸易机构报送所需的进出口商品名单。这样的官僚程序严重影响了贸易效率。由于所需的进出口货物常常无法落实，结果是大型企业内经济的产生，即每个大型企业都尽可能在计划经济体系允许的范围内保持自给自足。

中央计划经济国家还设置了很多其他障碍来使国际贸易不能有效实施。首先，计划制订者不允许本国货币在外汇市场上进行交易，特别是本币不能兑换成其他国家的货币。例如，如果捷克斯洛伐克的公司向苏联出口机器，结算货款是卢布（苏联的货币），那么捷克斯洛伐克只能从愿意接受卢布的国家进口商品，最大的可能性便是从苏联进口。如果卢布是可自由兑换货币，捷克斯洛伐克便可将卢布在外汇市场上兑换成其他货币，如日元，然后用日元从日本进口商品。但是，中央计划经济国家如同人为控制其他物价一样人为控制着本国汇率的定价权，所以只能尽量避免使用不同货币的无限制贸易。结果是双边主义的产生，也就是说，每个国家必须同每个贸易伙伴进口和出口基本相同金额的商品，因为出口收回的货款使用的是非自由兑换货币，因而只能用于货币发行国家。由于双边主义忽视比较优势，使贸易价格严重偏离由世界市场决定的价格，因此降低了贸易往来的效率。

经互会最后发展成为一个忽视比较优势，过分强调区域分工和规模经济，以牺牲与西方的贸易机会为代价来疏通内部成员之间的贸易，以及忽视市场价格和产品质量的贸易体系。不必说，它的历史遗产不利于成员经济的转型。

二、从中央计划经济的痛苦中转变

1989—1991年间，东欧和苏联的经济与政治改革渐成规模。采用计划经济体制的政府接连倒台，新上任的政府声称会承担起由计划经济向市场经济艰苦转型的重任。在这个过程中，每个转型国家所面临的问题和挑战既有个性，又有共性。

虽然分析家们一致认为苏联、中欧和东欧的经济在市场经济体制中的表现将大大超过计划经济体制时期，然而经济形势却在好转之前不断恶化。随着市场的开放，需求转向了质量更好的西方制造的产品。大量国有工厂失去了它们唯一的市场。经互会随着成员的贸易转向西方也不得不解散。一些曾经依赖工业制品出口的国家，如匈牙利和捷克斯洛伐克①目睹了在国际市场上本国产品遭遇同类高质量产品时价格的崩溃。一些经济体试图向西方出口，但它们落后的技术再加上发达国家的贸易壁垒使出口在短期内受到限制。

一些转型国家较早地开始了大规模的改革，标志着向以市场为中心的巨大转变。对于这些国家，包括阿尔巴尼亚、捷克、斯洛伐克、蒙古、波兰和斯洛文尼亚，转型的短期冲击已经结束，虽然经济增长速度还不稳定，但增速不断上升。其他国家由于改革开始得较晚，或是由于过于谨慎，或是由于存在特殊的困难（如大量的腐败、武装冲突等），其经济到 2000 年仍然处于转型期的低迷阶段。表 9－11 显示，除匈牙利、波兰、斯洛伐克和斯洛文尼亚以外，大多数转型国家在 20 世纪 90 年代的大部分时间都呈现负增长。乌克兰遭遇了最严重的经济下滑。

转型国家整体上在 1997 年取得了七年来的第一次经济增长。每个国家在持续的改革开始后总产量平均经历了连续三年的下降。大多数国家的工业在总产出中的比例都在下降，而各国的服务业和农业的比例则有升有降。在转型开始的第一个十年的后半期，各国的经济和政策表现产生了巨大的差别。一些国家开拓了令人瞩目的改革之路并且有望加入欧盟，而另外一些国家还没有踏上改革和复兴之路。

表 9－11　1990—2000 年转型国家实际 GDP 的增长（%）

年份	1990	1991	1992	1993	1994	1995	1996	1997	1998	1999	2000	1990—2000
保加利亚	−9.1	−11.7	−7.3	−1.5	1.8	2.9	−10.1	−7.0	3.5	2.4	5.0	−23.01
克罗地亚	−7.1	−21.1	−11.7	−8.0	5.9	6.8	5.9	6.8	2.5	0.4	3.5	−13.45
捷克	−1.2	−11.5	−3.3	0.1	2.2	5.9	4.8	−1.0	−2.2	−0.2	3.1	−1.68
爱沙尼亚	−8.1	−13.6	−14.2	8.5	−2.0	4.3	3.9	10.6	4.7	−1.1	6.4	−12.70
匈牙利	−3.5	−11.9	−3.1	−0.6	2.9	1.5	1.3	4.6	4.9	4.5	5.3	8.09
拉脱维亚	−3.5	−10.4	−34.9	−15.0	0.8	−1.0	3.3	8.6	3.9	0.1	n.a.	−38.71
立陶宛	−6.9	−5.7	−21.3	−16.2	−9.8	3.3	4.7	7.3	5.1	−4.2	2.9	−31.58
波兰	−11.6	−7.0	2.6	3.8	5.2	7.0	6.0	6.8	4.8	4.1	4.1	43.61
罗马尼亚	−5.6	−12.9	−8.8	1.5	3.9	7.1	3.9	−6.9	−5.4	−3.2	1.6	−18.24
斯洛伐克	−2.5	−14.6	−6.5	−3.7	4.9	6.7	6.2	6.2	4.4	1.9	2.2	5.03
斯洛文尼亚	−4.7	−8.9	−5.5	2.8	5.3	4.1	3.5	4.6	3.8	4.9	4.7	19.85
乌克兰	13.0	−8.7	−9.9	−14.2	−22.9	−12.2	−10.0	−3.2	−1.7	−0.4	6.0	−59.99

资料来源：European Development Bank, Various Sources.

表 9－12 表明在经济复苏较快的国家，人民的收入也提高得较快，这与表 9－11 的情况基本一致。然而，直到 2000 年，所有前苏联国家的收入水平都没有恢复至 1990 年时的水平。一些国家的人均收入甚至不到原来水平的一半。

① 自 1993 年起分裂为捷克和斯洛伐克两个独立的国家。

表 9-12　1990—2000 年转型国家人均 GNP　单位：美元

年份	1990	1991	1992	1993	1994	1995	1996	1997	1998	1999	2000
阿尔巴尼亚	n. a.	n. a.	n. a.	340	380	670	820	750	810	870	n. a.
保加利亚	2 250	1 840	1 330	1 140	1 250	1 330	1 190	1 140	1 230	1 380	1 510
捷克斯洛伐克	3 140	2 470	n. a.	n. a.	n. a.	n. a.	n. a.	n. a.	n. a.	n. a.	n. a.
捷克	n. a.	n. a.	2 450	2 710	3 200	3 870	4 740	5 200	5 040	5 060	4 920
斯洛伐克	n. a.	n. a.	1 930	1 950	2 250	2 950	3 410	3 700	3 700	3 590	3 700
匈牙利	2 780	2 720	2 970	3 350	3 840	4 120	4 340	4 430	4 510	4 650	4 740
波兰	1 690	1 790	1 910	2 260	2 410	2 790	3 230	3 590	3 900	3 960	4 200
罗马尼亚	1 640	1 390	1 130	1 140	1 270	1 480	1 600	1 420	1 390	1 520	1 670
南斯拉夫	3 060	n. a.	n. a.	n. a.	n. a.	n. a.	n. a.	n. a.	n. a.	n. a.	n. a.
克罗地亚	n. a.	n. a.	n. a.	n. a.	2 560	3 250	3 800	4 610	4 520	4 580	4 510
马其顿	n. a.	n. a.	n. a.	n. a.	820	860	990	1 090	1 290	1 690	1 710
斯洛文尼亚	n. a.	n. a.	n. a.	n. a.	7 040	8 200	9 240	9 680	9 760	9 890	10 070
亚美尼亚	2 380	2 150	780	660	680	730	630	530	480	490	n. a.
阿塞拜疆	1 640	1 670	740	730	500	480	480	510	490	550	610
白俄罗斯	3 110	3 110	2 930	2 870	2 160	2 070	2 070	2 150	2 200	2 630	2 990
爱沙尼亚	4 170	3 830	2 760	3 080	2 820	2 860	3 080	3 330	3 390	3 480	3 410
格鲁吉亚	2 120	1 640	850	580	n. a.	440	850	840	930	620	590
哈萨克斯坦	2 600	2 470	1 680	1 560	1 160	1 330	1 350	1 340	1 310	1 230	1 190
吉尔吉斯斯坦	1 570	1 550	820	850	630	700	550	440	350	300	270
拉脱维亚	3 590	3 410	1 930	2 010	2 320	2 270	2 300	2 430	2 430	2 470	2 860
立陶宛	3 110	2 710	1 310	1 320	1 350	1 900	2 280	2 230	2 440	2 620	2 900
摩尔多瓦	2 390	2 170	1 300	1 060	870	920	590	540	410	370	400
俄罗斯	3 430	3 220	2 510	2 340	2 650	2 240	2 410	2 740	2 300	2 270	1 660
塔吉克斯坦	1 130	1 050	490	470	360	n. a.	340	330	350	290	170
土库曼斯坦	1 690	1 700	1 230	n. a.	n. a.	n. a.	940	630	n. a.	660	840
乌克兰	2 500	2 340	1 820	2 210	1 910	1 630	1 200	1 040	850	750	700
乌兹别克斯坦	1 340	1 350	850	970	960	970	1 010	1 010	870	720	610

资料来源：World Bank，World Development Report；World Development Indicators；United Nations，Human Development Report.

三、改革时间表及其前景

改革刚开始时转型国家面临着艰巨的任务。转型期的主要任务包括取消价格控制、引入市场决定价格机制、削减政府对工业的补贴、取消对私有制和市场活动的限制、削减军事支出、降低政府在经济中的作用、保持宏观经济稳定、采取措施鼓励生产力和质量的提高、对企业实行私有化、设计有效的公司管理体系、创立独立的中央银行以制定货币政策和外汇政策。俄罗斯则需要进行更多基础性的改革，例如建立保护私有财产的法律体系、合同执行的框架以及透明的财务制度（现在仍然需要）。中欧和东欧的一些经济体由于实行中央计划经济体制的历史短暂，因而在完成以上目标时相对比较幸运。

大多数分析家和政策制定者对多数改革目标意见一致，但是仍对两个问题存在争议。第一个是关于改革的合适速度和顺序。面对令人生畏的改革项目，转型国家是否应当同时进行所有的改革项目，而且越快越好，还是应该在一段时期专注于几个改革项目，而且允许有较长时间的调整期？这样一场广泛的政治和经济变革在历史上几乎没有什么先例。因此，在改革的问题上存在着巨大分歧。波兰在 1990 年 1 月 1 日采取了激进式改革方法，降低关税，推进本国货币兹罗提的自由兑换。许多经济学家认为开放对外贸易可以支持其他必要改革的进行，例如通过国际贸易获得市场价格的信息，使国内企业在竞争压力下改进产品质量，以及获取新技术的渠道，而新技术是大多数转型经济体远远落后于西方国家的领域。除少数例外，大多数前苏联成员采取的是渐进式改革路径，结果只取得了部分成功。中国的渐进式改革始于 20 世纪 70 年代末的农业自由化并逐渐扩张到工业，取得了更大的成功。总体上讲，中欧和东欧国家的改革最为彻底，而中亚国家却进展缓慢。

第二个有关改革的争论在于怎样缓冲改革对个人和企业的影响。一方面，社会缓冲的缺乏将激发社会和政治不满进而威胁改革的进程。另一方面，缓冲剂过多会使基本的改革动力消失，延长转型期不可避免的痛苦。由于价格控制被取消，尤其是在能源、食物、住房这些关键商品的价格控制被取消后，老百姓施加了极大的政治压力要求上调工资以保持自己的购买力。但许多部门由于生产力低下而无法提高工资，由此产生的政治压力延长了伴随高失业率的转型期。

东欧各国和苏联的短期经济前景差别巨大。在像匈牙利这样的国家中，中央计划经济从来没有彻底实行过，国内拥有大量的市场经济人才。而在像苏联这类国家中，较长期和较完全的社会主义历史意味着国内几乎没有拥有十分丰富的市场经济经验的人才。转型国家在进行改革前国内各部门在经济中所占的比重差别很大。例如 20 世纪 80 年代中期，捷克斯洛伐克、民主德国和苏联国内 97%的增值来自国有部门，而匈牙利仅为 65%。因此改革进程中一项进展缓慢和困难的目标——私有化的程度在各国间存在着很大的差别。一些国家的人民坚决支持改革，但另外一些国家的人民却面临着更为困难和更加不稳定的国内政治环境，甚至是国内或国家间的冲突。

与发展中国家一样，转型经济体也面临着发达国家贸易壁垒的问题。新兴经济体具有比较优势的产业，如农产品、纺织品、钢铁等正是许多发达国家设置最高贸易壁垒的领域。乌拉圭回合谈判将一次性改善所有转型经济体的市场准入条件。此外，虽然改革要求 WTO 的转型经济体成员继续取消本国的贸易壁垒，然而 WTO 对转型经济体成员和发展中经济体成员的开放时间表与发达经济体成员相比仍然较为宽松。截至 2001 年，许多转型经济体已经获得了完全的 WTO 成员资格。包括俄罗斯在内的大多数其他转型国家也提出了入世申请。

改革仍然面临困难，特别是改革资本和金融市场、企业重组和管理、政府税收体制和腐败等问题。然而，人们有理由保持乐观。所有经济体都应当通过企业重组获得巨大的生产力，而且大多数经济体都拥有具有高教育水平和高技术含量的劳动力。然而，目前所有国家都意识到了建立市场机构和政策是一项长期的工作，需要坚持不懈，而且有时需要智慧和策略。

四、俄罗斯的经济改革

俄罗斯的计划经济与1991—1994年间的改革

苏联经济 苏联经济的基础是生产资料国有制、行政等级制、指令计划和生产目标以及集体化的农业。企业全部为国有，经理主要关心的是完成国家计划的生产任务。由于国家负责配置贷款和资源，所以预算约束为软约束。国家还负责协调投入和产出，并且制定价格，因此价格在经济中处于被动地位。国家机构尤其是政治局和各种政府部门决定企业的生产。

苏联的经济体制在20世纪20年代到50年代期间使经济快速增长，并且建立起庞大的工业和军事力量。然而到80年代中期，苏联曾经高速增长的经济消失了。资源的高度流动带动的工业和军事的发展是苏联经济增长的基础。苏联的计划制订者迅速扩大就业并且大量投资于有形资本。然而，以资源流动为基础的经济增长最终难逃收益递减规律。苏联的生产力水平持续下降，最终也未能得到恢复。技术革新也陷于停滞。苏联的计划制订者发现指挥像钢铁这样的重工业部门的生产比鼓励高科技和消费品生产更容易。1985年，为了使计划经济体系和国家摆脱经济停滞的泥潭和蔓延的危机氛围，苏联共产党主席戈尔巴乔夫启动了经济结构改革。

政治改革 1991年10月末，于1990年6月当选俄罗斯总统的叶利钦宣布他所领导的政府将会从根本上改革共和国的经济，而当时苏联仍然存在，俄罗斯共和国是其中的一部分。戈尔巴乔夫曾经试图保留苏联的经济体制，而叶利钦却要摧毁这个体制。俄罗斯下院议员赋予叶利钦在1991年11月到1992年12月的一年时间内改革共和国行政体制的权力。在这一年中，叶利钦有权在没有议会批准的情况下发布法令，实施经济改革计划，改变政府结构，任命所有内阁官员。叶利钦抓住这次机会并保证虽然转型的过程很痛苦但至少速度会很快："每个人都会经历近半年的痛苦时期。"叶利钦在改革的过程中依靠的不是政治家而是年龄一般在40岁以下的职业经济学家。叶利钦在这些他称为"专家"的经济学家的引导下创建了一个市场经济。

这项经济改革颇具争议，招致了一些议员、官员、工业部门公司主管的强烈反对。1993年秋当叶利钦命令解散原有议会并选举新的议会时，紧张的政治局势变得更严峻了。一些议员拒绝离开议会大厦，致使总统和立法机构的对峙长达两周之久。1993年10月3日至4日，叶利钦动用武力结束了对峙。1993年11月，叶利钦发布了新宪法并于12月由公民投票通过了这一宪法。

12月经选举产生了新的两院立法机构。立法机构由联邦委员会和更加强大的国家杜马组成。联邦委员会由俄罗斯89个地区各派2名代表组成，而国家杜马则由450个成员组成，其中一半席位根据支持率分配给各党派，另一半则由直选产生。

"休克疗法"及其效果 俄罗斯的改革计划听取了美国哈佛大学教授的意见，被称为激进的"休克疗法"，该疗法使用紧缩的货币政策来解决高通胀问题。该计划包括：

- 施行紧缩的货币和财政政策，控制信贷规模，减少预算赤字并消除总需求和总供给之间的差距。
- 放开大多数价格（当时3/4的价格仍然由政府控制），让价格机制去配置资源。

- 进口自由化，开放国内市场，实现货币的自由兑换。
- 对大多数国有企业实行私有化，建立以私有制为基础的混合经济体制。

上述激进的改革方式的结果是国民经济更加恶化。经济在改革的最初几年遭到严重的破坏。激进的改革带来的严重后果包括：

- 较之1989年总产出减少了一半多。1993年的生产力是1989年的61.2%。
- 价格失控而且通货膨胀严重。1992年的通胀率为2 510%，1993年为840%，1994年为300%。1992年6月卢布对美元的汇率为112∶1，两年后贬值为4 000∶1。
- 预算赤字和严重的资金短缺导致企业之间的支付危机。生产不景气甚至全部停滞。
- 人民的福利水平下降。1993年俄罗斯人的收入仅为改革前的一半。失业人数达到劳动力总数的13%。

从1995年1月开始，政府似乎终于稳定了宏观经济形势，或者至少降低了通胀水平。尽管政府的财政失衡仍然存在，但是到1995年7月国内的月通胀率下降到了5%以下。在1998年8月金融危机之前通胀率一直保持在这一水平。

第一阶段的私有化，1992—1994年

俄罗斯改革中最重要的一个方面就是私有化。私有化改革之初，改革者们将公共资产原则上分给了那些一直拥有这些资产的人：公共大众。每个俄罗斯公民都得到了一个“凭证”，据此可以换取私有制企业的股份、投资于凭证基金或是换取现金。与股票的直接置换在凭证拍卖会上进行，其间凭证持有者可将其兑换成股票。1992年10月，从布尔什维克饼干公司开始，俄罗斯政府开始拍卖国有企业的股票。改革者们实现了迅速将大批企业私有化的目标。在1992年1月至1994年6月期间，政府对16 500家公司实行了私有化，4 100万个俄罗斯人或是直接或是通过凭证投资基金持有了这些公司的股份。然而，由于私有化的速度太快，人们无法真正理解和参与到这个过程中来。拍卖会虽然迅速在全国举行，但许多拍卖会却很少有人知晓。

俄罗斯国内大型工业企业的厂长一般都反对企业重组和私有化，因为这对他们控制大部分从苏联工业化继承来的俄罗斯经济构成威胁。作为一种妥协，政府允许本厂的工人和经理优先购买本企业股权，允许他们以名义价格认购本企业51%的有表决权的股票。通过一系列复杂甚至不合法的方案，一些经理取得了对本企业资产更大的控制权。因此，内部人员对企业的控制超过了改革者们最初的预想，许多新私有化的企业没有得到快速而且有效的重组。

第二阶段的私有化，1995—1999年

俄罗斯最有价值且价格最高的公共财富——储量丰富的天然气、石油以及矿产资源没有被列入大规模私有化的范围。1992年末总统签署的一系列总统令中主要针对的都是这些战略性产业，并决定随后由国资委接管这些部门。1995—1997年间，当国资委真正开始对这些资源部门实行私有化时，它却制造了一场持续十年之久的冲突，结果削弱了公众对改革进程的支持。第二阶段私有化的背景是1995年叶利钦和改革者们面临的财政危机。由于财政支出的增长速度持续大幅度地高于财政收入，财政预算陷入了严重困境。

1995年3月，奥涅克辛姆（Oneksim）银行的董事长弗拉基米尔·普塔宁（Vladimir Potanin）提出了一项解决叶利钦政府财政危机的方案。普塔宁在咨询了几家实力雄厚的银行的领导后建议由这些银行向俄罗斯政府提供一大笔一年期贷款。作为贷款抵押品，这些银行可以持有和经营政府在俄罗斯的29家大企业拥有的大宗股票，这些企业中的大部分是国有石油和矿产企业。每家企业的大宗股票在一次公开的竞争性拍卖后托付给某个银行管理，这种形式被政府称为“抵押拍卖”。每次拍卖所得资金将“借给”俄罗斯政府。如果在 1996 年 9 月 1 日（夏季总统选举之后）财年结束之前当选的俄罗斯政府无法归还贷款，那么大宗股票的所有权将属于赢得抵押拍卖的企业，这家企业便可以一直持有和管理这些股票。

政府最终只举办了 12 次抵押拍卖会。抵押拍卖计划的首倡者普塔宁以及其他组织者从看似大打折扣的交易中获得了最大的利益。政府从拍卖中得到的 8 亿美元被适时地注入联邦预算中。西方媒体称之为“贷款与股票的交易”。

在抵押拍卖之后，私有化的进程大幅放缓。在 1997—1998 年期间，政府只出售了八家大企业的股票，到 1999 年私有化进程实际上已经停止。

1998 年 8 月的危机

在 1998 年金融危机中，俄罗斯政府被迫拖欠国内债务，卢布贬值，不得不延期偿付国外私人贷款。尽管俄罗斯 1995 年的稳定宏观经济政策降低了通胀率，但是政府的税收问题仍然没有得到解决。政府实际上停止了通过货币政策方式为预算赤字融资，转而从新建的政府债券市场和国际资本市场上借入资金。政府债券给予有限的取得市场交易资格的国内银行慷慨的回报（通常年利率为 30%～40%）。这类银行中的大多数大量借入美元贷款，将其兑换成卢布后再购买更多的政府债券，结果使国外贷款者面对政府拖欠贷款的风险增加。此外，俄罗斯政府最终对外国人开放了国内政府债券市场，使外国人可以直接购买俄罗斯国债。截至 1998 年夏，外国人直接或间接持有了 40%～50%的国内政府债券。

1998 年的经济危机对俄罗斯及其邻国的经济产生了严重的影响。俄罗斯国内的实际收入水平、生活水平以及就业率锐减。经济危机导致支付与清算体系的暂时瘫痪，使以政府债券为主要股份的大型私有银行的资产负债表恶化。俄罗斯政府拖欠了相当于 400 亿美元的以卢布计价的债券，造成了私人投资部门的重大损失。

1998 年 8 月的经济危机是由一系列原因造成的，一些源自俄罗斯国内因素，一些源自国外因素。俄罗斯政府倾向于将其归咎于石油价格的下降。俄罗斯人同时也指出，1997 年夏季的亚洲金融危机似乎使外国投资者向新兴市场投资时变得十分谨慎。尽管 IMF 支持俄罗斯保持钉住美元的汇率制度，另外一些人却认为卢布在经历了许多年实际汇率升值之后，实际上是被高估了。一些批评家认为政府借债的规模一直很大，而且政府债券的成本太高而期限太短。1998 年 8 月前的几个月中俄罗斯股票市场的情况也很艰难，在 1997 年的高点之后，到 1998 年 8 月下跌了 90%。

人口危机

20 世纪 90 年代俄罗斯的经济改革带来了人口危机。到 90 年代末，俄罗斯的公共健康状况显然陷入了危机。在这 10 年当中有 6 年俄罗斯人的预期寿命处于下降趋势。俄罗斯妇女的平均寿命尚可达到 72 岁，但俄罗斯男性的平均寿命却很难达到 60 岁。1990—2000 年，人口死亡率增长了将近三倍，而出生率却下降了近 40%。俄罗斯的人口逐年减少，从 1992 年的 1.48 亿下降到 1999 年的 1.46 亿。俄罗斯的公共健康基础设施由于资金严重短缺正在走向崩溃。一度被控制住的传染性疾病案例也惊人地上升。联合国据此认为俄罗斯的人口在未来 50 年内可能缩减至 1.2 亿。

20 世纪 90 年代对俄罗斯人来说毫无疑问是经济麻烦不断的十年。1998 年俄罗斯经济似乎降至最低点，GDP 下降到了 1989 年的 55%。1988—1995 年间，俄罗斯处于贫困线以下的人口比例从 2%上升到了 50%。在经济转型的这些年中，经济变革带来的总收益分配不均，只有少数俄罗斯人发了财。1989—1995 年间，俄罗斯的基尼系数几乎翻倍，从 0.27 上升到了 0.48。一种流行的观点认为 100 个家族拥有了俄罗斯 60%的财富。

2000 年的普京总统

普京正是在上述背景下于 2000 年成为总统的。许多分析家都想知道普京可能会做什么来解决俄罗斯的危机。另一些人在争论实际上普京会做什么。

1999 年 12 月 29 日，在叶利钦辞去总统职务的两天前，普京发表了一篇名为《千年之交的俄罗斯》的文章。在随后的总统竞选期间，普京又于 2000 年 2 月 25 日发表了对俄罗斯选民的一封公开信。这两篇文章证明普京对于俄罗斯转型中产生的问题有自己的见解，这些见解有助于人们了解普京的政治哲学。

普京上台后的第一个措施是重组俄罗斯联邦体制，即在中央和地方之间增加新一级行政当局。普京于 2000 年 5 月 13 日签署总统令，宣布建立七个联邦所属的超级区域，区域的领导者由总统任命。领导者的职责包括在这些区域执行联邦法律和总统令。此外，普京总统在杜马通过立法，规定在地方法律与联邦法律或宪法有冲突时，总统有权解散这些区域内的立法和行政当局。2001 年之后，俄罗斯的地方官员在联邦委员会中不再拥有席位。

普京总统还寻求改变政府和垄断寡头的关系。普京当局对垄断寡头和他们的企业进行了税务调查。

如此，2000 年普京总统对俄罗斯的政治和经济问题既做出了诊断，又进行了治疗。

经济的全面复兴及其前景

尽管疑虑和不同意见仍然存在，但是从新千年开始俄罗斯的经济快速恢复。经过八年的增长，俄罗斯的 GDP 完全恢复。值得庆幸的主要原因是，过去持续了多年的经济下滑趋势已经逆转（见表 9 - 13）。从 2000 年后俄罗斯经济强劲的发展势头中我们可以得出一个重要的结论：俄罗斯在向市场经济转型过程中经历的最严重的经济衰退期已经成为过去，经济已经完全恢复到了改革前的发展水平。2005 年的通胀率在 9%左右，这是 15 年来的最低水平。同样值得注意的是，这是过去几年来通胀率首次降到两位数以下。2017 年俄罗斯的消费者价格指数为 3.68%。

表 9 - 13　1990—2017 年俄罗斯经济增长率（%）

年份	1990	2000	2003	2004	2005	2010	2015	2016	2017
增长率	−3.0	10.0	7.3	7.2	6.4	4.5	−2.8	−0.2	1.55

资料来源：世界银行数据库。

总体来说，外国投资是衡量投资活动的一个主要指标。俄罗斯吸引的外资从 2000 年的 26.5 亿美元增加到 2017 年的 252 亿美元。俄罗斯的对外投资额从 2000 年的 31.5 亿美元增加到 2017 年的 360.3 亿美元。这意味着俄罗斯的对外投资已经超过国外对俄罗斯的投资。俄罗斯正在成为全球性的投资国。

是什么推动了俄罗斯经济的快速增长？虽然看似矛盾，然而石油价格的上升对严重依赖原材料出口的俄罗斯来说的确是个至关重要的因素。按照对 GDP 增长的预测和世界石油价格变化之间的关系，石油价格每上升 2 美元将带动 GDP 增长 1.2 个百分点。然而，自 2005 年以后俄罗斯经济对石油的依赖性在逐渐下降，科技创新将成为推动俄罗斯经济发展的主要动力。

俄罗斯经济的可持续发展

俄罗斯作为世界上曾经的第二大经济体，对世界经济发展产生过重大的影响。未来俄罗斯的经济也具有很好的发展基础。从表 9－14 的数据看，俄罗斯的技术劳动力人口和 R&D 支出在世界范围内属于较高水平，这与俄罗斯人受教育年限长有直接的关系（见表 9－15）。俄罗斯的平均受教育年限高达 12 年，这为俄罗斯实施以创新为导向的发展战略奠定了人力资本基础。但是俄罗斯的净储蓄和资本形成总值处于中等水平，而且产业发展门类也相对单一，产品出口集中度较高（0.305），说明俄罗斯经济对能源的依赖性仍然较高。

俄罗斯 2000 年以后经济的发展对提高俄罗斯人的生活水平做出了贡献，俄罗斯已经进入极高人类发展国家行列，2017 年贫困人口为零，国民预期寿命也显著提高，达到 71.2 岁，人均 GNI 达到 24 233 美元。尽管最近几年由于受欧美经济制裁，俄罗斯经济发展再度出现负增长（见表 9－13），但是 2017 年已经得到恢复，达到 1.55%。俄罗斯依赖丰富的能源和技术力量，经济发展具有广阔的前景。

表 9－14　俄罗斯经济可持续发展各项指标

	净储蓄占 GNI 百分比（%）	资本形成总值占 GDP 百分比（%）	技术劳动力占总劳动力人口百分比（%）	集中度指标（出口）	R&D 支出占 GDP 百分比（%）
年份	2006—2016	2011—2017	2011—2017	2016	2005—2015
俄罗斯	6.7	23.9	96.1	0.305	1.1

资料来源：联合国开发计划署：《2018 年人类发展报告》。

表 9－15　2017 年俄罗斯 HDI 各项指标

HDI 位次	HDI	出生时预期寿命（岁）	预期受教育年限（年）	平均受教育年限（年）	人均 GNI（2011 年购买力平价美元）
49	0.816	71.2	15.5	12	24 233

资料来源：联合国开发计划署：《2018 年人类发展报告》。

本章小结

发达国家与发展中国家　世界各国按照经济发展程度大致可以分为两类：发达国家和发展中国家。哪些国家属于发达国家，哪些国家属于发展中国家，对此有各种不同的定义和衡量标准。联合国和 WTO 都没有对“发达国家”和“发展中国家”进行明确的定义。其他国际组织如世界银行和 IMF 一般认为目前有 37 个国家和地区属于发达经济体。在实践中，最常用的衡量各国生活水平的标准为人均 GDP 和人类发展指数。

发达国家经济、美国与日本经济　发达国家拥有发达的经济、高收入和高人类发展指数。在发达国家中，美国和日本是两个最大和最具代表性的国家。在过去的 20 年中，美国经济先是在 20 世纪 90 年代经历了和平时期最长的经济扩张，因而被称为“新经济”，之后又在 21 世纪之初经历了短期的经济衰退。与美国的发展经历不同的是，日本在 20 世纪 90 年代一直在低迷的经济发展中挣扎，经历了当代历史上最长期的经济衰退。从 2003 年开始日本经济走出低谷，迈向复苏。

发展中国家经济、巴西经济 发展中国家的特点是低人均收入、高文盲人群、高出生率、住房和卫生条件差。为了发展经济，发展中国家尝试了不同的发展战略。最普遍使用的发展战略是进口替代发展战略和出口导向型发展战略。从各国实践的结果看，似乎出口导向型发展战略，特别是制成品出口导向型发展战略更有效。巴西的经济发展历程证实了采用进口替代战略无法达到预期的经济目的。

转型经济、俄罗斯经济 转型国家一般指从计划经济向市场经济过渡的国家。这些国家主要位于东欧和中亚。俄罗斯是其中最典型的代表。转型国家在 20 世纪 90 年代上半期都经历了严重的经济倒退，从 1997 年开始大多数国家经济状况好转。但是俄罗斯经济直到 2000 年普京上台后才真正从转型的倒退中恢复。

问题与思考

1. 美国发生的次贷危机对全球经济的影响是什么？为什么在美国发生的次贷危机对世界经济的影响要超过世界上其他国家？
2. 日本经济 20 世纪 90 年代出现停滞的内部和外部原因是什么？
3. 解释在全球化的世界中进口替代发展战略失败的原因。
4. 巴西经济发展为什么会出现在“高速增长和停滞甚至衰退的周期间反复”的现象？同为发展中国家的中国是否也出现过这样的反复？
5. 比较激进式改革和渐进式改革。哪个更有效？为什么“休克疗法”在波兰有效，而在俄罗斯却行不通？
6. 是什么帮助俄罗斯从 20 世纪 90 年代的困境中恢复过来？
7. 俄罗斯和中国曾是两个最大的中央计划经济体。它们采用了两种截然不同的改革路径。从长期和短期两方面就两国改革的效果进行评价。

在线学习与应用

找出中国最新的以 HDI 及人均 GDP 为衡量标准的排名。可以在百度中搜索《人类发展报告》。

案例研究

中俄经济转型的经验与教训

俄罗斯实施经济转型时所采用的经济战略有几种叫法，最具描述性的称谓为“新自由主义转型战略”（NLTS）。由西方新古典主义经济学家设计的这个战略要求限制政府在转型过程中的干预，而主要依赖个体的、以自我利益为主导的激励机制来实现经济转型。其他从苏联解体出来的国家，以及之前隶属于苏联集团的中东欧国家也采取了“新自由主义转型战略”。

中国这个大型社会主义国家则于 1978 年更早地开始了向市场经济的转型。中国的转型战略或许可以被称为“国家主导的转型战略”（SDTS），这一战略与新自由主义转型战略有重要的不同点。国家主导的转型战略，正如其名称所示，政府在转型过程中扮演了十分积极的角色。尽管“渐进式”是中国战略的一个重要特点，但中国的国家主导的转型战略与新自由主义转型战略相比远远超出了转型速度的不同。中国的转型不是简单地将国企与计划经济直接转型为私企和市场经济，而是以国企和计划经济为基础建立一个全新的非国有、以市场为基础的经济体制。中国的战略是“双轨”战略，这不同于从苏联独立出来的国家和其他中东欧国家的“单轨”方式。中国在鼓励发展非国有企业的同时成功地保留和促进了国有部门的发展。

到 1996 年俄罗斯的历史性转型已经进行了 5 年而中国的改革已经进行了 18 年。所有人都同意中国的经济表现显著地超过俄罗斯。中国经济保持持续快速增长而俄罗斯经济则坠入谷底。尽管存在这样显著的不同，但主流新古典主义经济学派除个别人外仍然坚持他们的主张，认为新自由主义转型战略大大优于中国的国家主导的转型战略。本案例将分析尽管国家主导的转型战略明摆着是一个成功的选择，而且新自由主义转型战略的结果令人十分失望，为何新古典经济学家仍抱着它不放。

1. 俄罗斯的转型经历

新自由主义转型战略，有时也称为“休克疗法”，主张在几年时间内尽快完成从国家社会主义向资本主义的转变。这个战略依赖于三个主要政策：自由化、稳定化和私有化。自由化指取消国家对定价和其他市场行为的限制。稳定化的目标在于通过削减政府开支、紧缩货币政策来控制由于自由化带来的通货膨胀。私有化则是将国有企业转变为私有企业。除以上三项政策外，新自由主义转型战略还坚持立即终止国家对资源的配置，取消国际贸易和投资自由化的壁垒。总之，新自由主义转型战略主张通过消除国有企业和国家对经济的控制实现从国家社会主义体制向资本主义市场经济的过渡，通过私有化动力和市场力量实现以往由国家所起到的启动和调节经济活动的作用。

自 1992 年以来，大多数从苏联独立的国家和中东欧社会主义国家也相继采用了新自由主义转型战略。这些国家的经济表现各异，但在实行了新自由主义转型战略后都经历了严重的经济危机。虽然有几个国家恢复了经济增长，但是到 1995 年没有一个国家恢复到转型前的 GDP 水平（世界银行，1996）。

2. 中国和国家主导的转型战略

中国的改革不是简单地放开价格而是保留了价格双轨制，在这一体制下国有企业必须以较低的计划价格生产一定数量的产品，而将多余的产品以市场价格出售。许多零售商品的价格控制在转型开始 13 年后的 1991 年还在实行（世界银行，1994）。政府的行政管制与定期、有选择的紧缩信贷相结合来控制通货膨胀。政府支出非但没有削减而是大量投入到基础设施建设中以促进经济的增长。中国政府也没有采取紧缩银根政策，而是允许大规模的信贷扩张，通过政府对银行信贷的控制将资金投入生产部门。银行没有被私有化而是保持国有性质，国家鼓励通过工人集体方式、乡镇企业方式，最终私人企业方式组建新的非国有企业。

国家持续向国有企业注入资金使其继续处于国家的控制下。中央计划经济没有被立即取消，而是通过国有部门来实施，但计划控制在不断放松。新的非国有部门增长迅速，到 1995 年对 GDP 的贡献超过 55%（世界银行，1996）。在农村，个体家庭可以自主耕种一块地，但它们不是土地的所有者。中国实行的国家主导的转型战略可能也会遇到严重的经济和社会问题。环境与就业安全问题逐渐凸显，中国的经济增长速度可能无法满足成百上千万持续离开土地进城务工农民的就业需求。犯罪与腐败显然在扩展，但是尽管如此，中国实行的国家主导的转型战略按照一般的宏观经济指标判断肯定是取得了非凡的成功。

3. 主流经济学家对俄罗斯/中国经济发展战略比较的观点

尽管中国与俄罗斯作为两个社会主义大国具有一定的相似性，但俄罗斯于 1991 年、中国于 1978 年开始经济转型时不仅所采取的转型战略不同，而且有许多其他的不同点。但无论怎样，俄罗斯与中国的宏观经济指标存在巨大差距，这有力地说明中国采取了可行的战略，而俄罗斯却没有。许多采用新自由主义转型战略的从苏联独立出来的国家和中东欧国家，虽然各自都有独特的历史、政体和转型前的背景，但它们无一例外都经历了严重的经济下滑和 5 年或更长时间的负增长。一些西方经济学家从一开始就怀疑新自由主义转型战略的效果，而且随着中东欧国家转型困难的逐渐显现，持批评态度的人也在增加。然而这种批评意见属于非主流观点，特别是来自研究苏联经济的专家和转向研究经济发展的制度与历史问题的专家。

持批评意见者指出了新自由主义转型战略的 6 个问题，特别以俄罗斯为例：①建立市场经济体制需要几十年的努力，需要政府的积极参与；②在建立有效的市场经济体制前全部取消原有的中央调控体制会导致经济混乱；③立即开放原来受到严格控制的经济将引发难以控制的通货膨胀；④从紧的财政与货币政策导致经济长期低迷，而且阻碍产业的重组与现代化，因此它们需要政府大规模的投资和充足的信贷；⑤在一个没有合法的富裕阶层的社会，私有化将变质为对国有资产的窃取，而对社会没有经济贡献；⑥转型国家的自由贸易政策使本国的生产者在没有获得竞争力之前不得不面对强大的国外竞争者。

主流经济学家显然不受俄中两国令人印象深刻的对比结果的影响，也不接受批评者的观点。主流经济学家对俄中两国对照的反应可以在世界银行的研究报告中找到，即《从计划到市场》（世界银行，1996）。该研究报告寻求对经济转型经历做出全面的分析，它也为了解主流经济学家对俄中对比的反应提供了一个窗口。该研究报告的确承认对正统的新古典主义者的一项批评。或许是感到中国例证的压力，它在立即私有化方面闪烁其词，声称“私有化的必要性不是在所有情况下都一样紧急。降低私有化的速度是可行的”，然而该研究报告又立刻指出降低私有化速度“并非最优的”（世界银行，1996）。

该研究报告建议，如果中国立即采取私有化措施，它的经济增长速度就会超过年均 9.5%。尽管该研究报告说明了中国惊人的转型速度和俄罗斯及其他转型国家遭遇的严重经济衰退，但它回避就显而易见的事实做出最重要的结论，而是采用以下立场：①降低俄罗斯经济暴跌的严重性；②将俄中两国的转型结果归结于转型开始时的基础条件不同，而非转型战略的不同；③认为中国令人惊叹的成就是“尽管”而非“由于”转型战略的不同。下面一一分析这三点。

（1）降低俄罗斯经济暴跌的严重性。

第一点所说的“降低俄罗斯经济暴跌的严重性”体现在研究报告中“官方数据夸大了产量的下降”（世界银行，1996）的表述中。在此未纳入官方统计的经济活动成为嫌疑对象。然而以俄罗斯为例，政府统计者事实上将对未报道的经济活动的估计也纳入了官方统计数据中。如果该研究报告所说的正确，很难理解的一点是俄罗斯政府为何有目的地低估这些经济活动，因为这么做反而使自己显得很差劲。

面对 28 个国家中 26 个国家 5 年或更长时间的经济负增长，该研究报告却只是说“一些处于转型的国家经历了短期生活水平的下降”（世界银行，1996）。然而经济学家一般并不将 5 年视作“短期”。该研究报告中的另一处甚至忘记了短期问题。该研究报告声称，转型期间收缩的只是过度建设的部门，然而事实是在俄罗斯所有产业部门都经历了大幅下降。显然，相对于人们的需求来说，俄罗斯的农业、食品加工业和纺织业不存在过度建设问题。在这里显然固有的观念战胜了现实。俄罗斯经济暴跌的一些重要的方面可以在图表中看到，但在该研究报告的文字表述中却只字未提。最惊人的疏漏是没有对俄罗斯、其他从苏联独立出来的国家和中东欧国家投资暴跌的评论。虽然经济增长不仅仅需要高投资，但高投资是实现现代化和快速增长不可或缺的部分。

（2）转型基础条件与俄罗斯/中国记录。

该研究报告将中国令人印象深刻的增长记录以及其他转型国家的经济大幅下跌主要归结为“中国在转型初期良好的基础条件”（世界银行，1996）。该研究报告所提到的俄罗斯与中国在基础条件上的主要不同点包括中国更为低下的人均收入水平和更为庞大的农业人口（中国占71%，俄罗斯占13%），以及中国更为有限的社会保障体系和更为分散的经济与政治结构。该研究报告因此得出结论认为，转型时的基础条件和结构特点在很大程度上解释了转型结果的不同（世界银行，1996）。即使中俄之间的这些不同点可以说明中国具有取得更快增长速度的潜力，但却很难说明俄罗斯为什么遭受了重大经济衰退。

该研究报告的确在随后的部分讨论了其他转型国家出口暴跌的原因，主要有三点：自由化导致的需求变化；经互会和苏联的解体；以及在新的市场机制建立前中央计划经济体制的消失导致的供给瓦解（世界银行，1996）。三个因素中的两个属于新自由主义转型战略的问题，这也是中国战略所避免的措施，然而该结论却没有得出转型战略是问题的主要原因的结论。“过度追求稳定”有可能具有副作用，这个可能性没得到重视，原因是证据不足，虽然对这一结论也没有证据支持。

（3）中国令人惊叹的成就是“尽管”而非“由于”转型战略的不同。

该研究报告对中国的转型经验做了如下描述：“为什么中国非全面、分阶段的改革仍然取得了快速增长……”（世界银行，1996）。这个现象被看作是一个“疑惑”，因为作者认为中国的战略显然不如新自由主义转型战略。如前所述，该研究报告对这个“疑惑”的回答是中国的快速增长得益于初期良好的基础条件，主要是更为落后和中央集权程度较低。该研究报告指出，“体制发展是中国保持改革可持续发展势头的关键因素”，担忧“中国在这个方面依然落后，因为中国银行业与中东欧国家相比不是以市场为基础，许多贷款仍然通过中央信贷计划来发放”（世界银行，1996）。

该研究报告显然低估了这样的可能性，即中国的国有银行和政府主导的信贷配给体制可能有益于提高国内投资效率；相反，中东欧国家虽然采用的是市场主导的信贷配给体制，但却效率低下。出于同一思路，该研究报告担心中国的“国有部门是经济发展的累赘”（世界银行，1996），至于为什么是累赘，没有做出解释，可能是由于显而易见国有企业天生不如私有企业，因此一定是经济发展的累赘。然而现实却是，这个“经济发展的累赘”不仅自1978年以来实现了与经济增长几乎同样的增速，而且提供了稳定和可靠的资源投入和市场产出。

该研究报告声称有证据说明了一个“清楚的信息，可持续和持久的改革是值得的”（世界银行，1996），然而报告作者认为中国改革的最成功之处在于它的“渐进式”。在报告作者的改革框架中，中国的方式是不可持续的，因为它结合了计划与市场、国有资产与非国有资产、固定价格和自由价格。

4. 结束语

综上所述，不免让人产生一个疑问：尽管俄罗斯和其他转型国家的经济低迷，尽管存在另一个成功战略，为什么大多数西方主流经济学家一直支持新自由主义转型战略？新自由主义转型战略来自几个世纪以来核心西方经济学思想，是对西方经济学教科书中的经济学理论的应用。这一理论认为私有财产和自由市场经济是最优经济体制。因而由这一理论所得出的推论是：如果私有财产和自由市场经济是最优选择，那么在政府控制下使资产私有化和市场自由化永远是最合适、最快和最好的。

然而，教科书中所强调的私有财产和自由市场是概念化的、静止的均衡模型，它无力说明从一种经济体制向另一种经济体制转变时最好的模式是什么。如果存在着不均衡，那就是经济体制转型。经验似乎说明大多数经济学家依据标准的新古典经济学均衡模型得出的对转型战略的结论是不可靠的。

事实雄辩地说明俄罗斯为从国家社会主义体制转变为资本主义市场体制所采取的新自由主义转型战略是不可行的，而国家主导的转型战略则被证明是可行的转型战略。如果俄罗斯政府倾向于采取国家主导的转型战略，这一战略在 1992 年的转型中可能取得经济上的可行性。还有理由相信，即使俄罗斯经过了多年的自由化、私有化和经济暴跌，国家主导的转型战略也仍然可成功运用于俄罗斯（Kotz，1999）。虽然 IMF 和世界银行的经济和政治势力将使一些转型国家很难改变自己的转型战略，但是俄罗斯这个资源丰富的大国可以抵制这些压力。然而，俄罗斯转变发展战略的真正阻力既不是外部压力，也不是国内实施另一个经济发展路径的经济阻力，而是更多地来自俄罗斯新贵的政治压力，尽管新自由主义转型战略给国家经济带来了灾难性的影响，但新贵们却是受益者。

资料来源：David M. Kotz，April 1999，https://www.researchgate.net，美国马萨诸塞大学经济学部。

讨论题：

1. 你是否同意作者对中俄两国改革模式的评价？
2. 为什么标准的新古典经济学均衡模型所得出的结论是不可靠的？
3. 中国的改革成就是不是对传统经济学理论的创新？
4. 为什么西方主流经济学界不愿意承认中国的改革模式？

第十章

中国的经济改革及其与世界经济的融合

本章要点

- 中国1978年经济改革之前采取了什么发展战略？该战略是否取得了预期效果？
- 中国经济改革主要在哪些领域进行？有什么效果？
- 中国经济改革取得的主要成就是什么？
- 以重工业为导向的发展战略与比较优势发展战略有什么不同？
- 比较优势发展战略的理论渊源是什么？

中国自1978年实行经济改革以来，取得了令人惊叹的成就。到2018年改革开放40年之际，中国的经济总量已经突破90万亿元人民币（合13.72万亿美元），是世界第二大经济体，人均GDP比40年前增长了50倍以上。中国的进出口贸易额达到30.51万亿元人民币（合4.65万亿美元），保持世界第一贸易大国的地位。大多数外国观察家为中国的重大变化感到震惊；世界银行则称中国的改革为"惊人的成功"。

由于过去40多年经济的持续快速增长以及国内外对经济增长的有利环境，中国已经成为世界上最繁荣的经济体之一。中国经济的成功与成就应归功于中国坚持不懈地实行开放政策，并且积极地融入世界经济中。对于中国经济发展的战略选择，曾任世界银行副行长的林毅夫等在其名著《中国的奇迹》中有详细论述。本章将采用该著作中的部分内容对改革开放前后中国经济的发展战略及其成效进行对比。中国积极融入世界经济体系的努力也是本章的讨论重点。

第一节　中国经济改革前的发展战略

一、以重工业为导向的发展战略的选择

中国社会主义革命的理想是使国家强大和人民富裕。1949年中华人民共和国成立时，中国的工业基础十分薄弱。现代工业部门仅占国民经济的10%，而农业和手工业占到了

90%。将近90%的人口生活和工作在农村地区。新中国领导人面临的问题是采取什么样的发展战略以加快工业化进程。他们选择了以重工业为导向的发展战略，或称“跨越式发展战略”以促进全面工业化和经济的发展。

选择这一战略是由于当时国内外的政治和经济环境。中国领导人分析了工业化国家的经济结构，他们显然注意到这些国家的工业结构中重工业占很大比例，因此国民经济中重工业所占比例较大是一个国家发展水平与实力的象征。事实上，在新独立的国家中采用以重工业为导向的发展战略的国家并不少见。第二次世界大战后，许多发展中国家希望略过经济发展的中间阶段，直接跃进到更高层次的工业化阶段。多数国家选择重工业为导向的发展战略或进口替代发展战略作为加快经济发展的主要方式。中国国家领导人相信有必要采取跨越式发展战略以加快经济发展的步伐，使国家迅速转变为经济独立和发达的国家。

然而，对中国而言选择以重工业为主导的模式还有另外一个重要的原因，那就是朝鲜战争。朝鲜战争要求参战国有很强的军事实力。以美国为首的西方国家采取孤立中国的政策，对中国实行禁运。这样的国际政治、经济和军事形势迫使中国快速建立了一个比较全面和独立的工业结构。对国家领导人而言，发展重工业是自然而然的选择。

然而，从本质上讲，重工业属于资本密集型的规模化产业，而这与20世纪50年代中国经济发展阶段所具有的要素禀赋和所能调动的资源直接冲突。重工业项目的初期投资金额庞大，建设周期与其他工程相比也长得多。而中国经济在50年代发展落后，国家无力向重工业配置充足的资金。1952年，中国国内生产总值仅为679亿元人民币，人均GNP仅为人民币104元，国有银行年终总资产价值只有人民币118.8亿元，总存款为93.3亿美元。这样的低收入水平阻碍了资本的积累，使资本成为中国最稀缺的生产要素。

另外一个严重的问题是重工业设备供给和外汇短缺之间的矛盾。重工业发展需要从工业化国家进口大量技术和设备。作为一个封闭的、自给自足的经济体，中国的出口很少也很有限，所以进口交易也很有限。另外，中国与其他西方工业化国家之间的关系从意识形态上讲是对立的，这就进一步限制了中国获取技术和设备的能力。

二、宏观经济政策支持重工业发展

显然，发展重工业战略与中国当时的生产要素禀赋及市场力量状况是相悖的。中国政府需要制定一套全面的宏观经济政策，以解决在经济和金融形势严峻的条件下如何完成出于政治上的考虑而做出的战略目标。这些政策包括以下措施：

低利率 资金短缺在正常的金融市场上意味着高利率。中国政府为了确保重工业以较低的建设成本取得快速的发展就不得不维持较低、稳定的利率以达到降低资本价格的目的。中国政府于20世纪50年代中期成功抑制住高通货膨胀后便开始将利率从每年144%降到一个非常低的水平。以对国有企业贷款的月利率为例，1950年7月31日调整到了2%，1951年4月为1.5%～1.6%，1953年2月为0.6%～0.9%，1954年为0.456%。这样的利率水平维持了很长时间。1960年6月利率重新调整到0.6%，但是在1971年8月又降低到0.42%。

高估本币 20世纪50年代初期，中国的外汇和资本一样短缺，因而由市场决定的汇率应当处于高位。为解决外汇短缺问题，中国政府介入汇率的形成机制，人为高估本币以确保以低成本进口所需要的设备。1950年3月到1951年5月，人民币兑美元汇率调整了15次，从4.20元/美元升值到2.23元/美元。1955年3月1日到1971年12月，汇率保持在 2.46 元/美元。1978 年美元贬值 7.89%后，人民币兑美元汇率升值到 1.72 元/美元。

保持生产要素和生活必需品的低价格　由于诸如农业等部门的低税政策和低回报率，因而发展重工业所需的高资本积累无法通过转移其他部门的盈余来实现。重工业发展的积累不得不在很大程度上依靠自身的能力。实现这一目的的一个重要方法就是降低劳动力工资和原材料等生产成本的投入。中国政府于 20 世纪 50 年代初制定了一个统一的工资体系，由中央政府统一制定工资率。由于工资、能源和其他原材料的价格低廉，因而重工业以很高的速度实现了资本积累。

低名义工资政策降低了城市居民购买日用品的能力。如果日用品价格由市场力量调节，低名义工资就不能维持物价，最终重工业的劳动力供给就会受到影响。解决这个问题的措施就是对农产品、日用品和服务性产品实行低价政策，这样工业部门的工人就能靠低名义工资生存。由于大型工厂集中在市区，这种低生活开支的优惠政策并没有在全国范围内实行，所以农村人口并没有享受到低价优惠。事实上，通过这一机制，诸如农业这样的传统经济部门承担了很大一部分重工业高积累的成本。

当一种产品或生产要素的价格被人为地固定在均衡价格以下时，两种效应会同时产生：需求受到刺激，供给受到压制。一旦需求量和供给量偏离均衡水平，短缺就会产生。如果抑制价格是一种稳定的制度性安排，供求之间的缺口就会一直存在，形成短缺经济。在短缺经济中，政府有必要用计划资源分配体制取代市场功能，以确保有限的资源供给被分配到政府所确定的优先产业中。中国政府在 20 世纪 50 年代初建立了一系列计划资源分配制度。随着这些制度的功能的确立和改善，一个高度集中的计划资源分配体系形成了。

三、以重工业为导向的发展战略的成效

高增长率、低福利水平　从 20 世纪 50 年代早期到 70 年代晚期，中国在经济结构方面经历了巨大变化，并在以农业经济为主导的基础上建立起一个相当完整的工业体系。在此期间，国内经济以重工业为龙头以年均 15.3%的速度快速增长。工业占国民收入的比例从 1949 年的 12.6% 上升为 1978 年的 45.8%。同一时期农业所占比例则从 68.4%下降至 35.4%。工业部门的资本积累很高，总额达 3 599.2 亿元人民币。新增加的固定资本达到 2 734.5 亿元人民币。

然而，高增长率和高资本积累并没有转变为人民福利水平的提高。由于国家在收入分配、投资和消费结构方面对重工业的倾斜，国内人均收入和人民生活水平长期得不到提高。按照官方汇率，1952 年中国人均 GNP 为 52 美元，1975 年为 210 美元。在二十多年的时间里，中国即使在低收入发展中国家中也属于最贫穷的国家（低收入国家的人均 GNP 在 20 世纪 70 年代为 265 美元）。此外，由于工业结构倾向于资本密集型产业，消费品供给极度短缺。

产业结构扭曲　实行以重工业为导向的发展战略使中国产业结构严重扭曲。制造业所占比例很高，而服务业的比例却异常低下。表 10-1 显示 1952—1978 年间农业部门所占比例稳步下降，同时服务业所占比例也在下降，这种变化有违经济发展的一般规律。在制造业中，以资源投入为主的粗放型加工产品所占的比例大大高于精加工产品。例如，钢材冶炼的生产能力快速增长，而轧钢生产能力的增长却十分缓慢。结果，一方面大量的钢锭堆积如山，另一方面又不得不大量进口精炼钢材。事实上，中国不得不付出高昂的代价进行产业结构重组。中国的产业结构问题至今仍然存在，到目前为止服务业部门刚达到发展中国家 50%的平均水平。

表 10－1　1952—2017 年中国三大产业结构的变化（%）

年份	1952	1978	1984	1994	2003	2005	2014	2015	2017
农业	57.7	32.8	32.0	20.2	14.6	12.4	9.2	50.2	7.9
工业	19.5	49.4	43.4	47.8	52.2	47.3	42.6	40.9	40.5
服务业	22.7	17.8	24.7	31.9	33.2	40.3	48.2	8.8	51.6

资料来源：国家统计局。

城镇化水平低下　重工业属于资本密集型产业，因此在资本量确定的条件下，重工业所吸纳的就业人数大大低于其他部门。冯兰瑞①（1982）的研究表明，重工业部门每10亿元人民币的投资能提供5万个就业岗位，仅为轻工业所创造岗位的1/3。同样数量的投资额，国有企业所创造的就业岗位为10万个，是非国有企业所创造岗位的1/5。然而在1978年以前，重工业部门就业人数的增长为轻工业人数的4.1倍，国有企业在职人员为非国有企业的3.1倍。表10－1表明，农业在GNP中所占比例从1952年的57.7%下降到1978年的32.8%，降幅为25%，然而同期农业部门的劳动力从83.5%下降至73.3%，降幅仅为10.2%。1980年中国的城镇化水平只有19.4%，比1952年只提高了6.9%。重工业和国有企业的高就业率阻碍了就业结构的转变，而这种转变应当与经济发展和城镇化进程同时实现。

经济更加封闭和内向　当资源投向资本密集型产品时，中国需要从国际市场进口的资本货物的比重下降；同时中国应当出口的劳动密集型产品也在下降。进出口双双下降表明经济变得越来越内向。1978年中国货物进出口总额仅为206亿美元，居世界第29位。进出口价值占工农业总产出价值的比重从1952—1954年间的8.16%跌至1976—1978年间的5.89%，下降了2.27%。

企业生产效率低下　在中央计划经济体制下，政府决定生产要素的分配和生产成本。企业的职责就是执行生产计划，将产品上交政府。企业扩张与经济效率脱钩，或者工人的收入与贡献脱钩。这样的企业管理体制严重地抑制了工人的工作动力，导致企业层面的效率低下。由于效率低下，劳动力不能充分就业，因此生产只能在生产可能性曲线内进行。以重工业为导向的发展战略下的经济成效表明，在改革开放前造成中国高投入、低效率的经济增长模式的根本原因在于中国选择了不恰当的发展战略。

第二节　中国的经济改革与融入世界经济体系

早在20世纪60年代人们就认识到中央计划经济体制的效率低下。然而，政府采取的措施只限于重新划分政府在不同部门的职能，或是增减管理机构的数量，并没有涉及经济体制的基本制度安排。

始于1978年的经济改革完全不同于先前的改革。首先，企业和农民获得了更多的灵活性和自主权，而不再只是向不同的政府部门下放权力。随后，改革一经启动，便步步深入，从经济、社会的基础部门到政府制度和宏观政策环境领域，从国内部门到诸如外贸及

① 冯兰瑞．劳动报酬与劳动就业．北京：中国展望出版社，1982：7．

国际资本流动等与世界市场相关的部门。

一、经济改革及其成就

中国的经济改革战略及路径与俄罗斯大相径庭。后者走的是自上而下的激进式道路；中国走的是渐进式道路，即从中国社会的最底层开始。中国的改革可以分为四个阶段。第一阶段（1978—1983 年）的重点是农村改革；第二阶段（1984—1991 年）的改革从农村转向城镇，以国有企业的改革为重点；第三阶段（1992—1999 年）是建立社会主义市场经济的试验期；第四阶段（2000—2020 年）为社会主义市场经济的完善阶段。下文将从四个领域介绍中国经济改革的发展：农村改革、国有企业改革、制度改革以及对外贸易与外商投资改革（即与世界经济的融合）。

农村改革

改革浪潮首先在农村掀起。1978 年，多数农民仍然生活在农村公社，按照生产计划生产固定数量的农产品。在一些地区，地方官员开始允许农民在计划数量之外保留一些产品，并对农民在市场上出售这些产品时常常网开一面。中央政府在受灾省份地方领导的催促下还采取了一些措施来增加农作物产量，提高农村收入，并指示地方官员提高中央计划收购部分的价格，并允许收购之外的产品自由出售。这一举措产生了“双轨”价格体系，即计划内产量上交以完成计划，所有超出计划的部分按市场价格销售。中央政府还增加了国家在农业方面的投资，放松了农产品跨省贸易的限制。

农村改革的一个创新是“家庭联产承包责任制”。许多公社尽管没有得到中央政府的允许，还是开始将土地租给单个家庭。作为回报，承包家庭负责生产并且将产出中固定的份额上交公社。这一体系将生产决策的控制权从公社转移到了承包家庭，对农民的生产积极性产生了极大的促进作用。1979 年后家庭联产承包责任制得到快速推广。1981 年中央政府正式批准家庭联产承包责任制时，45%的家庭已经实行了家庭联产承包责任制。截至 1983 年，已经有 98%的农民家庭实行了家庭联产承包责任制。

改革措施起到了立竿见影的效果，各种农产品的产量迅速增长。农业产量在 1978—1984 年间增长最快，粮食产量以 5.7%的速度增长，油料的产量翻倍，棉花的产量增长了两倍。猪肉、牛肉、羊肉的产量均以 80%以上的速度增长。农村的变化引发了良性循环。产量的增加和收购价格的提高增加了农民的收入，结果是储蓄激增。收入的增加提高了对供给不足的消费品的需求。为了满足需求的增长，地方政府开始引导储蓄投入被称为“乡镇企业（TVE）”的集体制企业中，许多这样的企业是在“大跃进”时期为了促进农村的工业化而建立的。农业生产力的提高释放了农村的剩余劳动力。农村的工业生产蓬勃发展。到 1984 年中央政府正式批准农村工业的发展时，乡镇企业在工业生产中的比例已经从 22%上升到 30%，1988 年又上升到 36%，之后一直基本保持在这一水平上。在整个 20 世纪 80 年代期间，乡镇企业的生产以每年 30%的速度增长。到 1996 年的顶峰时期，共有 2 300 多万家乡镇企业，雇用劳动力超过 1.35 亿，占农村总人口的 29.43%。

国有企业改革

改革前的国有企业　农村和经济特区的改革带来了生产和收入的激增，但同时也给城市经济的支柱——国有企业带来了压力。国有企业是中央计划经济的产物，在 1978 年国有企业占工业总产出的 78%，就业人数占总就业人数的 19%（农业就业人数占 71%）。关键部门的国有企业例如重工业、采矿业、能源产业以及银行业直接由中央政府负责；其他国有企业则由省政府或地方政府负责。企业以政府定价购买原材料并卖出产品，按照指标进行生产并向国家上缴所有利润，也包括经营损失。截至 1978 年国有企业是政府收入的主要来源，国有企业缴纳的所得税相当于国民生产总值的 19%，另外还上缴了相当于国民生产总值 19%的利润。与大多数其他国家的国有企业一样，中国的国有企业也存在着企业超员、效率低下和管理不善的问题。根据世界银行的估算，1978—1983 年间国有企业的生产力以每年 1.2%的速度下降。然而在城市地区，国有企业是社会服务的主要提供者，提供包括住房、教育、医疗等服务。此外，国有企业为员工提供一份终身工作，甚至许多时候孩子又继承了父母的工作，这一体系被人们称作“铁饭碗”。

回顾历史，我国国企改革已经历了四个阶段。第一阶段始于 1978 年，国有企业从完全计划经济模式转向了自主经营、自负盈亏。第二阶段始于 1993 年，国有企业通过兼并重组、下岗分流和债转股等措施提高了盈利能力，建立了现代企业经营管理制度。第三阶段始于 2003 年，国有企业进行了以股份制为主要形式的现代产权制度改革。而 2013 年的《中共中央关于全面深化改革若干重大问题的决定》，标志着国企改革进入第四阶段。

第一阶段改革　20 世纪 80 年代早期，一些地方官员开始尝试一种特殊的“管理责任制”，类似于农业部门的家庭联产承包责任制。企业逐个就所能享有的自主权进行谈判，内容分为三大类，包括：对生产和投资决策的更大自主权、保有一部分利润的权利、以市场价格出售计划外生产的产品的权利。到 1984 年，利润提留权和自主生产权已经广泛落实，但是计划外产品的生产权利仍未得到正式批准。1984 年 10 月，中央政府正式批准了计划外生产，随后便得到广泛传播。从 1980 年开始，中央政府放松了对（计划外）最终产品的价格控制，1985 年引进了半成品的双轨制价格体系。

与农村改革不同，对国有企业改革的初衷在于改善企业的运营情况，但改革只取得了部分成功。国有企业在工业产出中所占的比例持续下降，从 1978 年的 78%下降到了 1990 年的 55%。尽管在总产出中所占比例不断下降，但国有企业从业人数在总就业人数中所占的比例下降幅度很小，从 19%下降到了 18%。随着非国有企业的竞争力不断提高，国有企业的垄断地位受到威胁，它们对中央政府的贡献大大减小（从 1978 年占 GNP 的 38%下降到了 1990 年的 3.6%）。1992 年，有将近 2/3 的国有企业亏损，政府对亏损企业的补贴从 1985 年占 GNP 的 2.0%上升到了 1990 年的 3.1%。国有企业生产力的提高落后于乡镇企业和私营部门。

寻租　尽管管理责任制对于改进国有企业的运营作用有限，但它却为腐败提供了机会。企业负责人利用自己与地方和国家领导的关系商谈工业原材料价格。企业负责人通常使用质量最差的原材料去生产国家计划指标内的产品，而将资源和精力都集中在生产超出计划指标的产品。价格双轨制使企业负责人有机会将计划指标内的产品转移到不受管制的市场出售，从而赚取高额利润。由于上交国家的指标数量可以商谈，因而诱使国有企业的经理去贿赂地方官员。

图 10-1 说明，当一种生产要素或产品的价格由市场决定时，市场的均衡价格为 P_0，相应的供给和需求均衡量为 Ob。当价格受计划操纵并被人为降低到 P_1 时，市场决定的供给量仅为 Oa，供给大大低于需求。在这一供给水平下，市场价格（黑市价格）应当是 P_2。如果一家企业可以以计划规定的价格获得资源，便可以获得相当于图中阴影面积 x 的利润。有权获得低价格资源的部门或企业由政策和政府机构决定，因此由此获得的利润被称为“机构租金”。凡属伪造成本、欺骗负责部门、走“后门”、贿赂负责资源配置部门的官

员，以及游说所有相关利益集团来获取低价格资源等诸如此类行为，都属于“寻租”行为。

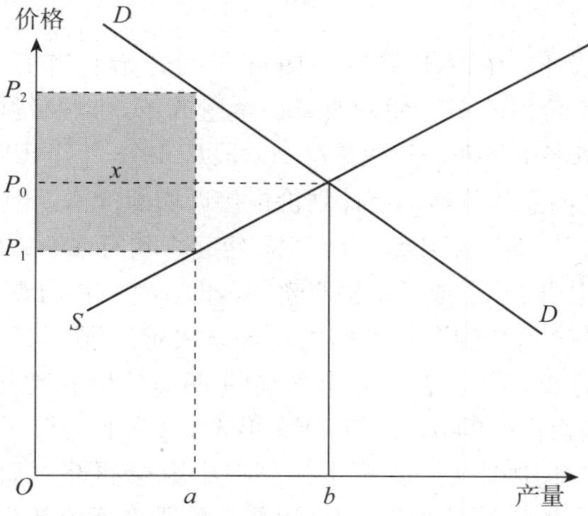

图 10-1　寻租

寻租行为从价格双轨制发展而来。寻租行为的动力来源于机构租金的大小、取得租金的可能性和存在的风险。当资源严重短缺以及当政府定价与市场价格的差异扩大时，寻租行为便异常活跃。

第二阶段改革　尽管 1984 年以来进行了大量的改革，国有企业的经营状况仍然每况愈下。20 世纪 90 年代，随着乡镇企业、私有企业和外资企业的兴盛，国有企业控制的生产部门逐步缩小。截至 1994 年，国有企业仅在九个部门处于控制地位。这些部门由于受到政策或技术壁垒保护而被限制进入，因而为处于困境的国有企业提供了一个安全的港湾。然而，根据政府的估算，1996 年有一半的国有企业处于亏损状态，有 30%的国有企业实际上已经破产。

从 1994 年开始，中国政府对国有企业采取了三头并进的新型改革方案，可以用一个口号概括，即“抓大放小”。第一个方面是保持政府对大型国有企业的控制，同时通过将企业合并为企业集团以及通过改变这些企业的管理结构对其进行改革。第二个方面是允许地方政府控制的小型国有企业改变所有制。第三个方面是允许实际亏损的国有企业破产和合并。1997 年 9 月，在中国共产党第十五次全国代表大会上中国的领导层正式批准了这一政策。

第三阶段改革　2003 年，国有企业进行了以股份制为主要形式的现代产权制度改革。当年国资委正式成立，基于“归属清晰、权责明确、保护严格、流转顺畅”的现代产权制度改革，国有企业的劳动生产率逐步提高，盈利能力也持续增强。

所有制改革是振兴国有企业的另一个重要措施。在以后的改革中，大中型国有企业的所有制成为改革的重点。所有制改革形式包括国有独资企业、责任有限公司或股份公司、控股公司、合作股份制公司、企业集团等。国有企业的改革到 2005 年取得了显著的成效，累计实现销售额 11.5 万亿元，利润 9 047 亿元，政府财政收入 9 957 亿元。

第四阶段改革　第四阶段始于 2013 年，本轮国有企业改革与前三轮有两大不同之处。一是分类，国有企业将更聚焦主业，剥离非核心资产，并在服务业等领域中打破垄断，放松管制，引入民资和民企。二是分层，实行混合所有制改革。此举意义深远，目前已经步入第三阶段，即从“管企业”向“管资本”转变阶段，这意味着国有资产将实现从独资到绝对控股，再到相对控股，最后到非控股的转变，这既有助于国有资产保值增值，也有助于更好地提高国有企业的经营效率。

制度改革

除了农村和城市改革外，中国于1978—1995年间开始实施了一系列制度性改革。四项特别重要的改革包括：价格改革、税制改革、金融改革，以及货币与汇率改革。

价格改革　价格改革经历了两个阶段。第一阶段从1978年至1984年。政府提高了短缺商品的价格，降低了过剩商品的价格，使计划价格接近均衡价格，但政府仍然在价格形成中起决定性作用。第二阶段从1985年开始。自1985年起，政府逐渐放松了对产品价格的控制，让市场发挥更大作用，但同时也形成了价格双轨制，即：计划内分配的产品和物资的价格由政府制定，而非计划内的产品和物资的价格由市场来决定。到2005年，由市场决定价格的产品占零售商品总价值的95.6%、农产品总采购的96.5%和生产资料销售总额的87.4%。受政府影响的工业产品占总产品的5%，与1979年的水平相比下降了70%。

税制改革　在1978年中国共产党第十一届三中全会召开之后，为适应改革的需要，财政部门总结以前税制改革的经验教训，提出了一系列改革的新举措。从1980年9月到1981年12月，第五届全国人民代表大会通过了《中华人民共和国中外合资经营企业所得税法》《中华人民共和国个人所得税法》《中华人民共和国外国企业所得税法》，同时国务院还宣布对中外合资企业、外国企业和外国人都将征收工商统一税、城市房产税和车船牌照使用税。这样，一套比较完整的涉外税收制度在中国初步建立。

1994年，中央政府实施了一项广泛的税制改革，建立起一个国家税收服务机构来负责直接征收国家税款，这使中央税收征管在很大程度上独立于地方官员。1994年的改革还将税种从32种减少到18种，同时出台了增值税。在改革之前，企业所得税因企业的所有制不同而不同，也由于企业和各种税收征管机关之间讨价还价的结果不同而有所区别。在改革后所有国内企业的所得税得以统一。新体制扭转了财税紧缩局面，中央政府在综合税收中的比重大幅度提高，从1993年的22%上升到1996年的50%。改革最终朝着统一国内和国外投资企业税收的方向发展。1994年的税制改革确定了市场经济条件下我国税收制度的基本格局，在此后的十几年间，结合国内、国外客观经济形势的变化，国家又推行了取消农业税、完善商品税制、完善所得税制等调整措施。

近些年随着国际、国内经济形势的变化，针对原有税制中暴露出的一些问题，国家对税制又进行了一些重要的改革和调整，这其中最重要的调整包括增值税的改革、消费税的改革和所得税的调整等。增值税是政府财政收入的主要来源之一，因此也是改革的重点。2019年，财政部、国家税务总局及海关总署联合颁布了关于深化增值税改革的最新政策，对增值税税率下调实施时间、扩大进项税额抵扣范围、新增进项税额加计抵减等事项予以明确及细化，并从2019年4月1日起开始执行。

金融改革　金融改革在五个领域进行：建立一个全面的银行体系，放宽银行之间的业务限制，使利率多样化，增加信贷来源，发展金融市场。在实行经济改革以前中国的金融体系是一个单一、统一的体系。中国人民银行是中国唯一的银行，肩负多种职责，包括发行法币、发放工业和商业贷款、承担保险等。金融改革的第一步就是建立一个新的银行体系。20世纪80年代中国银行体系发生了两次重大变革：一是中国人民银行从财政部中分离出来，从原来财政体系的一个“会计”和“出纳”转变成独立的金融机构，银行体系的基本职能得到初步恢复。从1979年至1985年，四大国有银行先后成立，包括中国农业银行、中国银行、中国工商银行和中国建设银行，并成立了中国保险公司。二是成立专业银行，改变银行体系大一统的格局。中国人民银行中央银行地位的确立和专业银行的成立意味着我国初步形成了中央银行和商业银行并存的两级银行体制。20 世纪 80 年代，中国金融体系的另一个重大变化是在五大银行之外其他金融中介机构的产生和发展，包括沿海经济特区涌现出一些地方政府所有银行，农村地区成立了大量农村信用合作社（受中国农业银行的监管），城市则出现了许多城市信用合作社。信贷投资公司等非银行性金融机构也在这个时期产生并迅猛发展起来。2001 年 12 月中国加入 WTO 后，银行业的改革主要围绕体制改革进行，例如将银行重组成市场实体，进行公司化改造，而在公司化改造后更关键的一个战略部署是实现大型商业银行在国内外资本市场上的公开上市。新制度鼓励银行之间的竞争，允许它们从事不同的业务，并且取消了专业银行之间业务的严格划分。

上述改革措施显著地降低了银行业不良贷款率，提高了银行业的绩效。20 世纪 90 年代末商业银行中存在的大量不良资产已基本处置完毕，不良资产率已经从 2003 年年底的 17.9%下降至 2009 年中期的 1.8%。伴随着不良资产率的下降，银行的资本充足率显著提高。2003 年年末只有八家银行（占银行系统资产不到 1%）的资本充足率达到《巴塞尔协议》8%的要求，截至 2009 年年底，全部银行（239 家银行，包括所有大型商业银行、城市商业银行和农村信用社）均达到了 8%的最低要求。在 2008 年金融危机的冲击中，日本、美国、欧洲等发达经济体银行股价大幅下跌，而中国银行业的损失相对较小。2009 年 3 月底中国工商银行、中国建设银行、中国银行一跃成为世界市值最大的三家银行。这一切表明中国银行业改革取得了重大的胜利。

利率管理体制的改革就是区别对待利率，使利率发挥调节资本的供给与需求的杠杆作用。信贷体系的改革为非银行金融机构的发展以及更多的金融工具运作提供了机遇。例如，改革引发了信托投资公司、保险公司、租赁公司、证券公司、证券经纪公司以及城市和农村信用社的快速发展。金融改革的另一个重要方面是金融市场的改革。20 世纪 90 年代中国金融体制发展的一个重大举措是股票市场的恢复和发展。上海证券交易所和深圳证券交易所分别于 1990 年先后成立，并保持了迅猛的发展势头。这不仅仅是为了融资，更重要的是通过股权多元化和市场监管机制提高商业银行的公司治理水平。90 年代后中国股票市场经历了一系列制度改革，旨在建设一个“公开、公平、公正”的法律监管架构，包括：《股票发行与交易管理暂行条例》(1993)、《中华人民共和国证券法》(1999)、《中华人民共和国证券投资基金法》(2004) 等。

1988 年 4 月和 6 月财政部先后批准在 61 个城市的商业银行柜台成立债券交易市场，这意味着中国债券交易市场正式开始运作。1990 年 12 月国债分别在上海证券交易所、全国证券交易自动报价系统上市交易，国债二级市场不断完善。1997 年 6 月，在中国外汇交易中心暨银行间同业拆借中心市场的平台上成立了银行间场外交易市场。为整顿国债市场秩序，保证市场安全、高效、低成本运行，促进债券市场的健康发展，中国人民银行和财政部共同议定并报经国务院同意后，在原中国证券交易系统有限公司的基础上改组设立了中央国债登记结算有限责任公司（以下简称“中央结算公司”），由该公司承担国债和国内其他债券的统一登记、托管和结算职能。至此，银行间场外交易市场成为中国债券交易市场的主体，其交易量占债券总交易量的 90%以上。中国加入 WTO 之后，对外资银行业务的限制逐步解除。从 2006 年 12 月开始，外资银行和所有其他中国银行一样可以从事人民币业务。

随着改革的深化，银行间同业拆借市场、大额可转让票据的存款市场、公共债券市场、金融证券市场、企业债券市场、股票市场发挥着越来越重要的作用。

货币与汇率改革 制度改革的第四项内容是对货币可兑换性的改革。自改革开放以来，中国汇率制度随着经济的发展不断进行适时的演变、改进和完善，大致经历了汇率双轨期、汇率并轨期和汇率市场化改革期三个阶段。

1978—1993年：汇率双轨期。为适应改革开放的要求以及经济形势的不断变化，中国采取官方汇率和市场汇率并存的汇率形成机制，实行外汇留成办法。

1986年以前，人民币元属于不可兑换货币。外币交易直到20世纪80年代中期仍然受到严格管制，所有资本交易均需中央银行批准。企业根据所有权不同在外汇交易时的待遇有很大差异。设在经济特区的有外资成分的企业通常都可以保留外币以及自由进口和出口产品。国内厂商则需要监管部门的批准，在得到外币津贴时才能进口，而且必须将所有出口收入上交国有银行。80年代中期，政府推出了一个复杂的体系，规定国内企业可以保留收入的部分外汇。1986年，中国政府又推出了汇率双轨制，规定国内企业可以购买和出售有限数量的外币。根据这一体制，中国中央银行确定外汇汇率，同时允许有限的外汇在兑换市场交易。兑换市场中的汇率由市场力量决定，而且普遍远低于官方汇率。1980年10月，中国建立了外汇调节市场，引进了更多竞争机制、增加了外汇储备。在该时期，虽然存在较少的外汇风险，但缺乏外汇监管制度。

1994—2004年：汇率并轨期。1994年1月1日，中国开始实行以市场供求为基础、单一的、有管理的浮动汇率制度，并建立了以银行结售汇制度为基础、市场调节为主的管理模式，初步形成了统一、规范、有效的外汇市场。此外，还取消了外国货币在中国境内计价、结算和流通等方面的限制，提高了居民用汇标准，扩大了供汇范围。1996年12月1日，中国实现了人民币经常项目可兑换。随着中国加入WTO，中国与世界各国进行的贸易日益增多，为适应新的形势，中国于2012年12月实现了人民币经常项目可自由兑换。

2005年之后：汇率市场化改革期。在内外因素的共同作用下，2005年7月21日中国对人民币汇率管理体制进行了进一步的改革。其主要内容是：中国将人民币兑美元的汇率一次性升值2%；人民币汇率不再钉住单一美元，而是实行以市场供求为基础、参考一篮子货币进行调节、有管理的浮动汇率制，逐渐形成更富弹性和市场化的人民币汇率制度。人民币汇率制度改革重在人民币汇率形成机制的改革，而非人民币汇率水平在数量上的增减。这一调整幅度主要是根据中国贸易顺差程度和结构调整的需要来确定的，同时也考虑了国内企业进行结构调整的适应能力。

对外贸易与外商投资改革

正当中国处于“文化大革命”期间的自我孤立时期时，恰逢其他亚洲国家和地区的经济开始起飞。中国香港、日本、新加坡、韩国和中国台湾等国家和地区结合技术引进与出口促进经济的快速增长。中国中央政府相信这样的策略同样适用于中国，然而由于中国的经济极其孤立，贸易占国内生产总值的比例只有10%，没有任何外国直接投资，因此中国还有很长的路要走。然而，无论有什么样的困难，经济改革的发展使对外开放势在必行，因为城市和农村地区的改革激发了对进口产品的强烈需求，特别是对化肥和资本设备的需求。此外，中国的外汇储备也已经降至危险水平。

对外贸易改革 经济改革的进行需要政府结束自给自足的状态，并采取开放的政策。对外贸易改革采取的也是渐进式改革方式，首先从外贸体制改革开始。改革开放后中国对外贸易体制改革主要分三个阶段完成，即：

第一阶段：初步改革（1979—1987年）。改革初期，以下放外贸经营权为导向，进行了诸多方面的改革。通过组建工贸公司及地方贸易公司等措施，下放外贸经营权，扩展经营渠道，引入竞争机制。开展工贸结合试点。针对长期以来工贸分家、产销脱节造成的出口产品不适销对路等问题，开展了多种形式的工贸结合试点。简化外贸计划内容。缩小指令性计划范围，扩大指导性计划范围，扩大市场调节的作用。实行出口承包责任制。为了打破统负盈亏的“大锅饭”财务体制，1987 年对外经贸部所属外贸专业总公司实行出口承包责任制。承包的内容是承包企业向国家承包出口总额、出口商品换汇成本、出口盈亏总额等三个指标。

第二阶段：深化改革（1988—1993 年）。在深化改革阶段，以外贸承包经营责任制为体制改革的突出特点，并且在实践中逐步完善。改革内容包括全面推行外贸承包经营责任制。由外贸总公司、工贸总公司及地方政府分别向中央政府承包出口收汇、上缴外汇和承包基数内中央定额补贴三项指标，承包指标一经确定三年不变。为了落实外贸承包经营责任制，使地方和企业能承包经济效益指标，国家采取了一系列配套措施，例如放宽外汇管制、实行出口退税政策等。之后在调整汇率的基础上，取消国家对外贸出口的财政补贴，通过原来的承包渠道向国家承包出口总额、出口收汇和上缴中央外汇额度。

第三阶段：1994 年以后至入世前的外贸体制改革。该阶段的改革方向是尽快建立适应社会主义市场经济发展的、符合国际贸易规范的新型外贸体制。在此期间采取的主要措施有：深化外贸宏观管理体制的改革，主要措施包括通过深化外贸管理体制改革，在中国建立起以法律管理手段为基础、以经济调节手段为主、辅之以必要行政管理手段的外贸宏观管理体制。深化外贸经营体制改革，具体措施包括进行企业制度和经营制度改革，建立、健全外贸协调服务体系。

第四阶段：入世后的外贸体制改革。中国加入 WTO 后，至少在三个方面加快了改革。首先，中国在非歧视原则、自由贸易原则和公平竞争原则下，调整和修改了不符合 WTO 规定的政策法规；其次，加快外贸主体多元化步伐，尤其是允许私营外贸企业的迅速发展；最后，转变外经贸主管部门的职能，从以行政领导为主转变为以服务为主，研究世界贸易发展趋势并向全社会提供相关信息，采用国际上通行的做法来分配外贸资源。

改革极大地改变了中国与外部世界的联系。一系列针对外贸行政管理体制的改革及其他鼓励政策使对外贸易迅速扩大。随着我国产业结构的调整，贸易结构也经历了深刻的变化：在 20 世纪 80 年代之前，中国的第一大出口商品以自然资源为主；在 80 年代之后，虽然劳动密集型产品如纺织品、服装和玩具仍为主要的出口产品，但制造业产品在出口产品中的排名上升到第一。从 90 年代中期开始，电子产品成为出口最多的产品。自 2000 年以来，中国的出口达到了一个新的水平，高、中等的技术产品成了出口最多的产品。货物产品出口从 1993 年的 917 亿美元增长至 2018 年的 24 800 亿美元。中国已经成为世界上最大的出口国和排名第二的进口国，中国的外汇储备也因此大幅度增长（见表 10 - 2 ）。

表 10 - 2 1993—2018 年中国的进出口及外汇储备 单位：亿美元

年份	出口	进口	贸易平衡	外汇储备
1993	917	1 039	−122	194
1994	1 210	1 156	54	212
1996	1 511	1 388	123	1 050

续表

年份	出口	进口	贸易平衡	外汇储备
1998	1 838	1 402	436	140
2000	2 492	2 251	241	1 655
2002	3 256	2 952	304	2 864
2004	5 933	5 614	319	6 099
2006	9 690	7 915	1 775	10 663
2008	14 307	11 326	2 981	19 460
2010	15 778	13 962	1 816	28 473
2012	20 487	18 184	2 303	33 116
2014	23 373	19 558	3 815	38 430
2016	20 974	15 875	5 099	30 105
2018	24 800	21 400	3 400	30 727

资料来源：国家统计局统计公报。

外商投资改革 外商直接投资的开放比贸易改革更具争议性，因为比起贸易的简单关系，它与外国的联系更加密切。外商投资隐含着外国对中国资产的控制和对经济的社会主义性质的稀释。出于对中国历史的考虑，这是一个特别敏感的问题。因此，外商投资改革采取了逐步放开、不断扩大外资进入区域与产业领域等方法。从引入外资的政策变化看，中国的外商投资改革经历了五个阶段。

第一阶段：1978—1988 年。这一阶段的引资政策的主要特点是：引资政策的法规化开始起步。自 1978 年以来，中国对外资开放的步伐逐步迈开，一系列的政策、制度、法规和法令相继出台，为中国吸引外资、调整用资结构和改善产业结构提供了重要的制度框架，比如《中华人民共和国中外合资企业法》《中华人民共和国中外合作经营企业法》《中华人民共和国外资企业法》等基本法及实施细则，以及《中华人民共和国公司法》《中华人民共和国合同法》等相关法律的出台。但此时利用外资政策中仍然存在大量限制性政策，对外资企业的出口比例、技术转让、外汇平衡、进入行业都有明确限制和要求。如限制外商投资企业的进口，在大部分产业都对外商出资比例限制在 49%以下等。这个阶段吸引外资主要依靠税收优惠和土地优惠政策等。

第二阶段：1989—1991 年。进一步强化外商投资中国的优惠政策。1991 年全国人大审议并通过了《中华人民共和国外商投资企业和外国企业所得税法》，实现了外商投资企业所得税制的统一，降低了外商投资企业的所得税税负水平。另外，这一阶段的外资政策弱化了产业结构调整的导向，重视经济总量增长和解决社会矛盾，忽视了针对外资对产业结构调整和优化升级作用的导向，主要表现是外商投资的项目中生产性项目少、非生产性项目多，高技术项目少、低技术项目多，上游工业项目少、下游工业项目多。

第三阶段：1992—2001 年。外资进入的产业领域渐次放开。1995 年 6 月制定并颁布的《指导外商投资方向暂行规定》（以下简称《规定》）和《外商投资产业指导目录》（以下简称《目录》）第一次以法规形式将吸收外商投资的产业政策公布于众，提高了政策的透明度。《规定》和《目录》将外商投资的产业项目分为鼓励、允许、限制和禁止四大类，使外商投资更符合国家的产业发展方向，奠定了指导外商进行产业投资的制度规范。

投资国内股权资本市场以及在国内资本市场融资的政策逐渐放开。1999 年后，在外商在华投资企业进一步要求提高在华融资规模的背景下，1999 年 8 月，中国政府出台了《关于当前进一步鼓励外商投资意见的通知》，规定“符合条件的外商投资企业可申请发行 A 股或 B 股”。2001 年 11 月，外经贸部和中国证监会联合发布《关于上市公司涉及外商投资有关问题的若干意见》，明确了设立外商投资股份有限公司的资格和条件、外商投资股份有限公司上市发行股票的程序和要求、外商投资股份有限公司 B 股流通应遵守的相关规定等。

在延续部分限制和约束性要求的同时对外资采取普遍的激励政策。自 1994 年税制改革后，对内外资企业在所得税以及增值税、消费税和营业税等流转税方面已经统一了税制，对外资的税收优惠主要体现在所得税减免方面。

第四阶段：2002—2012 年。国内证券市场对外资更加放开。2002 年出台的《上市公司收购管理办法》使外资企业进入中国资本市场并从事战略性并购的壁垒逐步消除，对外商并购的规制政策逐渐规范化。为适应外国企业以并购方式进入中国的监管需要，2002 年 12 月发布了《关于加强外商投资企业审批、登记、外汇及税收管理有关问题的通知》，对外资并购国内企业的相关审批程序和出资缴付期限做了具体规定。2006 年 5 月通过的《关于外商投资举办投资性公司的补充规定》和《外资公司并购管理条例》，进一步规范了外资企业并购国内企业的行为。

引进外资由优惠政策向公平政策转变。在改革开放以后至 20 世纪 90 年代末的不同时期，中国制定的外商直接投资政策精神中有对外商投资的超国民待遇的政策体现，主要体现在税收优惠、进出口优惠、经营管理优惠、注册资本缴付和外汇优惠等。加入 WTO 以后，中国逐渐取消和调整原有的政策体系中的一些不合理的超国民待遇的规定，使内资企业和外资企业共同参与竞争的市场秩序得到较大完善。例如，在税收的国民待遇方面的一个主要变化是，2007 年提交第十届全国人民代表大会第五次会议审议并获得通过的《中华人民共和国企业所得税法》规定，内资、外资企业适用统一的企业所得税法，新税率确定为 25%。

对外资的市场准入限制尤其是服务业的市场准入限制逐渐取消。2001 年中国加入 WTO 以后，对外资开放的产业领域已从制造业扩大到服务业，这些服务领域按照入世的相关承诺相继减少准入限制，有步骤地扩大开放程度。

第五阶段：2013 年以来。改革开放以来很长一段时间，外商投资在我国采用的主要是逐案审批制度，不论是鼓励类还是限制类外资企业，要进入国内投资经营都需要政府相关主管部门审批。2013 年上海自贸试验区成立后，开始推动实施外商投资负面清单改革。2015 年成立的广东、福建、天津自贸试验区也先后实施了外商投资负面清单制度。2016 年 9 月，第十二届全国人大常委会第二十二次会议表决通过了关于修改《外资企业法》等 4 部法律的决定。这为我国对外商投资全面实行负面清单的管理模式奠定了法律基础，是外商投资管理体制的一次重大变革。这个制度引进后，绝大部分外资企业是通过备案设立，不需要审批。企业在网络上提交备案材料后，在很短时间内就可以完成备案。在市场准入负面清单中，国企、民企、外资企业等各类市场主体享受同等待遇，清单之外的都可以依法平等进入。改革后，行政审批减少，企业负担减轻，市场活力得到释放，市场在资源配置中的决定性作用得到有效发挥。

政策环境的改善和中国经济强劲的发展都推动了外国直接投资的流入。自 1993 年以来，中国一直是世界上吸纳外资最多的发展中国家。1993 年后外国直接投资激增，实际外资利用量从 1995 年的 375.2 亿美元增加到 2018 年的 1 350 亿美元（见表10－3）。

表 10－3　1995—2018 年中国实际外资利用量　　单位：亿美元

年份	1995	1996	1998	2000	2002	2004	2006	2008	2010	2012	2014	2016	2018
实际外资利用量	375.2	417.3	454.6	407.2	527.4	606.3	694.7	928	1 057.4	1 117.2	1 196	1 337	1 350

资料来源：商务部网站。

二、中国加入世界贸易组织的努力

中国是关税与贸易总协定的一个原始缔约方。1950 年国民党政府代表中国退出了关税与贸易总协定。在随后的年代中，中国政府恢复了中国在一些重大国际组织中的席位，包括联合国和国际货币基金组织。1982 年，中国成为关税与贸易总协定的观察员并且于 1986 年 7 月 10 日正式提出恢复中国关税与贸易总协定缔约方地位的申请。从此，中国开始了长达 15 年的入世征程。

中国的经济发展战略依赖于中国能否持续获得进入国际市场的渠道，而与此同时中国的贸易伙伴也越来越关心自己在中国的市场准入水平。中国只有加入世界贸易组织并遵循它的公平贸易原则，中国的出口商才能获得继续进入外国市场的保证。然而美国却因为在进口自由化速度上与中国的争论而阻挠中国加入世界贸易组织。美国宣称除非中国以“发达国家”身份加入世界贸易组织，否则美国就要对中国入世投否决票。然而中国坚持以“发展中国家”的身份加入世界贸易组织，因为“发达国家”必须快速达到世界贸易组织的标准，而“发展中国家”则允许有一个延长的过渡期，同时还可以免除与其发展水平、财政状况和贸易需求不一致的妥协要求。

中国以什么身份加入世界贸易组织将决定中国进一步开放进口的速度，特别是关系到支柱产业和国有企业主导的产业。猝然实现进口自由化将对国有企业和国有银行带来更大的压力，或许会使改革的进程更加复杂化。中国坚持作为一个发展中国家加入世界贸易组织的立场从国际惯例中找到了有力的依据：一个国家的发展水平取决于人均国内生产总值而不是总体经济规模。在中国承诺将采取有力措施解决知识产权侵权问题后，美国最终放弃了要求中国作为一个发达国家加入世界贸易组织的要求。

尽管存在上述入世争端，中国已采取了多项政策措施来促进与世界经济更紧密的融合。尽管在入世前资本账户仍未开放，人民币已经实现经常账户下的完全自由兑换。政府实施了一系列降低关税的政策，平均关税水平从 1991 年的 40%下降到 1996 年的 23%。政府宣布到 1998 年进一步将关税降低至 15%。在中国成为世界贸易组织的正式成员时，中国的平均关税水平已降至 13%。非关税壁垒也在减少，例如进口配额产品数量已经从 660 项减少至 1996 年的 384 项，但非关税壁垒仍然覆盖很大比例的对外贸易产品，包括许多农产品、机械以及电子产品。最后，中央政府削减了有外资成分的出口企业的进口关税和增值税的退税。

政府还采取了根本性措施来改革中国的经济和法律制度。从 1979 年到 1994 年，有超过 500 条法律法规相继出台，其中大部分是经济法以及关于引进国外资金和技术的法律。

在中国驻世界贸易组织工作组举行的 18 次会议上，中国做出了几百项重大承诺，分别涉及外贸规划、外汇体制、价格体制、国内税收、关税和非关税、农产品和非农产品、服务和贸易、政策的连贯性和透明度等，其中大部分都比原计划提前完成。

中国于 2001 年加入世界贸易组织之后进一步加快了融入世界经济的步伐。据商务部统计，有 2 300 多条相关法律法规被修订，而且有 830 条法律法规被废除。到 2011 年，关税总水平已降至 9.8%，农产品的关税降至 15.2%，工业产品的关税降至 9.0%。到 2019 年中国的关税总水平由 9.8%下降至 7.5%。同时，中国的国内市场也已经大大开放，进口急剧增加。中国现在是仅次于美国的世界第二大进口国，2017 年占世界进口总量的 10.2%。

中国经济的进一步开放主要是在服务业。中国承诺在加入世界贸易组织后开放其服务市场并且履行加入世界贸易组织的承诺。服务产业的开放主要是证券业、外贸业、交通运输业、银行业、保险业和旅游业。自 2006 年 12 月起，所有在华的外资银行都可以享受国民待遇并与国内银行在平等的基础上竞争。中国也信守承诺开放其证券市场。自中国加入世界贸易组织后，中国政府已经采取了一系列措施来进一步开放资本市场。作为开放证券市场的一个步骤，政府在中国 A 股市场上引入了合格境外机构投资者(QFII)。QFII 的门槛正在逐步降低。举例来说，QFII 的申请者操作的证券资产的最低金额从 100 亿美元减少至 50 亿美元，减少了一半。保险公司必须成立至少 5 年才可以成为 QFII，这一规定比以前 30 年的期限规定缩短了很多。中国 A 股市场对外开放步伐的不断加快，为全球资本投资带来了难得的机会，受到主要投资机构的高度关注。从“沪港通”“深港通”“债券通”先后启动，到 A 股被纳入明晟指数（MSCI），中国资本市场对外开放取得了积极进展，境外资本流入不断增多。数据显示，自 2018 年 A 股被纳入 MSCI 指数以来，A 股市场吸引了国际机构投资者的积极参与。为此，“沪港通”“深港通”的每日交易额度分别扩大了 4 倍。

第三节　中国的经济成就与发展战略

一、经济成就与社会发展

中国的经济改革到 2018 年已经走过了 40 年的发展道路。在这 40 年间中国在经济、社会各方面的发展都取得了惊人的成就。总结这 40 年的发展过程，中国没有发生重大的社会动荡；尽管经济高速发展，但是没有发生恶性通货膨胀，物价水平基本稳定在合理水平；国家的总体实力稳步提升；人民生活水平稳步提高；在国际上发生重大经济动荡之时，中国经济保持稳定增长；中国已经成为世界经济发展的最主要动力。作为一个人口最多的发展中国家，中国能够取得这样的成就是世界经济发展史上的奇迹。下面对中国经济取得的成就做一个总结。

经济发展 40 年来保持较高增长速度

自 1978 年中国开始进行经济改革之后，中国经济保持高速发展，如果将中国的 30 个省视为独立的经济体，在同一时期世界上增长最快的 20 个经济体都来自中国。表 10－4 比较了中国和发达国家以及发展中国家的经济增长速度。

表 10-4 中国 GDP 增长率与世界的比较，不同年份（%）

年份	1990	2000	2002	2004	2006	2008	2010	2012	2014	2016	2017
世界	2.8	4.7	3.0	5.1	5.5	3.4	5.0	3.2	3.3	3.81	3.07
发达国家	3.0	3.8	1.7	3.85	3.1	1.0	3.0	1.7	2.3	1.67	2.29
发展中国家	2.5	5.9	4.6	7.3	8.1	6.3	7.1	4.9	5.2	3.81	4.39
中国	3.8	8.0	8.3	9.5	11.1	9.0	10.3	7.65	7.4	6.7	6.68

资料来源：IMF 世界经济展望数据库，2018。

改革开放以来，中国经济总量快速提升。1986 年经济总量突破 1 万亿元；2000 年突破 10 万亿元大关，超过意大利成为世界第六大经济体；2010 年达到 412 119 亿元，超过日本并连年稳居世界第二。近三年来，中国经济总量连续跨越 70 万亿元、80 万亿元和 90 万亿元大关，2018 年达到 900 309 亿元，占世界经济的比重接近 16%。按不变价计算，2018 年中国国内生产总值比 1952 年增长 175 倍，年均增长 8.1%；其中，1979—2018 年年均增长 9.4%，远高于同期世界经济 2.9%左右的年均增速。2018 年中国人均国民总收入达到 9 732 美元，高于中等收入国家平均水平。

资本积累加速，财政实力增强

20 世纪 50—70 年代，中国外汇储备相当紧张。1952 年末外汇储备只有 1.08 亿美元，1978 年末也仅有 1.67 亿美元，居世界第 38 位。改革开放以来，中国外汇储备稳步增加。2006 年末突破 1 万亿美元，超过日本居世界第一位。2018 年末，外汇储备余额为 30 727 亿美元，连续 13 年稳居世界第一。

制造业实力由大变强

改革开放以来，中国工业发展进入腾飞期，并逐步向中高端迈进。2013—2018 年，中国高技术产业、装备制造业增加值年均分别增长 11.7%和 9.5%。目前，中国已成为拥有联合国产业分类中全部工业门类的国家，200 多种工业品产量居世界第一，制造业增加值自 2010 年起稳居世界首位。服务业蓬勃发展，满足生产生活需要的能力不断提高。新中国成立初期直至 20 世纪 70 年代，中国服务业发展都相对缓慢。1952 年中国第三产业增加值仅为 195 亿元，到 1978 年只有 905 亿元。改革开放以来，服务业随市场繁荣而日益兴旺，进入发展快车道。2018 年，第三产业增加值达到 469 575 亿元，比 1978 年实际增长约 518 倍，年均增长 10.4%。

贸易大国地位日益巩固，货物贸易规模跃居世界首位

新中国成立初期，中国产业发展落后，开放度较低，导致进出口规模十分有限。1950 年，货物进出口总额仅为 11.3 亿美元。20 世纪 50—70 年代，进出口略有扩大但仍处于较低水平。1978 年货物进出口总额为 206 亿美元，居世界第 29 位。改革开放以来特别是 2001 年正式加入世界贸易组织后，中国对外贸易快速发展。2018 年，货物进出口总额达到 4.6 万亿美元，比 1978 年增长 222 倍，连续两年居世界首位；服务进出口总额达到 7 919亿美元，比 1982 年增长 168 倍，居世界第 2 位。

引进外资大幅增加，日益成为吸引全球投资的热土

新中国成立初期直至 20 世纪 70 年代，中国利用外资渠道单一、规模很小。改革开放以来，中国市场准入不断放宽，投资环境持续优化，引进外资规模大幅增加。2018 年，中国实际使用非金融类外商直接投资1 350 亿美元，比 1983 年增长 146 倍，年均增长

15.3%，连续两年成为全球第二大外资流入国；1979—2018年，累计吸引非金融类外商直接投资20 343亿美元。

对外投资层次和水平不断提升，参与国际分工能力明显加强

新中国成立以来至20世纪70年代，中国只有少数企业开展对外交流。改革开放以来，外贸迅速发展，带动了企业逐步“走出去”。进入21世纪，中国企业的对外投资步伐明显加快。2018年，中国非金融类对外直接投资达到1 205亿美元（见表10-5），比2003年增长41.3倍，年均增长28.4%。

表10-5 中国吸引外资和对外投资金额，2011—2018年 单位：百万美元

年份	2011	2012	2013	2014	2015	2016	2018
吸引外资	123 985	121 090	123 911	128 500	136 610	133 700	135 000
对外投资	74 654	87 804	107 844	123 120	127 560	183 100	120 500

资料来源：国家统计局。

居民收入持续增加，消费水平不断提高

在新中国成立之初，居民收入和消费水平很低。1956年，全国居民人均可支配收入仅为98元，人均消费支出仅为88元。由于人口增长快、积累和消费关系不合理等，1978年全国居民人均可支配收入也仅为171元，人均消费支出仅为151元。改革开放以来，经济持续快速发展带动城乡居民收入水平不断提升。2018年全国居民人均可支配收入达到28 228元，比1978年实际增长164倍。随着收入较快增长，居民消费能力显著提升，消费结构升级趋势明显。居民消费结构从基本的食物和衣物支出向教育、文化、休闲和医药卫生转移。2018年，全国居民人均消费支出为19 853元，比1978年实际增长19.2倍；全国居民恩格尔系数为28.4%，降低35.5个百分点。

人类发展指数得到快速改善

由于中国在经济社会等主要方面取得的成就，中国的人类发展指数得到快速改善，中国已经进入高人类发展水平国家行列，居民各项指标已经与其他中等收入国家处于同等水平，有些指标甚至优于这些国家（见表10-6）。

表10-6 中国人类发展指数与其他国家的比较

	中国	印度	俄罗斯	印度尼西亚	土耳其	墨西哥
生活在国家贫困线以下人口比例（%）	3.1	21.9	0	10.6	0	43.6
生活在国际贫困线［人均每天（购买力平价）1.9美元］以下人口比例（%）	1.4	21.2	0	6.5	0	2.5
城市人口（2017）（%）	58.0	33.5	74.3	54.7	74.6	79.9
预期寿命（2016）（岁）	76.4	68.8	71.2	69.4	76	77.3
婴儿死亡率（每1 000出生人口）（2016）	8.5	37.9	6.6	36.4	10.9	12.6
儿童营养不良率（5岁以下儿童，%）（2010—2016）	8.1	33.6	n. a.	22.2	9.5	12.4
获得改善水源（占人口比例，%）（2015）	95.8	88.4	96.4	89.5	98.7	98.3
总小学入学率（占适龄人口比例，%）（2017）	101.0	104.0	102.0	103.0	103.0	104.0
识字率（占15岁以上人口比例，%）（2006—2016）	95.1	69.3	99.7	95.4	95.6	94.5

资料来源：联合国开发计划署：《2018年人类发展报告》。

表 10－7 是中国主要指标在世界上的位次。数据显示，经过 40 年的改革开放，中国在国际上的各项指标由绝对落后发展到处于世界领先地位，取得了前所未有的成绩。

表 10－7　中国主要指标居世界的位次

年份	1978	1980	1990	2000	2010	2016	2017
国内生产总值	11	12	11	6	2	2	2
人均国民总收入[a]	175（188）	177（188）	178（200）	141（207）	120（215）	93（217）	70（189）
货物进出口贸易总额	29	26	16	8	2	2	1
出口额	31	30	15	7	1	1	1
进口额	29	22	18	8	2	2	2
外商直接投资	128	55	12	8	2	3	2
对外直接投资	45	63	22	33	5	2	3
外汇储备	38	36	10	2	1	1	1

a. 括号中所列为参加排序的国家和地区数。

资料来源：联合国贸发会议数据库、世界贸易组织数据库、世界银行 WDI 数据库、国际货币基金组织数据库。

中国未来的发展依然动力强大，这不仅得益于中国之前良好的发展基础和正确的政策方针，而且得益于这 40 年来在可持续发展各项指标方面的提升，特别是科技发展水平的提升。表 10－8 是全球创新指数排名，该排名显示，进入前 20 的经济体都是发达经济体或者高收入经济体，中国成为唯一跻身前 20 的中等收入经济体。特别是中国的效率指数排名第 3，因为中国的创新投入分指数排名第 17，而创新产出分指数排名第 10。事实上，中国的研发投入一直在增长，即使与发达经济体比较，中国也属于较高的（见表 10－9）。

表 10－8　2018 年全球创新指数，排名前 20 的经济体

排名	全球创新指数		创新投入分指数		创新产出分指数		效率指数	
	经济体	数值	经济体	数值	经济体	数值	经济体	数值
1	瑞士	68.40	新加坡	74.23	瑞士	67.13	瑞士	0.96
2	荷兰	63.32	瑞士	69.67	荷兰	60.19	卢森堡	0.94
3	瑞典	63.08	瑞典	69.21	瑞典	56.94	中国	0.92
4	英国	60.13	英国	67.89	卢森堡	52.87	荷兰	0.91
5	新加坡	59.83	芬兰	67.88	德国	52.79	乌克兰	0.90
6	美国	59.81	美国	67.81	英国	52.37	摩尔多瓦	0.89
7	芬兰	59.63	丹麦	67.43	美国	51.81	马耳他	0.84
8	丹麦	58.39	中国香港	66.71	芬兰	51.38	匈牙利	0.84
9	德国	58.03	荷兰	66.45	爱尔兰	51.25	德国	0.83
10	爱尔兰	57.19	加拿大	65.67	中国	50.98	瑞典	0.82
11	以色列	56.79	澳大利亚	65.66	以色列	50.83	伊朗	0.82
12	韩国	56.63	日本	65.41	韩国	49.84	爱沙尼亚	0.82
13	日本	54.95	挪威	64.18	丹麦	49.34	爱尔兰	0.81

续表

排名	全球创新指数		创新投入分指数		创新产出分指数		效率指数	
	经济体	数值	经济体	数值	经济体	数值	经济体	数值
14	中国香港	54.62	韩国	63.42	马耳他	45.84	以色列	0.81
15	卢森堡	54.53	新西兰	63.41	新加坡	45.43	亚美尼亚	0.80
16	法国	54.36	法国	63.31	法国	45.40	越南	0.80
17	中国	53.06	德国	63.27	爱沙尼亚	45.39	捷克	0.80
18	加拿大	52.98	爱尔兰	63.14	日本	44.49	塞浦路斯	0.79
19	挪威	52.63	以色列	62.76	冰岛	44.26	保加利亚	0.79
20	澳大利亚	51.98	奥地利	62.61	捷克	43.23	韩国	0.79

资料来源：全球创新指数排名出炉！中国位列 14　连续四年攀升. 中国青年报，2018-07-24.

从中国经济可持续发展指标看，中国的净储蓄和国内投资指标都优于其他区域，研发支出只是略低于 OECD 国家，而且中国的债务负担是最低的，这些都为中国今后的经济发展奠定了良好的基础。

表 10-9　中国经济可持续发展指标（%）

	净储蓄占 GNI 百分比	偿债总额占商品、服务和初级收入的出口百分比	资本形成总值占 GDP 百分比	技术劳动力占劳动力人口百分比	R&D 支出占 GDP 百分比
年份	2006—2016	2006—2016	2011—2017	2011—2016	2005—2015
阿拉伯国家	8.4	12.5	27.5	47.6	0.6
东亚与太平洋	21.6	7.2	41	—	—
欧洲与中亚	8.5	34	29.1	71	0.8
拉美与加勒比	8.0	29.6	19.8	55	0.7
南亚	16.3	16.2	30.1	20.7	0.5
撒哈拉以南非洲	−2.2	11.3	19.8	—	0.5
OECD 国家	8.0	—	21.3	81.0	2.5
中国	22.4	5.3	43.6	n.a.	2.1

资料来源：联合国开发计划署：《2018 年人类发展报告》。

中国经济改革的成功主要归功于其正确的发展战略和改革方法——比较优势发展战略。下一节将从理论和实证两方面对该战略进行解释。

二、比较优势发展战略

如本章前文所述，跨越式发展战略忽略了中国的要素禀赋，导致了严重的经济问题，如城市和农村地区贫困的加剧、持续的高通胀以及产业结构的严重不平衡——这些破坏了中国经济的稳定和持续发展的机遇。当中国经济改革开始后便放弃了以重工业为导向的发展战略而选择了另一条经济发展道路。

比较优势发展战略的理论解释

比较优势理论提出了一条与许多发展中国家不同的发展道路。在此有必要了解这一原则及其理论渊源。

古典国际贸易理论利用劳动生产率的相对优势来定义比较优势。大卫·李嘉图在亚当·斯密的绝对优势理论的基础上提出了国际贸易的比较优势理论。赫克歇尔和俄林进一步解释和说明了比较优势理论中各国生产率的差异源自各国生产要素的稀缺程度，而生产要素的稀缺程度源自各国资源禀赋和发展阶段的不同。

比较优势理论不仅适用于国际贸易，也适用于阐述一国经济的发展。即使在一个封闭的经济体中，仍然存在着如何在国内生产中选择适当技术的问题。在生产一种产品时，总是存在着资本和劳动的替代问题。以粮食生产为例。在生产过程中的每个阶段，从播种、生长到收割既可以由人力完成，也可以通过大规模机械作业完成。当每个国家可获得的技术是一样的时，是选择劳动密集型技术还是资本密集型技术取决于劳动力和资本的相对价格。在劳动力相对匮乏而资本相对充裕的国家，劳动的相对价格较高而资本的相对价格较低。因此，根据成本最小化原则，生产者会使用资本密集型技术。由于每单位劳动所占用的资本较多，因此劳动生产率就较高。另外，在劳动力比较丰富的国家，成本最低的生产技术是劳动密集型技术。这就是所谓的诱导性技术创新。

在生产的三个基本要素土地、劳动力和资本中，土地要素禀赋大致是固定不变的，无论该经济体是发展中国家还是发达国家。土地资源有丰裕或稀缺的差异，但总体而言，增加某个经济体的土地禀赋的可能性非常小。因此，土地资源在一个经济体中属于既定条件。

一个经济体劳动力的供给随着该经济体人口的增加而增加。但是劳动力的增加取决于自然出生率，并且每年最多可以增长两个或三个百分点。一个经济体的资本增长情况却不同。一般来说，在一个经济体的早期发展阶段，资本的增长速度非常缓慢。根据一国的储蓄倾向和资金盈余的多少，资本增长率可以达到20%～30%，甚至更高。由于经济发展的起点不同，发展中国家的资本比发达国家稀缺得多。

要素禀赋的结构和生产要素的相对充裕取决于一个经济体的自然禀赋和所处的经济发展阶段。在较早的发展阶段，资本通常是最稀缺的要素。这样的经济体在土地和劳动密集型产品——农产品和矿产品上具有比较优势。随着资本的积累和劳动力的增加达到一定水平，土地的相对稀缺性就会增加，劳动密集型制造业成为该经济的比较优势。随着资本的进一步积累，劳动力成本逐渐上升，资本成为相对丰裕的生产要素，资本和技术密集型产业成为该经济体的比较优势。

每个经济体不论处于什么经济发展阶段都有自己的比较优势。在经济发展的梯次中，一些经济体是先行者而另外一些是后继者。比较优势具有连续性。一个经济体的比较优势会随着要素禀赋结构的变化呈现动态变化，其比较优势的改变一般通过产业结构和贸易结构的变化体现出来。表10-10利用贸易结构的变化说明了1899—1986年四个东亚经济体的“显性”① 比较优势的变化。

① 显性比较优势的计算方法是一国某商品出口在一国出口总额中的权重除以世界该商品的出口在世界出口总额中的权重。在国际贸易标准分类中，农产品包括项目0、1、2（除了27和28）和4。纺织品和服装包括项目65和84。

表 10-10　东亚经济体在农产品、纺织品和服装方面的比较优势（1899—1986 年）

经济体	年份	农产品	纺织品和服装
日本	1899	>1.0	1.5
	1913	0.7	2.6
	1929	0.7	2.9
	1937	0.5	4.1
	1954—1956	0.4	5.5
	1964—1966	0.3	2.7
	1971—1973	0.2	1.7
	1976—1978	0.2	1.0
	1982—1984	0.1	0.7
	1985—1986	0.1	0.5
中国香港	1954—1956	n.a.	5.4
	1964—1966	n.a.	7.0
	1971—1973	n.a.	7.6
	1976—1978	n.a.	9.2
	1982—1984	n.a.	7.2
	1985—1986	n.a.	6.9
韩国	1954—1956	2.7	n.a.
	1964—1966	1.6	4.3
	1971—1973	0.7	6.3
	1976—1978	0.6	6.6
	1982—1984	0.5	4.8
	1985—1986	0.3	4.1
中国台湾	1954—1956	2.6	n.a.
	1964—1966	2.1	2.2
	1971—1973	0.8	4.8
	1976—1978	0.7	5.0
	1982—1984	0.6	4.1
	1985—1986	0.5	3.4

资料来源：基姆·安德森. 中国经济比较优势的变化. 北京：经济科学出版社，1992：26.

表 10-10 中所列的四个经济体以自己的资源比较优势为发展的出发点使自己具有了竞争力，取得了较快的增长速度和资本积累，并且具有外向型经济的特征。这些经济体经

历了禀赋结构的快速转变并且实现了产业结构的不断升级。它们出人意料地实现了追赶发达国家的目标，而采用跨越式战略的国家却遭到失败。

一个经济体比较优势的动态变化取决于该经济体资源禀赋结构的动态变化，而禀赋结构的变化又取决于经济行为主体在选择技术和产业时如何利用现有的比较优势。当一个经济体采取跨越式发展战略时，该经济体的比较优势被扭曲的宏观政策导致的扭曲的要素和产品价格所掩盖。如果现有比较优势没有得到利用，整个经济将不具有竞争力，这样该经济体禀赋结构和比较优势的动态变化将会放缓。

一个经济体的禀赋结构将随着经济的发展变化而不断变化。因此，一个经济体的比较优势也会发生变化。为了保持竞争力，企业必须考虑比较优势的动态变化，同时以不断创新来应对这一变化。政府在比较优势的动态变化过程中可以扮演两个角色。

第一，企业需要获取由于国家比较优势的变化而产生的新技术和新产业的信息，而信息收集和处理属于大范围的规模经济。信息还具有公共品的属性。一旦获取了信息，将它提供给其他企业的边际成本几乎为零。因此，政府在使企业获取信息方面可以起到一定的作用，例如制定指示性的工业政策。

第二，和其他类型的创新一样，技术和产业创新也存在外部效应。新兴产业或技术革新者有时不能得到创新带来的所有收益，而且有时创新所得的收益不能抵补付出的成本。因此政府可以提供有限的信贷、税收或其他形式的补贴以补偿创新产生的外部效应。但是，政府也不能介入太多。如果它无视本国的要素禀赋结构，而试图用行政手段去诱使产业或技术结构大跃进，那么它就必须在信贷、外汇以及其他要素和产品市场上建立一整套扭曲的政策，并反过来利用行政干预来直接配置这些资源。如此经济将会变得非常低效，最终生产和技术结构整体升级的努力将会招致失败。

比较优势发展战略的实际成功

比较优势发展战略和跨越式发展战略的核心差异是宏观政策环境的不同。充分利用比较优势的前提是建立一个价格体系，它能通过市场竞争反映供求关系以及产品和生产要素的相对充裕程度。因此，在采取比较优势发展战略国家的宏观政策环境中，产品和要素的价格由市场决定，技术和制度创新受市场决定的价格信号引导。值得一提的是，在一些国家和地区，决策者们对比较优势发展战略对经济发展影响的认识有一个渐进的过程。因此，相应的宏观政策环境以及其他相应的经济体制都不是一夜之间形成的。但是，决策者们越清楚地了解改变发展策略的重要性和必要性，经济改革或调整就进行得越早。具体来说，经济改革的核心是通过开放国内产品和生产要素市场、开放一系列价格形成机制和贸易自由化来实现经济发展战略的转变。

“亚洲四小龙”是通过发挥资源的比较优势实现经济快速稳定增长的一些经济体的代表。同其他许多发展中经济体一样，这四个经济体都是从第二次世界大战后的低水平踏上经济发展之路的。在 20 世纪 50 年代初，它们的工业化水平很低，资本和外汇极为稀缺，人均收入约为 100 美元。同其他发展中国家和地区一样，它们也面临着选择适合自己经济发展道路的问题。除了中国香港，它们一开始都采取了进口替代发展战略，但不久就放弃了发展重工业而采取了二次进口替代战略。它们基于自己的资源结构，大力发展劳动密集型产业，促进出口，扩大外向型经济，通过发挥市场功能实现充分利用比较优势的目的。市场决定的相对价格充分反映了要素的稀缺程度或要素禀赋条件。在相对价格的引导下，它们开发那些可以利用自己的比较优势的行业。这些经济体实现了出乎意料的快速的经济增长，成为经济发展的新星。“亚洲四小龙”的成功证明了比较优势发展战略的正确性，而中国的成功再一次证明了依靠比较优势战略发展经济的正确性。

探索世界经济发展中的比较优势，其逻辑和可能性在于不同国家的工业结构的改善和转移。在发达国家，如欧洲国家、美国和日本，劳动密集型产业正逐步被资本和技术密集型产业取代，因为在这些国家和地区资本越来越充裕而工资也在不断增长。中国香港、中国台湾、韩国和新加坡的廉价劳动力供给丰富。因此，当发达经济体的比较优势更多地转向资本和技术密集型产业时，这些经济体就可以充分利用这一动态发展机遇。由于贸易的相互关联性，也由于这些经济体的经济开放，发达经济体的劳动密集型产业被转移到了这些亚洲经济体，这些经济体因此能够维持 20～30 年的快速增长。随着资本和技术的积累，它们的产业结构逐渐向资本和技术密集型产业转移并首先成为新兴工业化经济体，并逐渐达到或接近发达经济体的水平。如此不平凡的成就令世人瞩目。

利用一个经济体的比较优势是一个选择该经济体国内产业结构的过程。因为不同的商品需要不同的生产要素投入组合，每个经济体应根据自身的资源禀赋去选择最有利的产业结构。例如，与服装生产相比，汽车生产要求更高的资本密集度。显然，在资本相对丰裕的经济体中以服装衡量的汽车的相对价格低于劳动力相对丰裕的经济体的价格。因此，在一个经济体发展的早期阶段，该经济体应该发展服装业而不是汽车业。

自 1978 年中国实行改革开放政策以来，中国乡镇企业的发展速度高于任何其他部门。它们的年均增长速度也一直大大高于国有企业，而且对国民经济的贡献越来越显著。乡镇企业的崛起主要得益于它们根据市场所反映的资源的相对稀缺程度以及供求的变化信号来配置资源的能力，而不是依靠政府的保护。由于无法获得低息贷款和价格补贴，乡镇企业必须以市场价格购买原材料和销售产品，通过市场竞争求发展。事实上，正是由于市场信号反映了资源的相对稀缺程度和“优胜劣汰”，乡镇企业在选择行业和技术时才能更加充分地利用相对丰富和廉价的劳动力的比较优势。例如，在 1996 年乡镇企业发展的巅峰时期，乡镇企业的就业人数比国有企业多 2 300 万以上，但乡镇企业的固定资产净值只有国有企业的四分之一。这个对比表明，乡镇企业更好地发挥了我国相对丰富和廉价的劳动力资源的比较优势，所以，乡镇企业能够建立自己的实力并成为中国经济的重要组成部分。

乡镇企业首先在人口密集的江苏、浙江、山东、福建和广东这些沿海省份发展起来，因此这些省份的乡镇企业也发展得最好。大量闲置的劳动力曾经是这些省份最严重的问题。后来大量的工厂和企业成立了，并且生产的是劳动密集型产品。目前这些省份开始从中国的其他地区吸引劳动力以满足日益增长的对劳动力的需求。各省对比较优势的利用也拉动了地方经济的发展，产生了更多的利润和外汇，从而刺激了资本的积累，而这又加快了禀赋结构和产业结构的升级。这些省份开始发展资本相对密集的产业，随后是技术密集型产业。劳动密集型产业正在大量转移到中国中部和西部的省份以利用当地廉价的劳动力。这些省份的出口结构显示了它们在国际市场上竞争力的变化：原来纺织品出口换来的是电子产品，而后来换来的是高科技产品。现在作为资本和技术密集型产品的汽车行业正在迅速发展。汽车出口的大幅增长即将到来。

中国沿海地区的经济发展之所以能取得成功，是因为它们将依靠比较优势作为加速经济发展的一个途径。它们的成功有力地证明了比较优势确实可以加速像中国这样的经济体的经济发展。

本章小结

经济改革前中国的经济发展战略及其结果 本章论述了1978年经济改革前和经济改革后中国的经济发展战略及其结果。在中华人民共和国成立之初，中国政府为了在尽可能短的时间内赶超工业化国家，采取了以发展重工业为导向的经济发展战略。为了实施该战略，中国政府在利率、汇率、劳动力价格和资源配置等方面采取了一系列有利于重工业发展的经济政策，这些政策导致了工业结构的严重扭曲、经济的无效率，其代价是牺牲人民的福利水平和经济的整体实力。

经济改革后中国的经济发展战略及其结果 1978年开始的经济改革为中国的经济发展、社会发展和人民福利水平的提高带来了深刻的变化。中国的经济改革开始于农村地区并逐渐向城市发展，由农村的家庭联产承包责任制发展到国有企业的改革，由微观经济体的改革向政府的宏观经济政策改革发展，一步一步不断深入。中国经济改革采取了比较优势发展战略，通过市场机制实现资源的有效配置，使通过市场机制发展起来的乡镇企业迅速发展，成为中国经济发展的一支主力军。城乡企业经济发展活跃的中国沿海地区率先成为中国的经济发达地区，这一事实证明以比较优势为基础发展经济的战略是成功的战略。

问题与思考

1. 中华人民共和国成立时中国的要素禀赋情况是怎样的？现在的要素禀赋结构改变了吗？
2. 为什么跨越式发展战略失败了？
3. 工业结构扭曲意味着什么？
4. 在什么情况下寻租问题最严重？
5. 为什么比较优势理论可以运用于一国经济发展中？

在线学习与应用

通过中国商务部的网站（www. mofcom. gov. cn）查看中国前十大出口商品的变化情况，以了解中国出口结构的改善。从上述变化中分析中国的国际竞争力是否得到了提高。

案例研究Ⅰ

应用比较优势战略发展经济——中国台湾的经济发展

中国台湾的经济发展说明了一个经济体如何依靠自身资源的比较优势来实现经济发展的目标，以及一个经济体如何调整自己的经济结构以适应内部比较优势的动态变化。

20世纪50年代初，中国台湾资本稀缺，人均GNP仅为144美元。基于这个出发点，中国台湾没有采取以重工业为导向的发展战略和全面的进口替代战略。相反，为了符合自己资本稀缺和劳动力丰富的资源禀赋特点，中国台湾依靠发展劳动密集型产品和技术含量低的产业来推进整个经济的工业化。例如，在1953—1960年，工业总产值的年均增长率为11%，增长速度最快的产业是农产品加工、食品、纺织、胶合板、水泥、玻璃等。由于劳动密集型产业的发展，这一时期工业在经济结构中所占的比重由17.7%上升至24.9%，工业产品在总出口中的比重也从8.4%上升至32.2%。这样的发展为后来的经济起飞奠定了坚实的基础。

一开始选择劳动密集型轻工业作为关键部门并没有妨碍中国台湾经济的增长。相反，因为它的产业结构反映了资源禀赋的比较优势，中国台湾的经济在世界经济中相当具有竞争力。在这个过程中资本、人力和物力都得到了积累。在那个时候，日本和其他发达资本主义国家随着本国资本和技术的积累，升级了它们的经济结构，包含了更多资本和技术密集型产业，而且开始逐步向发展中经济体转移它们的劳动密集型制造业。中国台湾的禀赋结构决定了它能够充分利用这一机会。它升级了劳动密集型和以出口为导向的加工工业，扩大了劳动密集型产品的出口，并进一步加快了经济增长。通过发展利用了经济的比较优势的产业，中国台湾加快了工业化和经济结构升级的步伐。在1961—1973年间，中国台湾的GNP的年均增长率超过了10%，工业产品的年均增长率超过了18%。工业在经济中的比重上升至43.8%，工业产品在总出口中的比重达到84.6%。

随着经济的发展和人均GNP的增加，中国台湾的劳动力成本逐渐上升，而且其资本积累水平也大大上升。中国台湾的比较优势开始从更多的劳动密集型产业向更多的资本和技术密集型产业转变。为了符合比较优势的变化，中国台湾的产业结构也做了相应的调整。表10-11采用1986年为基期，显示出中国台湾各工业部门增长率的上升和下降。从表10-11中我们可以看到，在整个发展进程中中国台湾的产业结构都依比较优势的变化做出了相应的调整。

相对于采用跨越式战略的经济体，中国台湾实现了经济的较快增长。不管成功的衡量标准是经济发展水平还是人均GNP，中国台湾都已实现了赶超发达经济体的目标。同时，中国台湾经济结构中的主导产业已经从依靠廉价劳动力的轻工业转变为依靠更加资本和技术密集的新兴工业。例如，根据轻工业和重工业的分类，在中国台湾1952年轻工业占总制成品的75.2%，但1990年下降至44.25%。相应地，重工业的比重从24.8%上升至55.75%。根据要素密集度来分类，从1981年到1990年，劳动密集型产业的比例从50%下降至43.8%。1996年这个比例进一步降低至37.9%，而资本和技术密集型产业的比例从50%上升至56.2%，之后又上升至62.1%。

表10-11 中国台湾制造业部门的增长指数(1986年=100)

年份	食品	纺织品	服装	造纸和印刷	塑料产品	非金属矿产品	金属产品	电子电器	交通机械
1981	80.13	82.83	77.70	71.55	54.83	76.37	67.81	47.52	75.23
1982	80.91	79.02	78.93	71.49	56.79	78.89	65.16	47.38	71.09
1983	87.13	84.17	76.68	74.03	65.08	86.07	75.25	62.06	79.78
1984	91.60	92.70	86.88	80.46	78.37	90.38	84.02	81.56	87.41
1985	99.79	92.24	93.24	85.59	82.45	94.80	88.61	78.13	83.17
1986	100.00	100.00	100.00	100.00	100.00	100.00	100.00	100.00	100.00
1987	104.57	104.73	102.66	106.29	113.18	105.99	111.50	123.68	122.82
1988	105.77	94.03	85.61	110.02	118.92	110.08	120.01	136.27	125.17
1989	103.54	97.55	83.57	120.79	116.35	115.77	126.64	142.60	148.23
1990	108.57	92.05	75.75	126.37	107.03	117.87	122.41	141.15	152.48

资料来源：Tetso Ikeda and Hu Xin, *Economic Restructuring in Taiwan and Its Prospects of Development*, Beijing, China Economics Press, 1993: 68.

可以得出结论，正是因为在发展经济的过程中，中国台湾的经济依赖于自身的比较优势，其禀赋结构才可以迅速变化，而提升产业结构和提高生活水平才得以成功。

讨论题：

1. 根据表 10 - 11 分析 20 世纪 80 年代中国台湾制造业部门比较优势的变化。

2. 你认为如果中国台湾和“亚洲四小龙”的其他成员保留自给自足的经济制度，它们能够取得现在的经济成就吗？

案例研究Ⅱ

经济结构不断升级 发展协调性显著增强
——新中国成立 70 周年经济社会发展成就系列报告之二

新中国成立以来，特别是改革开放以来，我国经济持续快速增长，成为世界第二大经济体。同时，我国经济结构发生深刻变化，从落后的农业国演进为世界第一制造业大国，从温饱不足的贫穷国家建设成为全面小康社会，城镇化稳步推进，东中西协调发展，公有制经济和民营经济共生共荣，经济社会发展快速向高质量发展阶段迈进。

一、产业结构持续优化，实现了由农业为主向三次产业协同发展的转变

新中国成立之初，我国产业基础十分薄弱，1952 年，农业增加值占 GDP 的比重为 50.5%，农业吸纳了 83.5%的就业人口。之后，按照当时环境和现实需要，我国主要实行“重点发展重工业”的方针，同时配以农产品统购统销政策，促进了工业积累。1978 年，农业增加值比重降至 27.7%，就业比重降至 70.5%。改革开放后，人民群众生产积极性得到发挥，社会主义市场经济体制逐步建立，生产力迅速解放和发展，产业结构深刻调整。2011 年，第三产业就业比重提高到 35.7%，首次超过第一产业，成为就业最多的产业；2012 年，第三产业增加值比重提高至 45.5%，首次超过第二产业，成为增加值最大的产业。党的十八大以来，我国经济发展步入新阶段，经济结构战略性调整和转型升级加快推进，三次产业发展协调性显著增强。2018 年，第一、二、三产业增加值比重分别为 7.2%、40.7%、52.2%，就业比重分别为 26.1%、27.6%、46.3%，其中第三产业增加值比重和就业比重分别比 1952 年上升 23.5 和 37.2 个百分点。

农业基础地位更加巩固，以粮为纲的传统农业转变为农林牧渔业全面发展。改革开放前，我国农业生产结构较为单一，种植业占据绝对主导地位。1952 年，农林牧渔业总产值中农业比重高达 85.9%，林、牧、渔业比重分别只有 1.6%、11.2%、1.3%。改革开放后，家庭联产承包责任制、农产品流通体制等多方面改革逐步实施，鼓励发展多种经营、促进农业产业化政策措施相继出台，农业生产逐步多元化。1990 年，农林牧渔业总产值中农业比重下降至 64.7%，林、牧、渔业比重分别上升至 4.3%、25.7%、5.4%。党的十八大以来，强农惠农富农政策体系持续完善，农业供给侧结构性改革不断深化，农业基础更加巩固，农业现代化水平逐渐提高，农业结构调整优化。2018 年，农林牧渔业总产值中农业比重下降至 54.1%，林、牧、渔业比重分别为 4.8%、25.3%、10.7%。①

工业体系更加齐全，工业生产由低端向中高端迈进。新中国成立之初，我国工业基础十分薄弱、技术水平落后，仅能制造一般吃穿用等生活用品，基本处于手工作业和简单制

① 其他占 5.1%。

造状况。新中国成立以来，尤其是改革开放以来，我国从农业国转向工业国，制定和实施了一系列有助于促进工业发展的重大政策和专项规划，工业规模由小变大，技术水平由低转高，实现了从产品单一向门类齐全的变化，“中国制造”的国际竞争力和影响力逐渐增强。目前，我国是世界上唯一拥有联合国产业分类目录中所有工业门类的国家，全门类的产业配套为工业升级奠定了坚实基础，航空航天、电子通信、医疗仪器、新能源、新材料等高技术产业蓬勃发展，高铁、核电等重大装备竞争力居世界前列。2018 年，高技术制造业增加值占规模以上工业增加值的比重为 13.9%，比 1995 年提高 6.9 个百分点。

服务业蓬勃发展，新业态新模式方兴未艾。改革开放前，服务业主要是一般生活服务业，批发和零售业、交通运输仓储和邮政业所占比重较高。1952 年，批发和零售业、交通运输仓储和邮政业增加值占第三产业增加值比重分别为 35.9%和 14.9%。改革开放以来，经济体制改革有序推进，大量服务职能从公共部门分离出来，同时居民消费水平不断提高，带动服务业多元化发展。2010 年，批发和零售业、交通运输仓储和邮政业增加值占第三产业增加值比重分别下降至 19.7%和 10.3%，金融业和房地产业增加值比重分别上升为 14.1%和 12.9%。党的十八大以来，电子商务、数据消费、现代供应链、互联网金融等新技术新模式日新月异，服务业成为创新创业的热点。2018 年，租赁和商务服务业、信息传输软件和信息技术服务业增加值占第三产业增加值比重分别升至 5.2%和 6.9%；全国实物商品网上零售额达 70 198 亿元，比 2017 年增长 25.4%，占社会消费品零售总额的比重提升至 18.4%；销售方式的变化带动快递业务迅猛发展，2018 年完成快递业务量 507 亿件，比 2017 年增长 26.6%。

二、需求结构持续改善，实现了由需求疲弱向三驾马车协同发力的转变

新中国成立初期，居民消费受限，投资资金匮乏，经济增长主要依靠一般消费拉动。1952 年，最终消费率高达 78.9%，资本形成率为 22.2%，货物和服务净出口为负。之后，“先治坡、后治窝”，投资明显加快，消费相对滞后。改革开放以来，随着生产力的发展和居民生活水平的提高，我国投资、消费和出口需求均快速增长，特别是加入世界贸易组织以来，投资和出口的拉动作用明显增强。2007 年，货物和服务净出口占 GDP 的比重达到顶峰，为 8.6%；2011 年，资本形成率达到顶峰，为 48.0%。党的十八大以来，我国积极构建扩大内需的长效机制，着力发挥消费的基础性作用和投资的关键性作用，内需对经济增长的贡献率不断提升，需求结构逐步合理化。2018 年，我国最终消费率为 54.3%，对经济增长的贡献率达到 76.2%；资本形成率为 44.9%，对经济增长的贡献率为 32.4%；货物和服务净出口的贡献率为－8.6%。

消费升级态势明显。改革开放前，城乡居民消费支出主要用于解决温饱。1978 年，城乡居民恩格尔系数分别高达 57.5%和 67.7%。改革开放以来，我国消费水平大幅提高，居民精神文化生活更加丰富。2010 年，城乡居民恩格尔系数分别下降至 35.7%和 41.1%。党的十八大以来，居民生活进一步改善，向全面小康大步迈进。2018 年，城乡居民恩格尔系数分别下降至 27.7%和 30.1%；全国居民每百户家用汽车拥有量为 33.0 辆，比 2013 年增长 95.3%；每百户助力车拥有量为 59.2 辆，比 2013 年增长 49.9%；每百户移动电话拥有量为 249.1 部，比 2013 年增长 22.6%；每百户空调拥有量为 109.3 台，比 2013 年增长 55.3%；每百户抽油烟机拥有量为 56.4 台，比 2013 年增长 32.7%；每百户热水器拥有量为 85.0 台，比 2013 年增长 32.4%。

投资结构不断改善。改革开放前，由于资金和物资匮乏等原因，有限的投资主要用于重点建设工程和重工业发展。改革开放以来，投资的关键作用持续显现，对推动产业结构优化调整产生了积极影响。2010 年，第三产业投资占固定资产投资（不含农户）的比重达 56.5%。党的十八大以来，短板领域投资快速增长，投资在优化供给结构、提升供给质量等方面继续发挥重要作用。2018 年，第三产业投资占固定资产投资（不含农户）的比重为 59.0%；高技术制造业投资占全部制造业投资的比重为 17.5%，比 2014 年提高 6.9 个百分点；民间投资占固定资产投资（不含农户）的比重为 62.0%，比 2012 年提高 0.6 个百分点。

贸易结构持续优化。新中国成立之初，我国出口商品总额中初级产品占 80%以上，进口商品主要是机器设备等生产资料。1978 年，初级产品占出口总额的比重仍高达 53.5%。改革开放以来，我国生产力水平大幅提升，贸易结构发生根本性转变。2018 年，出口商品总额中初级产品比重下降到 5.4%，工业制成品比重上升到 94.6%。贸易方式经历了从以一般贸易为主向以加工贸易为主，再向以一般贸易为主的转变。加工贸易的比重从 1981 年的 6%上升至 1998 年的 53.4%，2018 年又降至 27.4%。一般贸易的比重从 1981 年的 93.5%降至 2014 年的 53.8%，2018 年又上升至 57.8%。党的十八大以来，高水平对外开放不断取得积极成效，自由贸易试验区建设从无到有，与世界各国尤其是新兴市场国家贸易往来更为紧密。2018 年，我国自由贸易试验区达 12 个，贸易伙伴达 200 多个，对东盟国家货物进出口占全部货物进出口总额的比重为 12.7%，比 2012 年提高 2.4 个百分点。

三、区域结构更加协调，新的增长极和增长带不断形成

新中国成立初期到改革开放前，为改变工业偏集于沿海的局面，我国区域政策强调平衡发展，着重解决沿海与内地的不平衡问题。“一五”时期确立了有计划地、均衡地布局工业的指导方针，提出在全国各地区适当地分布工业的生产力，使工业接近原料、燃料产区和消费地区，并适合于巩固国防的条件，来逐步地改变这种不合理，提高落后地区的经济水平。在“三线”建设时期，采取“靠山、分散、隐蔽”的工业布局原则，为内地工业化和区域差距的缩小打下了基础。改革开放后，实行一部分地区、一部分人先富起来、逐步实现共同富裕的方针，区域政策强调效率优先，以特区为代表的沿海地区迅猛发展。1999 年以来，区域政策再次强调平衡发展，西部大开发、东北振兴、中部崛起、东部率先发展的区域发展总体战略逐步形成。特别是党的十八大以来，京津冀协同发展、长江经济带、粤港澳大湾区、长三角区域一体化等一系列重大区域战略稳步推进，东西南北纵横联动发展的新格局正在形成。

区域发展差距趋于缩小。新中国成立以来，我国区域发展差距在不同阶段呈现不同特征。总的来看，当前区域发展差距明显小于新中国成立初期，同时也比世纪之交明显缩小。2018 年，全国各地区中，人均地区生产总值最高地区与最低地区的比值为 4.5，而 1952 年为 8.1，2000 年为 10.8；2018 年，全国各地区人均地区生产总值的变异系数为 0.439，而 1952 年为 0.581，2000 年为 0.686。党的十八大以来，中部和西部地区经济增长明显快于东部地区，区域发展协调性增强。2012—2018 年，中部和西部地区人均地区生产总值分别年均增长 8.2%和 8.5%，东部和东北地区分别年均增长 7.2%和 6.1%。

产业布局更加平衡。随着工业化建设的推进，我国各地区形成了各具特色和优势的产业，工业布局逐渐优化。1952 年，我国工业主要集中在东部和东北，两个板块工业增加值占全国的 73.8%，中部和西部的比重分别只有 12.6%和 13.6%；工业规模最大的上海和辽宁两地工业增加值占全国的 30.4%。2018 年，中部和西部工业增加值占全国的比重分别提升至22.5%和17.8%；工业规模最大的两个地区变为广东和江苏，两省工业增加值占全国的比重为23.4%，明显小于1952年最大的两个地区的占比，工业区域集中度明显下降。

四、城乡统筹有序推进，新型城镇化发展呈现新格局

改革开放前，我国城乡差距很大，城镇化发展缓慢，城乡处于分割状态。改革开放后，户籍束缚逐渐松绑，城镇化开始加速，城乡之间劳动力、土地、资金等要素市场界限被打破，带动城乡差距大幅度缩小，一些地区率先实现了城乡一体化。党的十八大以来，以人为本的新型城镇化稳步推进，城镇化质量明显提高，城乡结构进一步优化。

城乡发展差距逐渐缩小。要素在城乡之间的自由流动，不仅有力促进了城镇经济的发展，也有效扩展了农村居民的收入来源，减轻了农村和农业的人口压力。同时，随着我国整体经济实力的增强，“三农”的投入力度逐渐加大，以工促农、以城带乡机制逐步形成。2018年末农村公路里程达404万公里，是1978年的6.9倍，全国行政村通宽带比例达到98%。2008年以来，城乡居民收入之比持续缩小，2018年为2.69，比2007年缩小0.46。

城镇化水平显著提高。改革开放前，我国绝大部分人口居住在农村，城镇化进程缓慢。1949年，我国城镇人口仅为5 765万人，城镇化率为10.64%，1978年也只有17.92%，在近30年的时间内仅提高了7.28个百分点。改革开放以来，我国城镇化进程明显加快。1978—2018年，城镇常住人口从1.7亿人增加到8.3亿人，城镇化率从17.92%提升到59.58%，提高了41.66个百分点；城市数量从193个增加到672个，建制镇数量从2 176个增加到21 297个。党的十八大以来，户籍制度改革全面落地，农业转移人口市民化提速。2012—2018年，户籍人口的城镇化率由35.33%提高到43.37%，与常住人口城镇化率的差距由17.24个百分点缩小到16.21个百分点，缩小1.03个百分点。

以城市群为主体的城镇发展格局初步形成。随着城镇化的快速推进，我国城镇布局结构不断优化，集聚效应明显增强，形成了长三角、珠三角、京津冀、成渝、长江中游、中原、哈长、北部湾等城市群，成为推动经济发展的重要引擎，部分城市群已经具备强大的国际经济影响力。城市群内部大城市对中小城市和小城镇的辐射带动作用逐步增强，城市间基础设施网络建设加速一体化，产业分工效率持续提高，人才流动、公共服务、生态保护、环境质量等多方面合作机制不断完善，为推动高质量发展提供了重要的空间载体。

五、所有制结构合理调整，公有制为主体、多种所有制共同发展格局持续巩固

20世纪50年代，我国所有制结构发生了较大变化，社会主义公有制初步形成。改革开放前，多种所有制经济发展严重不足。改革开放后，随着对社会主义初级阶段理论和所有制理论的认识逐步加深，将“公有制为主体，多种所有制共同发展”确立为社会主义初级阶段基本经济制度，包括非公有制经济在内的多种所有制为经济社会发展做出了显著贡献。党的十八大以来，我国毫不动摇巩固和发展公有制经济，不断深化国企国资改革，毫不动摇鼓励、支持、引导非公有制经济发展，积极支持民营经济，激发非公有制经济活力，多种所有制经济相互促进，社会生产力极大解放。

国有企业改革深入推进，国有经济实力不断增强。改革开放以来，市场经济体制逐步确立，经过“放权让利”“抓大放小”“公司制股份制”等一系列改革和战略调整，国有企业数量占比有所降低，但企业实力进一步增强。党的十八大以来，国企改革持续深化，混合所有制改革稳步推进，三项制度改革进一步深入，国企改革红利逐渐释放。2018年末，规模以上工业企业中国有控股企业数量仅占4.9%，但主营业务收入占26.8%，利润总额占28.0%。2018年《财富》世界500强企业中，中国有120家企业上榜，其中中央企业48家，3家中央企业排名前十，中央企业营业收入占我国全部上榜企业营业收入的49.1%，国有企业在国民经济中发挥着中流砥柱的作用。

非公有制经济快速发展，民营经济比重明显提高。改革开放前，我国工业企业基本上均为全民所有制企业和集体所有制企业，几乎不存在民营经济，1978年公有制经济占全国工业总产值的比重为100%。改革开放后，非公有制经济持续快速增长，为经济发展贡献了巨大力量，特别是党的十八大以来，民营经济蓬勃发展，在促进增长、稳定就业、增强活力等方面发挥了重要作用。2018年末，规模以上私营工业企业达22.1万家，占全部规模以上工业企业数量的58.3%；主营业务收入为30.6万亿元，占比达30.0%。目前，我国民营企业超过2 500万家，对税收的贡献超过50%；民营企业创造的国内生产总值、固定资产投资以及对外直接投资超过60%；民营企业中高新技术企业占比超过70%；民营企业中城镇就业人口占比超过80%，对新增就业的贡献率达到了90%，成为支撑经济持续健康发展的重要力量。

六、收入分配兼顾公平和效率，实现由平均分配向按劳分配和按要素分配相结合的转变

改革开放前，在计划经济体制下我国居民收入平均化特征十分明显，"吃大锅饭"现象普遍存在，广大劳动群众的生产积极性没有得到有效释放。改革开放后，与社会主义市场经济体制相适应，我国收入分配制度进行了大幅调整，坚持按劳分配为主体、多种分配方式并存的制度，把按劳分配和按生产要素分配结合起来，兼顾了效率与公平，极大地激发了劳动人民的生产积极性，生产效率不断提高，居民收入快速增长。党的十八大以来，按照"两个同步"和"两个提高"思想，在注重提高居民收入的同时，将公平放在更加突出的位置，不断健全再分配调节机制，中等收入群体持续扩大，社会结构进一步优化。

居民收入来源多元化。改革开放前，城乡居民收入来源单一，城镇居民依靠工资，农村居民依靠工分。1978年，城镇居民人均职工工资及得自单位的其他收入合计占城镇居民收入的比重为93.8%；农村居民人均收入的66.3%来源于集体统一经营。改革开放后，多种生产要素参与收入分配，居民收入来源发生了显著变化，城镇居民的工资性收入占比下降，农村居民的工资性收入上升。2000年，城镇居民人均可支配收入中，工资性收入占比降至71.6%；农村居民人均纯收入中，工资性收入占比升至30.8%。党的十八大以来，居民收入来源更趋多元化，财产净收入成为城镇居民收入的重要组成部分，工资性收入成为农村居民最重要的收入来源。2018年，城镇居民人均可支配收入中，财产净收入占比为10.3%，比2013年提高了0.6个百分点；工资性收入占比为60.6%，下降了2.2个百分点。农村居民人均可支配收入中，工资性收入占41.0%，比2013年提高了2.3个百分点，高于经营净收入4.4个百分点。

收入分配向居民倾斜。随着经济发展水平的提高，我国居民收入大幅增长，特别是党的十八大以来，我国明确提出努力实现居民收入增长和经济发展同步，劳动报酬增长和劳动生产率提高同步，提高居民收入在国民收入分配中的比重，提高劳动报酬在初次分配中的比重。2013—2018年，全国居民人均可支配收入年均实际增长7.3%，快于人均GDP实际增速0.8个百分点。2016年，住户部门可支配收入占全部可支配总收入的比重为62.1%，比2011年提高了1.3个百分点；劳动者报酬占初次分配总收入的比重为52.2%，提高了4.7个百分点。

脱贫攻坚成效突出。改革开放前，我国农村地区普遍贫困，按照现行农村贫困标准衡量，1978 年末农村贫困发生率约为 97.5%，农村贫困人口规模达 7.7 亿人。改革开放以来，随着经济发展和人民生活改善，我国贫困人口大幅减少。2010 年末，农村贫困发生率降至 17.2%，贫困人口降至 1.7 亿人。党的十八大以来，在党中央的领导下，全国打响脱贫攻坚战，历经数载砥砺，向整体消除绝对贫困迈出了坚实步伐，脱贫攻坚的决定性进展为全面建成小康社会做出了历史性贡献。2018 年末，农村贫困发生率降至 1.7%，贫困人口降至 1 660 万人，均降至 2010 年的十分之一左右。

总之，70 年来经济结构的巨大变化，有力地促进了我国经济持续较快发展；70 年来致力于推动经济结构优化升级的政策实践，为中国特色社会主义建设积累了宝贵经验。当前，我国仍是世界上最大的发展中国家，仍处于并将长期处于重要发展战略机遇期，发展不平衡不充分问题仍然突出，经济结构优化升级的任务仍然十分艰巨。下一步，要按照推动经济高质量发展的根本要求，顺应经济发展大势，加快技术创新，进一步推进经济结构优化升级，为经济社会高质量发展提供不竭动力。

资料来源：国家统计局。

讨论题：

1. 用文中的数据说明新中国成立以来所取得的成就，特别是改革开放后取得的成就。

2. 你认为为什么我们仍然认为自己是发展中国家？中国今后发展面临的主要问题是什么？

图书在版编目（CIP）数据

当代世界经济/白远编著. --3版. --北京：中国人民大学出版社，2020.2
新编21世纪国际经济与贸易系列教材
ISBN 978-7-300-27741-7

Ⅰ.①当… Ⅱ.①白… Ⅲ.①世界经济-经济概况-高等学校-教材 Ⅳ.①F112

中国版本图书馆CIP数据核字（2019）第289997号

新编21世纪国际经济与贸易系列教材
当代世界经济（第三版）
白 远 编著
Dangdai Shijie Jingji

出版发行	中国人民大学出版社		
社　　址	北京中关村大街31号	邮政编码	100080
电　　话	010－62511242（总编室）		010－62511770（质管部）
	010－82501766（邮购部）		010－62514148（门市部）
	010－62515195（发行公司）		010－62515275（盗版举报）
网　　址	http://www.crup.com.cn		
经　　销	新华书店		
印　　刷	北京溢漾印刷有限公司	版　　次	2010年4月第1版
规　　格	185 mm×260 mm　16开本		2020年2月第3版
印　　张	16	印　　次	2020年2月第1次印刷
字　　数	379 000	定　　价	39.00元

教学支持说明

1. 教辅资源获取方式

为秉承中国人民大学出版社对教材类产品一贯的教学支持，我们将向采纳本书作为教材的教师免费提供丰富的教辅资源。您可直接到中国人民大学出版社官网的教师服务中心注册下载——http：//www.crup.com.cn/Teacher。

如遇到注册、搜索等技术问题，可咨询网页右下角在线 QQ 客服，周一到周五工作时间有专人负责处理。

注册成为我社教师会员后，您可长期根据您所属的课程类别申请纸质样书、电子样书和教辅资源，自行完成免费下载。您也可登录我社官网的“教师服务中心”，我们经常举办赠送纸质样书、赠送电子样书、线上直播、资源下载、全国各专业培训及会议信息共享等网上教材进校园活动，期待您的积极参与！

2. 赠送“经管之家”论坛币

经管之家（http：//www.jg.com.cn）于 2003 年成立，致力于推动经济学科的进步，传播优秀教育资源，做最好的经管教育。目前已经发展成国内最大的经济、管理、金融、统计类在线教育平台，也是国内最活跃和最具影响力的经济类网站。

为了更好地服务于教学一线的任课教师，凡使用中国人民大学出版社经济分社教材的教师，注册成为我社教师会员后，可填写以下信息调查表，发送电子邮件或者邮寄或者传真给我们，我们将会向您赠送经管之家论坛币 200 个。

教师信息表
姓名：
学校：
论坛 ID：
教授课程：
使用教材：
论坛识别码：pinggu _ com _ 1501511 _ 8899768

3. 高校教师可加入下述学科教师 QQ 交流群，获取更多教学服务

经济类教师交流群：140105952
财政金融教师交流群：182073309
国际贸易教师交流群：162921240
税收教师交流群：119667851

4. 购书联系方式

网上书店咨询电话：010－82501766
邮购咨询电话：010－62515351
团购咨询电话：010－62513136

中国人民大学出版社经济分社
地址：北京市海淀区中关村大街甲 59 号文化大厦 1506 室　100872
电话：010－62513572　010－62515803
传真：010－62514775
E-mail：jjfs@crup.com.cn